Herausgegeben von Christine Abele-Aicher

Die sanfte Gewalt
Erinnerungen an Inge Aicher-Scholl

Herausgegeben von Christine Abele-Aicher

Die sanfte Gewalt
Erinnerungen an Inge Aicher-Scholl

Süddeutsche Verlagsgesellschaft Ulm im Jan Thorbeke Verlag

Dieses Buch widme ich meiner
Familie und im Besonderen meiner
Mutter Maria Margarete.

„Allen Gewalten
Zum Trotz sich erhalten.
Nimmer sich beugen,
Mutig sich zeigen.
Rufet die Arme
Der Götter herbei."

Johann Wolfgang von Goethe
(aus dem Singspiel „Lila", 2. Aufzug, 1777)

Herausgeberin: Christine Abele-Aicher
                   Edition Rotismühle

Homepage: www.ingeaicherscholl.de

Lektorat: Thomas Vogel

Korrektur: Helga Thoma
                   Dr. Ingmar Sütterlin

Titelbild: Rupert Leser: Inge Aicher-Scholl
                   und Otl Aicher anlässlich einer
                   Geburtstagsfeier von
                   Hans-Werner Richter mit der
                   „Gruppe 47" in der Kleber-Post in
                   Bad Saulgau im November 1983

Gestaltung: Kirsch
                   Kommunikationsdesign GmbH
                   www.kirschteam.de

Schrift: Rotis Sans Serif,
                   Rotis Semi Sans Serif

Papier: MultiArt Silk 135 g/qm
                   Papyrus Deutschland
                   GmbH & Co. KG

Druck: Süddeutsche Verlagsgesellschaft
                   Ulm

Kommissionsverlag: Süddeutsche Verlagsgesellschaft
                   im Jan Thorbeke Verlag, Ulm 2012

ISBN: 978-3-7995-9121-8

Inhaltsverzeichnis

Christine Abele-Aicher

Vorwort

Persönlich bin ich Inge Aicher-Scholl nie begegnet. Als ich im Februar 2002 zum ersten Mal nach Rotis kam, wo ich heute lebe, war sie bereits vier Jahre tot.

In meiner Wahrnehmung war Otl (fast) omnipräsent, Inge hingegen kaum. Wie war sie wohl als Mensch, als Frau, als Mutter, als Vorgesetzte?

Die Generation, die sie persönlich kannte, wird immer älter. Wer gibt ihr Wissen weiter, wer sichert die Spuren? Vor dem Hintergrund dieser Frage bekommen die Interviews, die mit vier über 90-jährigen Zeitzeuginnen geführt wurden, einen besonderen Stellenwert.

Im Sommer 2011 beschloss ich, auf Spurensuche zu gehen. Ich bat Familienangehörige, ehemalige Angestellte, enge Freunde, politisch Entscheidende, Menschen, die mit ihr in unterschiedlichen Bereichen kommunizierten, ihre Erinnerungen und Eindrücke zu formulieren. Inspiriert hat mich dazu das 1997 von Hermann Ay herausgegebene Buch „Otl Aicher – Freundschaft und Begegnung".[1] So sollte das Buch über Inge werden – ein Zwillingsband, gefüllt mit subjektiven Eindrücken und Erinnerungen: eine „Biografisierung des Gedenkens". Am 11. August 2012 wäre sie 95 Jahre alt geworden. Dieses Buch zu ihrem Geburtstag sah ich als adäquates Geschenk.

Im Zuge der Erarbeitung dieser Monografie erfuhr ich weitere Impulse, die den Horizont meiner Absicht erweiterten. So durch eine Fernsehsendung „Die letzten Zeitzeugen – Gerät Auschwitz in Vergessenheit?". Im Februar 2012 erklärte darin Anita Lasker-Wallfisch, Jüdin, Auschwitz-Überlebende: „Die Schuld habt ihr nicht, aber ihr habt eine Verpflichtung."

Bei einem Vortrag von Dr. Margot Käßmann im Februar 2012 bei der Stiftung Erinnerung in Ulm wurde mir bewusst, dass es möglich ist, von Inge Scholls Wirken einen Bogen in die heutige Zeit zu spannen. Erinnern, erklärte Käßmann darin, sei eine notwendige Aufgabe, „um nie wieder Faschismus in Deutschland aufkommen zu lassen." Sie betonte mehrmals das hohe Gewicht von Erziehung und Bildung. Hier scheint sich für mich ein Kreis zu schließen: den Geist schulen, damit sich eine Geschichte wie das Dritte Reich nie mehr wiederholt. Inge Aicher-Scholl hat dazu einen wichtigen Beitrag geleistet.

Bei der Eröffnung der Ausstellung „Regenbogenspiele" in der HfG Ulm am 13. Mai 2012 erklärte die damalige Kulturbürgermeisterin der Stadt Ulm, Sabine Mayer-Dölle, die von Inge Aicher-Scholl gegründete vh Ulm zum Vorbild für Friede, Versöhnung und Demokratie für junge Menschen von heute. Hier schien es mir wichtig, einen Beitrag von Schülern der Inge Aicher-Scholl Realschule in Pfuhl zu integrieren. Denn die Aufgabe des Mahnens und Kämpfens hört mit Inges Tod nicht auf. Sie selber war der Ansicht, dass Freiheit eine immer wieder „aufzubauende Leistung" sei.

Erwähnenswert ist auch Inges Rolle als Frau in der Nachkriegszeit und als Mutter einer behinderten Tochter. Sie zählte zu den ganz wenigen Frauen der jungen Bundesrepublik Deutschland, die Führungspositionen bekleidete. Keine Selbstverständlichkeit, denn noch bis 1. Juli 1958 durfte ein Ehemann den Anstellungsvertrag seiner Frau ohne deren Zustimmung kündigen! 28 Jahre leitete sie die von ihr gegründete vh in Ulm. Weniger bekannt ist, dass auf ihre Initiative hin im Oktober 1960 ein Kreis von 20 Personen die Ortsstelle Ulm der „Lebenshilfe für das geistig behinderte Kind" ins Leben rief. Mutig war sie, unkonventionell und zupackend.

1   „Otl Aicher – Freundschaft und Erinnerung", Hermann Ay u.a. (Hg.), Süddeutsche Verlagsgesellschaft Ulm, 1997. Das Buch ist vergriffen.

Foto: Karsten de Riese

INGE SCHOLL

53. WOCHE SONNTAG MONTAG DIENSTAG MITTWOCH DONNERSTAG FREITAG SAMSTAG
DEZEMBER 25 26 27 28 29 30 31

Das 53. Kalenderblatt aus dem
vh-Kalender „Der Geist weht wo er
will" von 1949. Inge Scholl
formulierte ihre Eigen-Biografie.
Das Foto machte Otl Aicher.

INGE SCHOLL

Seit ich 12-jährig meine Kindheitsheimat, das liebliche, sagen- und geschichts-
durchwobene Hohenloher Land, das die Schwelle zwischen Schwaben
und Franken bildet, verlassen mußte, wurde meine Familie zum Schiff, das
mich ins Leben hinausschaukelte. Es hat, wenn es auch nie mehr wirklich
festen Grund, sondern die schwindelnde und schwankende Tiefe unserer Zeit
unter sich hatte, doch recht gut standgehalten, und selbst der Stoß ins Herz,
den es mit dem gewaltsamen Tod zweier Geschwister im Jahre 1943 erhielt, und
das Leck, das der in Rußland vermißte jüngste Bruder hinterlassen hat, vermochte
es nicht ganz zu zerstören, auch nicht die Gefängnisse des Dritten Reiches.
Im Kreis meiner vier fast gleichaltrigen Geschwister bin ich aufgewachsen, und
in einer wunderbaren Freiheit, die die Eltern mutig gewährten, vollzog sich
gemeinsam unsere Entwicklung. Nachdem wir nach 1933, noch halbe Kinder,
einen kurzen Irrweg durch die Hitlerjugend gemacht hatten - in scharfer
Opposition gegen den Vater - blieb uns freilich nichts anderes übrig, als
- ein kleiner, verschworener Trupp von »Außenseitern« - unseren Weg selbst
zu suchen. Zunächst tasteten wir ein wenig in der meist verbotenen, zeitgenössischen Literatur umher. Die moderne Kultur, der wir begegneten und die
uns die Schule so gut wie ganz vorenthalten hatte, vertiefte und klärte unser
eigenes Fragen. Aber es mußte wohl sein, daß wir vorerst noch tiefer in die
Vergangenheit hinabgruben und schließlich staunend auf großartige, uner-
schöpfliche Bodenschätze stießen: die großen Geister des Abendlandes, ein
Plato, Thomas von Aquin, Pascal, Kierkegaard und so viele mehr. Die aber
wiesen uns wieder hinauf zur Gegenwart, zur offenen Auseinandersetzung
mit ihren Aufgaben und zur reinen Hingabe an sie. Dabei entdeckten wir
das Christentum für uns in einer neuen und unbeschreiblichen Weise. Auf
diesem Wege begegneten wir lebendigen Menschen, Schriftstellern und Philosophen, die von den verschiedensten Ausgangspunkten her unsere Zeit zu
bewältigen versuchten und die für mein Leben von ganz wesentlicher Bedeutung wurden. Der Blick für das Politische blieb wach und offen wie bei
echten »gebrannten Kindern«.
Im Frühjahr 1946 begann ich mit Hilfe der Bevölkerung von Ulm eine Volkshochschule aufzubauen, deren Leitung mir übertragen wurde.
Auf besondere Leistungen kann ich nicht stolz sein, aber ich kenne die Nöte
und den Hunger einer heute kaum gehörten oder doch zum mindesten oft
mißverstandenen Jugend, die in dieser Welt wieder eine Heimat sucht und
sie wieder menschlich eingerichtet sehen möchte. Und das verpflichtet mich,
mein Möglichstes zu tun, und die Kraft in diesen Herzen gibt mir den Glauben, daß wir in einer Zeit des Vorfrühlings leben, in einem Anfang. Wenn
die Barrieren und Schranken des Unverständnisses, des doktrinären und
programmatischen Schematismus nicht unüberwindlich sein sollten, wenn der
lebendige, fragende und hoffende Mensch freie Bahn bekommt, bin ich
gewiß, daß es sich eines Tages gelohnt haben wird, hier in Deutschland
gearbeitet zu haben, wo sich die wesentlichen Anliegen unserer Zeit in einer
besonderen Deutlichkeit herauszukristallisieren scheinen.

Es gibt ähnliche Schicksale wie das von Inge Aicher-Scholl: Was gab ihr die Kraft, nach den vielen Verlusten von Familienmitgliedern weiterzugehen? Die Psychologie kennt den Begriff der „Resilienz": „die Fähigkeit, Krisen durch Rückgriff auf persönliche und sozial vermittelte Ressourcen zu meistern und als Anlass für Entwicklungen zu nutzen." Resilienz entwickelt sich im Kindesalter bereits dort, „... wo sowohl von Eltern ... als auch von älteren Geschwistern viel Wert auf Bildung gelegt wurde und Bildung außerdem nicht als Mittel zum Zweck betrachtet wurde, sondern als Selbstzweck."[2] So scheint die kulturell orientierte und kritische Familie Scholl hier schon ein wichtiges Fundament gelegt zu haben.

In ihrem Buch „Selbstbehauptungen"[3] schreibt Gerda Müller-Krauspe dazu:

„Solche den ganzen Menschen fordernde und oft überfordernde Erschütterungen sind potentiell entweder zerstörerisch oder werden aber eine Quelle der Kraft. Inge Aicher-Scholl schöpfte daraus Kraft. Ihr Mut des sich Einmischens in öffentliche Belange, ihr Elan zu Neubeginn und Aufbau, aber auch ihre Stärke, Schicksalsschläge als unabänderlich hinzunehmen, das sind die positiven Energien, die sie dem Erlebten abgewann."

Die Wahl des Titels erfolgte spontan. Jedoch scheint mir keiner besser geeignet als „Die sanfte Gewalt". Diese Bezeichnung für Inge Aicher-Scholl wurde von dem ersten gewählten Ulmer Nachkriegs-Oberbürgermeister, Theodor Pfizer, geprägt. Erhard Eppler spricht von der „stillen Autorität", an anderer Stelle wird sie als eine „unsichtbare Frau" beschrieben. Sie kam nicht laut und polternd daher, Aufsehen erheischend. Sie war sich ihres Auftrages sicher und bewältigte ihre Aufgaben aus einer tiefen Verbundenheit zu Gott. Am meisten Respekt habe ich davor, dass sie nicht in der Opferrolle verharrte. Sie reagierte nicht, sondern agierte. Die Wahl des Buchtitels und der Titel des Beitrages meines Mannes Julian Aicher „Allen Gewalten zum Trotz sich erhalten" sprachen wir vorher nicht ab.

Und schließlich erwies sich das Finden des Titelbildes für mich als großer Glücksfall. Als ich bei dem oberschwäbischen Fotografen Rupert Leser das Negativ sah, wusste ich sofort: Das würde das Titelbild werden! Sie wirkt kritisch und nachdenklich. Und sehr präsent. Aber der Gesichtsausdruck strahlt auch Strenge, ja sogar eine gewisse Härte aus. Der Betrachter ahnt, dass Inge Aicher-Scholl die Schicksalsschläge nur aushalten konnte, indem sie sich einen inneren Panzer zulegte.

Mit Sicherheit stand Inge nicht in Otls Schatten. Sie hatte ihre eigenen Aufgaben und Themen. Und trotzdem ist es mir mit diesem Buch ein Anliegen gewesen, sie nach „vorne zu holen". Das Bild entstand im November 1983 in der Kleber Post in Bad Saulgau anlässlich der Geburtstagsfeier von Hans Werner Richter mit Mitgliedern der „Gruppe 47".

Für mich persönlich schließt sich in der Begegnung mit der Familie Aicher-Scholl ein Kreis. Mein Opa, Bäckermeister Johannes Abele aus Waldstetten im Ostalbkreis, sprach sich bereits ab 1933 mehrfach öffentlich gegen Hitler aus. Er saß deshalb mehrmals im Gefängnis von Schwäbisch Gmünd. Die Erinnerung an ihn wirkt innerhalb der Familie in Gesprächen bis heute fort. Seine Frau Theresia trug seinen Widerstand mit.

Während dieses Buch am Entstehen war, befand sich eine Homepage im Aufbau: www.ingeaicherscholl.de. Weitere Beiträge sind geplant, die dann später dort nachgelesen werden können. Ein Besuch lohnt sich.

Liebe Leserinnen und Leser, wenn Sie Inge Aicher-Scholl selber erlebten oder nach der Lektüre der Texte ein lebendiges Portrait von ihr erhalten, dann wäre dieses Buch gelungen. Beigetragen dazu haben über 40 Autorinnen und Autoren sowie wichtige Förderer. Ohne ihre finanzielle Unterstützung wäre dieses Buch nie Realität geworden. Allen, die in irgendeiner Weise ihren Anteil am Gelingen leisteten, danke ich an dieser Stelle sehr herzlich.

Christine Abele-Aicher, Rotismühle
Sommer 2012

Foto: Wolfgang Siol · Copyright Hfg-Archiv Ulm

An der HfG 1955

2 Wikipedia, Suchbegriff „Resilienz"
3 Gerda Müller-Krauspe, „Selbstbehauptungen", Anabas-Verlag, 2007.

Thomas Vogel

Die Volkshochschule der Demokratie

„So viel Anfang war nie", lautet der Titel eines 1989 bei Siedler erschienenen Katalogs über deutsche Städte von 1945 bis 1949. Es waren Jahre zwischen rapidem Bruch und oft unheimlicher Kontinuität. Ergänzt sind die Texte zur politischen und kulturellen Geschichte durch eine Reihe von Portraits von solchen Städten, die heraus stechende Beiträge zur Nachkriegskultur geliefert haben.

Ulm ist in diesem „Club der besonderen Städte" durch die Ulmer Volkshochschule repräsentiert, einer Einrichtung, die kaum nach ihrer Gründung schon ihre eigenen Maßstäbe setzte. Bis heute wird dies allein schon in ihrem Kürzel sichtbar – vh statt VHS. Um 1950 eingeführt, löste es das bisherige Signet dieser Ulmer Volkshochschule, die Eule („Eule der Weisheit"), ab.

Inge Aicher-Scholl hat diese Einrichtung 28 Jahre lang geleitet und geprägt.

Betreibt man archäologische Spurensuche in Sachen vh, landet man schnurstracks bei Otl Aicher, ihrem späteren Mann. Dieser Querkopf aus der Vorstadt Söflingen, bündisch und katholisch geprägt, Antinazist und nach der Befreiung vom totalitären Regime voller Drang, die ihm vorenthaltenen Chancen nachzuholen, hatte schon im Sommer 1945 damit begonnen, auf eigene Faust eine Vortragsreihe zu religiösen Themen zu organisieren. Inge Scholl, mit ihrer Mutter damals noch auf einem Einödhof im Schwarzwald lebend, reiste voller Neugierde an, um den als Redner gewonnenen katholischen Theologen Romano Guardini zu hören. Mangels intakter Säle sprach dieser in der Martin-Luther-Kirche, wo wenige Jahre zuvor das fünfte Flugblatt der Weißen Rose gedruckt worden war.

Wenig später liefen im Hintergrund erste Überlegungen zur Gründung einer Erwachsenenbildungseinrichtung. Nachdem Otl Aicher das Angebot Kurt Frieds, des damaligen Kulturbeauftragten der Stadt Ulm, auf Übernahme von deren Leitung abgelehnt hatte, konnte dieser Inge Scholl dafür gewinnen, die dafür ihren geheimen Wunsch, Soziologie und Geschichte zu studieren, endgültig begrub.

Zum Kreis der Unterstützer zählten Elisabeth Walser, Helga Wiegandt, Wilhelm Geyer, Hugo Roller, Walter Butzengeiger, Josef Kneer, Prof. Hermann Wild – Vertreter des intellektuellen katholischen, des liberal-bürgerlichen und des linken Milieus, allesamt durch den Nationalsozialismus nicht diskreditiert und später Mitglieder des beratenden Kuratoriums.

Dessen vornehmlichste Aufgabe bestand darin, die Unabhängigkeit der Einrichtung – die keine städtische war und es bis heute nicht ist – abzusichern gegen politische Einflussnahme von außen.

Die offizielle Gründung der Ulmer vh erfolgte am 24. April 1946, bewusst am ersten Jahrestag der Befreiung Ulms durch US-Truppen. Vom Start weg war sie anders als herkömmliche Einrichtungen dieser Art.

Zwar blieben auch bei ihr konventionelle Angebote wie Näh- oder Sprachkurse nicht ausgeklammert. Doch ging der Anspruch der Leiterin von Beginn an weit darüber hinaus, wollte sie doch nicht weniger, als die geistigen, politischen, kulturellen, sozialen oder religiösen Strömungen der Zeit durch Veranstaltungen an ihrer Einrichtung abbilden. Ihr Ideal war der mündige, wache, sich in Debatten einmischende und bei Fehlentwicklungen intervenierende Bürger. Indem dieses Ideal außer der Wissensvermittlung die Persönlichkeitsbildung zum Ziel erklärte, auf höherer Ebene die Stärkung einer demokratischen Kultur, führte es weit über den Ansatz konventioneller Einrichtungen der Erwachsenenbildung hinaus.

„Falsches Denken", als Nationalismus politisch wirksam, und ein „halbgebildetes Bürgertum", formiert zu „Herdenmenschen ohne Persönlichkeit", hatten das NS-Regime erst ermöglicht, hieß es in den frühen Versuchen, der vh-Arbeit ein programmatisches Gerüst zu geben. 1967, bei der Grundsteinlegung des EinsteinHauses, kleidete sie dieses Ideal in ein aktualisiertes Sprachbild:

„Erwachsenenbildung ist der Versuch, dem Zeitalter der Zwecke die Aufgeklärtheit des Individuums gegenüberzustellen."

Die Schulung des Intellekts und die religiöse Bildungsarbeit bildeten in den ersten Jahren die tragenden Säulen der Angebote. Neben Kursen gab es, ein Novum, offene Arbeitskreise. Berühmtheit aber erlangte die vh vor allem wegen ihrer Reihe der „Donnerstagsvorträge" aus jeweils vier inhaltlich aufeinander abgestimmten Abenden zu monatlichen Schwerpunktthemen.

Die Ausrichtung der vh war eng verknüpft mit Inge Aicher-Scholls Lebensthema, der Bewahrung des Vermächtnisses ihrer Geschwister und der Widerstandsgruppe „Weiße Rose", deren Opfer nicht vergeblich sein sollten; die Einrichtung war damit ausdrücklich gegen die Sedimente des Nazismus in der Ulmer Stadtgesellschaft gerichtet, die für die Gründerin wohl niemals an Gefährlichkeit verloren.

Wen sie nach Ulm einlud, der repräsentierte für sie das andere, das bessere Deutschland. Wer ihrer Einladung folgte, tat dies mit einiger Sicherheit vor allem wegen des Rufs, den der Name Scholl und die dahinter steckende vh genossen, nicht wegen des Honorars. Anfangs konnte dieses auch aus Naturalien bestehen.

Die Wirkung war, zumal in den von Kulturhunger geprägten Nachkriegsjahren, durchschlagend und oft so nachhaltig, dass sich Hörer oft noch Jahrzehnte später an einzelne Veranstaltungen erinnern, wie diese Zuschrift von Irmgard Schmidt-Sommer vom Juli 2012 unterstreicht:

„Es war in den Anfängen der Ulmer Volkshochschule. Ich erinnere mich noch sehr gut an diese Lesung. Ilse Aichinger las aus der Lebensgeschichte einer Nonne, die sie vom Tod her aufrollte. Für mich damals literarisch eine ganz neue Erfahrung. Es war überhaupt erstaunlich, wen Inge Scholl einlud und wer kam. Es waren ausgezeichnete Veranstaltungen. Das Programm war sehr vielseitig gestaltet. Was Inge Scholl damals nach den trostlosen Jahren des Dritten Reiches mit seiner regimegerichteten Kultur alles bewegt hat, bewundere ich noch heute. Wir waren kulturell direkt ausgehungert und nahmen diese Angebote gerne an."

Nicht alle in der Stadt waren Inge Scholl und ihrer Familie so wohl gesonnen. Anwürfe bezogen

Kalenderblätter 1947

In den ersten Jahren ihres Bestehens gab die vh Ulm besondere Weihnachtskalender heraus, für 1947 einen Fotokalender „Das Ulmer Münster", für den auch Otl Aicher Fotos gemacht hatte. „Wer weiß, was es damals bedeutete, nur Papier, Klischees usw. zu beschaffen, wird auch hierin einen Ausdruck jenes besonderen, über einen üblichen ‚Lehrbetrieb' hinausgreifenden Elans finden, dem die Ulmer Volkshochschule ihr Dasein verdankt." (Herbert Wiegandt, aus dem Ulmer Monatsspiegel, April 1956, zum 10jährigen Bestehen der Ulmer Volkshochschule).

DAS ULMER MÜNSTER · KALENDER DER ULMER VOLKSHOCHSCHULE FÜR DAS JAHR 1947

ERSCHIENEN IM AEGIS-VERLAG, ULM

sich genauso auf ihre BDM-Vergangenheit wie auf die Aktionen ihrer Geschwister Hans und Sophie, die keineswegs von allen als Widerstandsaktionen gut geheißen, sondern als „Vaterlandsverrat" diffamiert wurden. 1951 kam es zu einem besonders krassen Fall der Denunziation, hinter denen mit Dr. Albert Riester ausgerechnet ein ehemaliger Gestapo-Spitzel steckte. Zu diesem Zeitpunkt Redakteur der „Ulmer Nachrichten", entwickelte dieser eine ungeahnte Energie, Inge Scholl, ihrem vh-Kreis ebenso wie ihrem Vater Robert eine „östliche Orientierung" zu unterstellen – der Kommunismusvorwurf, damals dem gesellschaftlichen Ausschluss gleichkommend, sollte den gleichzeitig laufenden Vorbereitungen zur Hochschule für Gestaltung einen herben Rückschlag

verpassen. Einmal mehr konnte sich Inge Scholl in ihrer Wahrnehmung von der Kontinuität der alten Kräfte bestätigt fühlen.

Ein Novum der vh war ebenso die Art der Finanzierung durch Mitgliedsbeiträge. Anfänglich für zwei Mark im Monat konnte man dann sämtliche Veranstaltungen besuchen. Einen geldlichen Zuschuss der Stadt gab es erst ab 1949.

Wenig später, in der anschwellenden Debatte um den Ulmer (Wieder-)Aufbau der frühen 1950er Jahre, zeigte sich der Vorzug, nicht am Gängelband von politischen Instanzen zu sein. Darin bezog die vh klar Position zugunsten der Baumoderne und gegen eine retrospektive Neuauflage der überkommenen Bautypologie und Stadtgestalt.

FEBRUAR   AUFN. OTTO AICHER

SO	MO	DI	MI	DO	FR	SA	SO	MO	DI	MI	DO	FR	SA
9	10	11	12	13	14	15	16	17	18	19	20	21	22

Erklärbar ist die Vehemenz der damaligen Auseinandersetzung durch die symbolhafte Auflagung der Bauformen. Galt den Modernisten, voran Otl Aicher, das Tradierte als durch den Nationalsozialismus diskreditiert, so galt den Verfechtern von „Alt-Ulm" um den gleichnamigen Verein das Moderne als „un-ulmisch", wobei in deren Argumentation immer wieder auch Versatzstücke aus dem NS-Begriffsbaukasten des vermeintlich „nicht Artgerechten" einflossen.

Die vh gab darauf später eine Antwort mit dem Bau des EinsteinHauses im funktionalistischen Gewand. Als es 1968 bezogen werden konnte, ging ein langgehegter Wunsch der vh-Leiterin in Erfüllung. 312.000 Mark hatten die Mitglieder über ihre „Bauspende" darin eingebracht. Bei der Grundsteinlegung hielt der Physiker Werner Heisenberg die Festrede, bei der Eröffnung war es Walter Jens. Ihrer beider Thema war Einstein.

In Erinnerung bei Vielen blieb die letzte Phase der Ära Inge Aicher-Scholl an der vh durch die Reihe der „Offenen Samstage", als sich die Bildungseinrichtung jedes Mal in ein riesiges Jugendhaus verwandelte.

Einmal mehr war sie Vorreiterin.

Thomas Vogel, Jg. 1961, Studium der Kunstgeschichte und Politikwissenschaft; Journalist und Autor, Inhaber einer Agentur für Kommunikation und Publikation (www.textagentur-vogel.de).

Gestaltung: Otl Aicher

Ilse Aichinger

Nach der weißen Rose

Es war an einem frühen Vorfrühlingstag an einer Mauer der inneren Stadt, nahe dem jüdischen Tempel, nahe der Residenz der geheimen Staatspolizei und nahe von Adalbert Stifters ehemaliger Wohnung in Wien, an dem ich auf einem der unverkennbaren Anschläge, die die zum Tode Verurteilten anprangerten, zum ersten Mal die Namen der Weißen Rose las. Ich kannte keinen dieser Namen, aber ich weiß, dass von ihnen eine unüberbietbare Hoffnung auf mich übersprang. Das geschah nicht nur mir. Diese Hoffnung hatte, obwohl sie es uns möglich machte, in dieser Zeit weiter zu leben, doch nichts mit der Hoffnung zu überleben zu tun.

Der Krieg ging zu Ende. In dem Kreis junger Leute, mit denen ich damals umging und von denen fast alle auf die eine oder andere Weise bedroht waren, gab es einige, die dieses Ende, selbst wenn es für sie rettend war, fürchteten. Vielleicht fürchteten sie das Ende der Hoffnung, die verdrängt, überdeckt und enttäuscht werden konnte, nicht zuletzt von jedem von uns.

Aber es war soweit. Wir begannen zu studieren, Berufe zu ergreifen, wir begannen mit dem Versuch, unsere Hoffnung in Zukunft zu übersetzen. Wir begannen auch, ausländische Zeitungen zu lesen. Ich glaube, es war eine englische Zeitung, in der ich die Gesichter derjenigen zum ersten Mal sah, deren Namen ich damals im Krieg zum ersten Mal gelesen hatte. Inzwischen hatte ich von der vh in Ulm gehört, ich hatte das Manuskript eines Buches zu Ende geschrieben. Aber es war Inge Scholl, die mir einen Wunsch erfüllte, den ich mir selbst gegenüber damals kaum zu klären wagte, die kurz nach dem Erscheinen dieses Buches die Verbindung mit der Ulmer Volkshochschule herstellte. Der Kreis schloss sich, indem er sich öffnete.

So war Ulm die erste Stadt, die ich in Deutschland betrat, und das erste Haus in Ulm war das der vh, damals auf dem Marktplatz 9. Und ich weiß, dass ich in einen hellen Raum kam und dass die Hoffnung hier in Gegenwart und Zukunft übersetzbar wurde, dass sie von da ab, wenn auch nicht ungefährdet, Glück, Abschied und Wiederkehr, und niemals der Gefahr der Vereinfachung, der terrible simplification unterlag, der alle unsere Hoffnungen ausgesetzt sind.

Es war nie einfach, das Maß, das die Entwicklung hier deutlich machte, an sich selbst und an das, was man tat, anzulegen. Jeder muss sehen, wie er es erfüllt, wie er der Paradoxie einer Hoffnung entspricht, die eine Forderung ist.

Ilse Aichinger (Bildmitte), links im Hintergrund Inge Aicher-Scholl bei einem Treffen der Gruppe 47

Aber dass dieses Maß aufgestellt wurde, ist entscheidend, dass man sich immer wieder und immer
neu danach richten kann. Dass man es weiter
können wird, wird entscheidend bleiben.

Ich möchte nicht in Umriss und Pathos
auflösen, was sich hier von Tag zu Tag bewahr-
heitete. Die vh in dieser Stadt bedeutet für mich:
die präzisen Fragen finden, aus den Fragen die
Summe ziehen, aus der Summe wieder die neuen
Fragen holen. Aufbruch und Gelassenheit, eins
vom andern gefordert und deshalb nicht eins vom
andern bedroht.

Ilse Aichinger, geb. 1921 in Wien. Zu Beginn der 1950er
Jahre kam sie nach Ulm. Dort besuchte sie die vh und
begegnete Inge Aicher-Scholl. Die beiden Frauen verband
zeitlebens eine enge Freundschaft. Aichingers Roman
„Die größere Hoffnung" stellte die Verbindung zwischen
ihnen her.

Dagmar Engels

Ganz ruhig, ganz konsequent

Inge Aicher-Scholl war als Frau, als politisch denkender Mensch und als Volkshochschulleiterin eine Ausnahmeerscheinung. Bei unserer ersten Begegnung erlebte ich sie gleich in ihrer typischen Art.

Montag, 2. September 1991, war mein erster Arbeitstag als vh-Leiterin, Nach-Nach-Nachfolgerin der vh-Gründerin, aber erste Frau nach Inge in der Leitungsposition. Ulm war für mich ganz neu. Noch in London, wo ich bis dahin zehn Jahre gelebt hatte, hatte ich mir vorgenommen, als erste Amtshandlung Inge Aicher-Scholl anzurufen und möglichst bald sie und ihren Mann in Rotis zu besuchen. Sie war (und ist) mein Vorbild, von ihr wollte ich lernen. Für mich als Historikerin und frisch gebackene Volkshochschulleiterin war sie gleichermaßen Geschichte und Gegenwart, historische Person und mögliche Lehrmeisterin.

Es kam ganz anders. War es morgens aus der Zeitung, war es im Büro? Auf jeden Fall noch an dem Montag erfuhr ich vom tragischen Unfalltod Otl Aichers. Meine erste Kontaktaufnahme mit Inge, meine erste Korrespondenz als vh-Leiterin, war eine Beileidskarte. Es hieß jetzt, sich alleine zurecht zu finden in der neuen Arbeit und mit dem Rotis-Besuch bis nach der Trauerzeit zu warten.

Umso mehr freute ich mich einige Monate später, wohl im Frühsommer 1992, als Inge Aicher-Scholls Mitarbeiterin aus Rotis anrief und einen Besuch ihrer Chefin ankündigte. Sie wollte einige von Otl Aichers Plakaten für die vh sehen und bat, sie herauszusuchen und für den Besuch auszulegen.

An einem frühen Nachmittag kamen die beiden Frauen; Inge ganz typisch für sie mit weißem Wollstirnband am Haaransatz und mit heller Hose, sehr, sehr freundlich, ja liebenswürdig, leise Stimme und ruhige fließende Bewegungen.

Im zweiten Obergeschoss des EinsteinHauses hatten wir die gewünschten fünf, sechs Plakate im Foyer ausgelegt. Was wollte sie? Sie schaute die Plakate wie alte Bekannte an, auch wie Boten aus einer anderen Welt, in der ihr Mann jetzt war. Die Sonne schien durch das Südfenster auf die Plakate und auf Inge – und verband sie wie in einem Kraftfeld. Ich stand außen vor. So habe ich mich wenigstens gefühlt. Dann sagte sie ganz ruhig, dass ihr diese Plakate in der Rotis-Sammlung fehlten, dass sie aber das Aicher-Archiv komplett haben wolle und dass sie darum die Plakate mit nach Rotis nähme.

Halt. Jetzt war eine Grenze erreicht. Die Plakate gehörten der vh. Bei solchen, von denen wir mehrere hatten, war ich als Kompromiss zur Abgabe bereit. Schließlich wären sie ja in Rotis nicht aus der Welt. Aber drei Unikate wollte ich nicht hergeben. Ohne zu wissen, was der Marktwert der Plakate war, konnte ich doch unmöglich das Tafelsilber der vh herschenken. „Frau Aicher, das geht nicht. Wir haben nur jeweils dieses eine. Das muss in der vh bleiben." Schließlich war ich Historikerin und Quellen sind Quellen sind Quellen. Inges Blick werde ich nie vergessen. Sie schaute mich an, als hätte ich überhaupt keine Ahnung von dem, worum es hier ging. Ich fühlte mich der Situation nicht gewachsen. Offensichtlich fehlte mir die Initiation in ihre Denkweise – die ich doch so gerne (kennen)lernen wollte.
Dann nach endlosen Sekunden:
„Ich brauche sie."

Ich hatte ihr nichts mehr entgegen zu setzen. Als Gegenleistung für die Plakate bekam ich das Versprechen eines Briefes, in dem sie den Erhalt der Plakate als Leihgabe, dokumentiert durch Diapositive, bestätigen würde.

Der Brief ist nie in der vh angekommen. Die Plakate liegen heute als Teile des Aicher-Bestands im HfG-Archiv der Stadt Ulm auf dem Oberen Kuhberg.

Ich hatte danach und habe bis heute größten Respekt vor dieser Frau. Ihre Ruhe und Entschlossenheit, aber auch ihre Konsequenz und ihr systematisches Denken und Handeln sehe ich als Schlüssel ihres Erfolges. Ebenso war die unbedingte Hingabe an eine Aufgabe ein besonderes Wesensmerkmal. In den Jahren nach Otls Tod war die Sammlung der Hinterlassenschaft ihres Mannes die treibende Kraft in ihrem Leben. Bis 1997 besuchte ich sie noch mehrmals in Rotis, so in Vorbereitung ihrer Beteiligung an einer Menschenkette in Ulm im März 1993, gleichermaßen gegen die damals virulente Gewalt gegen Ausländer in Deutschland und zur Erinnerung an den Todestag ihrer Geschwister, der sich zum fünfzigsten Male jährte. Auch vor der Feier zum fünfzigsten Jahrestag der vh-Gründung 1996, zu der sie nach Ulm kam, unterhielt ich mich lange mit ihr. Die Leistungen der Vergangenheit waren alle Otls. Sie beschrieb sich als die Hand, er war der Kopf gewesen, eine Sichtweise, die die Quellen und Zeitzeugenberichte in keiner

Weise bestätigten. Doch in den Jahren vor ihrem Tod wollte sie nicht an ihre Leistungen als vh-Leiterin erinnert werden. Ihr ganzes Interesse galt nur noch ihrem verstorbenen Mann, ihrer geistig-behinderten Tochter Eva und ihrem Leben als
Evas Mutter.

Nie ging es Inge Aicher-Scholl um sich selbst. Die Ulmer Volkshochschule gründete und leitete sie ganz „im Geiste der Gemordeten". Hans und Sophie Scholl durften nicht umsonst gestorben sein. Ihren in den Flugblättern formulierten Visionen eines auf Mündigkeit und politisch-kultureller Bildung basierten Menschenbildes wollte Inge mit ihrer Arbeit entsprechen. Der politisch und empathisch handelnde Mensch war ihr Ziel, „Einmischung erwünscht" ihre Devise für die Bildungsarbeit in der vh.

Damit unterschied sich Inge Aicher-Scholl von allen Volkshochschul-GründerInnen der Nachkriegszeit – und unterscheidet sich die vh Ulm bis heute von allen Volkshochschulen. Die vh sollte eine Hochschule für alle, für das Volk sein, keine Schule. Die vh-Leitung bezog politische Position, vermittelte Wissen und Erkenntnisse und war gleichsam Vorbild für die TeilnehmerInnen, die sich ebenfalls „einmischen" sollten, persönlich, beruflich und politisch. Das Mandat für das Handeln wie die Wissensvermittlung zu diesem Zweck gab und gibt es nur in Ulm.

Aus Respekt vor Inge Aicher-Scholl und aus Akzeptanz ihrer Zieldefinition von Erwachsenenbildung haben die Aufsichtsgremien der vh und der Ulmer Gemeinderat das politische Engagement der vh und der MitarbeiterInnen immer respektiert. Sie haben damit eine kreative, sehr vielseitige, sehr lebendige, innovative und engagierte Volkshochschule ermöglicht, eine vh, die in der Zivilgesellschaft verankert ist – und nah an den Menschen.

Zu verdanken ist all dies vor allem der Arbeit und Persönlichkeit einer Frau: Inge Aicher-Scholl.

Dr. Dagmar Engels, geb. 1952, ist seit 1991 Leiterin der vh Ulm.

Plakat Ankündigung Guardini · Gestaltung Otl Aicher

„Für die ersten Veranstaltungen im Jahre 1945 und 1946 in der Martin-Luther-Kirche (Vorträge von Romano Guardini, Fedor Stepun u.a.) – wurde durch kleinformatige Plakätchen geworben, die an die Mauertrümmer der zerstörten Stadt angeschlagen waren. ... Es entstand allmählich das ‚Gesicht' der Volkshochschule, ein Gesicht, das damals zwar noch ein Jugendgesicht war, das aber mit frischen, lebendigen Augen in die Welt blickte."
(Hannes Eychmüller, aus dem Ulmer Monatsspiegel, April 1956.)

Ivo Gönner

Den Geist des Schwörbriefs weitergetragen

Im Herbst 1971 kam ich zur Ableistung meines Zivildienstes erstmalig für längere Zeit nach Ulm. Ich fand ein kleines Zimmer in der Engelgasse. Dieser Wohnort war nicht weit weg von der Volkshochschule, also auch nicht weit weg von dem Haus, in dem der „Offene Samstag" angeboten wurde.

Dank einer Initiative von Dozenten und engagierten vh-Besuchern wurde eine „sinnvolle Freizeitgestaltung" mit kulturellen Angeboten (Konzerte, Filme, Lesungen, Diskussionen) erstmalig in dieser Form in Ulm präsentiert. Zunächst war es geplant als eine Art „Clubsystem" (Mitgliedsbeitrag, Clubkarte usw.). Aus den ersten Erfahrungen entwickelte sich rasch die Einrichtung des „Offenen Samstages (OS)". Es war ein zentraler Treffpunkt in der Ulmer Innenstadt für junge Menschen aus allen Schichten. In der Innenstadt Wochenende für Wochenende, gab es ein munteres und fröhliches Stelldichein und Zusammenkommen mit ständigem Kommen und Gehen.

So fand auch ich, in unmittelbarer Nachbarschaft zu meinem Wohnort gelegen, immer häufiger den Weg zum „Offenen Samstag" in die vh.

Es gab viel Lob für diese Initiative, die meist ehrenamtlich geleistet wurde (Aufsichts- und Betreuungsarbeit). Es gab aber auch viele Probleme und vor allem Kritik und auch eine kritische Berichterstattung in den Medien (angeblicher oder tatsächlicher Drogenkonsum, Verschmutzung des Hauses usw.).

Das Angebot des „Offenen Samstages" war vor allem eine Antwort darauf, dass es gerade in der Innenstadt keinerlei offene und öffentlich zugängliche Begegnungs- und Treffpunktmöglichkeiten für Jugendliche in Ulm gab. Die Initiative war deshalb auch so wichtig, weil Räumlichkeiten für ein eigenes dafür geschaffenes Programmangebot zur Verfügung gestellt und ein wichtiges kulturelles Freizeitangebot jedes Wochenende garantiert wurden.

Im Herbst 1972 gab es dann mit der Bestellung von Ulrich Kindscher als Jugendreferent in der vh eine neue Entwicklung. Es gab einen Organisationskreis, bestehend aus gezielt angesprochenen und angeworbenen älteren Jugendlichen, der auch der Zielrichtung Rechnung trug, die der Selbstverwaltung. Gleichzeitig gab es aber auch im Wege einer „gelenkten Verantwortung" neue strengere strukturelle Rahmenbedingungen. Und fester

Bestandteil dieser neuen Struktur war: pro Einheit ein Film, eine Diskussion, sowie verschiedene Spiele und Kommunikationsgruppen und vor allem natürlich hervorragende Musikangebote.

Die politische zentrale Forderung vieler Jugendlicher zu dieser Zeit war: Wir brauchen ein selbstverwaltetes Jugendhaus, ohne Bevormundung und Aufsicht durch Pädagogen, Sozialarbeiter usw. In der sich immer wieder neu belebenden Diskussion hat dann Oberbürgermeister Hans Lorenser die Initiative ergriffen und den Jugendlichen den Büchsenstadel als zentrales, innerstädtisches Jugendhaus angeboten. Bald bildete sich eine „Initiativgruppe zentrales Jugendhaus Büchsenstadel", die in jahrelanger guter Arbeit in Koordination mit der vh und der Stadtverwaltung das Projekt „Zentrales Jugendhaus im Büchsenstadel" auf den Weg gebracht und realisiert hat.

Ich selbst zog dann 1973, nach Ende der Zivildienstzeit, zum Studium weiter und kehrte 1978 wieder nach Ulm zurück. Den „Offenen Samstag" gab es nicht mehr, das zentrale Jugendhaus im Büchsenstadel war Realität.

Oberbürgermeister Ivo Gönner
verleiht Inge Aicher-Scholl am
Schwörmontag, 21. Juli 1997,
die Ehrenbürgerwürde der Stadt Ulm.

ZERO·VERLAG

DER GEIST WEHT WO ER WILL
KALENDER FÜR DAS JAHR **1949**

CARL ZUCKMAYER
8. WOCHE   SONNTAG MONTAG DIENSTAG MITTWOCH DONNERSTAG FREITAG SAMSTAG
FEBRUAR   13   14   15   16   17   18   19

Kalenderblätter
1949 Zero Verlag

Der Fotokalender
für das Jahr 1949
wurde unter dem
Titel „Der Geist
weht wo er will"
herausgegeben.
Darin enthalten:
53 biografische
und fotogra-
fische Portraits
von Rednerinnen
und Rednern,
die in der neu
gegründeten vh
Ulm bereits Vor-
träge gehalten
hatten. Das
Kalenderblatt von
Carl Zuckmayer
ist original
signiert.

Foto: Hildegard
Steinmetz,
Gräfelfing.

All dies war nur möglich, weil Inge Aicher-Scholl und die Mitarbeiterinnen und Mitarbeiter in der vh Ulm sensibel und offen geblieben waren, um auch neue Initiativen und neue Entwicklungen zu ermöglichen und um ein neues „Ulmer Modell" zu schaffen.

Dies war meine erste Begegnung mit Inge Aicher-Scholl. Es war für mich ganz persönlich ein bewegender Moment, als ich dann im Jahre 1997 nach dem Beschluss des Ulmer Gemeinderates Inge Aicher-Scholl die Ehrenbürgerschaft der Stadt Ulm verleihen konnte. Es war auch das Jubiläumsjahr „600 Jahre Schwörbrief". Auch hier schließt sich ein „Ulmer Kreis", der geprägt ist durch die Botschaft des Schwörbriefes, der Verpflichtung zur Erhaltung des innerstädtischen Friedens und zu eigenen Bei-trägen der Bürgerinnen und Bürger für unsere Stadt Ulm. Diese Botschaft war auch immer eine Bot-schaft, die Inge Aicher-Scholl vermittelte.

So habe ich auch diesen Rückblick auf den Offenen Samstag in dankbarer Erinnerung an Inge Aicher-Scholl aufgeschrieben.

Ivo Gönner, geboren 1952 in Laupheim, studierte Rechtswissenschaften und ist seit 1992 Oberbürgermeister der Stadt Ulm.

Götz Hartung

Beharrlich unabhängig

Über 25 Jahre bin ich Inge Aicher-Scholl in vielfältiger Weise begegnet, sowohl als Kultur-Bürgermeister der Stadt Ulm, aber auch ganz persönlich.

Als ich 1973 nach Ulm kam, wurde mir sehr rasch bewusst, welch hohen Stellenwert und welch hohe Anerkennung die Ulmer Volkshochschule im geistig-kulturellen Leben der Stadt einnahm. Dies war zweifellos Verdienst von Inge Aicher-Scholl, der Gründerin und der noch bis Oktober 1974 tätigen Leiterin der „vh". Die vh war etwas Besonderes: Gerade hier wurde das moralische und politische Erbe der Weißen Rose in die Tat umgesetzt und unter dem von Otl Aicher gestalteten Emblem der „Eule der Weisheit" der 1946 begonnene geistig-kulturelle Neuanfang weitergeführt. Unter dem Motto „Einmischung erwünscht" wurde die vh Ort der Begegnung und des Dialogs mit den Menschen zu allen wichtigen gesellschaftlichen und politischen Themen und Herausforderungen.

So saß auch ich Anfang der 70er Jahre im Rahmen der so genannten „Offenen Samstage" im Club Orange des 1968 neu bezogenen Einstein-Hauses; ausgehend von den 68er Jahren und den damaligen Jugendprotesten ging es um die Anliegen der jungen Generation zum Thema „Autonomes Jugendhaus Büchsenstadel" – der entsprechende Impuls der vh hatte in der Kommunalpolitik Erfolg (wenn auch nicht anhaltend). Weitere Themenfelder wie Ziele der Frauenbewegung, Bürgergesellschaft, Dritte Welt schlossen sich an.

Ich erinnere mich an eine durchaus kontroverse Diskussion im Jahr 1974 mit Inge Aicher-Scholl über die künftige Vereins- und Satzungsstruktur der vh. Das bisherige Organisationsstatut war auf ihre Person ausgerichtet: So war sie als Leiterin der vh zugleich Vorsitzende des Vereins und Vorsitzende des Kuratoriums – alles in Personalunion; manche Kritiker sprachen daher von „einer unzeitgemäßen Oligarchie". Seitens der Stadt Ulm als maßgeblichem Zuschussgeber – sowie ihren Mandatsträgern wurde daher, nicht zuletzt auch im Blick auf die personelle Nachfolge, eine weitergehende Mitwirkung bei der vh-Arbeit und zugleich eine offenere Vereinsstruktur gefordert. Mit großer Beharrlichkeit hat Inge Aicher-Scholl damals diese politische Einflussnahme abgewehrt und für die Unabhängigkeit der vh und ihren inhaltlichen Freiraum gekämpft. Der seinerzeit von mir vorgelegte Satzungsentwurf wurde meinerseits zurückgezogen; nachfolgende Satzungsänderungen haben das Zusammenspiel zwischen Trägerverein, vh-Leitung und politischen Mandatsträgern zwar neu geregelt. Das von Inge Aicher-Scholl vermachte Erbe und „Markenzeichen" blieb in seiner grundsätzlichen Bedeutung und Struktur jedoch erhalten; es erfolgte keine Kommunalisierung, Träger ist bis heute ein rechtlich eigenständiger Verein (mit den erforderlichen Aufsichtsgremien), und die vh-Leitung trägt die Gesamtverantwortung für Planung und Durchführung der Volkshochschularbeit.

Ein weiteres wichtiges Begegnungsfeld war natürlich die Geschichte und das Erbe der ehemaligen Hochschule für Gestaltung (hfg), die ebenfalls von Inge Aicher-Scholl und zusammen mit Max Bill und Otl Aicher im Jahre 1953 durch die Geschwister-Scholl-Stiftung als deren Trägerin ins Leben gerufen wurde. Nach Schließung der hfg im Jahre 1968 zeigten sich in der Diskussion über die zukünftige inhaltliche Aufgabenstellung der Stiftung unüberbrückbare Gegensätze; die bisherige Stiftung wurde abgelöst und in die hfg-Stiftung übergeleitet.

Aufgabe der Stiftung sowie der Stadt Ulm war es – nach Übertragung eines Depositums der ehemaligen hfg-Bestände im Jahre 1974 –, sich um die Wahrung des hfg-Erbes für die nachfolgenden Designer-Generationen zu bemühen. Nebst dem von den Ehemaligen im Jahre 1985 gegründeten „club off ulm" hat die Stadt Ulm dann nachfolgend im Jahre 1987 das „hfg-Archiv" eingerichtet, das nun seinen Platz gefunden hat in Räumen der ehemaligen hfg am Oberen Kuhberg. Aufgabe des Archivs ist es Unterrichtsmaterialien und Exponate der ehemaligen Studenten und Professoren der hfg zu sammeln, zu dokumentieren und der wissenschaftlichen Nutzung zugänglich zu machen. Ein überaus bereichernder Teil ist heute der umfangreiche Werknachlass von Otl Aicher, dem Mitbegründer der hfg.

Ich erinnere mich noch daran, dass die Übernahme dieses Nachlasses durch die Stadt Ulm (hfg-Archiv) jedoch ein Stück weit „erkämpft" werden musste. So begannen nach dem Tode von Otl Aicher im Jahre 1991 vielfältige Gespräche und Verhandlungen mit Inge Aicher-Scholl und ihrer Familie; einbezogen werden musste aber auch das Land Baden-Württemberg (Ministerium für Familie, Frauen, Weiterbildung und Kunst) sowie die 1992 neu gegründete Hochschule für Gestaltung des

ZKM Karlsruhe unter Prof. Klotz – zugleich im Wettbewerb zu Ulm stehend. So bedurfte es unsererseits einer großen Überzeugungsarbeit, anknüpfend auch an die historischen Wurzeln der hfg und der Familie Aicher-Scholl, um die vorgenannten Partner für den Zuschlag an die Stadt Ulm zu gewinnen. So konnten dann im Juni 1996 – nach eingehenden Beratungen im Ulmer Gemeinderat – die Übernahme-Verhandlungen abgeschlossen werden; einerseits mit einer Rahmenvereinbarung zwischen der Familie Aicher-Scholl, dem Lande Baden-Württemberg, der HfG Karlsruhe und der Stadt Ulm; andererseits zwischen der Familie Aicher-Scholl und der Stadt im Hinblick auf die Eigentumsübertragung des Nachlasses. Eine kleine Dauerausstellung im hfg-Archiv gibt Einblicke in das umfangreiche Werk des Gestalters; damit verbunden sind auch weitere Aktivitäten, vor allem im Ausstellungsbereich – so anlässlich des 75. Geburtstags von Otl Aicher und 2012 zu dessen 90. Geburtstag.

Schade, dass Inge Aicher-Scholl die Neupräsentation der Bestände in der ehemaligen hfg – ihrem einstigen Wirkungsort – nicht mehr selbst miterleben konnte. Ich denke, wir alle werden uns aber mit besonderer Dankbarkeit an diese großartige Schenkung der Familie Aicher-Scholl – zu Nutzen und Verpflichtung gegenüber nachfolgender Generationen – erinnern.

Dr. Götz Hartung, geb. 1939 in Stuttgart, Studium der Rechtswissenschaft, von 1973 bis 2004 Kultur- und Sozialbürgermeister der Stadt Ulm.

Elfriede Hoschkara

Sehr korrekt

Vom 1. April 1947 bis 30. April 1948 habe ich im Sekretariat der Volkshochschule gearbeitet. Die Stelle bekam ich eher durch Zufall. Ich hatte einen Bekannten in einem Chor, Eberhard Nachbauer. Er wies mich darauf hin, dass es bei der vh einen Posten gäbe, und er fragte mich, ob ich diesen denn nicht vielleicht übernehmen wolle. Eigentlich hatte ich gar keine Lust auf Büroarbeit damals. Aber ich bewarb mich trotzdem und hatte letztendlich viel Freude. Erika Schmid war damals die rechte Hand von Inge Scholl. Ich habe mehr mit Trude Zink zusammengearbeitet. Mit der späteren Frau Aicher hatte ich keinen sehr großen Kontakt. Sie war ja auch viel unterwegs. Mit Frau Schmid bin ich bis zu ihrem Lebensende immer noch in Kontakt geblieben. Sie hat mich auch auf dem Laufenden gehalten, was da in Ulm passierte.

ulmer volkshochschule

Z e u g n i s

Fräulein Elfriede S c h w a r z , geboren am 17.Juni 1926, war vom 1.April 1947 bis 30.April 1948 im Sekretariat der Ulmer Volkshochschule beschäftigt. Ich habe sie in dieser Zeit als fleissige und sehr willige Mitarbeiterin schätzen gelernt. Es wurden ihr allgemeine Büroarbeiten, sowie ein Teil der Korrespondenz übertragen. Durch ihr freundliches, entgegenkommendes Wesen war sie auch besonders geeignet, den Publikumsverkehr mit unseren Mitgliedern zu übernehmen und denk ihrer raschen Auffassungsgabe erarbeitete sie sich so in kurzer Zeit ein sicheres selbständiges Aufgabengebiet: Die Führung der Mitgliederkartei mit allen dazugehörenden statistischen Arbeiten.

Fräulein Schwarz führte die ihr übertragenen Aufträge jederzeit sorgfältig und gewissenhaft aus und setzte sich für ihre Arbeit nicht nur sehr verantwortungsbewusst sondern darüber hinaus mit unermüdlicher Bereitschaft und Anteilnahme am ganzen Werk der Volkshochschule ein.

Wir bedauern das Scheiden von Fräulein Schwarz als Mitarbeiterin sehr, beglückwünschen sie jedoch zu ihrer Vermählung ebenso herzlich und wünschen ihr auf dem neuen Lebensweg alles Gute.

Ulm, den 30.April 1948

Leiterin der Ulmer Volkshochschule

Einen wichtigen Teil meiner Aufgaben stellte die Führung der Mitgliederkartei mit allen dazugehörenden statistischen Arbeiten dar. Außerdem besuchte ich Mitglieder oder musste auch neue gewinnen. Diese Arbeit im Außendienst habe ich sehr gerne gemacht, denn der Kontakt zu den Menschen lag mir sehr. Diese Arbeit hat mir Inge Scholl nach kurzer Zeit selber übertragen. Teilweise mussten Trude Zink und ich die Dozenten abholen oder zur vh bringen.

An den Aufbau der vh habe ich noch große Erinnerungen. Ich erzähle immer wieder gerne, wie toll das die Inge Scholl gemacht hat. Sie hatte auch noch viel Hilfe durch ihren Vater, der damals Oberbürgermeister in Ulm war. Dadurch ist ihr meiner Meinung nach viel mehr gelungen als es sonst möglich gewesen wäre. Tolle Dozenten kamen nach Ulm. Es fallen mir immer wieder Max Bill ein oder die Luise Rinser. Ganz zu schweigen von Ilse Aichinger.

Manchmal war ich bei der Familie Scholl am Michelsberg und habe dort geschrieben. Da war auch Fritz Hartnagel.

Inge Scholl war eine sehr korrekte Vorgesetzte. Ich habe sie sehr geschätzt. Sie war sehr intelligent. Und sie hat es wunderbar verstanden, der Volkshochschule ein Leben einzuhauchen, wie das niemand erwartet hätte. Und sie hatte sehr gute Mitarbeiter. In einem Gremium haben sich Leute wie Herbert Wiegandt und andere Kapazitäten in Ulm immer wieder getroffen. Für mich war es faszinierend zu beobachten, wie sie ihre Ideen eingebracht hat. Natürlich habe ich auch erst später erkannt, welch tolle Persönlichkeiten in die vh kamen.

Ich interessierte mich schon immer für Literatur und Musik. Im Nachhinein kann ich sagen, dass die Arbeit an der vh in mir viele Interessen geweckt und viele Schleusen geöffnet hat. Inge Scholl war für mich ein großes Vorbild. Aber sie war in meinen Augen auch – ich möchte nicht sagen zugeknöpft, sie war eher ein herber Typ. Und sie war eine sehr korrekte und vor allem sehr gebildete und interessierte Persönlichkeit.

Die Situation nach dem Krieg, ich würde sagen, sie war mühsam. Ich hätte gerne in Stuttgart Musik studiert, oder eine Ausbildung in der Hauswirtschaft gemacht. Dann lernte ich meinen Mann kennen. Auch das war schwierig, denn er ist Wiener.

Wir mussten uns im Allgäu treffen, am Heilbronner Weg. Ich bin dann schon bald mit ihm nach Wien gegangen. Nun lebe ich seit über 64 Jahren in Wien, aber die Erinnerung an die vh ist mir immer noch lieb.

Elfriede Hoschkara, geb. Schwarz (1926), wuchs im Ulmer Vorort Söflingen auf. Sie arbeitete für kurze Zeit an der neu gegründeten vh in Ulm, bevor sie nach Wien zog. Sie ist Mutter von drei Töchtern.

Horst Kächele

Übungen mit Gruppenphase

Bei der Gründung der Medizinisch-naturwissen-schaftlichen Universität Ulm war einer der For-schungsschwerpunkte auch das Fach Psychosomatik, dank der Mitwirkung des Gründungsprofessors Thure von Uexküll. Mit der Berufung von Prof. Thomä als Leiter der Abteilung Psychotherapie kam auch die Psychoanalyse an die Hochschule. Ein psychoanaly-tisches Ausbildungsinstitut wurde gegründet und junge Assistenten beider Abteilungen – Psycho-somatik und Psychotherapie – suchten und fanden Betätigungsfelder in dem städtischen Umfeld.

Eines davon war der „Offene Samstag" in der vh. Vermittelt wurde unsere Mitwirkung durch die Filmemacherin Jeanine Meerapfel, die in der vh-Arbeit mit Inge Aicher-Scholl gut verankert war. Was war diese jugendnahe Einrichtung?

Samstag war die vh eine offene Einrichtung. In allen Räumen wurden verschiedenste Veran-staltungen unterschiedlichster Dauer und themati-scher Besetzung angeboten. Als junge Möchtegern-Psychoanalytiker (wenn auch noch in Ausbildung) boten wir einen Gesprächskreis an, bei dem die jugendlichen Besucher über alles sprechen konnten, was ihnen am Herzen lag. Als spezielle Gruppentech-nik übernahmen wir von dem Giessener Gruppen-analytiker Tobias Brocher – den Inge Aicher-Scholl als Berater für dieses offene Forum engagiert hatte – den Vorschlag, einen inneren und äußeren Kreis zu bilden. Wer sich aktiv am Gespräch beteiligten wollte, saß im inneren Kreis und eine größere Zahl saß in einem äußeren Kreis drum herum. Liebe und Aggression, Haschisch oder Zigarettenkonsum, Schule, Arbeitsplatz, lokale oder auch mal die ganz große Politik, alles konnte zum Thema gemacht werden. Die Treffen waren unterschiedlich gut besucht; wenn es draußen feucht war, kamen mehr, wenn die Sonne schien, waren es weniger. Für uns Jung-Akademiker waren sie eine wunderbare Möglichkeit, vor-klinische Erfahrungen im Umgang mit Jugendlichen aller sozialer Schichten zu machen. Es hat Spaß gemacht, es hat nichts gekostet und irgendwann ist dieser Offene Samstag eingeschlafen.

Prof. Horst Kächele, geb. 1944 in Kufstein, war ab 1977 Hochschullehrer an der Universität Ulm, seit 1990 Inhaber des Lehrstuhls für Psychotherapie, und ab 1997 Ärztlicher Direktor der Klinik für Psychosomatische Medizin und Psychotherapie der Universität Ulm. Er gilt als Verfechter empirisch fundierter psychoanalytischer Forschung, einer manchmal auch als Ulmer Schule der Psychoanalyse bezeichneten Lehrmeinung; derzeit Professor an der International Psychoanalytic University Berlin.

Renate Krausnick-Horst

Sie hatte ihre eigenen Vorstellungen

Als ich Inge Aicher-Scholl 1956 kennenlernte, war ich Geschäftsführerin des Württembergischen – ab 1967 war es der baden-württembergische – Volkshochschul-Verbandes. Eine erste Begegnung aber hatte bereits einige Jahre vorher im Volkshochschulheim Inzigkofen (bei Sigmaringen) stattgefunden, dessen Sekretärin ich von 1949 bis 1954 war.

Dort tagte, 1950 oder 1951, die Gruppe 47. unter dieser Elite der zeitgenössischen Schriftsteller befand sich eben auch Inge Scholl, als Gast der Gruppe eingeladen und um in Inzigkofen Frau Bermann-Fischer zu treffen. Beide unterhielten sich in meinem Büro und telefonierten mit dem einzigen Telefon, ohne mich, die junge Sekretärin, weiters zu beachten.

Die Gruppe 47 brachte mir, so interessant sie war, ein wenig Ungemach ein. Zuhören durfte ich nicht, dafür aber musste ich meinen Teppich, meinen Sessel und meine Stehlampe hergeben, weil Hans-Werner Richter offenbar eine Wohnzimmer-Atmosphäre für die Lesungen bevorzugte. Die Schriftsteller lagerten auf Matratzen im Raum, Stühle mochten sie nicht. Es war eine arbeitsreiche Woche für mich, Inge Scholl erhaschte ich nur von weitem und wunderte mich über ihre sanfte und etwas gedehnte Sprechweise.

1956 kam es dann zur ersten richtigen Begegnung mit ihr. Inzwischen hatte sie geheiratet und ich lernte sie in ihrer Wohnung kennen mit ihrem Mann Otl und drei Kindern. Inge Aicher-Scholl kam in unseren Vorstand und blieb es viele Jahre, bis sie sich aus der Volkshochschularbeit zurückzog und nach Rotis ging. Ich sehe sie noch in meinem Büro sitzen und von ihrem Wegzug sprechen. Ich wollte sie nicht gern entbehren und führte die spätere Rente ins Feld. Aber sie lächelte still und meinte, das spiele für sie keine Rolle.

In späteren Jahren sind wir uns nur noch selten begegnet, etwa, wenn sie zu runden Geburtstagen von Herbert Wiegandt kam, mein und meines Mannes bester Freund, nebenbei auch zweiter Vorsitzenden des VHS-Verbandes – Inge Aicher-Scholl war Patentante seines Sohnes. Er hatte zu den Gründern der vh gehört, war jahrelang dort Dozent und im Gremium tätig. Er war Bibliotheksleiter, später Professor an der Fachhochschule für das Bibliothekswesen und lange Jahre gefragter Dozent

für geschichtliche und kunstgeschichtliche Themen an der vh.

Waren wir befreundet? Ich würde sagen nein, wir waren gut bekannt. Sie kam bei mir vorbei, wenn sie in Stuttgart war, ich besuchte sie des Öfteren in Ulm in ihrem Haus nahe der Hochschule für Gestaltung, hörte über Kinderprobleme und VHS-Sorgen und fuhr auch einmal mit ihr nach München, wo wir gemeinsam einkauften und ich dann einen Abend mit ihr und Otl verbrachte. Eine wirkliche Freundschaft ergab sich nicht, sie war in vielen Bereichen tätig, eine berühmte und viel gefragte Frau, ebenso sanft und bescheiden wie eigenwillig und durchsetzungsfähig, immer interessant, aber nicht leicht auf einen Nenner zu bringen.

Deckblatt des Ulmer Monatsspiegels vom April 1956. Die vh Ulm feierte ihr 10-jähriges Bestehen.

Es gab unterschiedliche Auffassungen zwischen ihr und den anderen Volkshochschulen, denn bei der Ulmer vh war alles anders, sie war in den Verband nicht recht zu integrieren, was für die Geschäftsführung natürlich ein gewisses Problem bedeutet. Andererseits stand sie stets loyal zum Verband und war da, wenn ich sie brauchte. Aber alle anderen kürzten sich VHS ab, Ulm nicht; alle hatten eingeschriebene Kursteilnehmer, Ulm nicht; alle hatten Kursgebühren, Ulm nicht; alle führten die Bundesstatistik, Ulm nicht.

Ulm hatte Monatsbeiträge der Mitglieder, die dann alle Veranstaltungen besuchen konnten – schlecht für eine Statistik. Es gab kein Kurssystem und lange Jahre keine berufliche Weiterbildung – in Vielem war die Ulmer vh anders als alle. Aber sie war gut, es gab eine vorzügliche politische und allgemeine Weiterbildung, modern und mit berühmten Rednern, denn dem Ruf Inge Aicher-Scholls folgten sie alle. Es gab die damals revolutionäre und sehr ästhetische Werbung – kurzum, die Ulmer vh war eines unserer Aushängeschilder, aber eben schwer zu integrieren und durch das Mitgliedersystem eine Elite-VHS, nicht eine solche für jedermann, wie das meiner Vorstellung entsprach.

Im Ulm der Nachkriegsjahre hatte sich damals eine kleine „Gelehrten-Republik" versammelt, die das geistige, kulturelle Leben beherrschte – unter der schützenden Hand des Oberbürgermeisters, Theodor Pfizer. Ich kann nur einige nennen: Tobias Brocher, Psychologe, Herbert Pée, der Museumsleiter, der Theatermann Wackernagel, der Musiker Jürgen Uhde und viele andere. Otl Aicher und Inge Aicher-Scholl spielten in diesem Kreis natürlich eine führende Rolle. Und sie waren sich einig in ihrer politischen Haltung, strikt gegen alte Nazis (die natürlich auch hierzulande noch häufig anzutreffen waren), mehr oder weniger gegen die Adenauer-Ära, die sie als Restauration verstanden und gegen die Wiederbewaffnung. Später wurden sie auch zu Gegnern der amerikanischen Atomraketen-Bewaffnung, saßen dafür auf der Straße und machten Schlagzeilen. Und setzten sich natürlich für die Hochschule für Gestaltung ein. Ich erlebte die Ulmer vh-Dozenten des Öfteren im Volkshochschulheim Inzigkofen und hörte ihnen begeistert zu.

Weniger begeistert waren wir über ihre etwas wilden Eskapaden, die das sehr traditionelle Dorf beunruhigten, etwa nächtliche Einbrüche in die Kirche, um zu Orgeln, oder auf den langen Gängen Wagenrennen mit Fußmatten zu veranstalten – meist unter Führung von Otl. Inge hat sich an solchen Unternehmungen nach meiner Erinnerung eigentlich nie aktiv, nur mit ihrem Lachen beteiligt. So, wie ich sie auch nie öffentlich reden hörte, obwohl sie mit Reden etwa in den USA doch sehr erfolgreich gewesen sein muss - stets scheute sie bei uns davor zurück. Selbst bei der Eröffnung des EinsteinHauses, das doch das Werk von Inge und Otl war, für das sie jahrelang gekämpft hatten, hat sie meines Wissens nicht selbst gesprochen. Ich durfte damals im Namen des VHS-Verbandes sprechen und sagte unter anderem: „Das Programm einer Volkshochschule ist das Selbstporträt ihres Leiters." Doch, das galt ganz sicher für Ulm, auch wenn Programm und Struktur wie Organisation sich später und noch unter Inge Aicher-Scholls Leitung voll den allgemeinen Gepflogenheiten angepasst haben.

Stets habe ich ihr Geschick bewundert, die wachsende Familie, ihre vielen Reisen und die großen und vielfältigen Aufgaben zu bewältigen, zu delegieren und sich helfen zu lassen. Insbesondere durch Eri, Erika Schmid, die Geschäftsführerin der vh, die sich unermüdlich für sie einsetzte und half, wo sie konnte, nur manchmal etwas klagend. Sicher war da aber auch ihr Mann, der bei allem half, Ideen gab, Texte schrieb – jedenfalls hörte ich es so. Beide waren in ihrer Art ungeheuer anregend, widersprüchlich und unverwechselbar. Oft und gern habe ich mich auch mit ihm unterhalten, diesem vielseitigen, künstlerischen wie boden-ständig-handwerklichen Menschen, sprudelnd vor Ideen – nur Langeweile mochte er sicher nicht! – der gern fantasievolle Geschichten hörte, die ich wiederum gern erzählte.

Oft habe ich in diesen frühen Jahren gehört, Inge Aicher-Scholl habe ihre Erfolge auch dem Schicksal ihrer Geschwister zu verdanken, von dem wir alle wussten und das uns stark beschäftigte. Mag sein, dass es ihr Türen geöffnet hat, aber nach meiner Beobachtung war Inge-Aicher-Scholl eine starke, sehr eigenständige Persönlichkeit - gerade wegen mancher Widersprüche und Eigenheiten –, die ihre eigenen, unverwechselbaren Spuren hinterlassen und manches zum Gelingen der jungen Demokratie beigetragen hat.

Renate Krausnick-Horst, geb. 1930 in Berlin, machte eine ähnliche Frauenkarriere im Bildungsbereich Nachkriegsdeutschlands wie Aicher-Scholl. Sie war Geschäftsführerin und Verbandsdirektorin verschiedener Hochschulverbände. Seit 1999 ist sie Mitglied des Verwaltungsrats des SWR und des Landesrundfunkrates, Vorsitzende des Volkshochschulheims Inzigkofen sowie Vorsitzende des StadtSenioren-Rats Stuttgart. Renate Krausnick-Horst lebt in Stuttgart.

Silvester Lechner

Am Anfang in großen Schuhen...

Jahresende 1941

Inge, Hans und Sophie Scholl verbringen zusammen mit drei Freunden aus Hans' Münchener Umgebung (Traute Lafrenz, Ursula Claudius und Wulfried Muth) auf der Coburger Hütte in den Mieminger Bergen die Tage von 28. Dezember bis 1. Januar. Mindestens drei Stunden lang waren sie mit Skiern von Ehrwald aufgestiegen. Die Hütte liegt in etwa 2000 Meter Höhe, genau westlich gegenüber der Zugspitze. Sie ist unbewirtschaftet, die Sechs sind die einzigen Gäste.

Inge Scholl schrieb zusammen mit Traute Lafrenz über die Unternehmung in der dritten Ausgabe des „Windlichts" (1942), einem internen Rundbrief des Ulmer Scholl-Freundeskreises, einen etwa 20 Seiten umfassenden Bericht, „Die Tage in der Skihütte". Davon ist ein Ausschnitt in den von Inge Jens herausgegebenen „Briefen und Aufzeichnungen von Hans und Sophie Scholl" (Frankfurt 1984, S.267f) wiedergegeben; das vollständige Original liegt im Münchener „Institut für Zeitgeschichte", im Nachlass Inge Aicher-Scholl. Dort schreibt sie unter anderem:

„Am kommenden Morgen konnten wir zur Coburger Hütte aufbrechen, in der wir ganz für uns leben sollten. [...] In Serpentinen klommen wir eine Mulde hinan, Hans und ich den anderen ein Stück voraus [...]. Hier war der Schnee ziemlich verweht, und wo ich auch meine Skier hinsetzte, überall glitt ich [...] ab [...]. Ich mühte mich mit dieser verzweifelt unzugänglichen Stelle ab, während Hans, der sie mit Leichtigkeit unter sich gebracht hatte, schon nicht mehr zu sehen war [...] und uns zurief, nur noch einige Schritte seien es bis zur Hütte. [...] Draußen hatte sich ein Schneesturm erhoben [...] Es ist gut, dass die Reinheit und Stille dieser Höhe einige Mühe und Anstrengung voraussetzt [...], denn die gemeinsame Mühe und das Unbequeme, ja manchmal Schwierige solch eines Aufstieges schließt uns in einer besonderen Weise zusammen. [...] Nicht, dass wir diesem ‚Wir' das Ich opfern wollen, nein, viel eher suchen wir es wegen diesem Ich, [...] dass es sich in diesem ‚Wir' wie in einem Spiegel betrachten möge. [...] Die Bücher geben den Tagen auf der Hütte ein ganz besonderes Gepräge, weil die Gedanken aller durch sie auf denselben Stoff gelenkt werden. [...] Ein großes Rätsel sei es [bemerkte

einer], dass es so viele Menschen gibt, die keinen Hunger nach dem Geistigen verspüren [...]. Sie decken eine Menge Zeug auf die kleine Stimme in ihrem Innern, anstatt einfach stehen zu bleiben und zu fragen: warum? [...] Aber sie scheinen zu schlafen [...]".

Juni 2012

Was ich schon lange vorhatte, ich gehe zur Coburger Hütte auf „Spurensuche". Ein warmer Sommertag, der Anstieg zwar schweißtreibend, aber moderat, die Hütte mittlerweile ein halbes Hotel. Was für eine abenteuerlich-wilde Unternehmung, eingebettet in ein tiefes Gruppenerlebnis, war das anno 41! In der Mischung mit gemeinsamer Lektüre so typisch für die Traditionen der bündischen Jugend; aber auch so erhellend für die vielfältigen Suchbewegungen der Scholls, ehe ein halbes Jahr später die ersten vier „Flugblätter der Weißen Rose" entstanden. Und schließlich: wie fast gegensätzlich erscheinen diese Selbstaussagen der damals 24-jährigen Inge Scholl zu der Inge Aicher-Scholl, der ich an einem Junitag des Jahres 1974 erstmals begegnete. 33 Jahre liegen dazwischen – ein anderer Mensch, der gleiche Mensch ...

Juni 1974

Ich sitze im Club Orange der Ulmer Volkshochschule als Kandidat für die Stelle eines Pädagogischen Mitarbeiters. Nach der eben verliehenen „Doktorwürde" an der Münchener Uni der erste Schritt ins Arbeitsleben. Mir gegenüber das Auswahlgremium des vh-Kuratoriums; dazwischen Inge Aicher-Scholl, zurückhaltend, fast schweigend, aber sehr präsent, jeden Eindruck einer Parteinahme vermeidend, wie es mir im Nachhinein erscheint. In diesen Wochen endete die seit 1948 während „Ära Inge Aicher-Scholl" an der Ulmer vh. Ich sollte ab Oktober '74 – neben dem schon gewählten neuen Leiter Thomas Lindemann – den Fachbereich der politischen Bildung übernehmen. „Was wellet se denn da macha, Herr Lechner?", fragte der Vertreter einer Ulmer Gemeinderatsfraktion, und der Vertreter der Stadt Ulm nickte, diese Bedenken gewissermaßen unterstreichend, mit dem Kopf. Und mir war gleich klar, da wurde Argwohn artikuliert gegenüber einem von den Studenten, die in den zurückliegenden Jahren diesen Krawall an den Universitäten gemacht hatten. Wie ich genau geantwortet habe, weiß ich nicht mehr. Aber es ging wohl in die Richtung, dass ich „auf der Grundlage der Gegenwart und im Geist der Geschwister Scholl und der Prinzipien der Ulmer vh" weiter machen wolle. Die Frager schwiegen, ich wurde genommen und mir war klar: diese „Schutzheiligen" würde ich noch öfters brauchen können in den nächsten Ulmer Jahren …

Allerdings: Auch damals schon hatte ich ein kleines – später wachsendes – schlechtes Gewissen bei dieser Form der Aneignung, um nicht zu sagen, der Instrumentalisierung des Weiße-Rose Erbes. Denn es gab Beispiele genug, dass dieses Erbe als moralisches Alibi von allen möglichen Sonntagsrednern, auch solchen mit „brauner" Vergangenheit, benutzt wurde. Und genau mit diesem Argument der unberechtigten Indienstnahme dieses Erbes hatten 68er-Aktivisten im Februar 1968 die traditionelle Gedenkfeier im Lichthof der Münchner Universität massiv gestört. Ich war damals Student im vierten Semester und war Zeuge der Veranstaltung – nicht ohne eine gewisse Sympathie für die Protestler …

… große Schuhe …

In einem Sechs-Augen-Gespräch mit Inge Aicher-Scholl und Thomas Lindemann gleich nach der Auswahlsitzung konnte ich dann meine tatsächlich ziemlich stark von der Studentenbewegung geprägten politischen Vorstellungen artikulieren. Inge Scholl hörte sich das mit Geduld, einem Hauch von Skepsis und einiger Sympathie, wie ich mich zu erinnern glaube, an. Und sie verabschiedete sich und uns: wir sollten einfach anfangen, sie würde jetzt in Rotis im Allgäu wohnen und uns keine Vorschriften machen. Aber wenn wir sie brauchten, sollten wir einfach kommen.

Und wir, besonders ich, brauchten sie, denn ich bemerkte von Tag zu Tag mehr: Die Schuhe, in die ich da in der Ulmer vh hineingefunden hatte, waren für mich neu und fremd, und ich empfand sie manchmal als ziemlich groß. Von Theorie und Praxis der Erwachsenenbildung hatte ich keine Ahnung, ebenso wie von den gewachsenen Strukturen des vh-Betriebes und der ihn bedingenden Ulm-Welt.

Im ersten Vierteljahr rief ich zwei oder drei Mal an, fuhr nach Rotis, lernte Otl Aicher kennen, schüttete mein Herz und meinen Verstand aus und – bekam keine Ratschläge und keine kritischen Worte. Zum Abschied der Satz: „Herr Lechner, Sie machen das schon recht." Es folgten im Jahr danach weitere Besuche und auch ein ganzes Wochenende in Rotis, zusammen mit anderen vh-Mitarbeiter/innen. Das Wochenende umfasste ein „brain-storming" zum

künftigen Weg des „Offenen Samstags", eines Ulmer Jugendtreffs ehe es ein Jugendhaus gab.

Ich gewann Orientierung, Sicherheit und Selbstbewusstsein bei diesen Kontakten in Rotis. So wuchs ich in die großen Schuhe der vh-Tradition hinein und gewann bald den Mut, manches auch anders zu machen. Und das blieb so all die sieben Jahre, die ich an der vh angestellt war.

In Ulm, in der vh, tauchte Inge Aicher-Scholl fast nie mehr auf, ganz generell war das wohl vor allem schmerzvolle Lebenskapitel Ulm für sie 1974 abgeschlossen. Doch es gab Ulmer Projekte, für die sie sich weiter interessierte. So nahm sie zusammen mit Otl Aicher großen Anteil an der Entwicklung zum Aufbau einer „Mahn- und Gedenkstätte" in den Räumen des „Fort Oberer Kuhberg" und war zu diesem Zweck schon 1971 einem Kuratorium beigetreten. Und das war besonders in der Außenwirkung überaus wichtig. Denn in Ulm, der alten Garnisonsstadt, lebte – so wie anderswo – die aktive Generation der Nazi-Jahre noch und die NS-Vergangenheit wurde mit Zähigkeit „beschwiegen". So gab es größte Ressentiments („Ulm nicht nachträglich zur KZ-Stadt machen") gegenüber diesen Plänen und gegenüber denen, die diese Pläne verwirklichen wollten, wie die letzten noch lebenden KZ-Häftlinge, die ja „leider" mal Kommunisten gewesen waren. Diese Ressentiments gab es natürlich auch gegenüber den Geschwistern Scholl, doch deren Aktionen waren öffentlich nicht kritisierbar, gehörten vielmehr zum rhetorischen Inventar eines „anderen Deutschland", eines „anderen Ulm".

Im Rahmen der Friedensbewegung und der „Menschenkette" in den frühen 80er Jahren waren Inge und Otl Aicher ebenso präsent wie bei einer Gegenkundgebung zu einem Republikaner-Parteitag zehn Jahre später. Dort hatte sich die bizarre Situation ergeben, dass Hans Hirzel, 1942/ 43 im nächsten Umfeld von Hans und Sophie Scholl aktiv und im April 1943 vom Volksgerichtshof verurteilt, als Republikaner-Mitglied mit einer Parteitagsrede auftrat.

Kontroversen

Einen Punkt freilich gab es, an dem das Verhältnis zwischen uns schwierig wurde. Dieser Punkt trat erstmals in Erscheinung, als ich in den 80er Jahren begann, zu einem Aufsatz „Die ‚Weiße Rose' und Ulm" zu recherchieren. Er erschien 1988 in meinem Buch mit dem Titel „Das KZ Oberer Kuhberg und die NS-Zeit in der Region Ulm". Während Otl Aicher, der zu dieser Zeit sein biografisches Schlüsselwerk „innenseiten des kriegs" schon veröffentlicht hatte (1985), einen ganzen Nachmittag lang auf meine Fragen antwortete, erzählte sie nicht viel und hielt vorhandene Quellen zurück. Und sie behielt sich vor,

Foto: Sisi von Schweinitz, 1955 · Copyright: Hfg-Archiv Ulm

das Manuskript vor der Drucklegung gezeigt zu bekommen und zu korrigieren. Das blieb auch so bei meinem Aufsatz mit dem Titel „Die ‚Weiße Rose' am Beispiel von Hans und Sophie Scholl" von 1994 für die Zeitschrift „Politik und Unterricht".

Damals schon wurde mir klar, dass für sie das Schreiben eines „Fremden" über Leben und Taten ihrer Geschwister schwer auszuhalten war, wie ein Griff in ihre Intimität empfunden wurde. Ich verstand damals: der Verlust durch den staatlich-gewaltsamen Tod der allernächsten Bezugspersonen ihres Lebens, die Diffamierungen der Familie Scholl weit über die Nazizeit hinaus, schufen das Grundgefühl, sich, die Eltern und die Geschwister sauber halten und schützen zu müssen vor falschen Darstellungen und Interpretationen.

Angesichts dieser emotionalen Befindlichkeit, die ich bald als Form einer tiefen Traumatisierung verstanden habe, ist es um so höher einzuschätzen, dass sie alles historische Material – auch das intime – mit großem Aufwand über Jahrzehnte gesammelt hat, so dass es heute im Archiv des Münchener Instituts für Zeitgeschichte der forschenden Öffentlichkeit zugänglich ist.

Ich lernte an diesen Kontroversen, die unser Verhältnis nie nachhaltig störten, sondern realistischer machten, als Zeithistoriker viel: So beispielsweise, dass das, was für den Historiker einer anderen Generation „Material zur Verarbeitung" ist, für den Betroffenen in der Regel ein Aufreißen tiefer Wunden bedeutet. Dem ist nicht mit Besserwisserei, sondern nur mit Einfühlung und Empathie zu begegnen. Dies erkannt zu haben, verdanke ich auch meinen Begegnungen mit Inge Aicher-Scholl.

Dr. Silvester Lechner, geb. 1944 in Rosenheim
Studium der Germanistik, Geschichte, Theater- und Zeitungswissenschaften in München
1974: Promotion „Gelehrte Kritik und Restauration" (Metternichs Kulturpolitik)
1974 – 81: Pädagogischer Mitarbeiter an der vh Ulm
1981 – 86: Pädagogischer Leiter des Reha in Söflingen für Langzeitpatienten aus der Psychiatrie
1987 – 91: Erarbeitung der Geschichte der jüdischen Gemeinde Ichenhausen, u.a. für das Haus der Bayerischen Geschichte, München.
1991 – 2009: Leiter des Dokumentationszentrums Oberer Kuhberg in Ulm
Verschiedene Publikationen zur NS-Zeit in der Region Ulm, unter anderem zur Ulmer KZ-Geschichte und zur „Weißen Rose".

Thomas Vogel

Initiatorin eines unglaublichen Experiments

dieser bau ist so etwas
wie ein sieg über resignation und müdigkeit
über pessimismus und skepsis unserer zeit
dies allerdings nicht durch zufall
sondern weil er einer aufgabe zu dienen hat
einer aufgabe der gegenwart
und der zukunft

Inge Aicher-Scholl, Richtfest-Rede an der HfG,
5. Juli 1954

Ohne Inge Aicher-Scholl hätte es die Ulmer Hochschule für Gestaltung nie gegeben. Sie war 29 Jahre alt, als die ersten Ideenskizzen entstanden, und ihr engster Mitstreiter war erst 25 – Otl Aicher. „Lasst uns eine Hochschule gründen, hier in Ulm ...". Welcher Mut! Welche Hybris!

Seit 1947 trugen sich die Gründer der Ulmer Volkshochschule mit diesem kühnen Gedanken. Der ungeahnte Erfolg der jungen vh hatte sie dazu inspiriert, eine Art Tagesvolkshochschule ins Leben zu rufen. Sie sollte den Namen „Geschwister-Scholl-Hochschule" (GSH) tragen und eine gesellschaftspolitische Ausrichtung erhalten. Befeuert von der Beobachtung, dass sich an deutschen Schulen und Universitäten bereits überall wieder durch den NS belastete Kräfte etablieren konnten, war dieser Neugründungsplan ein Neu- und Gegengründungsplan gleichermaßen.

Aus dem Umfeld der vh stieß mit dem Dozenten Hans Werner Richter ein Mitstreiter hinzu, mit dem sich die Idee für diese „aktive Schule für Kultur und Politik" voranbringen ließ. Bis 1949 wurde ein erstes Programm der GSH erarbeitet und gezielt an Meinungsführer und Entscheidungsträger verteilt.

Erklärtes Ziel war es, an der künftigen Einrichtung eine „demokratische Elite zu erziehen", als ein „Gegengewicht gegen die aufkommenden nationalistischen und reaktionären Kräfte".

Dem Programm eingeschrieben ist der Wunsch, ein enges Spezialistentum zugunsten interdisziplinären Arbeitens zu überwinden, sein gleichzeitiger Schwachpunkt ist das Nebeneinander eines überbreiten Spektrums an Fächern: Politik, Rundfunk, Film, Werbung, industrielle Formung, Städteplanung, plastisches Gestalten, Innenarchitektur, Technik, Materialpsychologie, Kunstgeschichte. Gestalterische und planerische sowie mediale und pädagogische

Berufe hatte man im Blick, erstere den Interessen Otl Aichers entsprechend, letztere ganz auf der Linie der vh und der politischen Arbeit Inge Scholls liegend: Journalisten und Lehrer auszubilden als potentielle Multiplikatoren für die Werte der Demokratie.

Die erste Hürde bilden die amerikanischen Besatzungsbehörden. Ende 1949 knüpft Inge Scholl einen Kontakt zu Shepard Stone, einen engen Berater des amerikanischen Hochkommissars John McCloy. Stone war von den Plänen beeindruckt, die Initiatorin bekam daraufhin die Gelegenheit, sie McCloy persönlich in dessen Privathaus in Bad Homburg vorzustellen. Die Präsentation war überaus erfolgreich und endet tatsächlich mit der Zusage finanzieller Unterstützung aus dem Reeducation-Fonds der Hochkommission in Höhe von der Hälfte der Kosten. Bedingung war: Die andere Hälfte müsse Inge Scholl herbeischaffen über Geld- und Sachspenden.

Ihr Augenmerk bei ihrer Beurteilung des Projekts legten die Amerikaner hauptsächlich auf die politisch-erzieherische Programmatik, die ihren eigenen Vorstellungen entgegenkam. Doch sicherheitshalber werden jetzt erst einmal die Initiatoren selbst politisch überprüft. Diese zweite Hürde war die, die am leichtesten zu nehmen war. Vorerst zumindest. Intern beginnt nun ein intensiver Diskussionsprozess, um das Programm weiter zu entwickeln. Inzwischen ist auf Wunsch von Inge Scholl Max Bill zu dem Kreis gestoßen: Bauhäusler, Künstler, Formgestalter, Architekt, Publizist, Universalist auf gestalterischem Gebiet – und bereits arriviert.

Im April 1950 legt der Gründer-Kreis in spe ein revidiertes GSH-Programm vor, das nun neben der Handschrift Inge Scholls sehr stark die von Max Bill trägt, der wiederum sich am Bauhaus (und dessen Nachfolger „New Bauhaus") orientiert hatte. Es wird Walter Gropius zugeleitet, dessen Gründungsdirektor. Seine Stellungnahme, in der er eine stärkere Gewichtung der gestalterischen Fächer vorschlägt, nahm die spätere programmatische Entwicklung vorweg. Bill übernimmt nun endgültig die Federführung, der „Gruppe-47"-Chef Richter, zunächst als Rektor vorgesehen, wird von ihm abgedrängt. Und Bill wollte erklärtermaßen keine Politiker ausbilden und nimmt sich des politisch-literarischen Fachbereichs allein aus taktischen Gründen an, um die US-Hilfe nicht zu gefährden.

Inge Aicher-Scholl und Theodor Heuss an der HfG 1958

Ende 1950 wurde die US-Zusage auf eine Million Mark konkretisiert, auf 700.000 Mark belief sich nun die Erwartung des deutschen Beitrags.

Da trat der einstige Gestapo-Spitzel und Wichtigtuer Albert Riester in Aktion, denunzierte (u.a.) Inge Scholl als verkappte Kommunistin und war damit fürs erste erfolgreich. Im Klima des Kalten Kriegs reüssierte zu dieser Zeit der Finsterling und Eiferer McCarthy, der in politisch hysterischer Atmosphäre zu immensem Einfluss gelangte. Riester wollte dessen Aufmerksamkeit auf McCloy lenken mit seinem Spitzel-Erguss und erhoffte für sich selbst wohl eine Karriere als US-Geheimdienst-Mann.

Es blieb an Inge Scholl hängen, die Verdächtigungen zu entkräften. Fast ein Jahr verstreicht, bis diese dritte Hürde überwunden ist. Nicht zu verhindern war, dass eine Stahlspende der deutschen Industrie zurückgezogen wurde, weshalb die ersten Pläne für den Hochschulkomplex geändert und – nach Zusage einer ersatzweisen Holz- und Betonspende – beispielsweise die Fenster in Holzrahmung ausgeführt werden.

Bill konnte sich in diesem Aufbauprozess schrittweise durchsetzen, auch in der Namensgebung. Aus der „Geschwister-Scholl-Hochschule" – den Namen lehnte er wegen des Erinnerungscharakters ab – wird die „Hochschule für Gestaltung" gleich dem Beinamen des Bauhauses in

Dessau ab 1926. Er schien ihm geeigneter, weil in die Zukunft gerichtet, so dass sich womöglich ehemalige Bauhäusler für ein Engagement in Ulm gewinnen ließen. Schon vorher verwirft er die Idee Otl Aichers, die Schule in den historischen Festungskomplex des Forts Oberer Kuhberg einzubauen, das den NS-Machthabern von 1933 bis 1935 als KZ gedient hat. Das „Neue" soll allein schon durch die Architektur – auf seinem Reißbrett entworfen – sichtbar werden.

Wie schon bei der vh, so wird auch bei der HfG ein autonomer Status an- und durchgesetzt. Dazu wird die im Juni 1951 offiziell anerkannte „Geschwister-Scholl-Stiftung" etabliert mit der Funktion als rechtliche und wirtschaftliche Trägerin der Schule.

1952 wird aus Hoffnung Gewissheit, als die US-Spende schließlich gewährt wird. Mit vollem Einsatz hatte Inge Scholl zwischenzeitlich die Co-Finanzierung gesichert. Nach Überwindung dieser weiteren Hürden ist der Weg endlich frei.

Im August 1953 kann die Hochschule, unterstützt durch eine Reihe früherer Bauhäusler als Dozenten, in den Räumen der vh am Ulmer Marktplatz den Unterricht aufnehmen. Im Monat darauf schon ist Baubeginn auf dem Kuhberg.

Mit der offiziellen Eröffnung am 2. Oktober 1955, dem Start des regulären Schulbetriebs und dem Eintritt in die Phase der Institutionalisierung, endet Inge (nun: Aicher-)Scholls Engagement für die Schule nicht. Als Vorsitzende der Stiftung ist sie auch nach Absicherung der Anschubfinanzierung weiterhin als „Spendensammlerin" für die HfG unterwegs. Aus der Binnenentwicklung der Schule, die nun beruflicher Mittelpunkt ihres Mannes wird, hält sie sich weitgehend heraus.

Wie sehr sie jedoch weiterhin mit der HfG identifiziert wird, zeigt sich 1963, als das Magazin „Der Spiegel" (Ausgabe 12/1963) über die Schule („Auf dem Kuhberg") berichtet und dabei vor allem auf die zweifelsohne vorhandenen Querelen abhebt, sich dabei auf zwischenzeitliche „Ehemalige" wie Max Bill sowie Vertreter der Studentenschaft berufend, die freilich aus eigener Betroffenheit keine objektiv urteilenden Zeugen darstellten. Das Bild von Inge Aicher-Scholl ist in dem fünfseitigen Bericht, der die Schule in ein äußerst negatives Licht rückt, prominent an erster Stelle platziert.

Die Finanzierung des Schulbetriebs war seit Beginn eine schwierige Gratwanderung. Im Mai 1957 begibt sich Inge Aicher-Scholl auf eine Goodwill-Tour durch die USA.

1959 kommt es zu personellen Veränderungen im Stiftungsvorstand. Der Unternehmer Thorwald Riesler löst Inge Aicher-Scholl als geschäftsführenden Vorstand ab, dem sie aber weiterhin angehört. Neu tritt Max Guther ein, bis 1954 Ulmer Stadtbaudirektor. Bei der offiziellen Einführung Rieslers am 7. April 1959 begründet sie die personelle Veränderung damit, dass sie die HfG in einer nunmehr „entscheidenden Entwicklungsphase" angekommen sehe, weshalb es nun gelte, die Kontakte zur Industrie zu intensivieren.

Damit ist Inge Aicher-Scholl an der HfG nun ins zweite Glied zurückgetreten. Hatte die Industrie bislang nach ihrer Einschätzung vor allem „aus politischen und humanitären Gründen" die HfG unterstützt (also auch wegen der mit ihrem Namen verbundenen Ideale), so wollte Riesler nach eigenen Worten nun eine neue Phase einleiten, sprich: langfristige Entwicklungsaufträge an Land ziehen und „das Misstrauen der Techniker gegen die Formgeber (...) überwinden".

Über die Annahme eines wertvollen Tonstudios als Spende des Siemens-Konzerns entzündet sich bald nach dessen Amtsantritt ein heftiger Kompetenz- und Führungsstreit zwischen Riesler und Otl Aicher. Riesler wirft 1964 das Handtuch, und mit ihm kündigen auch Inge Aicher-Scholl und Max Guther ihren Rückzug an. Kurz danach zieht sich auch Otl Aicher aus der HfG zurück. Ahnten die Gründer, dass sie ein Leck geschlagen Schiff verließen?

1965 wird der Jurist und SPD-Politiker Dr. Friedrich Rau alleiniger Vorstand der Geschwister-Scholl-Stiftung. Diese, die letzte Phase der HfG, ist bestimmt durch ein Nachlassen der Verwaltungsleistungen und eine starke interne Fraktionierung, welche die Schule immer mehr an den Rand der Handlungsfähigkeit bringt. Als Rau zum 30. September 1967 abtritt, ist die Stiftung bedenklich hoch verschuldet.

Das Ende dieses einmaligen „Experiments" ein Jahr später war Ergebnis einer Implosion. „ulm" ist heute weltweit Synonym für die industrielle Moderne mit moralischem Anspruch.

Herbert Lindinger

Distanzierte Ermöglicherin

Begegnungen mit Inge waren geprägt all die vielleicht 20 Jahre, die ich ihr begegnet bin – sei es in der Nähe der Stiftungs- und Hochschulverwaltung, in der Mensa, auf dem Weg zwischen den Dozentenhäusern und der hfg und oft bei ihr auf dem Weg zwischen zu Hause auf dem Kuhberg sowie später in Rotis – von Distanziertheit und Respekt einerseits und Hoffnung andererseits.

Foto: Herbert Lindinger

In der Mensa im Jahre 1955 mit Inge und Otl und den Studenten Olivio Ferrari und Francisco Bullrich – sehr wahrscheinlich anlässlich des Geburtstags von Bullrich.

Bullrich entstammte angeblich der reichsten Familie Argentiniens, war schon Architekt, als er für ein Jahr (Jan.–Sept. 55) zur Grundlehre nach Ulm kam. Später war er Rektor einer argentinischen Universität, Regierungsberater und wurde sogar Botschafter Argentiniens in Athen. Francisco war ein sehr beliebter, humorvoller Kollege, der in den Pausen entweder Chaplin oder Napoleon darzustellen pflegte.

Otl und Inge waren eigentlich sehr selten beim Mittagessen in der Mensa und meiner Erinnerung nach auch extrem selten zu einem Geburtstag eines Studenten (was auch zu viel verlangt gewesen wäre). Vielleicht war damals auch eine Spende der Familie im Gespräch, wofür spricht, dass später auch Max Bill an den Tisch kam, als die Aichers weg waren.

Für Kriminologen:
Dem Stand der Sonne nach muss es zwischen 13:00 und 13:45 Uhr zwischen Juli und August gewesen sein. Der Ausbauzustand der Mensa-Rückwand spricht eher für Ende Juli.

Distanziertheit und Respekt, weil man mit ihr unmittelbar die auratische Nähe der von den Nazis ermordeten, von uns bewunderten Geschwister zu spüren vermeinte. Respekt vor ihrer Leistung, in einer noch halb kriegszerstörten Welt etwas so atemberaubend Neues wie die hfg ermöglicht zu haben für etwas, was damals scheinbar niemand zu brauchen schien, außer denen auf dem Kuhberg und einigen wenigen rund um die Welt.

Humor kam da nicht ohne weiteres in den Sinn und über die Lippen, eher Bewunderung. Fröhlichkeit, die sie durchaus oft gegenüber der ausgelassenen Kinderschar – den fünf eigenen, den von Ohls, Raackes und Lindingers – zeigte, kam zumal durch ihre leise sanfte Art zu sprechen nur noch so verhalten an, dass man sie eher als fürsorgliche Mütterlichkeit empfand.

Noch heute wundere ich mich über meinen Mut, sie bei einem der vielen Feste, die wir allwöchentlich an der Bar feierten, zu einem Tänzchen überredet zu haben, wohl mehr aus traditioneller Courtoisie. Selbst zu Hause, wenn es ihren köstlichen „Gaisburger Marsch" gab oder den unvergleichlichen Kartoffelsalat mit Wienerle, war es Otl, der die Späße machte; sie blieb eher bescheiden im Hintergrund.

Hoffnung, weil sie die einzige in den ersten Jahren war, an der das tägliche Überleben und die Fortexistenz dieser Institution zu hängen schien. Unvergesslich und bezeichnend der Tag, ein strahlend blauer, als sie zu einer weiteren Betteltour nach den USA aufbrechen wollte. Beim Mensaessen von Sisi Maldonado aufmerksam gemacht, winkten von der weitläufigen Terrasse hoch über dem Donautal Dozenten, Werkstattmeister und Studenten emphatisch dem „Dienstwagen" der hfg, einem VW-Bully, mit Inge auf dem Weg zum Stuttgarter Flughafen nach. Es könnte wieder eine Weile weitergehen.

Prof. em. Herbert Lindinger, geb. 1933 in Wels (Oberösterreich), ehemals Student der hfg. Er hat später selber dort gelehrt, u.a. im Fach Designgeschichte. Ab 1971 Professor und Direktor des Instituts für Industrial Design an der Universität Hannover. Eigenes Grafikbüro in Hannover. www.lindingerdesign.de

„Es war etwas Neues, was wir gar nicht kannten. Die Zeit an der HfG hat uns geprägt."

Agnes (Aggie) Schlensag, Jahrgang 1919, war verheiratet mit Günther Schlensag, dem ersten Verwaltungsdirektor der geplanten Hochschule für Gestaltung in Ulm. Ihre Ulmer Jahre bis 1959, als ihr Mann in Köln eine Stelle beim neu gegründeten Wissenschaftsrat antrat, bezeichnete Agnes Schlensag im Gespräch mit Christine Abele-Aicher und Julian Aicher als die aufregendsten ihres langen Lebens. Mit Inge Aicher-Scholl verband sie eine Vielzahl von Begegnungen, ohne dass daraus eine engere Freundschaft erwuchs: „Dafür hatte Inge doch keine Zeit." Das Interview wurde am 17. März 2012 in Konstanz geführt.

Christine Abele-Aicher: Aggie, du bist gebürtige Berlinerin. Nach dem Zweiten Weltkrieg bist du von Marburg nach Tübingen gezogen, weil du eine Arbeit bei der gerade von den Franzosen eingesetzten Regierung Südwürttemberg-Hohenzollern gefunden hast. Wie kam es dann zu eurem Umzug nach Ulm?

Agnes Schlensag: Günther hatte gerade das Zweite juristische Staatsexamen abgeschlossen, ihm lagen mehrere Angebote vor. Ein sehr guter Freund – G. H. Müller, der Leiter der Hochschulabteilung des gerade entstandenen Südweststaates – erzählte uns, dass in Ulm eine Hochschule für Gestaltung gegründet würde, die einen Verwaltungsleiter suche. Es handele sich um ein Experiment. Experimente, sagte er uns, währen zehn Jahre. Es hat dann ein bisschen länger gedauert. Aber nicht viel.

Abele-Aicher: Wie wurde dieses „Experiment" denn von den Ulmern gesehen?

Schlensag: Das fing schon damit an, dass die Ulmer der Meinung waren, sie hätten die Hochschule für Gestaltung bezahlt. Saß ich in unserem „Gärtle" – wir wohnten im Hetzenbäumle in einer der berühmten, gerade erbauten „Ulmer Schachteln" –, guckten mir die Nachbarn über die Schulter und fragten: „Ja, was machen Sie denn da eigentlich für 'ne

Inge Aicher-Scholl in der HfG-Ausstellung 1958.

Foto: Wolfgang Siol, 1955 · Copyright: HfG-Archiv Ulm

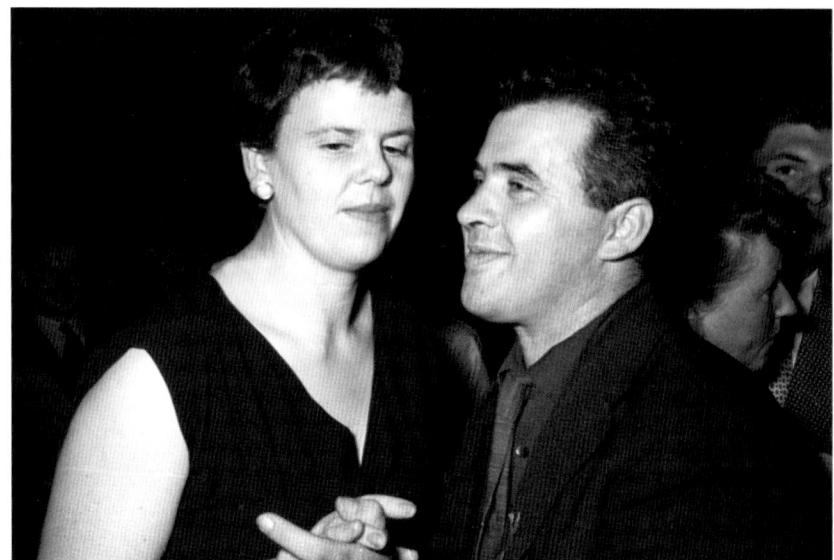

komische Schule?" Lauter solche Sachen. „Ulmer Schachteln" nannten die Ulmer diese Häuser, eine Art Sozialbau. Einer unserer Nachbarn war der Pianist Professor Jürgen Uhde, der später mit Inge und Otl demonstrierte. Er hat unsere Tochter Gisela unterrichtet.

Julian Aicher: Und dann zogt Ihr hoch in die HfG-Siedlung ...

Schlensag: ... in einen der so genannten „Führerbunker". Unsere Nachbarn waren die Vordemberges. Die Hauswände waren so hellhörig, dass man alles mitbekam. Wenn unsere Gisela zum wiederholten Male die Italienischen Klavierkonzerte von Bach spielte, baten sie mal um andere Musik.

Abele-Aicher: Du hast gesagt, die Zeit an der HfG war die tollste Zeit eures Lebens. Was war das Besondere am Oberen Kuhberg?

Schlensag: Es war etwas Neues, was wir gar nicht kannten. Die gerade mühsam gekaufte Zwei-Tüten-Lampe haben wir zurück gelassen, weil das hier nicht ging (lacht). Hier war alles schon wieder einen Schritt weiter als in Tübingen. Diese vielen Emigranten: Johannes Itten, Josef Albers oder Tomás Maldonado aus Argentinien, Almir Mavignier, einige aus der Schweiz. Aus aller Welt kamen sie! Und wie die sich verhalten haben....
Es gab auch Nachteile, etwa, dass man eine bestimmte Kleidung brauchte, weil man sonst schnell als Spießer galt. Aber wir waren auch selber missionarisch und haben andere Leute versucht zu

überzeugen. Für uns ging es ja nicht nur um wunderbaren Sichtbeton und ein herrliches Linoleum. Ach, dieses Linoleum (lacht) – wir waren so stolz darauf. Die Bilder, die konntest du im Haus nur aufstellen, keinesfalls an die Wand hängen. Wir fanden das damals ganz toll.
Besonders praktisch am Haus war die Durchreiche, weil ich da immer den Abwasch stehen lassen konnte. Als dann Tomás Maldonado und Sisi aus Argentinien auf den Kuhberg kamen und ‚ne Dusche wollten, fanden wir das eher merkwürdig. Damals galt doch noch überall eine Badewanne als das Nonplusultra.

Aicher: Hast Du sonst noch Erinnerungen ans Wohnen in der Siedlung?

Schlensag: Einmal wurden von Studenten meine Arbeitswege vermessen. Ich musste dann so und soviel Schritte zum Kochen gehen und so und so viele Schritte zum Teller Runterholen und zum Tischdecken; es wurde alles aufgenommen.
Ansonsten war die Siedlung ein schreckliches Klatschnest. Zum Beispiel, wenn Inge ärgerlich war, dann wurde behauptet, Otl hätte Krach mit ihr gehabt (lacht). Trotzdem war's die tollste Zeit unseres Lebens. Die interessanteste allemal.
Im Haus von Gugelots war alles offen. Wir hatten von vornherein verlangt, dass das Elternschlafzimmer bitteschön eine Tür bekommt. Das hätte uns gerade noch gefehlt (lacht). Wir hatten dann wohl als Einzige drei abgeteilte Zimmer. Ich war Jahre später noch mal da oben und hätte die Siedlung fast nicht wieder erkannt. Das waren

wohl Ohls [Herbert Ohl war letzter Rektor an der HfG], die anfingen Bäume zu pflanzen.

Aicher: Meinen Eltern gab ja der Max Bill ein Feindbild ab. Er habe Bäume abgelehnt, die Inge hätte sie durchgesetzt, damit die Kinder Schatten bekämen.

Schlensag: Die Bäume kamen erst viel später. Ich fand's herrlich. War so gerne da oben in der Natur.

Abele-Aicher: Wie hast Du die Inge erlebt und in Erinnerung?

Schlensag: Nach dem Tod ihrer Mutter 1958 aus München zurück, kam sie zu mir. Ob sie mit mir sprechen könne. Ihre Mutter sei der einzige Mensch, bei dem sie sich gehen lassen und bei dem sie auch weinen konnte. Warum sie sich an mich wandte, das weiß ich nicht. Vielleicht, weil sie wusste, dass meine Mutter ebenfalls schon tot war. Inge hat mir auch von ihren Problemen mit Evchen erzählt, dass zum Beispiel jemand in den Wagen schaute und meinte: „Na, da haben Sie wohl zu viel gesoffen in der Nacht." Sie war, so viel ich weiß, die Erste, die öffentlich eine andere Einstellung zu Behinderten verlangte und einen entsprechenden Verein in Ulm gründete.

Abele-Aicher: Hat sich daraus eine Freundschaft entwickelt?

Schlensag: Freundschaft kann man nicht sagen dazu. Wir siezten uns, erst später kam das „Du". Sie war ja die „sanfte Gewalt", sie ging sehr gerade. Sie hat mir einmal erzählt, was sie macht, wenn sie drei Minuten Zeit hat: sich um die Kinder kümmern, was zu Essen machen, es wärmen und was weiß ich. Ich hingegen war nicht mehr berufstätig. Man sah sich natürlich häufig. Abends wurde fast immer gefetet, und es wurde oft spät. Aber Inge hatte keine Zeit, mit einem befreundet zu sein. Man hat miteinander gesprochen, wenn man sich eben sah.
Leda Vordemberge-Gildewart lud uns „Kuhberg-Frauen" eine Zeitlang um 11 Uhr zum Canasta-Spielen ein zu einem „Borrelche", das ist ein holländischer Genever. Die Gläser dazu habe ich heute noch. Inge gestand mir mal, sie hätte gerne mitgespielt, aber keine Zeit: zu viele Verpflichtungen, Gäste, Kinder, Otl. Ich habe sie nicht geliebt, aber bewundert. Manchmal tat sie mir leid, wenn sie am späten Abend nach den vh-Veranstaltungen noch mit dem jeweiligen Gast und mit vielen Interessierten im „Träuble" ewig sitzen musste. Und wir mit ...
Leda hat auch öfter „Würstchen-Feste" für die Kinder hinter unserem gemeinsamen Doppelhaus organisiert. Allerdings waren die Aicher-Kinder nicht dabei. Sie waren noch zu klein.

Abele-Aicher: Hat die Inge bei den Feten an der HfG mitgefeiert?

Schlensag: Ich weiß nicht, ob sie mitgetanzt hat.

Abele-Aicher: Auf einem Foto aus dem HfG-Archiv ist zu sehen, wie sie mit Otl tanzt. Darauf sieht man auch, dass sie ein Stück größer war als er, obwohl Otl das immer abgestritten hat. Auf dem Bild wirken sie so ein bisschen verschämt verliebt.

Schlensag: Nach der Heirat wohnten sie in der Mozartstraße bei Scholls, bevor sie auf den Kuhberg rauf zogen. Ihre Wohnung in der Mozartstraße war ohne Gardinen!! Und da haben sich einige Ulmer aufgeregt, das schicke sich nicht.
Mit einem Studenten und einer Studentin aus Südtirol (sie heirateten später) spielten wir Hausmusik: Geige, Cello, Gisela spielte Klavier und ich auf der Querflöte. Auch Inge am Klavier und Frau Bill als Cellistin begleiteten uns. Aber wir haben alle aufgehört, weil es ja nicht perfekt war. Der Perfektionismus hat viel kaputt gemacht. In Kisslegg im Roten Hof (Wochenendhaus von Aichers, als sie noch in Ulm wohnten) empfanden wir es als zu karg: kein Bild, nichts. Wenn Inge den Honig falsch

Inge im Winter 1954 mit den Kindern Eva (auf dem Schlitten) und den Zwillingen Pia und Florian. Im Hintergrund eines der neu erbauten Dozentenhäuser am Hochsträß.

hinstellte, dann kriegte sie eins drauf von Otl. Streng. Alles war sehr streng. In Rotis später war es nicht mehr ganz so streng.

Malke Gugelot und ich haben Inge 1998, kurz nach ihrer Operation, noch einmal in Rotis besucht. Ich sah das Klavikord und bat Inge, uns was vorzuspielen. Wir haben ihr auf den Sitz geholfen. Dann hat sie gesungen, das werde ich nie vergessen: russische Lieder. Ich hab mich umgedreht und geheult. Das war so ergreifend. Hinterher haben wir Kaffee getrunken und Evchen war auch dabei. Was mich erschüttert hat: Im Klo hing ein Kalender. Das Blatt war immer noch von dem Tag, an dem Otl gestorben ist.

Abele-Aicher: Ab dem Moment ist für Inge anscheinend die Zeit stehen geblieben.

Schlensag: Ich erinnere mich noch gut an die gemeinsame Reise zu Olivetti in Ivrea bei Turin, in den Anfangszeiten der HfG. Das war im Oktober 1954. In diesen zwei Tagen wurde richtig geprasst, da wurde immer bestellt, Salami, leckere Platten. Und Wein. Noch mal 'ne Flasche und noch mal 'ne Flasche. Auf der Rückfahrt waren wir voll bepackt mit diesen großen Dingern, mit Chianti Flaschen. Hach, das war so schön! Und Inge fragte Otl mehrfach auf der Rückfahrt nach einer Kirche: „Heute ist doch Sonntag." Ich als Protestantin dachte mir: ‚Das ist doch ringsum alles Gottes Natur, das ist doch ein einziges Gebet!' Das konnte ich einfach nicht verstehen.

Aicher: Von Elisabeth stammt die Theorie, Manuel und ich seien deshalb zur Welt gekommen, weil Inge keine Lust mehr gehabt hatte, schon wieder in die USA zu reisen, um Geld einzusammeln.

Schlensag (lacht): Kann auch sein. Nachher kam ja ganz gut Geld rein, mit Braun beispielsweise, auch vom Gewerbeinstitut von Stuttgart, vieles von Günther angeleiert. Inge war am Anfang noch mädchenhafter. Also, ich habe sie sehr bewundert. Nicht geliebt. Aber bewundert. Otl, den mochten wir.

Abele-Aicher: Wie so viele, mit denen sie zu tun hatte.

Schlensag: Bewundert für das, was sie gemacht hat, für ihre Stärke, für ihren Auftritt. Ja, und sie gab nicht an. Das Einzige, was einem bei ihr auf den Wecker ging: wenn die Geschwister Scholl, wie wir sagten, schon zum Frühstück auf den Tisch kamen. Sie war traumatisiert, keine Frage. Das war das Trauma ihres Lebens. Inwiefern das damit zusammenhing, dass sie damals zu spät kam und Hans und Sophie die Warnung nicht mehr erreichte, das weiß man ja nicht. Und dann noch fünf Kinder. Junge, Junge.

Meine älteste Tochter Gisela (geb. 1941) hatte einen guten Draht zu Inge, die ihr zum Tanzstundenball einen hellgrauen Organza-Stoff schenkte. Ich glaube, es war Organza.

Für den Ball. Oft schenkte Inge ihr ihre Eintrittskarte fürs Theater, wenn sie selber keine Zeit hatte, hinzugehen. Meine jüngere Tochter Eva (geb. 1947) verkaufte heimlich Veilchensträuße vom Kuhberg für 50 Pfennig das Stück, auch an Bill und Inge. Bis ich davon erfuhr. Nicht nur meine Kinder, alle sind vom Kuhberg und der HfG auch später im Berufsleben beeinflusst geblieben, zum Beispiel Guus Gugelot, Francis Zeischegg, Eva Schlensag.

Aicher: Hast Du nicht eine ähnliche „politische Verirrung" während der NS-Herrschaft durchlaufen wie die Inge?

Schlensag: Ich war natürlich auch im BDM, wie Inge, nur dass ich jünger war. Ich bin auch nicht zur Ring-Führerin aufgestiegen, war lediglich Scharführerin. Das war alles ein Blödsinn. Mein Vater war nämlich ein so genannter „Halbjude", was wir kleineren Kinder aber nicht gewusst haben. So sind wir also fröhlich in den BDM gegangen und haben ‚Heil Hitler' geschrien. Aber 1938, bei der Reichspogromnacht war's, da hat meine Mutter mit der Faust auf meinen kleinen Schreibtisch gehauen und gesagt: „Hast du es immer noch nicht kapiert?" Ich entgegnete: „Aber der Führer weiß das doch gar nicht." So wurde uns das immer gesagt. Das waren immer nur die bösen Anderen. So eine energische BDM-Führerin wie die Inge war ich nicht. Ich war ja auch zwei Jahre jünger, und noch doofer damals.

Wieso bin ich erst so spät drauf gekommen? Warum sind wir Frauen im Krieg nicht aufgestanden? Fast alle Frauen hatten irgendwie einen Sohn, Mann, Bruder oder Vater verloren, so wie ich auch. Aus der Klasse meines Bruders sind drei Leute übrig geblieben. Von vielleicht zwanzig. Und dann war da der junge Otl, der es geschafft hat zu überleben, voller Ideen. Das war eine Fülle an Ideen, die er gehabt hat, und stark geprägt war er durch die bündische Jugend. Wie ich auch.

Abele-Aicher: Wie sahst Du Inge und Otl als Paar?

Schlensag: Sie waren ein Duo. Es war eine enorme Partnerschaft. Ohne Otl hätte sie das in dieser Form nicht geschafft.

Abele-Aicher: Aber ohne Inge hätte der Otl das in dieser Form auch nicht geschafft.

Schlensag: Genau, die beiden haben zusammen wirklich Unglaubliches geschaffen; sie waren große Persönlichkeiten der Nachkriegszeit mit einer enormen Ausstrahlung. Thorwald Riessler, der

„da sie stärker war als ich, und ich wiederum stärker war als sie, gab es eine etwas indifferente, aber ausbalancierte egalität zwischen uns. emanzipation war nicht nötig."
Otl Aicher über Inge in seinem Buch „innenseiten des krieges", S. 80

Nachfolger von Günther, hat Inge später offenbar der Naivität bezichtigt, dass sie für die Geschwister-Scholl-Stiftung unentgeltlich arbeiten würde. Sie fand das dann auch. Und dann durfte sie nicht mehr für die Hochschule arbeiten wegen einer angeblichen Interessenskollision, dabei war alles von Anfang an geregelt gewesen.

Aicher: Was ist Deine Theorie über das Ende der Hochschule für Gestaltung?

Schlensag: Wir hatten das Gefühl, dass es 1960 schon kaputt ging. Auch dadurch, dass separate Institute entstanden. „Seid ihr doof?" hat es geheißen. „Gütsch [Hans Gugelot], das verdienst Du doch". „Otl, das hast doch Du gemacht, warum

kriegst Du das Geld nicht dafür?". Da ging das los. Das war der erste Tumult in einer ursprünglich idealistischen Geschichte, die nicht auf Dauer halten konnte. Es gab noch andere Gründe: eigentlich wurden in den letzten Jahren die 68er vorweggenommen. Nicht die Filbinger-Regierung hat die HfG „kaputt gemacht" – sie war es schon.

Aicher: Und Bill?

Schlensag: Bill hat auf dem Wolfsberg am Schweizerischen Bodensee in einer Veranstaltung Günther gegenüber öffentlich zugegeben, dass er in seiner Darstellung übertrieben habe. Denn dass er da rausgeschmissen wurde, das stimmt ja gar nicht. Er musste gehen, weil es einfach nicht mehr passte:

Er wollte ein eigenes Atelier haben und natürlich das eigene Geld, obwohl vorher alles beredet wurde, dass man alles gemeinsam macht. Aber er wollte das partout haben.

Abele-Aicher: Hat er Otl und Inge nicht schlichtweg ausgenutzt, um da rein zu kommen?

Schlensag: Das will ich nicht sagen, er war ja natürlich auch zunächst mal begeistert. Aber dann so im Klein-Klein, im Alltag, da merkte man: Otl und Bill, das waren zwei Alphatiere. Zwei Alphatiere kannst du nicht zusammen spannen. Für die Idee war es vielleicht gut, für das Nachher nicht.
Und da war die Sache mit dem Ulmer Hocker. Günther war dabei, als Bill zu Gugelot gesagt hat: „Mach' mal eine Sitzgelegenheit für die Studenten, damit wir auch mal draußen Seminare machen können." Nun, wer hat den Hocker entwickelt? Die Henne oder das Ei? Und plötzlich gab es da einen richtigen Krach zwischen zwei Gruppen: „Gugelot-Hocker" oder „Bill-Hocker"? Seit einem Prozess der Söhne heißt er nicht mehr „Bill-Hocker", sondern „Ulmer Hocker".

Abele-Aicher: Warum eigentlich galt die vh Ulm als die absolute Vorzeige-Volkshochschule?

Schlensag: Weil das schon unglaublich war, was da geleistet wurde. Ich erlebte dort unter anderem Ingeborg Bachmann mit ihrer leisen Stimme, die immer ganz gleichmäßig sprach. Das muss man mal gehört haben. Ich glaube, die Inge konnte längst nicht so viel lesen, wie sie an Autoren eingeladen hatte. Aber sie las viel, vor allem Zeitautoren.

Abele-Aicher: Fiel euch der Abschied 1959 aus Ulm schwer?

Schlensag: Vom „Ghetto" auf dem Kuhberg, wie ich es manchmal nannte, nach Köln in so 'ne Millionärsgegend, das fiel schon schwer. Wir hatten in Ulm wirklich Würzelchen geschlagen und waren gerne hier. Zum Abschied bekamen wir einen großen Bahnhof. Otl war da, Inge war da, Malke Gugelot, Sisi Maldonado. Sie verlangten auf dem Weg zum Zug von mir, dass ich mich schminke, denn die anderen, auch Inge, waren eher zurecht gemacht. Inge, glaube ich, mit etwas Grün um die Augen herum. Ich hab' mich vorher nie geschminkt, und ich hab' auch keinen Puder gehabt, keine Creme, nie, mein ganzes Leben nicht. Da mussten wir noch zu Rubinstein gehen und was besorgen. Ich habe heute noch das Wangenrouge und den Stift. Und dann haben wir furchtbar gelacht erst, und dann fingen wir an zu weinen.

Aicher: Hattest Du später noch Berührungen zur HfG?

Schlensag: Ich bin nicht nur einmal bei Ausstellungen gewesen, die im Ulmer Stadthaus und in Stuttgart gezeigt wurden. Als ich einmal so gegen den Strom lief, entdeckte ich Herbert Lindinger und sprach ihn an: „Sie sehen ja so aus wie damals." Da entgegnete er: „Ja, ich bleibe ewig jung." Alle waren sie natürlich schwarz gekleidet; schwarzes Hemd, die übliche Uniform. Am Haarschnitt wusstest du schon in der Bahn, wer dazu gehört. Im HfG-Archiv war ich auch und habe vieles dorthin gespendet, unter anderem das Gugelot-Doppelbett.

Christine Abele-Aicher

Publizistin, Friedensaktivistin, Pädagogin

Millionenfacher Jubel von Paris bis Moskau. Am
8. Mai 1945 kapitulierte Nazi-Deutschland. Doch
auch viele Deutsche empfanden dieses Kriegsende
damals als Befreiung. Darunter Inge Scholl, ihre
Familie und Freunde. Vielleicht ist es der starken
Bindung an ihre ermordeten Geschwister Hans und
Sophie zu verdanken, vielleicht ist es aber auch ein
Weg, das grausame Erlebte zu verarbeiten, dass Inge
Scholl bald nach Kriegsende die Erinnerung an ihre
Geschwister und die Widerstandsgruppe „Weiße
Rose" aufschreibt. Sie nennt es einen „biografischen
Bericht". Darin schildert sie die Entwicklung der
Scholl-Geschwister von begeisterten Hitler-Jugend-
lichen bis zur konsequenten Ablehnung. Eine Be-
gegnung mit Eugen Kogon führt 1952 zur ersten
Veröffentlichung des Buches „Die Weiße Rose".
Eugen Kogon und Walter Dirks waren linkskatholi-
sche Herausgeber der „Frankfurter Hefte", einer
kulturpolitischen Zeitschrift für demokratischen
Sozialismus. Publikationen, die den Rahmen der
„Frankfurter Hefte" überschritten, wurden in Buch-
form veröffentlicht – so auch die Erstausgabe von
„Die Weiße Rose" 1952. Galt das Attentat auf Hitler
vom 20. Juli 1944 bis dahin als der deutsche Widerstand gegen die Nazidiktatur schlechthin, so
machte Inge Scholl die Geschichte der Widerstandsgruppe um ihre Geschwister weltweit bekannt. Im
Interview mit mir erklärte die Schwester von Inge
Aicher-Scholl, Elisabeth: „Dass heute überhaupt
noch von der Weißen Rose gesprochen wird, ist
eindeutig Inges Verdienst. Als der Krieg vorbei war,
sagte sie: ‚Das darf nicht vergessen werden'." Ab
1955 erscheint das Buch im Fischer Verlag und wird
von Inge Aicher-Scholl ständig überarbeitet und
erweitert. Es liegen Übersetzungen in mehrere
Sprachen vor. Über eine Million Exemplare sind verkauft, 2009 in der 13. Auflage.
    Mit ihrem Buch „Die Weiße Rose" zog sich
Inge Aicher-Scholl zeitlebens den Hass alter
Nazis zu. Mal fanden sich anonyme Postkarten in
ihrem Briefkasten, mal gefährdeten Falschaussagen
des ehemaligen Nazi-Gestapo-Doppelagenten,
Verfassungsschutzmitarbeiters und späteren
Daimler-Sicherheitsbevollmächtigten Albert Riester
beinahe komplett die Bemühungen zur Gründung
der Hochschule für Gestaltung. Es folgten Verhöre
der Scholl-Schwester durch den CIC (später CIA).
    Die Entstehungsgeschichte der vh Ulm 1946
sowie die Mitbegründung der Hochschule für

Vordere Reihe von links: Sophie, Werner
Hintere Reihe von links: Inge (vor dem Baum), Hans,
Elisabeth

Gestaltung 1955 werden an anderer Stelle in diesem Buch beschrieben. Inge Scholl sah in den Zeiten
des Wiederaufbaus in Ulm darin einen Beitrag,
in Deutschland durch Bildung die Demokratie zu
festigen.
    Die Geschwister Hans und Sophie bestimmen
ihr Leben, „man muss den Weg weitergehen",
wie sie selber sagt. Sie sieht sich dem Erbe ihres
Bruders und ihrer Schwester und deren Freunde
verpflichtet. Sie ist Mahnerin, Vorreiterin, Kämpfe-
rin, ausgestattet mit einer streitbaren Persönlichkeit.
    Am 17. Juni 1953 bringt Inge Aicher-Scholl
ihr ältestes Kind zur Welt, die Tochter Eva. Diese ist
„geistig behindert" mit dem sogenannten Down
Syndrom. Agnes Schlensag erinnert sich in unserem
Interview: „Inge hat mir auch von ihren Problemen
mit Evchen erzählt, dass zum Beispiel jemand in den
Wagen schaute und meinte: ‚Na, da haben Sie wohl

Von links:
Inge Scholl,
Magdalene Scholl,
Robert Scholl,
Elisabeth (Lisel)
Scholl und ihr
Mann Fritz
Hartnagel.

zu viel gesoffen in der Nacht!" Sie war, so viel ich weiß, die Erste, die öffentlich eine andere Einstellung zu Behinderten verlangte und einen entsprechenden Verein in Ulm gründete", erzählt Schlensag. Wahrscheinlich war die oben zitierte Aussage nicht die einzige Diskriminierung, der sich Inge Aicher-Scholl ausgesetzt sah. Am 7. Oktober 1960 gründeten über 20 Mitglieder den Ortsverein „Ulm/Neu-Ulm Lebenshilfe für das geistig behinderte Kind" nach dem Vorbild dieser 1958 in Marburg initiierten ersten Vereinigung ihrer Art. Mit-Gründerin: Inge Aicher-Scholl. Die „Lebenshilfe" gibt es noch heute in Ulm.

Auch bei der Errichtung der KZ-Denkstätte im Fort Oberer Kuhberg Ulm beteiligte sie sich. Zwischen November 1933 und Juli 1935 waren insgesamt etwa 600 Männer unter brutalsten Umständen im „Konzentrationslager in den Kasematten" eingesperrt gewesen. Bereits 1957 hatten Ex-Häftlinge, zusammengeschlossen in der „KZ-Lagergemeinschaft Heuberg-Kuhberg-Welzheim", eine „antifaschistische Gedenkstätte" im Festungswerk gefordert. Ab 1970 erhielt die „KZ-Lagergemeinschaft" Unterstützung unter anderem von Südwest Presse-Ulm-Kultur-Chefredakteur Kurt Fried, von dem 20.-Juli-Hinterbliebenen Peter Finckh und Inge Aicher-Scholl: namhafte ehemalige, eher bürgerliche Nazi-Verfolgte in Ulm. 1977 gründet sich der Trägerverein „Dokumentationszentrum Oberer Kuhberg" (DZKO). Am 19.11.1978 nimmt Erhard

Eppler, damals SPD-Landtagsfraktionsvorsitzender, an einer Gedenkfeier für die Opfer des NS-Regimes in der Ulmer KZ-Gedenkstätte teil. In diesem Buch findet sich eine persönliche Erinnerung von Inge Aicher-Scholl an diesen Tag. Am 14. November 1993 besucht Erwin Teufel als erster Ministerpräsident Baden-Württembergs die Räume dieses ehemaligen Konzentrationslagers. Das DZOK besteht noch heute – Tausende besuchen es jedes Jahr. Es wurde lange Jahre von dem Historiker Dr. Silvester Lechner geleitet. Eppler, Finckh, Lechner, Teufel – alle mit Beiträgen in diesem Buch.

„Freiheit". Dieses Wort haben Inge Scholls Geschwister Hans und Sophie mehrmals aufgeschrieben. Es schien auch Inge Aicher-Scholl wichtig. Sie unterstützte in Oberschwaben einen Verein, der Gefangene betreute. Als über sie selbst in den 90er Jahren ein Film entsteht, fährt sie mit der Regisseurin ins Ulmer Untersuchungsgefängnis, wo Inge Scholl 1943 in „Sippenhaft" saß. Frage der Filmerin Michaela Buescher: „Was denkt Inge Aicher-Scholl jetzt?" Antwort: „Raus hier!" Filmschaffende Michaela Buescher hat für dieses Buch einen Teil der Interviews zur Verfügung gestellt.

Ostermärsche in Ulm ab 1964; seit 1975 Mitarbeit im Arbeitskreis Friedenswoche Leutkirch; am 22. Oktober 1983 zusammen mit Hunderttausenden auf der Straße aus Protest gegen die (am 12. Dezember 1979 beschlossene) „Nachrüstung" der NATO - unter ihnen auch die

Schauspielerin Senta Berger und ihr Mann Michael Verhoeven; Mutlangen-Blockade am 24. September 1985 und weitere (gemeinsam mit ihrem Schwager Fritz Hartnagel). In der Hauptverhandlung am 10. Februar 1986 vom Amtsgericht Schwäbisch Gmünd zu 20 Tagessätzen à 40 DM verklagt. Inge Aicher-Scholls Bemühungen für den Frieden in wenigen Stichworten.

In ihrer Verteidigungsrede vor dem Amtsrichter Ziemer in Schwäbisch Gmünd sagt sie unter anderem: „... Nachdem ich bereits in den sechziger Jahren in Briefen, Petitionen, Demonstrationen und auch in Gesprächen mit Politikern versucht habe, vor der zunehmenden Militarisierung und schließlich vor den Atomwaffen zu warnen, ohne ein nennenswertes Echo von den zuständigen Personen und Stellen zu vernehmen, habe ich mich vor die Depots in Mutlangen und auch in Neu-Ulm gesetzt, um die Konvois vom Transport ihrer verwerflichen Zerstörungsinstrumente abzuhalten. Es war, daran zweifelte niemand, eine symbolische Geste, mit der wir uns mit letzter Entschiedenheit dagegen wehren wollten, dass die Erde unserer Heimat mit tödlichen Raketen vollgestopft wird. Unser Ziel war, damit eine möglichst große Öffentlichkeit zu erreichen. (...) Deshalb entschloss man sich in der Friedensbewegung zu spektakulären Formen wie der Menschenkette oder der Blockade an den Depots solcher Waffen. Plötzlich stieg in mir die Erinnerung an ein Flugblatt meiner Geschwister und ihrer Freunde hoch, für das sie im Februar 1943 ihr Leben auf dem Schafott lassen mussten: ‚Zerreißt den Mantel der Gleichgültigkeit, den ihr um Euer Herz gelegt! Entscheidet Euch, ehe es zu spät ist!'."

Bereits 1985 kommt es zu verschiedenen vorbereitenden Gesprächen, um die Weiße Rose Stiftung zu gründen, unter anderem mit dem Institut für Jüdisch-Christliche Beziehungen des American Jewish Congress (AJC). Teilnehmerinnen und Teilnehmer dieser Unterredungen lehnen den Besuch von Bundeskanzler Helmut Kohl und US-Präsident Ronald Reagan auf dem Soldatenfriedhof Bitburg am 5. Mai 1985 ab. Dort liegen unter anderem Gräber von Waffen-SS-Männern. Auch in den USA machen Veranstaltungen darauf aufmerksam. Der AJC kündigt an, eine Stiftung zu gründen. In München beschließen Inge Aicher-Scholl, Hildegard Hamm-Brücher, Anneliese Knoop-Graf, Franz J. Müller, Marie-Luise Schultze-Jahn und Heiner Guter am 30. Juni 1987 die Bildung der Weiße Rose Stiftung in Deutschland und vereinbaren ihre Satzung. Sie wird am 12. Oktober 1987 als gemeinnütziger Verein registriert. Mit einem Festakt im Senatssaal der Ludwig-Maximilians-Universität (LMU) München feiert die Weiße Rose Stiftung e.V. am 9. Juli 2012 ihr 25jähriges Bestehen.

Am 20. September 1987 nimmt Inge Aicher-Scholl im Kloster Irsee den Allgäuer Friedenspreis entgegen. Ihr Eintrag dazu in ihrer privaten

Rotis-Chronik: „verleihung des allgäuer friedenspreises in irsee. strahlender tag, festlich und gelungen. sehr gute laudatio von rupert feneberg. der saal ist bis auf den letzten platz besetzt. die kiste mit tauben auf dem hof. es ist der tag nach dem datum, an dem das abrüstungsabkommen der supermächte sich unbezweifelbar ankündigt."

Atomwaffen – Atomenergie. Spätestens seit der Reaktorkatastrophe Tschernobyl 1986 protestiert Inge Aicher-Scholl öffentlich gegen Atomkraft. Sie spricht in Leutkirch bei einer Kundgebung am Rathaus. Zusammen mit ihrem Mann Otl Aicher verfasst sie einen Text. Die beiden wagen das finanzielle Risiko, ihn als ganzseitige Anzeige in „Die Zeit" zu setzen. Titel: „Sie haben versagt". Unten auf

Kopie der Anzeige in „Der Spiegel" Nr. 51 vom 14. Dezember 1987.
Gestaltung: Otl Aicher

dieser Anzeige befindet sich klein die Kontonummer
für Unterstützungs-Spenden. Danach kommt so viel
Geld zusammen, dass ein weiteres großes Inserat
(im „Spiegel" vom 14. Dezember 1987) damit
bezahlt werden kann. Titel: „Ein toller Erfolg" – zum
Abzug der US-Mittelstrecken-Raketen.

Als sie am 21. Juli 1997 von Ulms Oberbürgermeister Ivo Gönner die Ehrenbürgerwürde der
Stadt Ulm erhält, sagt Inge Aicher-Scholl – außerhalb des offiziellen Festprogramms – ein paar Worte
zur Solarenergie in der Donaustadt vom Balkon
des Ulmer Schwörhauses. Seine Erinnerungen an
Inge Aicher-Scholl schildert Gönner in diesem Buch.

Zu ihrem 80sten Geburtstag am 11. August
1997 kann Inge Aicher-Scholl in der „Heilbronner
Stimme" eine Erklärung zum Schutz des „Strom-
einspeisegesetzes" (später „Erneuerbare Energien
Gesetz") veröffentlichen. Ähnliche Bestimmungen
gelten heute in über 50 Staaten.

„Trau keinem über dreißig!", lautete ein Motto
der 68er. Das galt nach Aussage von Elisabeth
Hartnagel nicht für (die 1968 51-jährige) Inge.
Jugendliche konnte sie für sich einnehmen. Sie
besuchte Schulen, beantwortete Briefe von jungen
Leuten. Ohne Hochschulstudium bewies sie doch
mit der Leitung der vh Ulm ein ausgesprochenes
pädagogisches Gespür. „Ich kenne die Nöte und den
Hunger einer oft missverstandenen Jugend, die in
dieser Welt wieder eine Heimat sucht und sie wieder
menschlich eingerichtet sehen möchte." Viele junge
Menschen, die ihr an der vh begegneten, wurden
mitgeprägt. Einige erinnerten sich gerne daran und
schrieben ihre Eindrücke für dieses Buch auf. Bereits 1969 wurde sie mit dem Pfaff-Preis für
Initiativen im Bildungswesen ausgezeichnet.

1988 erhielt sie den Freda-Wüsthoff-Friedens-
preis. 1995 verlieh Erwin Teufel ihr die Verdienstmedaille des Landes Baden-Württemberg.

Ihre Bedeutung für die Vergangenheitspolitik
der Bundesrepublik Deutschland ist unbestritten.
Als mindestens so wichtig jedoch betrachte ich
ihren großen Verdienst, den sie für die Zukunft des
Landes geleistet hat. Nie zuvor erlebte Deutschland
eine längere Friedensperiode als zwischen 1945
und heute. Visionärin, aktive Beteiligte und
Mitstreiterin.

Christine Abele-Aicher, geb. 1965 in Vallendar bei Koblenz,
Europa-Sekretärin, 1993 bis 1998 in Paris tätig,
seit 20. März 2003 mit Julian, dem vierten Kind von
Inge Aicher-Scholl und Otl Aicher, verheiratet, lebt in Rotis.

Gustl Sauer

Erster Kontakt mit der Gestapo

In einem Telefonat am 3. August 2012 las Elisabeth Hartnagel Scholl Christine Abele-Aicher und Julian Aicher einen Brief vor, der die erste Berührung von Inge Scholl mit der Gestapo schildert. Die Verfasserin ist Gustl (Augusta) Sauer, eine Ulmer Bürgerin. Sie schickte diesen Brief 1973 an Frau Petra, Lehrerin der damaligen Wagner-Schule, heute Hans- und Sophie-Scholl-Gymnasium. Frau Petra hatte eine Umfrage durchgeführt wegen einer geplanten Umbenennung der Schule.

„Liebe Frau Petra,
ich glaube, es ist sinnvoller wenn ich Ihnen zu einigen Aspekten etwas sage, die das Verhältnis der Geschwister Scholl zur Hitlerjugend betreffen. Gerade dieser Komplex ist, wie sie richtig sagen, heute noch der Hauptvorbehalt vieler Ulmer gegen die Scholls und damit die Namensgebung ihrer Schule. Sie werden mir deshalb hoffentlich nicht böse sein, wenn ich ihren Fragebogen unbeantwortet zurücksende.

Meine beiden Brüder Sepp und Karl wurden 1935 von Hans Scholl für die Hitlerjugend geworben. Hier ist es nun, so meine ich, wichtig zu wissen, was die Hitlerjugend vielen jungen Menschen damals bedeutete: Sie war für die Erfüllung der Ideale, die sie von der Bündischen Jugend her kannten. Das wurde anfangs wohl auch von den Ideologen der Partei bewusst gefördert, um die Jungen zu ködern. So war es vor allem das Erlebnis der Gemeinschaft, Fahrten und Wandern, Lieder und Lagerfeuer, was diese Jugend an der Hitlerjugend begeisterte. Politik interessierte zunächst nicht, sie waren ja auch in keiner Weise darauf vorbereitet. Dann aber erfuhr man doch langsam einiges über die Maßnahmen der Machthaber, man hörte von Verfolgungen, KZ, von Rassenwahn und Euthanasie. Die Welt bekam Risse für die Jungen. Da versuchten sie, in einer Abkehr und Protest gegenüber dieser Welt, sich eine eigene zu schaffen. Hans Scholl gründete mit Freunden, meist Schülern, zu denen auch meine Brüder gehörten, innerhalb der Hitlerjugend die Jungenschaft. Das war eine Gruppe, deren äußere Zeichen die Symbole der Bündischen Jugend waren, die innerhalb der Ulmer Hitlerjugend einen elitären Status hatten, die aber auch verzweifelt versuchte, wenigstens für sich die Werte zu retten, die dem Regime als entartet und volksfremd galten. Schließlich wurde die Gruppe angezeigt,

und es erschien an einem Vormittag im November 1937 die Gestapo in den verschiedenen Gymnasien Ulms und holte Schüler, die zu Hans Scholls Jungenschft gehörten, aus der Klasse. Gleichzeitig machten andere Gestapo-Leute und Hitlerjugend-Führer bei den Eltern der verhafteten Schüler Hausdurchsuchungen, ohne etwas von der Verhaftung ihrer Söhne zu sagen, und nahmen deren Tagebuchaufzeichnungen und Bücher mit. Meine Brüder waren damals 15 Jahre alt. Die meisten Jungen waren im gleichen Alter. Im Hof des neuen Baues wurden die Verhafteten gesammelt. Auch Inge Scholl und der jüngste Bruder Werner waren dabei. Hans Scholl leistete gerade in Bad Cannstatt seinen Militärdienst ab und wurde von dort aus verhaftet. Am Abend wurden die Kinder in einem offenen Polizeiauto nach Stuttgart gefahren, ohne dass man ihnen oder ihren Eltern Grund und Ziel der Fahrt gesagt hätte. In Stuttgart kamen sie ins Untersuchungsgefängnis, wurden acht Tage lang zum Teil mit Strafgefangenen eingesperrt, stundenlang verhört, und zwar so, dass meine Brüder noch Wochen lang nach dieser Gehirnwäsche erklärten, das, was man ihnen angetan habe, sei vollkommen richtig gewesen, sie hätten es verdient, weil sie sich gegen den Staat vergangen hätten. Erst nach und nach löste sich der Druck und sie erzählten von der Verhaftungszeit und den Verhören. Nach acht Tagen erklärte der Richter ihnen zynisch: „So, nun habt ihr gesehen, was euch erwartet, wenn ihr euch gegen die Partei stellt."

Meine Brüder sind tot. Der eine blieb in Stalingrad, der andere verunglückte während einer Ferienreise. Ich glaube, ich bin es ihrem Andenken und dem der Geschwister Scholl und all derer schuldig, die damals im November 1937 von der Gestapo geholt wurden, die sich nicht mehr verteidigen können gegen Vorwürfe und Vorurteile, dass ich ihnen das aufschrieb. Sie haben als Schüler in einer Zeit, in der die meisten Erwachsenen noch an das Dritte Reich glaubten oder es nicht wagten, offen ihre Meinung zu sagen, ein Zeichen des Widerstands gesetzt, dem es wohl anstünde, dass es den Menschen dieser Stadt bewusst wurde."

Klaus Beer

Szenerien im Nachkriegs-Ulm

Von den Geschwistern Hans und Sophie Scholl wusste in Ulm jeder. Und mir war schon im Knabenalter, als noch Krieg war, vom Vater klargemacht, dass der Nationalsozialismus ein Großverbrechen war.

Ich trat 1953, eben volljährig, der SPD bei. In der Münchener Universität schrieb ich mich kurz darauf als Student der Rechte ein. Der Immatrikulations-Schalter war nur wenige Schritte von der Örtlichkeit enfernt, wo die Geschwister Scholl ihre Flugblätter abgeworfen hatten. Als Studienziel gab ich „Richter" an. Bei der Berufswahl dachte ich: 'Das Recht und die Gerichte sorgen dafür, dass in Zukunft alles gerechter abläuft'.

Neulich stieg ich wieder einmal zum Schuhhaussaal hinauf und befand mich dort in der altvertrauten Atmosphäre der frühen Ulmer Volkshochschule wieder. Die Stimme von Inge Aicher-Scholl war mir sofort im inneren Ohr, ihre sanfte Stimme, mit der sie sagte „Liebe Freunde der Volkshochschule, ich begrüße bei uns den Referenten des heutigen Abends ...".

Wohl hundertmal war ich vh-Hörer im Schuhhaussaal. Schon als Schüler ließ ich kaum einen der berühmten Donnerstagvorträge aus. Später sagten Leute zu mir: „Sie waren doch der junge Mann mit blauer Jacke und Knickerboggers!"

Inge Aicher-Scholl lud die berühmten und bekannten Männer und Frauen als Vortragende nach Ulm ein. Carl und Alice Zuckmayer, Heisenberg, Guardini – ich will nicht ins Aufzählen verfallen. Sie bot die vh auch einheimischen Ulmer Demokraten für ihre Vorträge an. Von ihnen nenne ich hier einmal Karl-Otto Watzinger, er berichtete vom Widerstand gegen den Nazismus und der politischen Verfolgung im Nazistaat. Und Bernhard Rövenstrunck über neue Musik. Und Walter Buzengeiger über Geografie und Politik in anderen Ländern. Die Theaterleute lasen Tucholsky vor. Alles nahm ich in meine junge Sicht der Welt auf.

Mein Ulmer Justizleben begann ich 1958 als Referendar. Damals war die Ulmer „Ordentliche Justiz" nach den Jahren der Dezimierung durch ihre vorübergehende „Entnazifizierung" schon wieder komplett. Die ersten Amtsvorstände waren noch Leute gewesen, die nicht in der NSDAP waren. Landgerichtspräsident Hagmeiers Strafkammer hatte 1946 vier an der Ulmer Kristallnacht von 1938 Beteiligte bestraft.

Nachdem ich 1962 Richter wurde, lernte ich im Laufe der Zeit, wie die Gerechtigkeit im Gerichtswesen, in Gesetzen, Formalien, Hierarchien und wilhelminischer Baulichkeit untergebracht war. Die Ulmer Justiz befand sich auf einem Höhepunkt der Überalterung. Die Vorkriegsrichter waren da und die aus allen Gebieten des ehemaligen „Großdeutschen Reichs" gekommenen Richter und Staatsanwälte, fast alle mindestens ehemalige „Mitläufer" des Nazismus, aber auch Mitglieder von Sondergerichten und Volksgerichtshof waren darunter. Nur ein Viertel waren junge Juristen.

In der Sphäre der Justiz waltete ein anderer Wind als der in der Welt der vh. „Der Geist weht wo er will" hieß einer der Wochenkalender der vh mit Fotos ihrer Redner und Lehrer. Die Lüfte in der Justiz bewegten sich anders, Fritz Hartnagel und ich selbst waren die einzigen Ulmer Richter, die in beiden Szenerien lebten. Doch halt! In den frühen Jahren saß auch der pensionierte Landgerichtspräsident Hagmeier, den ich schon erwähnte, donnerstags im Schuhhaussaal. Er saß immer ganz vorn in der ersten Reihe – als leuchtende Ausnahme vom allgemeinen Desinteresse der Justiz –, saß neben Inge Aicher-Scholl, dem Referenten des Abends. Es dauerte nicht lange, bis der eine und andere neue Gerichtspräsident meinen Kollegen Fritz und mich zur politischen Zurückhaltung anhielt. Wir waren beide als Sozialdemokraten bekannt „und dabei noch aus dem linken Flügel!" sagte mir ein Präsident. Und natürlich als auffällige Anführer von Demonstrationen von Rüstungsgegnern! „Ein unschöner Anblick, dass ich Sie da sah!" sagte Fritzens Präsident zu ihm.

Solche Erlebnisse waren das genaue Gegenteil der weltoffenen vh-Atmosphäre. Der Mut, nein zu sagen, gehörte zu Inge Aichers Bildungszielen. Sie handelte auch danach durch ihre Teilnahme am politischen Leben in Ulm. Hierfür seien ein paar Beispiele genannt.

Im Jahr 1963 machten Ulmer Demokraten mobil gegen die von Innenminister Höcherl wohlverpackt geplante Verwässerung des Grundgesetzes in Richtung des berüchtigten Artikels 48 der Weimarer Verfassung. Inge Aicher-Scholl gehörte wie ihr Schwager Fritz Hartnagel (und ich selber) zu den Herausgebern von 30.000 Flugblättern in der ganzen Stadt gegen diese Gesetzespläne. Es war eine Musteraktion für andere Städte. Minister

Ostermarsch
1968 in Ulm
mit dem Schrift-
steller Günther
Eich und Inge
Aicher-Scholl.

Höcherl reiste eigens bis Neu-Ulm and ließ sich dort über die „Freiheitsfanatiker von Ulm" aus. Leider ließ sich die SPD 1968 auf eine abgespeckte Fassung der Gesetzespläne ein.

Auch an der Ulmer Bewegung gegen Atomwaffen war Inge Aicher-Scholl beteiligt. Zu den Ostermärschen der sechziger Jahre rief sie zusammen mit vielen Ulmern auf. 1966 bis 1968 begannen diese auf dem Weinhof und führten dann durch die Innenstadt. Im Jahr 1968 war Günter Eich einer der Redner auf dem Weinhof, und Inge Aicher-Scholl zog dann mit ihm und zweitausend Teilnehmern durch Ulm. Die Ostermärsche trugen dazu bei, die Stimmung des Kalten Krieges zu wenden zugunsten einer neuen Ostpolitik.

Es fehlte nun nicht an Gegnern dieser Teilnahme der Leiterin der vh an der Stadtpolitik. Ich war damals Mitglied des Gemeinderats und erlebte dort, wie ein sattsam bekannter, ziemlich extremer Stadtrat haarsträubende Vorwürfe gegen die vh erhob. Provos aus Holland hätten dort Unterricht im Werfen von Rauchbomben gegeben, und: in der vh werde der ideologische Klassenkampf verbreitet, um die Vietnamisierung der Bundesrepublik geistig vorzubereiten, und ähnlich weiter.

Nach diesen Angriffen prüfte das Kuratorium der vh, dem ich damals angehörte, den Wahrheitsgehalt der Vorwürfe und besprach die gesamte Arbeit der vh. Das Kuratorium erklärte die Kritik für unbegründet und sprach der vh-Leiterin Inge Aicher-Scholl sein volles Vertrauen aus. Die Erklärung hatte ich zusammen mit den Kuratoriumsmitgliedern Fahrenkamp und Wiegandt vorbereitet.

Der Gemeinderat folgte dem Vertrauen. Der Zensurversuch gegen die Arbeit der vh im neuen Einsteinhaus war damit abgewehrt.

Bekanntlich begannen die USA unter Reagan ein neues Wettrüsten mit der Sowjetunion. Die deutschen Bundeskanzler schlossen sich mit ihrem Gefolge dem an und ließen neuartige amerikanische Raketen ins Land herein. Zum verbreiteten Widerstand dagegen gehörten die Menschenkette 1983 von Stuttgart nach Ulm und die Sitzdemonstrationen vor dem Raketenlager in Mutlangen bei Schwäbisch Gmünd. Auch Inge Aicher-Scholl setzte sich am 24. September 1985 mit Fritz Hartnagel, dem Liedermacher Biermann und anderen dort vors Tor. Alle wurden wegen Nötigung bestraft, wegen „Gewalt"-Anwendung zu „verwerflichem Zweck" …

1995 entschied das Bundesverfassungsgericht, dass eine Sitzdemonstration keine Gewaltanwendung sei. Dies und der Abzug der Raketen zeigt die Verfehltheit der vorangegangenen Verurteilungen. Menschen aus justizfernen Welten müssen ihr Grenzen zeigen. Ich habe es in der Justiz als Richter auch deshalb ausgehalten, weil ich schon früh eine solche Welt außerhalb der Justiz kennenlernte, zu der Inge Aicher-Scholl den Zugang öffnete.

Klaus Beer, geb. 1932 in Hamburg, 1962 bis 1969 Richter in Ulm, danach in Stuttgart.

Michaela Buescher

Gespräche mit Inge Aicher-Scholl im Sommer 1995

Über den Sommer 1995 habe ich mit Inge Aicher-Scholl umfangreiche Filminterviews geführt.
Dieses Material wurde für meinen Dokumentarfilm „Inge Aicher-Scholl" von 1996 verwendet, der im Bayerischen Rundfunk lief.
Für den nachfolgenden Text habe ich überwiegend unveröffentlichte Passagen zusammengestellt.

Öffentlichkeit

Buescher: Ich werd' jetzt immer Sie zu Ihnen sagen.

Scholl: Die Mieze, die ist schon ganz aufgeregt.

Buescher: Gut, dass es jetzt geklappt hat.

Scholl: Ich hab' auch nicht gezweifelt, dass es klappt.

Buescher: Meinst Du, ...

Scholl: Und ich hab' mir gedacht, die Michi muss wissen, was sie will, ich mach' mit,

Buescher: Sie sagen, Sie seien schüchtern. War es für Sie am Anfang nicht auch schwer an die Öffentlichkeit zu treten und sich vor so vielen Leuten hinzustellen, und eine Rede zu halten?

Scholl: Ja, also das hat man einfach gelernt, wenn es hieß, da musst du sprechen, dann habe ich mir einen Text vorbereitet ... und dann kann man es ja so lesen, als ob man spricht. Und immer dann wenn es darum ging anschließend noch Fragen zu beantworten, da kann man dann frei sprechen, aber so hat man das einfach allmählich gelernt.
Das mache ich heute noch so.

Buescher: An sich stehen Sie ja nicht so gerne vor der Kamera, trotzdem haben Sie es immer wieder gemacht, auch für ihre Geschwister.

Scholl: Schweden und Dänemark waren sehr interessiert ... und die waren sehr, sehr rücksichtsvoll. Während manche Deutsche, da musste ich erst einen Gummibaum hinstellen, dass es auch schön aussah, was Ihr ja Gott sei Dank nicht braucht.

Buescher: Woher kommt der Antrieb, an die Öffentlichkeit zu gehen?

Scholl: Der Antrieb ist einfach, dass man Stellung nimmt und das, was die Leute denken, ausgesprochen wird. ... Denken und das Empfinden allein von Vielen, das reicht nicht. Es muss formuliert werden. Finden Sie das nicht auch?

Buescher: Viele Augenzeugen aus der Nachkriegszeit haben gesagt, Sie hätten eine sehr starke Anziehungskraft gehabt, wenn Sie jemanden überzeugen wollten, an der Ulmer vh zu sprechen.

Scholl: Ja, offenbar hab ich das gehabt. Zum Beispiel ist es uns gelungen, den Martin Buber herzukriegen, eine ganz seltene Sache, oder den Heisenberg ... und den Zuckmayer natürlich – und dann haben andere angerufen, andere Volkshochschulen, die auch so Neugründungen waren, ich möcht' sie doch mit dem Zuckmayer verbinden, und dann hab' ich gesagt, Sie müssen ihm halt schreiben, ich kann das nicht machen.

Der neue Mensch

Buescher: Wie sah denn Ihr Arbeitsalltag an der VH aus?

Scholl: Ja, morgens fing's mit den verschiedenen Briefwechseln an und am Nachmittag war ich viel in der Volkshochschule selber und habe mich um die Leute gekümmert. Wir haben ja dann auch einen Offenen Samstag eingeführt, wo die jungen Leute, die nicht wussten wohin, die zum Teil keine richtige Wohnung hatten – dass sie wenigstens am Samstagnachmittag irgendwo unterkamen. Ja, das muss ich sagen, ich habe darauf bestanden, dass dieses EinsteinHaus Teppichboden kriegt. Ich fand, das war ein Luxus, aber das war notwendig. Damit's wirklich gemütlich war, und sie auf den Treppen sitzen konnten. ...
Es war eben zunächst die Aufklärung der Bevölkerung durch die Volkshochschule. Und das ging eben dann einen Schritt weiter, nachdem ja die Städte und die Wohnungen und ... vieles sehr zerstört war, hat man gesagt, das ist nicht nur ein Unglück, das kann auch eine Chance sein.

Die Fotos entstanden während der Filminterviews mit
Inge Aicher-Scholl im Sommer 1995. Das Material wurde
für den Dokumentarfilm INGE AICHER-SCHOLL von
Michaela Buescher im Bayerischen Rundfunk in der Reihe
„Lebenslinien" 1996 verwendet.

Einer der ersten Vorträge hieß „ Kann man Gott sehen?", und ich würd' sagen, wer Guardini kennt, weiß, wie er so was erklärt, und der Saal war übervoll, bis auf die Treppe runter standen und saßen die Leute, und da saß – entdeck' ich plötzlich einen ziemlich elend aussehenden jungen Mann, und der sagt – ich hab' ihn gefragt, wo er herkommt, sagt er: „Aus der Sowjetzone", und dann hab' ich ihn gefragt, was er hier erwartet, warum er hier ist, sagt er: „Ich möchte gern wissen, ob man Gott sehen kann." Das hat mich so erschüttert.

Das ewige Licht

Scholl: Es gab in Forchtenberg [bis 1930 Heimatort der Familie Scholl] eine einzige katholische Familie, und der Sohn, der hat's manchmal schwer gehabt, der Toni, aber wir haben ihn recht gern mögen. Drei Kilometer von Forchtenberg entfernt war ein katholischer Hof, sagte man damals, also ein paar Häuser, da hat meine Mutter ihre frischen Eier geholt und wir sind mitgegangen, da gab's eine kleine Kirche. Und was mich da ungeheuer fasziniert hat, ich konnt' mich gar nicht loslösen davon, das war das Ewige Licht in der Kirche. Ich weiß nicht, ob's das heute noch in dieser Kirche gibt, auf alle Fälle, das Ewige Licht war für mich eine ganz tolle Sache.

Buescher: Leute wie Carl Muth und Theodor Haecker [Vertreter der kritischen katholischen Bewegung] lieferten fundamentales Gedankengut in der Widerstandsbewegung.

Scholl: ... der Muth war ein unglaublich hilfsbereiter Mann. Ich erinnere mich wie er mich abends zu einer Flasche Wein – er hat gefragt: ‚Ich möchte noch ein bisschen mit Ihnen sprechen, was mögen Sie lieber, einen guten Holundersaft oder eine Flasche, ein Glas Wein?' Und damals konnte ich Wein noch vertragen, also sagte ich Wein und dann saßen wir nebeneinander in seiner schönen Wohnung, das war schon abends, dunkel und da, da sagte ich, gibt es eigentlich so was wie einen Schutzengel, das hat mich beschäftigt, Schutz und Schutzengel, und da sagte er ganz ernst und selbstverständlich, ich unterhalte mich jeden Tag 'ne viertel oder halbe Stunde mit meinem Schutzengel. Das hat mir so imponiert und ich hab' gedacht, mit dem Schutzengel sich unterhalten, muss eine schöne Sache sein. Ich weiß nicht wie die Heutigen, wie die heutige Stellung zu Schutzengel ist, also ich denk' schon manchmal, wenn man keinen Schutzengel hätte, wäre das – also beim Autofahren ist mir es mal passiert, wo ich dachte, da muss ein Schutzengel gestanden haben, sonst wäre es ... , aber mag man Schutzengel nennen was man will, der Muth hat sich jeden Tag mit ihm unterhalten.

Mut

Buescher: Theodor Haecker ist zu Ihnen auf den Bruderhof [Zuflucht der Familie Scholl nach der Sippenhaft] gekommen?

Scholl: Ja, der war ausgebombt in München ... und er hat auch seine Texte mitgenommen, und die habe ich ihm da getippt.

Buescher: Er hatte ja seine Manuskripte immer mit der Hand geschrieben? Das war zum ersten Mal, dass sie getippt wurden. ...
Diese Manuskripte von Haecker, haben Sie die versteckt?

Scholl: „Tag- und Nacht-Bücher" heißt's, glaube ich, ja, die haben wir verstecken müssen, das ist klar, die waren so gefährlich, so offen gegen Hitler, gegen das Regime. Wir haben sie in gusseiserne Rollen, je ein Exemplar der Manuskripte, also dass wir zwei hatten. ...
Wenn man sowas in der Erde versteckt, muss man irgendein kleines Zeichen, irgendein Pflänzchen oder was, denn das findet man nicht mehr. Und das andere, das habe ich dann an einem Platz versteckt, wo ich genau wusste, da sind die Büsche. Als der Krieg dann zu Ende war, haben wir sie rausgeholt. ...

Träume

Buescher: Nach Kriegsende, was haben Sie sich denn da jetzt erstmal für sich gedacht? Was wollten Sie denn eigentlich machen?

Scholl: Weiß nicht! Auch wollte ich, das weiß ich noch, ich wollte auch studieren und zwar Soziologie und Geschichte. Das war's.

Buescher: In München?

Scholl: In München, ja!
Und da hat dann der Otl gesagt: Inge, wenn du die Volkshochschule aufbaust, das ist mehr als ein Studium. Da hast du – da lernst du viel mehr. Und dann weiß ich, er hat mich so überredet, dass ich g'sagt hab, ich muss mir's erst mal überlegen, und dann hab' ich mir vier Wochen Zeit gelassen und hab' drüber g'schlafen, und dann hab ich mich entschieden.

Hartnäckigkeit

Buescher: Diese HfG Finanzierung ...
[Gründungsfinanzierung der Hochschule für Gestaltung in Ulm]?

Scholl: Ohne Hartnäckigkeit ging's nicht. Ich meine, ich war nicht brutal. Ich hab' einfach so oft angerufen und gesagt, jetzt brauchen wir noch das und das und können Sie uns nicht helfen, sonst schaffen wir's nicht.

Buescher: Im einzelnen?

Scholl: Das ERP Ministerium hatte einen großen Betrag in Aussicht gestellt. Und da saßen wir da bei der Behrmann-Fischer [S. Fischer Verlag] und es kam ein negatives Telegramm, es war Wochenende … und es gab eine Deadline. …

Dann sind wir nach Bonn gefahren. … Und da kamen wir aber zu spät an. Es war schon Büroschluss, wie wir da ankamen. Und dann habe ich einfach solang probiert, bis ich noch einen fand. Und dann hat dieser Mann vom ERP-Ministerium gesagt: Ja, es ist jetzt zu spät, ich habe keine Sekretärin mehr. Und dann habe ich ihm gesagt: Ich kann Maschine schreiben … dann sind wir … irgendwo in der Nähe – ich glaube, es war eine Wohnung, da sind wir also zum Fenster reingestiegen, und ich habe getippt und habe diese Erklärung geschrieben, … und dann ging's wieder weiter.

Auch … diese Schule, das haben wir immer wieder betont, sollte nicht mehr als 150 Schüler haben, aus pädagogischen Gründen. Und das fanden die Amerikaner nicht richtig.

Das habe ich noch lange mit McCloy [Amerikanischer Hochkommissar, ab 1949 Nachfolger von L.C. Clay] am Schreibtisch verhandelt und habe versucht, ihm zu erklären, wie wichtig es ist, dass es nicht zu viele sind. Und schließlich liefen mir die Tränen herunter. Ich konnte nicht mehr. Ich war einfach todmüde. Und dann hat er das Telefon ergriffen, hat seine Frau angerufen und hat gesagt: Du, die Inge kommt jetzt zu uns zur Übernachtung. Und das war eigentlich die Rettung. Dann hat's geklappt. Dann hat er's geschluckt, die 150.

Buescher: Woher kommt es, dass Sie so beharrlich sind in der Verfolgung Ihrer Ziele?

Scholl: Das weiß ich auch nicht genau. Ich finde eben, wenn man was angefangen hat, was man für wichtig findet, dass man da eben auch beharrlich sein, und alles tun muss, damit es realisiert wird. Schöne Sachen sich ausdenken und sie dann nicht realisieren, das fand ich immer ein biss'l problematisch …

Warum ich dann den schönen Titel „die sanfte Gewalt" bekommen hab', weiß ich heut' auch nimmer. Aber das ist mir geblieben und ich find' ihn nicht schlecht.

Gefühle

Buescher: Sie haben … viel gearbeitet, haben Sie denn noch Zeit gehabt für sich?

Scholl: Gelesen, zum Lesen bin ich immer noch gekommen, vor'm Einschlafen. Ich hab auch Ferien machen können, das hat mir schon gereicht offenbar.

Buescher: Wie war das mit den Kindern, haben Sie da ein halbes Jahr Pause gemacht?

Scholl: Gar nicht so lang; ich glaube nicht, aber ich hab' es genossen, dass ich die Kinder mal auch selber betreuen konnte. Aber wie gesagt, ich hatte eigentlich immer sehr gute Helferinnen, Angestellte, für den Haushalt und für die Kinder. Eine, die kam aus einer reichen wohlhabenden Familie und Mühle, … ein sehr schönes Mädchen, die schöne Müllerin, und wenn die dann am Wochenende heimgegangen ist, kam sie immer so: „Frau Aicher, darf ich eins von Ihren Kindern mitnehmen?", und dann hat sie die Erlaubnis bekommen.

Buescher: Dieses abends schreiben, … beruhigt Sie das?

Scholl: Ja, ich schreib' jeden Abend ein kurzes Tagebüchlein, also das ist so groß, dieses Buch, und das liegt auf meinem, hinter meinem Bett. …

Das ist für mich eine, … weniger eine Beruhigung, als das Gefühl, du bist nicht allein, ich bin dann wieder, nicht mehr allein, das kann man schlecht erklären, das ist überhaupt beim Schreiben so bei mir.

Buescher: Fühlen Sie sich denn jetzt … ein bisschen alleine hier?

Scholl: Och, manchmal, wie gesagt, sobald ich anfange zu schreiben, geht's vorbei und wenn Sie da sind, wenn ich weiß jetzt kommt die Michi ja noch mal und noch mal und noch mal, dann ist das für mich auch ein großes Plus, mitsamt den Begleitern.

Textauswahl aus 422 Seiten transkribiertem, teilweise unveröffentlichtem Interview, Juli 2012.

Michaela Buescher: Geboren in München. Studium Medizin und Sozialwissenschaften an der FU Berlin. Beginn der Film- und Videoarbeit 1978 mit Dokumentationen von Autonomiebewegungen. Promotion 1994 über die Verwendung von Videoaufzeichnungen in der psychoanalytischen Therapie. Tätigkeit als Ärztin. Ab 1985 experimentelle Arbeiten, Dokumentarfilme und Videoinstallationen. Produktionen u.a. für ZDF Kleines Fernsehspiel, BR Dokumentarfilm und Zentrum für Kunst und Medientechnologie ZKM Karlsruhe, Teilnahme ‚Die Kunst der Aufklärung' Peking 2011. Lebt in Berlin.

Erhard Eppler

Eine stille Autorität

Inge Scholl habe ich nie kennen gelernt, Inge
Aicher-Scholl ziemlich spät. Was ich von der jungen
Inge weiß, stammt aus Büchern. Erst der reifen
Frau bin ich begegnet, auf dem Kuhberg bei Ulm,
aber auch in Rotis, dem kleinen Paradies an der
bayerischen Grenze. Und auch da erinnere ich mich
nicht an ein Ereignis, das zur Anekdote taugt.

Was mir geblieben ist, sind auch nicht goldene
Worte, über die ich dann tagelang nachgesonnen
hätte. Geblieben ist mir nur ein Eindruck. Vielleicht
ein doppelter. Ich fühlte mich angesprochen und
angenommen. Da war eine kluge Frau, die sich
interessierte für das, was ich tat, sogar für das, was
ich vorhatte, was mich plagte.

Noch wichtiger war allerdings, dass da jemand
war, der eine stille Autorität ausstrahlte. Da war
kein Platz für Banalitäten, es sei denn, sie dienten
dem Humor. In ihrer Gegenwart überlegte ich mir
zweimal, ob ich etwas zu sagen hatte und wie ich
es tat. Inge Aicher-Scholl erzwang ein gewisses
Niveau, ohne etwas zu sagen. Ich fühlte mich, wie
gesagt, angenommen, spürte aber auch, dass man
dies verscherzen kann, nicht durch Widerspruch,
wohl aber durch Geschwätz. Und es war mir sehr
wichtig, angenommen zu sein. Kurz: Jede Begegnung mit ihr hat mir gut getan.

erhard eppler bei der gedenkfeier
für die opfer des ns-regimes
am 19.11.78 im fort oberer kuhberg:

. . . wer richtig nach der vergangenheit fragt, fragt immer nach der zukunft. und richtiges fragen ist immer
selbstkritisch. das fragen nach der
vergangenheit, das wir im jahr 1978
erlebt haben, war überwiegend selbstkritisch. das mag damit zusammenhän-
gen, daß wir gerade in baden-württemberg im exzeß erfahren haben, wie
selbstrechtfertigung ins bodenlose
und absurde führt.

. . . was uns heute wieder bedroht,
ist nicht einfach der nazismus, der
den kuhberg und den heuberg, der
buchenwald und auschwitz auf dem gewissen hat. der nationalsozialismus
war im grunde nie mehr als ein sammel-
surium von feindbildern: ein rutenbündel aus antisozialismus, anti-
kommunismus, anti-liberalismus, anti-
semitismus, aus anti-kapitalistischen
vokabeln und schließlich auch aus einem gehörigen maß von anti-intellektu-
ellen und anti-christlichen ressentiments. wer immer seine eigene identität
nur im absoluten gegensatz zu anderen
findet, ist kein demokrat. demokraten
stehen immer zuerst für etwas ein, und
nur deshalb und insofern gegen etwas.
an dem rutenbündel aus antihaltungen,
das nationalsozialismus hieß, ist 1945
die schnur durchschnitten worden. seither liegen die ruten wieder verstreut
im gelände. und sie werden wieder auf-
gelesen und verwendet, die einen mehr,
die anderen weniger.

die bündelung, die wir erlebt haben,
hat keine chance mehr. aber wer garantiert uns, daß nicht eines tages ein
neues bündel aus feindbildern und ressentiments gebunden wird ?

. . . der nazismus war eine flucht-
bewegung vor den aufgaben, die einer
modernen industriegesellschaft gestellt sind. eine flucht in die ver-
teufelung, eine flucht in den haß,
eine flucht in eine imaginäre welt
von guten und bösen, der unkritischen
idealbilder und der selbstgefertigten
feindbilder...

Eintrag von Inge Aicher-Scholl in der privaten
Rotis-Chronik.

Foto: Maria Müssig · Copyright: Südwest Presse Ulm

Gedenkfeier für die Opfer des NS-Regimes am 19.11.1978 im
Fort Oberer Kuhberg

Der Redner ist Peter Finckh, Sohn von Oberst i. G. Eberhard
Finckh, der wegen maßgeblicher Teilnahme am Umsturzver-
such des 20. Juli 1944 hingerichtet wurde. Inge Aicher-Scholl
sitzt in der ersten Reihe mit Brille und Mütze bekleidet.

Dr. Erhard Eppler, geb. 1926 in Ulm. 1951 promovierte er
zum Dr. phil. und arbeitete von 1953 bis 1961 als
Gymnasiallehrer. Mit Gustav Heinemann begründete er
1952 die Gesamtdeutsche Volkspartei, 1956 wandte er sich
der SPD zu, diverse politische Ämter, u.a. von 1973 bis
1981 SPD-Landesvorsitzender in Baden-Württemberg. Im
Sommer 1991 verabschiedete er sich aus allen politischen
Ämtern. Er hat zahlreiche Schriften veröffentlicht.

Susann Franke
Inge Aicher-Scholl Realschule, Pfuhl

Vorbild in Zivilcourage

15. März 1990: Bei einer Lesung in der
franz. Friedrichstadtkirche in Berlin

Im Sozialkundeunterricht der 10. Klasse wurde über die Person Inge Aicher-Scholl und ihre Bedeutung für die Region Ulm/Neu-Ulm sowie über ihre Bedeutung für die Jugend von heute diskutiert. Der Fokus lag auf ihren sozialen und politischen Aktivitäten. In den Bereichen der Protest- bzw. Friedensbewegung, der Förderung der Jugend und im Kampf gegen den Rechtsextremismus sahen die Schüler Parallelen zur Gegenwart. Im Rahmen verschiedener Interviews mit Lehrern konnten die Schüler den Grund für die Namensgebung der Schule im Jahr 2004 herausfinden. Vier Persönlichkeiten standen damals zur Auswahl: Georg Elser, Willi Graf, Dominikus Böhm und Inge Aicher-Scholl. Eltern, Lehrer und Schüler stimmten bei einer Wahl für Inge Aicher-Scholl. Die Mehrheit der Schulgemeinschaft wünschte sich eine Frau als Namensgeberin.

In den folgenden Beiträgen haben verschiedene Schülerinnen und Schüler der Klassen 10b und 10c die Bedeutung von Inge Aicher-Scholl für die heutige Zeit formuliert. Dabei gingen sie von folgenden Fragen aus: „Können sich Jugendliche heute noch mit den Ideen Inge Aicher-Scholls identifizieren?" und „Wie und wo finden sich die Ideen Inge Aicher-Scholls in der Schule wieder?" Nachfolgend einige Zitate:

„Es ist für uns sehr interessant, was hinter dem Namen unserer Schule steckt, vor allem Freiheit, Mitbestimmung, Persönlichkeitsentwicklung und Zivilcourage."
Jennifer Wiesmann, Laura Capolongo und Bianca Christ

„Ein bedeutender Punkt ist unserer Meinung nach das politische sowie soziale Engagement. Sie (Inge Aicher-Scholl) gilt in diesen Bereichen als Vorbild für viele Jugendliche. Da sie an einigen Friedensdemonstrationen teilnahm, können sich Heranwachsende in ihren Ideen wieder erkennen und (wie sie) an aktuellen Demonstrationen teilnehmen, z.B. gegen das Bahnprojekt Stuttgart 21, oder in der großen Debatte um Atomkraftwerke mitwirken."
„Alles in allem versuchen wir, die Schüler der Inge Aicher-Scholl Realschule, ihre Vorstellungen von einem demokratischen Zusammenleben umzusetzen."
Barbara Szücs, Sonja Thomas, Cindy Müller

„Heutzutage sind Friedensbewegungen immer noch aktuell (z. B. die Ostermärsche). Ebenso ist politisches Handeln auch in diesem Jahrhundert sehr wichtig, wie die Revolution in der arabischen Welt, der Kampf gegen Rechtsextremismus oder die Demonstrationen gegen den Irak- und Afghanistankrieg."
Luisa Laubenstein, Jasmin Hanisch und Anika Ziegler

„So finden an den Nachmittagen zahlreiche AG, wie z. B. die Hip-Hop AG, Band oder die Theater AG statt. Diese stärken das Selbstbewusstsein."
„Auch engagiert sich unsere Schule im sozialen Bereich. Im vergangenen Jahr sammelte unsere Schule Spenden für das Tierheim in Ulm. Derartige soziale Projekte sind über das ganze Jahr verteilt. Weitere Beispiele sind die Hilfsaktionen für die ‚Ulmer Tafel'."
Ricarda Böbel, Saskia Hofmann, Christian Rimmele

„Im Gegensatz zu anderen Ländern, in denen Krieg herrscht, leben wir in Freiheit, was für uns mittlerweile selbstverständlich ist."
„Insgesamt sind wir der Meinung, dass wir uns ein Beispiel an ihr nehmen sollten, da sie sich für ihre Mitmenschen und deren Meinungen, Wünsche und Probleme eingesetzt hat. Wir sind daher stolz, dass unsere Schule ihren Namen trägt."
Marina Weißhaupt, Daniel Ziegler und Jessica Becker

„Wahlkurse wie die Schülerzeitung fördern das politische Bewusstsein der Schüler."
Michaela Schneider

Susann Franke unterrichtete Sozialkunde an der Inge Aicher-Scholl Realschule, Pfuhl.

STOPPT DEN WHHN
KEINE AKW
und
LEGEN

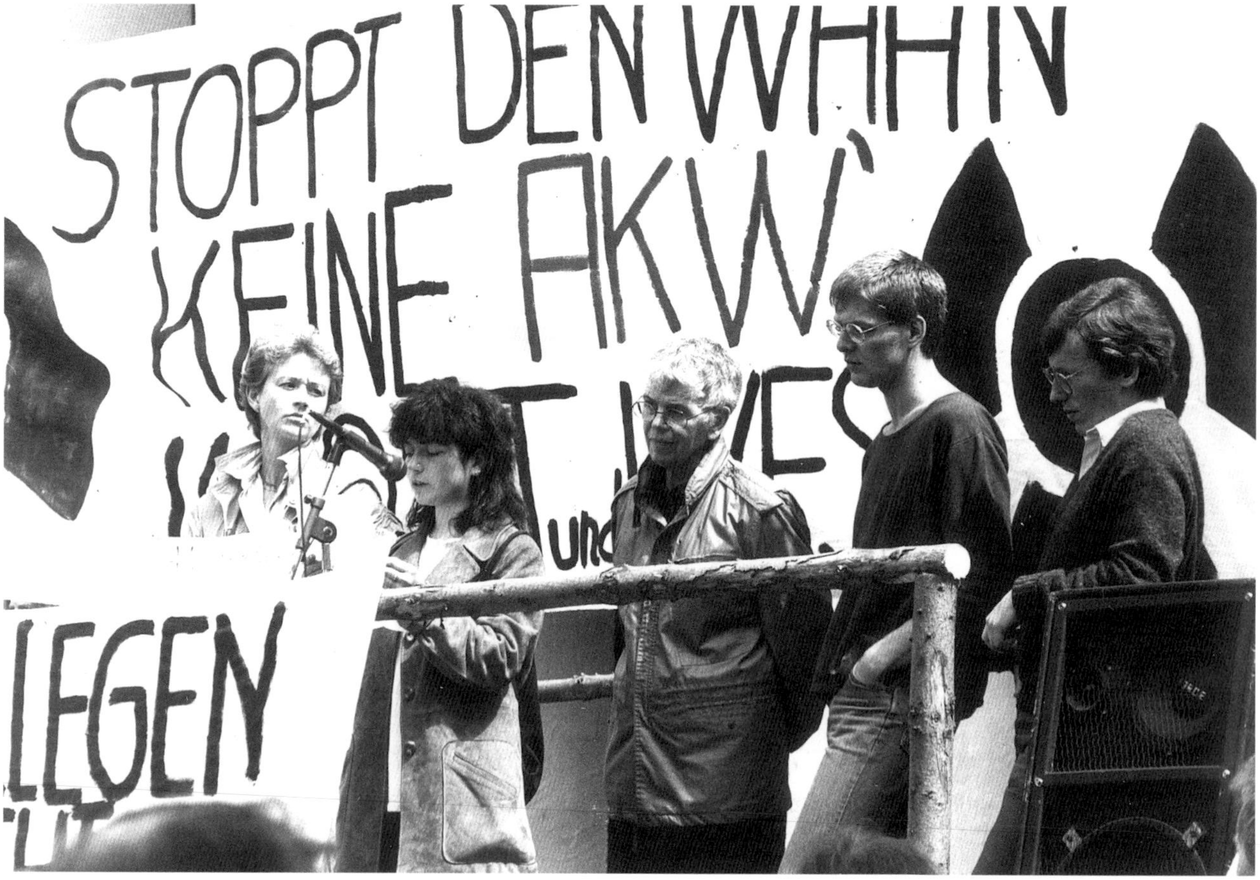

Demonstration gegen Atomkraftwerke nach der
Tschernobyl-Katastrophe 1986. Die Kundgebung fand in der
Ortsmitte von Leutkirch statt. Links im Bild Michaela Gräfin
Waldburg, Mitte Inge Aicher-Scholl, Alfred Wiedemann,
rechts Oswald Metzger.

Das Logo der Friedens-
woche Leutkirch zeigt
einen umgedrehten
Stahlhelm, aus dem
eine Blume wächst.

Links Wilhelm Schwarz, Mitte Inge-Aicher Scholl, rechts
Bob (Wolfgang) Kappler. Friedenswoche Leutkirch. Sie fand
vom 24. April bis 1. Mai 1976 statt. Der Arbeitskreis Friedenswoche veranstaltete über die Folgejahre weitere Aktionen.

Gottfried Härle

Behutsam, aber tief überzeugt

Rotis war mir bereits seit Kindheitstagen bekannt. Zahlreiche Sonntagsspaziergänge mit meinen Eltern und Großeltern führten an diesen idyllischen Ort an der bayerisch-baden-württembergischen Grenze. Unter Anleitung meines Großvaters lernte ich am Rotiser Bach bereits als Fünfjähriger, wie man kleine Forellen mit der bloßen Hand fängt. Und eine meiner Tanten verbrachte im Dritten Reich ihr Pflichtjahr in der Rotismühle. So nannte man den Zwangsdienst, zu dem junge Frauen in Hitler-Deutschland verpflichtet wurden.

Zwanzig Jahre später erlangte dieser Ort für mich eine völlig neue Bedeutung: Otl Aicher habe, so hörte man Anfang der siebziger Jahre in Leutkirch, die Rotismühle gekauft. Otl Aicher, der durch seine Piktogramme für die Olympischen Spiele in München weltbekannt gewordene Grafiker. Weit weniger bekannt war in Leutkirch, dass dieser Otl Aicher mit Inge Scholl verheiratet war, der ältesten Schwester von Hans und Sophie Scholl. Obwohl die Scholls in der nahen Stadt Ulm aufgewachsen sind, obwohl Inge Aicher-Scholl dort ihr bekanntes Buch „Die weiße Rose" verfasste und die dortige Volkshochschule aufgebaut hat: im Leutkirch der sechziger und frühen siebziger Jahre waren die Widerstandskämpfer des Dritten Reichs kaum im öffentlichen Bewusstsein präsent. Der Geschichtsunterricht endete in der Regel nach den Schlachten des Ersten Weltkriegs oder streifte in den letzten Stunden vor den Ferien die zwölfjährige Schreckensherrschaft in Deutschland. Wenn überhaupt, dann wurde der Widerstand gegen den Nazi-Terror in wenigen dürren Fakten und Zahlen abgehandelt.

Und so waren es auch nicht die Stadtoberen oder die Honoratioren von Leutkirch, welche die ersten Kontakte nach Rotis knüpften, als die Aichers hierher gezogen waren. Es war eine Handvoll junger Menschen – Kriegsdienstverweigerer, Aktive aus der Dritte-Welt-Bewegung, engagierte Christen –, die Mitte der siebziger Jahre die „Arbeitsgruppe Friedenswoche" gründeten und Inge Aicher-Scholl bereits zu ihren ersten Treffen einluden.

Für viele von uns waren die Begegnungen mit Inge die ersten Kontakte zu einem Menschen, der im Dritten Reich auf der anderen Seite stand. Unsere Väter und Großväter berichteten viel über Kriegserlebnisse, über Gefangenschaft und verlorene Jugendjahre, aber nur wenig über die Zeit vor dem Krieg und die Schreckensherrschaft der Nazis.

Die wenigen Widerstandskämpfer, sofern sie in den Erzählungen unserer Eltern überhaupt auftauchten, waren entweder Übermenschen, Exoten oder Außenseiter. Umso beeindruckender und nachhaltiger waren für uns friedensbewegte Jugendliche dann die Gespräche mit jemandem, der in einer Widerstandsfamilie aufwuchs und den Nazi-Terror hautnah erlebte. Wir lernten die Schreckensjahre von einer Seite her kennen, die uns weder die Schule noch die Eltern vermitteln wollten oder konnten. Aus einer sehr persönlichen und direkten Perspektive, aber auch aus einer politisch-philosophischen und tief christlich verwurzelten Sicht.

Die Gespräche mit Inge waren stets mehr als Erzählungen: natürlich spielten die Erlebnisse in der Familie, die Beziehungen zu den Geschwistern Hans und Sophie eine Rolle. Genauso wichtig waren für Inge jedoch die Konsequenzen aus diesen Schreckensjahren für unsere heutige Zeit: die Forderungen nach Abrüstung, nach einer neuen globalen Gerechtigkeit und ein geläutertes, erneuertes Christentum, das nicht die Waffen segnet, sondern sich dem Frieden und der Gewaltfreiheit verpflichtet fühlt. Immer wieder waren wir tief beeindruckt von Inges einzigartiger Gabe, das erlebte persönliche Leid – die Ermordung von zwei Geschwistern – in zwar sanft formulierte, aber umso engagierter vertretene politische Forderungen und Positionen zu übersetzen.

Während einer Diskussion.

59

Engagiert in der Friedensbewegung.

Bis hin zur Sitzblockade in Mutlangen: Nie werde ich den Tag vergessen, als Inge zusammen mit Wolf Biermann im Gerichtssaal in Schwäbisch Gmünd saß und zu zwanzig oder dreißig Tagessätzen Geldstrafe verurteilt wurde. Von einem Richter, der ausschließlich formal-juristisch argumentierte und überhaupt nicht zu begreifen schien, welche Gründe eine Frau, deren halbe Familie dem Naziterror zum Opfer fiel, dazu bewegen könnten, sich der drohenden atomaren Vernichtung Mitteleuropas in den Weg zu stellen, oder besser: zu widersetzen. Inge nahm das Urteil hin – mit sanfter Miene, aber ungebrochen. Sie war überzeugt, das Richtige getan zu haben.

Sie, Inge: so nannten wir sie. Diese Anrede brachte das Verhältnis zum Ausdruck, das uns, die dreißig bis vierzig Jahre Jüngeren, mit ihr verband. Einerseits das respektvolle, das aufschauende Sie. Andererseits die vertraute, nahe Inge, die mit uns Leuten von der „Friedenswoche" nicht nur stundenlang diskutierte und Aktionen vorbereitete, sondern uns auch bekochte und kleinere oder größere Feste feierte. Manchmal auch bis spät in die Nacht, so dass Otl Aicher sich einmal zu der Bemerkung

veranlasst sah, wir sollten doch nächstes Mal nach einem anderen Hotel Umschau halten und die Rotiser Nachtruhe nicht stören.

Da zeigte sich der große Unterschied: Wo Otl Aicher distanziert, streng und unnahbar uns gegenüber auftrat, war Inges Verhalten stets geprägt von Nähe, Sanftmut und Verständnis für manch jugendlichen Übermut.

In ihren Grundüberzeugungen waren sich die beiden jedoch sehr nahe: dies durfte ich erleben in den wenigen, aber äußerst beeindruckenden politischen Diskursen auf den Sofas in der Rotiser Wohndiele. Der scharf und brillant analysierende und argumentierende Otl, die behutsam, aber tief überzeugt formulierende Inge – einig aber in ihren philosophisch-christlichen Wurzeln und in ihren Forderungen nach tiefgreifenden, Gerechtigkeit und Frieden schaffenden politischen Reformen.

„Mich interessieren Menschen, die aus ihrer Tradition ausbrachen, um ihr gerecht zu werden. Mehr und mehr empfand ich es als etwas besonderes, diesem Arbeitskreis angehören und für diese Friedenswoche mitarbeiten zu dürfen": Dies war das schönste Kompliment, das man als Gruppe junger Menschen, die in einer tief konservativen Umwelt groß geworden und mit ihren politischen Ideen und Aktionen oft auf große Widerstände gestoßen sind, bekommen kann. Von jemandem, der in seiner Biografie wie kaum jemand anderer soviel persönliches und politisches Schicksal verbindet. Danke, Inge.

Gottfried Härle, Jahrgang 1954, übernahm nach Abschluss seines Studiums der Volkswirtschaftslehre Mitte der 1980er Jahre die Geschäftsführung der Brauerei Clemens Härle KG. Er ist Mitbegründer und Vorstand des ökologischen Unternehmerverbandes „UnternehmensGrün", seit 20 Jahren Fraktionsvorsitzender einer grünnahen Liste im Leutkircher Gemeinderat und war von 2002 bis 2005 Mitglied im Mittelstandsbeirat des Bundeswirtschaftsministeriums. 2010 erhielt die Brauerei Härle, die ihre Biere klimaneutral herstellt und vertreibt, den Deutschen Nachhaltigkeitspreis.

Mitglieder der Friedenswoche Leutkirch bei einem Treffen in Rotis: links Otl Aicher und Inge Aicher-Scholl, in der Mitte Gottfried Härle, rechte Bildseite nach vorne gebeugt Marianne Frey, Hildegard Kappler, davor Julian Aicher. Das Motorrad gehörte Otl Aicher.

Hildegard Hamm-Brücher

Zart und unerbittlich

Anlässlich des 95. Geburtstages von Inge Aicher-Scholl am 11. August 2012 ist es mir ein Anliegen, ihrer nicht nur mit allgemeinen Worten zu gedenken, sondern ihr gesellschaftspolitisches Wirken und Bewirken in der Nach-Hitler-Zeit – also ihre Lebensleistung – zu würdigen. Nicht nur weil sie für mich neben Eugen Kogon, Alexander Mitscherlich, Romano Guardini und Theodor Heuss zu den überzeugendsten geistigen Erneuerern der Nach-Hitler-Zeit gehörte, sondern weil sie die politische und moralische Erblast des Opfertodes ihrer Geschwister Hans und Sophie in ihr eigenes Leben getragen und ihre politische und intellektuelle Nachfolge auf eine sehr vielfältig-schöpferische und weiterführende Weise angetreten hat. Immer war ihr Tun und Lassen von den Erfahrungen der Nazizeit geprägt und von der Verpflichtung, daraus Konsequenzen zu ziehen. Ob es die Anfänge der Hochschule für Gestaltung waren oder die Programme der von ihr konzipierten und viele Jahre geleiteten Ulmer Volkshochschule. Selbst ihr radikales Aufbegehren gegen eine Aufrüstung mit atomaren Mittelstreckenraketen im Rahmen der NATO erfolgte im Zeichen des Widerspruchs. Jedweder Ansatz einer alt- oder neu wuchernden Nazi Ideologie musste an den Wurzeln bekämpft und neuen Gefährdungen von Anbeginn Widerstand geleistet werden. Vor allem aber ging es ihr um Projekte und Anstöße zum Um- und Neudenken und zur Wiederentdeckung humanistischer Traditionen, Werte und Gewissheiten. Das machte ihr Lebenswerk aus. Das war ihr Credo!

II.

Als ich Anfang 1947 nach Ulm kam, um über das dortige Flüchtlingselend in der „Neuen Zeitung" zu berichten, lernte ich Inge Scholl kennen. Die Stadt war nicht nur zerstört, sondern von Hunderttausenden von Flüchtlingen und Heimatvertriebenen überschwemmt. Über 300.000 waren es: elend und verzweifelt, heimatlos und ohne Hab und Gut. Mutter Scholl, eine fromme und tatkräftige Frau, und Inge hatten ein Hilfswerk organisiert und versuchten Tag und Nacht zu helfen – ein Sisyphuswerk. Jedoch Beispiel gebend über Ulm hinaus und viel Gutes bewirkend. Ich berichtete ausführlich über ihr Engagement unter der Überschrift „Ein Wall gegen Hass und Not". Wenig später schrieb ich

50 Jahre Volkshochschule (vh) Ulm, 31. März 1996: Inge Aicher-Scholl im Gespräch mit Dr. Hildegard Hamm-Brücher (links) und vh-Leiterin Dr. Dagmar Engels.

ein Portrait über die junge Inge Scholl und ihre Pläne eine freiheitliche Volkshochschule zu gründen, in der die Vielfalt der Themen und Meinungen ein Stück geistige und moralische Erneuerung bewirken sollten. Die Initiatorin beschrieb ich wie folgt:

„Inge Scholl hat ein stilles, ausdrucksvolles, junges Gesicht mit dem gleichen, ergreifenden Ausdruck wie wir ihn von mittelalterlichen Madonnenbildern kennen. Aber die verträumten Augen – ihr zartes Äußeres – verbergen eine große Kraft, die mehr ist als die Anziehungskraft ihres Wesens. Es ist die gleiche Kraft mit der ihre Schwester Sophie Freunde, Richter und Bewacher bis in ihre Todesstunde beeindruckte ...", vielleicht sogar ein wenig beschämte?

Die gleiche Kraft lebte auch in Inge Scholls Lebenswerk. Bei aller Sanftheit ihres Wesens war sie unglaublich zäh, in moralischen Grundsatzfragen unerbittlich. Dann verstand sie sich – selbst für ihre Freunde – als einzige Vollstreckerin des politischen Erbes ihrer Geschwister. Dies nicht aus Überheblichkeit, sondern aus tiefster Überzeugung. Darüber kamen die anderen Opfer des studentischen Widerstands oft nicht ausreichend zur Geltung, was erst in späteren Jahren mit Hilfe neuerer Forschungen ausgewogener nachgeholt werden konnte, ohne dass darüber das Beispielhafte des Opfergangs der Geschwister Scholl beeinträchtigt wurde.

III.

Im Grundsätzlichen bestand zwischen Inge und mir politisch und zeitgeschichtlich volle Übereinstimmung. Zwar wirkten wir auf verschiedenen Feldern, sie in kultur- und gesellschaftlichen Bereichen und ich als Politikerin, jedoch waren die Überzeugungen und Zielsetzungen die gleichen, vor allem was die Aufarbeitung der NS-Erblast betraf. Dazu gehörte nicht nur die Befreiung von den Irrlehren der Nazi-Ideologie auf allen Feldern des Denkens und Verhaltens mit dem Schwerpunkt Schule und Erziehung, sondern auch die Einsicht in Mitschuld und Mitverschulden für das Geschehen. Vor allem aber mussten Angebote zur geistigen und moralischen Umkehr und Erneuerungen der Menschen zur Verfügung gestellt werden. All das sollte zur Stärkung und Festigung einer freiheitlich-demokratischen Staats- und Lebensform beitragen. Überdies ist festzuhalten, dass Inge Aicher-Scholl, trotz aller Bemühungen und Verpflichtungen, lebensfroh und als Frau und Mutter ungeheuer tatkräftig war.

IV.

Auf Grund der Übereinstimmungen im Grundsätzlichen ist im Laufe der Jahre zwischen Inge (inzwischen) Aicher-Scholl und Hildegard (inzwischen) Hamm-Brücher eine Verbundenheit entstanden, die sich im Laufe der Jahre trotz gelegentlicher politischer Meinungsunterschiede (z.B. in der Nachrüstungsfrage) menschlich vertiefte. Beide waren wir über so manche politischen Entwicklungen nicht glücklich. Zum Beispiel als die Auseinandersetzung und Aufarbeitung der Nazi-Zeit über viele Jahre nur unvollständig geführt wurde; manchmal war sie sogar mangelhaft. Mit dem rasanten Wirtschaftswunder wurde die Neugestaltung des geistigen Lebens oft nahezu zur Nebensache. Eine vielfältige Erinnerungskultur entstand erst mit großer Verspätung, und oft gab es unter Überlebenden und Hinterbliebenen des Widerstandes parteipolitische Zerwürfnisse. Die Hoffnung, dass das geistige Fundament der Bundesrepublik aus dem Widerstand erwachsen würde, erfüllte sich nicht.

V.

Wie unsere erste Begegnung ist mir auch unsere letzte unvergesslich. Sie fand anlässlich des 50. Jubiläums der von Inge Aicher-Scholl konzipierten und gegründeten Ulmer Volkshochschule im April 1996 statt. 500 Gäste waren gekommen. Hunderttausende hatten in den 50 Jahren diese Lebensschule besucht. Ein Anbau an die vorhandenen Räumlichkeiten war überfällig und vom Stadtrat genehmigt. Inge, leider gesundheitlich

geschwächt, stand im Mittelpunkt. Sie bekräftigte ihre Überzeugungen und freute sich mit uns über das gelungene Werk. Ich durfte ihr in einer „Festrede" danken, die zu einer Art Bilanz unserer beider Bemühungen wurde. Ich stellte sie unter die provozierende Frage, ob wir uns beim Aufbau unserer Demokratie dauerhaft am Vermächtnis des Widerstandes orientiert hätten, und beantwortete sie zuversichtlich, trotz mancher Rückschläge und Enttäuschungen, trotz Verspätungen, Verdrängungen und Fehlentwicklungen. Unsere Demokratie hätte sich gefestigter erwiesen als wir anfangs gefürchtet hatten. Das Vermächtnis des Widerstands der Stundenten der „Weißen Rose" gälte weiter und würde von demokratisch engagierten Gruppen weiter getragen. Immer noch und immer wieder gelte für uns der Auftrag, den Mantel der Gleichgültigkeit zu zerreißen, wie es im fünften Flugblatt der „Weißen Rose" heißt. Wir sollten ihn für Gegenwart und Zukunft als eine Art Dauerauftrag verstehen. Das Wirken von Inge Aicher-Scholl kann und will uns dazu ermutigen.

Dr. Hildegard Hamm-Brücher, geb. 1921, galt nach den Nürnberger Gesetzen als „Halbjüdin". Bereits während der Nazi-Diktatur hatte sie Kontakte zu Mitgliedern der Weißen Rose. 2002 trat sie aus der FDP aus, der sie seit deren Gründung 1948 angehört hatte. Außer Landtagsabgeordnete sowie Staatssekretärin für Bildung in Hessen war sie Staatsministerin im Auswärtigen Amt.

Eckard Holler

Vorsichtig – präzise – unbeirrbar

Die Geschwister Scholl, Hans und Sophie, waren die Helden meiner Jugend, da sie dem Nationalsozialismus mutig entgegengetreten waren und Flugblätter zum Sturz der Diktatur und für Freiheit und Menschenwürde verteilt hatten. Für diese öffentliche Meinungsäußerung wurden sie zum Tode verurteilt und hingerichtet. Hätten mehr Menschen Widerstand wie sie geleistet, dachte ich, wären die Menschheitsverbrechen der Nazis und die größte Katastrophe, die Deutschland in seiner Geschichte erlebt hat, verhindert worden.

Das Buch „Die Weiße Rose" von Inge Scholl [1] hatte ich schon in den 1950er Jahren als Schüler gelesen und in meiner Pfadfindergruppe zur Fahrtenlektüre gemacht. Besonders fasziniert hatten mich ihre Ausführungen über den geheimnisvollen Jugendbund dj.1.11 (= deutsche jungenschaft vom 1. November 1929), den die Nazis verboten hatten. Dass ihre Geschwister ihm angehört hatten, ließ einen Teil meiner Bewunderung auf die dj.1.11 übergehen.

In ihrem Bericht über die dj.1.11 hatte Inge Scholl vieles nur angedeutet bzw. dichterisch umschrieben, so dass ich bei meinen Studien zur Biografie des legendären Jugendführers Eberhard Koebel (tusk), der diesen Bund gegründet hatte, auf die Idee kam, für den Verlag der Jugendbewegung die Geschichte der illegalen Ulmer dj.1.11 einmal genauer zu recherchieren. Mein besonderes Interesse galt der illegalen Lapplandfahrt, die Hans Scholl mit seiner dj.1.11-Gruppe 1936 unternommen hatte. Im Herbst 1997 schrieb ich Inge Scholl in dieser Sache einen Brief, auf den sie mir mitteilen ließ, das Tagebuch dieser Fahrt sei noch vorhanden. Ich solle nach Rotis kommen, um es einzusehen, da sie es nicht aus der Hand geben wolle. Das war eine sensationelle Nachricht, denn über diese Trampfahrt von Hans Scholl nach Nordschweden war bislang nichts bekannt und ich war der Erste, der zu den Unterlagen Zugang erhielt.

Wegen eines Krankenhausaufenthalts von Inge Scholl verzögerte sich jedoch mein Besuch in Rotis, und als ich an Ostern 1998 schließlich kam, war Inge Scholl bereits zum Pflegefall geworden und hatte große Teile ihres Gedächtnisses und ihres Sprachvermögens verloren, so dass sie sich weder an mich erinnern noch Gespräche mit mir führen konnte. Es traf sich gut, dass ihr Sohn Manuel anwesend war und sich um mich kümmerte. Von

ihm erhielt ich nicht nur die Möglichkeit zur Einsichtnahme, sondern sogar eine Kopie des besagten Fahrtenbuchs aus Inge Scholls Privatarchiv, zwei Fotos von Hans Scholl aus seiner Ulmer Schülerzeit und das Recht zur Publikation, so dass ich reich beschenkt nach Tübingen zurückfuhr.

Ich vermute, Inge Scholl hatte gerade mir das Manuskript der Lapplandfahrt 1936 anvertraut, das sie lange geheim gehalten hatte, weil sie wusste, dass ich einerseits aus der „jungenschaft" kam und Kenntnisse über die Jugendbewegung der 20er/30er Jahre mitbrachte, und andererseits mich wie sie in der Friedensbewegung engagiert hatte. Sie kannte mich von ihrer Teilnahme am 10. Tübinger Festival 1984, das ich mit dem Club Voltaire als Gedächtnis-Festival „für die Geschwister Scholl und ihre Freunde" veranstaltet hatte. Wir hatten sie damals eingeladen, das Hauptkonzert am Samstagabend auf dem Tübinger Marktplatz, vor dem Auftritt von Wolf Biermann und Mercedes Sosa, mit einer Rede über den Widerstand ihrer Geschwister einzuleiten. Die Aufgabe, vor mehreren tausend jugendlichen Zuhörern eine Beziehung zwischen dem Widerstand gegen den Nationalsozialismus und dem heute notwendigen Widerstand gegen das atomare Wettrüsten herzustellen, hatte Inge Scholl gern übernommen und überzeugend gelöst. In Erinnerung blieb von ihrer Rede die Kritik am Begriff des „zivilen Ungehorsams" und die Richtigstellung, dass die Friedensbewegten, die gegen die Aufstellung von Atomraketen protestierten, nicht ungehorsam, sondern – ganz im Gegenteil – gehorsam gegenüber ihrem Gewissen handelten, so dass besser nicht vom zivilen Ungehorsam, sondern vom „vorausschauenden Gehorsam" bzw. „vom Gehorsam gegenüber dem Gewissen" gesprochen werden sollte. [2]

Ich hatte mit Inge Scholl während des Festivals in Tübingen ein intensives Gespräch über Eberhard Koebel (tusk) und dessen Überzeugung, der Widerstand von Hans Scholl sei aus der dj.1.11 gekommen. Sie widersprach zwar entschieden seiner These, bedauerte aber, dass sie ein Gespräch mit ihm abgelehnt hatte, um das er 1955 bei seinem letzten Besuch in der BRD – er lebte in Ostberlin – kurz vor seinem Tod gebeten hatte. Noch 1984 war

1 Inge Scholl, Die weiße Rose, Fischer-Tb, ungekürzte Ausgabe, Fischer Bücherei, Frankfurt am Main und Hamburg 1955
2 Club-Voltaire-Zeitung Nr. 7/8 Juli/August 1984, S.1

sie der Auffassung, dass die dj.1.11 für ihren Bruder zu dem Zeitpunkt, als er sich zum Widerstand entschloss, nur mehr eine „ferne, mit einiger Skepsis betrachtete Erinnerung" war, und dass er zum Widerstand durch „andere massive Gedankenwelten", nicht zuletzt „durch ein neu entdecktes Christentum" motiviert wurde.[3] Sie schloss jedoch eine zusätzliche Beeinflussung durch die „heroische" dj.1.11-Ethik nicht mehr so grundsätzlich aus wie in früheren Jahren. Ein Hinweis drauf, dass Inge Scholl ihre Einstellung gegenüber der Rolle von tusk verändert hatte, war die Erwähnung der „Heldenfibel" von tusk[4] in der erweiterten Neuausgabe ihres Buches „Die Weiße Rose",[5] das sie mir 1984 mit einer persönlichen Widmung als „eine Erinnerung zum 10. Tübinger Festival" schenkte.

Ihr Bruder hatte dieses Buch geschätzt, auf die Lapplandfahrt 1936 mitgenommen und seiner dj.1.11-Gruppe daraus vorgelesen.

Im persönlichen Gespräch wirkte Inge Scholl, zumal sie recht leise sprach, überaus zurückhaltend und vorsichtig, was aber kein Zeichen von Unsicherheit war, sondern dem Bestreben entsprach, nicht vorschnell etwas zu behaupten, was wieder zurückgenommen werden musste. Wenn das Gespräch auf den Widerstand der „Weißen Rose" kam, fühlte sie sich in der Pflicht, das Bild ihrer Geschwister gegen

3 Club-Voltaire-Zeitung Nr. 11/12 Nov/Dez 1984, S.15
4 Eberhard Koebel, Die Heldenfibel, Günther Wolff Verlag, Plauen 1933; Reprint: Edermünde 2003.
5 Inge Scholl, Die Weiße Rose, 4. veränderte, durchgesehene und erweiterte Auflage, S. Fischer-Verlag, Frankfurt/M. 1983, S. 25

Inge Aicher-Scholl beim Signieren in Rotis.

Fehlinterpretationen zu schützen. Es ist bekannt, dass selbst anerkannte und ihr nahestehende Wissenschaftler es nicht immer leicht hatten, vor ihrem strengen Urteil zu bestehen. Dieses Urteil erfolgte, wie im Falle von tusk, ohne Umschweife und immer sehr direkt. Dabei fiel mir ihre Fähigkeit auf, einen möglichst genauen Ausdruck auch für das zu finden, was nicht genau zu bestimmen war, also das Vermögen, gewissermaßen eine „Präzision der Ungenauigkeit" zu erreichen, die vieles, was man nicht genau wusste bzw. sagen konnte, im Ungefähren stehen ließ und die Ergänzung des Fehlenden dem Vorstellungsvermögen des Lesers bzw. Zuhörers anheimstellte. Typisch für ihre Darstellungsweise ist z.B. der Satz „Mit all dem ist eigentlich gar nichts Präzises gesagt",[6] mit dem sie die Beschreibung der Jungenschaft in ihrem Buch „Die Weiße Rose" abschloss und zugleich zu etwas Geheimnisvollen machte, das die Phantasie weiter beschäftigte.

Engagiert verfolgte Inge Scholl die damals in der Club-Voltaire-Zeitung geführte Diskussion über die politische und weltanschauliche Einstellung ihrer Geschwister und über das, was daraus für die heutige Situation zu lernen ist. Sie lobte u.a. meine These vom „kulturellen Widerstand" der Geschwister Scholl, widersprach aber allen Versuchen, den Widerstand der „Weiße Rose" in die Nähe der politischen Linken zu rücken, was ich aus dem persönlichen Kontakt zu prominenten Linken wie Richard Scheringer und Falk Harnack und aus der Forderung eines „vernünftigen Sozialismus" im kommenden Deutschland sowie der Kritik an einer „autarken Wirtschaft" im 5. Flugblatt abgeleitet hatte. Dem Kontakt ihrer Geschwister zu linken Hitlergegnern wie Richard Scheringer oder Falk Harnack maß sie nur eine geringe Bedeutung bei und betonte besonders die Distanz zum Partei-Kommunismus.

Mir fiel auf, wie wichtig es ihr war, ihre Geschwister aus dem Streit der politischen Parteien und Gruppen herauszuhalten und als Anhänger eines überparteilichen, humanistische und zugleich christlichen Widerstands darzustellen. Letztlich gehörten sie allerdings doch zur Linken, allerdings nur bei einer großzügigen Auslegung dieses Begriffs und unter Einbeziehung der Christen, die sich einem „Christentum der Unterdrückten und Armen" zugewandt hatten. [7]

Von meinem Besuch in Rotis an Ostern 1998 ist nur noch die Sache mit der Fahrtengitarre zu erzählen, die Inge Scholl aus ihrer jugendbewegten Zeit besaß und die offen auf dem Sofa lag. Als ich in das Wohnzimmer kam und die Gitarre da liegen sah, nahm ich sie arglos in die Hand, in der vagen Hoffnung, dass wir – wie unter Jugendbewegten üblich – einige Wandervogel-Lieder anstimmen würden, wenn schon ein Gespräch nicht mehr möglich war. Aber leider war Inge Scholl nicht in der richtigen Stimmung und statt noch einmal das Lied „Schließ Aug' und Ohr für eine Weil", das als Lied der

„Weißen Rose" bekannt geworden ist, oder „Wollt ihr hören nun mein Lied" anzustimmen, das Sophie mit ihren Jungmädeln am Lagerfeuer gesungen hatte, erteilte sie mir einem stummen Verweis, so dass ich die Gitarre schnell wieder an ihre alte Stelle legte.

Meine Studie über „Die Ulmer Trabanten" – Hans Scholl zwischen Hitlerjugend und dj.1.11, die 1999 erschien[8], konnte Inge Scholl leider nicht mehr zur Kenntnis nehmen, da sie ein halbes Jahr nach meinem Besuch in Rotis starb. So konnte ich nicht mehr ihr Urteil über meine These erfahren, dass Hans Scholl erst durch den Prozess von 1938 wegen „bündischer Umtriebe" zum Hitlergegner wurde und dass die Bedeutung von Otl Aicher für den Widerstandskreis der Weißen Rose stärker betont werden sollte. Denn er war – im Gegensatz zu Hans Scholl – nicht nur Hitlergegner von Anfang an, sondern
ihm verdankten Hans und Sophie Scholl auch in München die Kontakte zu den reformkatholischen Theologen und Hitlergegnern Carl Muth und Theodor Haecker.[9]

Eckard Holler, Gymnasiallehrer i.R., geb. 1941 in Gablonz. Jugendbünde: BDP und Deutsche Jungenschaft e.V. in Karlsruhe 1955-1969. Studium: Germanistik, Philosophie, Sport. Gründung Club Voltaire Tübingen 1970, Tübinger Folk- und Liedermacher-Festival 1975 – 1987. Publikationen: Der spätere Lebensweg von Eberhard Koebel-tusk – England-Emigration und DDR (1994); Die Ulmer Trabanten – Hans Scholl zwischen Hitlerjugend und dj.1.11 (1999); Peter Rohland – Volksliedsänger zwischen bündischer Jugend und deutschem Folkrevival (2005); tusk und dj.1.11 – Leben, Wirken, Wirkung (2005). Lebt in Berlin.

6 Inge Scholl, a.a.O, S. 25
7 Inge Scholl, Stellungnahme zu dem Artikel von Eckard Holler „Waren die Geschwister Scholl links?" in der Zs. „Aufbruch" H.2/1984 in: Club-Voltaire-Zeitung Nr. 11/12 Nov/Dez 1984, S. 14-17.
8 Eckard Holler, Die Ulmer Trabanten – Hans Scholl zwischen Hitlerjugend und dj.1.11, puls 22/ November 1999, Dokumentationsschrift der Jugendbewegung.
9 vgl. meinen Beitrag über die „Ulmer Trabanten" in: Ulrich Herrmann, Vom HJ-Führer zur Weißen Rose – Hans Scholl vor dem Stuttgarter Sondergericht 1937/38, Beltz Juventa, Weinheim und München 2012

Jakob Knab

40 weiße Rosen

Anfang November 1986 hatte ich in Publik-Forum, der Zeitung kritischer Christen, über die zehn namentlich bekannten katholischen Kriegsdienst-verweigerer in Hitlers Wehrmacht berichtet. Es ging mir um eine notwendige Erinnerung an diese weithin vergessenen Märtyrer. Zu ihnen gehören Michael Lerpscher, Ernst Volkmann, Franz Jäger-stätter und Richard Reitsamer. Wenige Tage nach-dem mein Beitrag veröffentlicht wurde, erhielt ich Post aus Rotis. Als ich den Absender „Inge Aicher-Scholl" las, da rief ich spontan in meinem Wohnzimmer: „Das ist die Schwester von der Sophie!" Bruder Hans hatte ich seinerzeit vergessen.

Ende November 1986 besuchte ich dann Inge Aicher-Scholl und ihren Ehemann Otl Aicher in Rotis. Die „Schwester von der Sophie" war sehr liebenswürdig und freundlich zu mir, aber der inter-national bekannte Designer Otl Aicher war zunächst eher reserviert. Er musterte mich spürbar kritisch und fragte mich nach meinen Steckenpferden. Ich erzählte, dass ich manchmal dicke Bücher aus der Fernleihe hole und dann nur in den Fußnoten schmökere. Die Miene von Otl Aicher hellte sich auf, er lächelte: „Ich verstehe Sie gut. Ja, bei manchen Büchern sind die neuen Erkenntnisse in den Fuß-noten versteckt." Und er machte sich Notizen, als ich die Einzelschicksale der eingangs erwähnten Kriegsdienstverweigerer schilderte.

Wir unterhielten uns auch über den Kirchen-vater Augustinus und seine „Bekenntnisse". Ebenso erinnere ich mich an einige Bemerkungen Otl Aichers über den „unpolitischen" Religionsphiloso-phen Romano Guardini (1885 – 1968). In unserem Gespräch ging es auch um Theodor Haecker (1879 – 1945). Seinerzeit war mir zwar sein Name geläufig, aber nicht der Titel seines Hauptwerkes „Tag- und Nachtbücher". Es war Neuland für mich, als Inge Scholl vom Schicksal dieses Manuskriptes erzählte: Als nach der Verhaftung von Hans und Sophie Scholl die Gestapo auch Haeckers Wohnung durch-suchte, waren diese handschriftlichen Notate dank der Geistesgegenwart von Haeckers Tochter Irene gerettet worden. Später waren diese Blätter von Inge Scholl und ihren Eltern im Garten des Einöd-hofes im Schwarzwald, der ihnen als Zuflucht diente, vergraben worden.

Auf dem nächtlichen Weg nach Hause war mir klar: Du musst deine Hausaufgaben machen, die Lektüreliste ist sehr umfangreich. Manche

Weggefährten nennen mich heute „belesen". Ich muss gesteh'n, der Anfang wurde Ende November 1986 in Rotis gelegt.

An jenem Abend Ende November 1986 hatte ich Inge Aicher-Scholl auch gebeten, für ein Buchprojekt das Nachwort zu verfassen. Im April 1987 erschien es dann unter dem Titel „Das Lächeln des Esels. Das Leben und die Hinrichtung des Allgäuer Bauernsohnes Michael Lerpscher (1905 – 1940)". Hier ein Auszug: „Michael Lerpscher schweigt, geht seinen Weg. Von diesem Blute sind die Heiligen, die, wie man weiß, zumeist nach ihrem Tode entdeckt werden. Zu Lebzeiten sind sie Außenseiter. Michael Lerpscher hat die Idee des Christentums, wie es ursprünglich gemeint war, über Jahre der Schmach hinweg weitergegeben." Inge Scholl war hoffnungsfroh, sie wusste um die Kraft einer Idee: „Eine Handvoll Menschen werden dieses Jahrhundert retten, flüstert jemand. Eine Handvoll, mitten in einer Masse, die feindselig ablehnt, mitten in der stärksten Verdunklung – in der Mitte dieses Jahrhunderts, in dem horrenden Wahn des Zweiten Weltkriegs."

Otl Aicher starb am 1. September 1991 an den Folgen eines Verkehrsunfalls. Er wurde bei der Gartenarbeit vor seinem Haus von einem Motorrad angefahren. Jahre später erschien in der Süddeut-schen Zeitung (Ausgabe vom 18. Juni 1994) unter der Überschrift „Grasabschneiden war sein Schick-sal" ein satirischer Beitrag über dieses Lebensende. Umgehend richtete ich dieses Schreiben an den Chefredakteur: „Seit einigen Jahren bin ich mit der Familie Aicher-Scholl befreundet. Auch gestern besuchte ich Frau Inge Aicher-Scholl in Rotis. Unsere Gespräche kreisten auch um den vorbe-zeichneten satirischen Beitrag. Die kaltschnäuzige Lieblosigkeit angesichts des tragischen Todes von Otl Aicher, wie sie in der besagten Satire über das Grasabschneiden ihren Niederschlag findet, führte bei Inge Aicher-Scholl zu manch schwermütiger Stunde in schlaflosen Nächten. Als Freund der Familie möchte ich die angesehene Süddeutsche Zeitung fragen, warum ausgerechnet die Familie Aicher-Scholl zur Zielscheibe des missglückten Spottes wurde?" Ich stellte auch die Frage: „Darf Satire alles?" Mein Schreiben endete mit dieser höflichen Bitte: „Ich bitte Sie aufrichtig, sehr geehrter Herr Chefredakteur, einige persönliche Zeilen der Anteilnahme an Frau Inge Aicher-Scholl

(Rotis 5, 88299 Leutkirch) zu richten." Inge Scholl erhielt nie eine Antwort.

Einen Monat darauf, am 20. Juli 1994, fuhr ich wieder nach Rotis, um Inge Scholl abzuholen. Unser Staatliches Gymnasium Kaufbeuren veranstaltete zum 50. Jahrestag von Stauffenbergs missglücktem Attentat auf Hitler eine Lesung mit Inge Aicher-Scholl. Sie trug Auszüge aus ihren Büchern „Die Weiße Rose" sowie „Sippenhaft" vor. Bei den anschließenden Fragen der Schüler an die namhafte Zeitzeugin ging es vor allem darum, warum ihre Geschwister Hans und Sophie in so jungen Jahren schon so reif und so mutig waren. Die Aula unserer Schule war mit Flugblättern der Weißen Rose geschmückt. Zudem waren uns von der Gedenkstätte Deutscher Widerstand in Berlin Plakate einer Wanderausstellung zugesandt worden. „Wenn wir heute von unserer Menschenwürde sprechen", so die Leitlinie unserer damaligen Veranstaltung, „stammt die Legitimation hierzu nicht zuletzt von der Würde derer, die damals für ein besseres Deutschland gestorben sind." Am Nachmittag dieses 20. Juli 1994 wurde Inge Scholl von einem kunstgeschichtlich versierten Kollegen durch die spätgotische Kirche St. Blasius Kaufbeuren geführt. Sie war von diesem Sakralbau aus dem Mittelalter derart begeistert, dass sie spontan den Wunsch äußerte, dieses Baudenkmal bald auch ihren Kindern zu zeigen. Nur einige Tage darauf, am 11. August 1994, feierten wir hier in Kaufbeuren

Jakob Knab mit
40 weißen Rosen,
die ihm Inge Aicher-Scholl
geschickt hat.

Inges 77. Geburtstag. Zunächst in dem Restaurant „Wärmflasch'" und dann in unserem blühenden Sommergarten. Zum Abschluss besichtigten wir (Inge Aicher-Scholl, Florian Aicher, Manuel und Noel Aicher, Julian Aicher, meine Frau Stefanie und ich) die Blasius-Kirche in Kaufbeuren.

Zurück zum 20. Juli 1994: Ich erinnere mich noch genau, wie wir uns auf dem Weg von Friesenried nach Kaufbeuren über die „Flugblätter der Weißen Rose" unterhielten. Auf der Höhe der Oberbeurer Steige bot mir Inge das Du an und fuhr fort: „Was der Hans damals in dem vierten Flugblatt geschrieben hat, das versteht ja heut' niemand mehr." Für mich war dies der Anstoß, am Abend dieses denkwürdigen Tages mit großer Aufmerksamkeit das besagte Flugblatt zu lesen. Inge hatte wohl diesen Abschnitt im Sinn: „Jedes Wort, das aus Hitlers Munde kommt, ist Lüge. Wenn er Frieden sagt, meint er den Krieg, und wenn er in frevelhaftester Weise den Namen des Allmächtigen nennt, meint er die Macht des Bösen, den gefallenen Engel, den Satan. Sein Mund ist der stinkende Rachen der Hölle, und seine Macht ist im Grunde verworfen. Wohl muß man mit rationalen Mitteln den Kampf wider den nationalsozialistischen Terrorstaat führen; wer aber heute noch an der realen Existenz der dämonischen Mächte zweifelt, hat den metaphysischen Hintergrund dieses Krieges bei weitem nicht begriffen. Hinter dem Konkreten, hinter dem sinnlich Wahrnehmbaren, hinter allen sachlichen, logischen Überlegungen steht das Irrationale, d.i. der Kampf wider den Dämon, wider den Boten des Antichrists." Auf alle Fälle waren aufgrund dieser schwer zugänglichen Zeilen meine Neugierde und mein Interesse geweckt.

Es gibt wohl erstaunliche Berührungspunkte. Im Dezember 2000 war ich Referent, als der Arbeitskreis „Historische Friedensforschung" in Bremen tagte. Mein Thema war der Allgäuer Leutnant Michael Kitzelmann, der am 11. Juni 1942 hingerichtet worden war. Am Ende dieser Tagung wurde ich gefragt, ob ich bei einem Symposion, das für den 18. Februar 2003 an der Ludwig-Maximilians-Universität München geplant sei, einen Vortrag über die religiösen Bezüge in den „Flugblättern der Weißen Rose" halten könne. Ich sagte gerne zu. Dabei kam mir wieder das Gespräch mit Inge Scholl vom 20. Juli 1994 in den Sinn. Für mich waren und sind jene schwer zugänglichen Zeilen aus dem vierten Flugblatt ein Schlüssel zum tieferen Verständnis der Weißen Rose.

Zum 22. Februar 1995 sandte ich ihr eine Jubiläumskarte nach Rotis. Denn auf den Tag genau 50 Jahre zuvor, also zwei Jahre nach der Hinrichtung ihrer Geschwister Hans und Sophie, war Inge Scholl in der Kirche von Ewattingen getauft worden. Hocherfreut erzählte sie mir tags darauf am Telefon: „Du und ich sind die einzigen Menschen, die diesen Tag vor 50 Jahren nicht vergessen haben."

Auch in den langen Jahren des Allgäuer Kasernenkampfes war Inge Aicher-Scholl meine treue Weggefährtin. Ich erinnere mich noch gut an ein gemeinsames Interview für das Magazin MONITOR. Erst nach sieben Jahren eines hinhaltenden Abwehrkampfes der Hardthöhe fällte der damalige Bundesminister der Verteidigung, Volker Rühe (CDU), im November 1995 die Entscheidung, die „Generaloberst-Dietl-Kaserne" in Füssen in „Allgäu-Kaserne" umzubenennen. Wenige Tage später fuhr ich mit meinem Freund General Winfried Vogel (damals Stellvertreter des Amtschefs am Streitkräfteamt Bonn) nach Rotis, um den gemeinsamen Erfolg zu feiern. Diese Umbenennung in Füssen fiel zusammen mit dem 40. Jahrestag der Gründung der Bundeswehr. Zu diesem runden Geburtstag schickte mir Inge einen herrlichen Strauß mit 40 weißen Rosen. Die feinsinnige Botschaft der beigefügten Grußkarte lautete: „Lieber Jakob, mit der Umbenennung der Kaserne in Füssen hast Du der Bundeswehr das schönste Geschenk zu ihrem 40. Geburtstag überreicht. Herzlichen Glückwunsch! Deine Inge Aicher-Scholl".

Zurück in die Gegenwart: Als im März 2012 das Auditorium Maximum an der Sanitätsakademie der Bundeswehr in München nach Hans Scholl benannt wurde, durfte ich die Festrede halten. Nicht ohne innere Rührung würdigte ich auch die sanfte Gewalt von Inge Aicher-Scholl. Hier ein Auszug: „Fast 20 Jahre ist das nun her: Im Frühsommer 1994 schrieb Inge Scholl, die älteste der Scholl-Geschwister, an den damaligen Bundesminister Volker Rühe: ‚Am 18. Februar 1943 wurden meine Geschwister Hans und Sophie Scholl in München verhaftet. Sie hatten mit Flugblättern, mit denen sie das NS-Regime anprangerten und entlarvten, einen offenen Widerstand gewagt. Das letzte Flugblatt knüpfte an die verlorene Schlacht von Stalingrad an, wo dreihundertdreißigtausend deutsche Männer in Tod und Verderben gehetzt wurden. Ebenfalls am 18. Februar 1943 verkündete Propagandaminister Joseph Goebbels im Sportpalast Berlin den 'totalen Krieg'.

In jenem Brief fuhr Inge Scholl fort: ‚Knapp dreißig Kasernen der Bundeswehr tragen die Namen von Helden aus Hitlers verbrecherischen Angriffskriegen. Nur zehn Kasernen sind nach den hochherzigen Männern des 20. Juli 1944 benannt. Dieses skandalöse Missverhältnis entlarvt die Sonntagsreden der verantwortlichen Politiker. Der hallende Ruf meines Bruders Hans vor seiner Hinrichtung ‚Es lebe die Freiheit!' hat die Abgründe der Traditionspflege nicht erreicht.' Der Minister ließ antworten. Hier ein Auszug aus diesem Schreiben: ‚Für die Bundeswehr ist es selbstverständlich, in ihrer Bildungs- und Erziehungsarbeit die Zeit der Wehrmacht nicht aus dem Bewusstsein der Soldaten zu tilgen (...), ohne dabei die Wehrmacht als Institution in ihrer Gesamtheit in die Traditionspflege

Jakob Knab und
Inge Aicher-
Scholl bei einem
Gartenfest in
Rotis.

einzuschließen. (...) Ich kann Ihnen versichern', so endete das Schreiben, ‚dass in der Bundeswehr sehr sorgsam mit Geschichte und Tradition umgegangen wird und jeder Einzelfall genau geprüft und beurteilt wird'."

„Es stimmt", so fuhr ich in meiner Festrede vom März 2012 fort, „der Einzelfall ‚Generaloberst-Dietl-Kaserne' in Füssen wurde sieben Jahre lang geprüft; fünf Einzelgutachten wurden in Auftrag gegeben. Es ist hier nicht der Ort und der Anlass, auf Dietls schuldhafte Verstrickungen einzugehen. Doch da wir uns hier in München befinden, nur ein Schlaglicht: Im November 1943, zum 20. Jahrestag des Marsches auf die Feldherrnhalle, beendete Generaloberst Dietl seine Durchhalterede mit diesem Bekenntnis: ‚Ich erkläre feierlich: Ich glaube an den Führer!' Am 9. November 1995 schließlich – ungewollt am geschichtsträchtigen 9. November – verfügte Minister Rühe die Neubenennung der ‚Generaloberst-Dietl-Kaserne' in ‚Allgäu-Kaserne'.

Als ich Anfang September 1998 in England weilte, da wusste ich um den ernsten Gesundheitszustand von Inge Aicher-Scholl. In einem kleinen Laden in der Nähe von Lincoln entdeckte ich eine schöne Kondolenzkarte mit einer weißen Rose. Zu Hause angekommen vernahm ich dann die traurige Botschaft, die mir ihr Sohn Florian Aicher mitgeteilt hatte. Es tat mir weh, dass ich beim Gottesdienst und bei der Beerdigung nicht dabei sein konnte. Größer als die Trauer freilich war die Dankbarkeit

für eine sinnerfüllte und wegweisende Lebensgeschichte. Auf der Kondolenzkarte aus England zitierte ich – in dem betont augustinischen Duktus – ihren großen Meister und Weggefährten Theodor Haecker: „Die Seligkeit des Himmels ist, dass jeder Mensch tun kann, was er will, nämlich, weil er die vollkommene Liebe hat."

Jakob Knab, geboren 1951 in Waidhofen (Obb.), Studium in München, Edinburgh und an der Sommeruniversität Oxford (Christ Church), Fachbetreuer für Kath. Religionslehre am Jakob-Brucker-Gymnasium Kaufbeuren (Allgäu), Studiendirektor, Gründer der Initiative gegen falsche Glorie; Veröffentlichungen zur Geschichtspolitik und Erinnerungskultur; Autor und Mitherausgeber des Sammelbandes „Die Stärkeren im Geiste. Zum christlichen Widerstand der Weißen Rose", Essen 2012.

Portrait
Inge Aicher-Scholl

Barbara Schüler

Große Frau aus einer deutschen Jahrhundertgeneration

Es ist nicht das Bild der knapp Siebzigjährigen, die 1985 bei einer Sitzblockade vor dem amerikanischen Militärdepot in Mutlangen gegen den NATO-Doppelbeschluss mit der Stationierung von Atomraketen protestiert, oder das Bild eines Mädchens in BDM-Uniform, das mir in den Sinn kommt, wenn der Name Inge Aicher-Scholl fällt. Es ist vielmehr das Bild der gerade Dreißigjährigen, die in der Ulmer Volkshochschule an einer alten Schreibmaschine sitzt und dem „Geist der Gemordeten" eine sprachliche Gestalt zu geben versucht.

Dass die Geschwister Scholl, Hans und Sophie, die für ihren Widerstand gegen das nationalsozialistische Unrechtsregime ihr Leben eingesetzt hatten, unmittelbar nach dem Ende des Zweiten Weltkrieges in aller Munde waren und es bis heute blieben, als Symbolgestalten für das „andere" und „bessere" Deutschland, das ist das Verdienst von Inge Scholl, der Überlebenden. Im kollektiven Gedächtnis steht das „lange Leben" der Inge Scholl für die Umsetzung der Ideale, für die das „kurze Leben" der Sophie Scholl nicht ausgereicht hatte. Inge, die älteste Schwester, teilte die Ideale ihrer Geschwister in der Weißen Rose und sie hatte dieselben Suchbewegungen und Findungsprozesse hinter sich: Durch Gemeinschaftserfahrung, Religion und vor allem Bildung hatte sich ihnen eine andere Welt jenseits der nationalsozialistischen Gleichschaltung eröffnet. Diesen Geist wollte Inge in die neue Zeit hinüber retten und den Menschen nach der Katastrophe der braunen Diktatur, der zerbombten Städte und nicht zuletzt der Millionen Toten trotz aller materieller Not als geistige Nahrung vermitteln. Die Ideale der Weißen Rose sollten von der Eule der Weisheit, dem sprechenden Symbol der 1946 gegründeten Ulmer Volkshochschule, wachgehalten und je und je aktualisiert werden.

Als überlebende Schwester der Gemordeten verfügte Inge Scholl über eine hohe moralische Autorität, die ihr auch bei den Besatzungsmächten manche Tür öffnete. Sie war Zeit ihres Lebens überzeugt, im Geiste von Hans und Sophie zu handeln. Noch 1995 bei einer persönlichen Begegnung in der Rotis-Mühle bei Leutkirch im Allgäu hat sie dies meinem Doktorvater Prof. Dr. Ulrich Herrmann und mir gegenüber als ihr Lebensprinzip bezeichnet. Aber natürlich war Inge Scholl nicht nur die Sachwalterin ihrer ermordeten Geschwister. Sie war vielmehr eine äußerst kreative Frau mit eigenen Vorstellungen

und Ideen. Es ist schwer zu entscheiden, wie weit sie für deren Umsetzung gezielt den Geist von Hans und Sophie in Anspruch nahm oder wirklich immer in deren Sinn zu handeln glaubte. Ein Grund dafür liegt in der frappierenden gemeinsamen Prägung der Scholl-Geschwister, die zwar ihre Individualität nicht aufhob, aber sie doch zu Geistesverwandten machte.

Die fünf Geschwister wurden von Robert und Magdalene Scholl zur Selbständigkeit in einer protestantisch geprägten individualistischen Verantwortungsethik und durchaus zu Widerspruch gegen Autoritäten erzogen. Gleichzeitig bildete der Geschwisterkreis in Forchtenberg, „dem kleinen Paradies ... im schönsten Wiesengrunde", wie es Inge Scholl in Erinnerungen an diese Zeit charakterisierte, den Kern einer Gemeinschaft. Damit sind zwei entscheidende Charakteristika bereits genannt, die sich wie ein roter Faden durch das Leben der Scholl-Geschwister durchziehen sollten. Nach dem Umzug der Familie nach Ulm kam es infolge der immer stärker werdenden Sehnsucht nach Aufgehobensein in einer größeren Gemeinschaft zunächst zu einer Begeisterung für die Hitlerjugend und den Bund Deutscher Mädel, die jedoch rasch vorbei war. Die Geistlosigkeit und die Gleichschaltung stießen die Geschwister ab. Jugendbewegte Alternativen wurden erwogen, aber ebenfalls wieder verworfen.

Da ein öffentliches Auftreten des „Schollbundes", zu dem inzwischen auch der Katholik Otl Aicher und seine Freunde gehörten, angesichts der politischen Umstände mehr und mehr unmöglich wurde, zog man sich auf das geistige Feld zurück. Bücher bekamen als Grundnahrungsmittel in einer geistlosen Zeit eine immer größere Bedeutung. Von Nietzsche über Dostojewski und Berdjajew führte der Weg schließlich zum „Renouveau Catholique" und den Kirchenvätern. Damit war zugleich eine „katholische Wende" der evangelischen Scholl-Geschwister verbunden. Vor allem Jacques Maritains „Humanisme Intégral" wurde zum Schlüsselbuch. Das reformkatholische Menschenbild, das den Menschen als Individuum und Geschöpf Gottes und zugleich als Wesen, das auf Gemeinschaft angewiesen ist, definiert, kam der Suche der Scholl-Geschwister sehr entgegen. Durch den Krieg verschlug es die Mitglieder des Freundeskreises in viele Richtungen Europas. Inge Scholl kam gemeinsam mit Otl Aicher deshalb auf die Idee, einen eigenen Rundbrief, das

„Windlicht", als Ersatz für das persönliche Zusammensein kreisen zu lassen.

Die persönliche Begegnung mit Carl Muth, dem Herausgeber der „modernistischen" katholischen Kulturzeitschrift „Hochland", und Theodor Haecker, gaben den Mitgliedern des Scholl-Bundes ein ganz neues geistiges, religiös grundiertes Fundament. Muth und Haecker wurden zu Mentoren der jungen Leute und führten sie behutsam zu einem reformkatholischen Christentum. Hans und Sophie, aber auch Inge waren auf dem Weg zur Konversion zum Katholizismus.

Von diesem religiösen Fundament aus, das sich durchaus als „katholisches Erwachen" beschreiben lässt, war der Weg zum politischen Handeln nicht weit. Politische Gespräche und Leseabende im Haus Muth in Solln bei München führten Hans und Sophie in den Widerstand und zur berühmten Flugblattaktion im Lichthof der Münchner Universität. Die Flugblätter stellen im Grunde nichts anderes als eine Gewissenserforschung auf christlich-humanistischer Grundlage dar. Hans und Sophie konnten nach ihrer Festnahme vor ihrer Hinrichtung zwar nicht mehr konvertieren, sie starben aber als Katholiken im Geiste.

Nach der Sippenhaft, die Inge, Elisabeth und ihre Eltern Robert und Magdalene Scholl seit Ende Februar 1943 traf – Elisabeth wurde Ende April entlassen, Inge und ihre Mutter am 29. Juli 1943, Robert erst im November 1944 – vollzog Inge dann den Schritt zur Konversion zum Katholizismus. Den Tod ihrer Geschwister interpretierte sie als Opfer für eine bessere Welt und als religiöse Verpflichtung, im Kreis gleichgesinnter Freunde ihre Ideale weiterzutragen. Die Gründung der Ulmer Volkshochschule am 26. April 1946 steht in der Kontinuität der Ideale, die der Schollbund in der gemeinsamen Lektüre der Jahre 1939 bis 1941 entwickelt hatte. Mit Ausnahme der Gemordeten blieb auch der Trägerkreis dieser Ideale identisch. Aus den Mitgliedern des Schollbundes wurden die Mitglieder des Kuratoriums der Volkshochschule.

Der personale Bindestrich zwischen der Weißen Rose und der Eule der Weisheit, zwischen dem Widerstand und der Volkshochschule, war aber niemand anderes als Inge Scholl. Die Pressestimmen zu deren Eröffnung belegen dies einhellig. So sang die „Rheinische Post" das hohe Lied der Neugründung, „deren Herz und Leiterin Inge Scholl ist". In dasselbe Horn stieß auch die „Süddeutsche Zeitung", die ihre ausführliche Berichterstattung über die Ulmer vh angesichts zahlloser Neugründungen dieser Tage wieder mit der Ausnahmegestalt Inge Scholl begründete. „Sie ist die Schwester von Hans und Sophie Scholl, die für die Freiheit starben, aus der heraus nun ihre Geschwister, Freunde, Anhänger die Ulmer Volkshochschule aufbauen." Deshalb hätten sich „viele der besten, im geistigen Leben Deutschlands tätigen Männer und Frauen" ihrer Bitte um Mitarbeit „nicht versagt".

So sprachen etwa bei der Eröffnung im Mai 1946 Theodor Heuss, Fedor Stepun, Romano Guardini und Carlo Schmid. Wer im Nachkriegsdeutschland Rang und Namen hatte, legte Wert darauf, zu einem Vortrag an der Ulmer Volkshochschule eingeladen zu werden. Zwar wurden nach 1945 überall in Deutschland Volkshochschulen neu oder wiedergegründet, die Aufmerksamkeit, auch auf internationaler Ebene, die der Ulmer Gründung zu Teil wurde, ist jedoch einmalig.

Im Zentrum stand ein „Dritter Weg" zwischen Individualismus und Sozialismus, zwischen Ost und West, zwischen Liberalismus und Vergemeinschaftung, der von einer Respiritualisierung der Wirklichkeit in der Wideraufnahme der reformkatholischen Impulse des ersten Viertels des 20. Jahrhunderts lebte und von einem christlichen Humanismus ausging. Eine entscheidende Rolle spielte in diesem Kontext auch die Idee einer Repristination des christlichen Abendlandes. Der Weg zum neuen Menschen, der resistent sein sollte gegen die Versuchungen totalitärer Ideologien, führte für Inge Scholl einzig und allein über eine adäquate Bildung in Verbindung mit einem religiös legitimierten Wertefundament. Zugleich war ihr jeder fundamentalistische Zug in der Religion, den es mitunter auch innerhalb der katholischen Kirche gab, ein Gräuel.

„Das Gefäß Mensch", so schrieb Inge Scholl in der ersten Programmschrift ihrer vh im Jahr 1946, „ist umgestürzt und will neu gefüllt werden (...) mit einer allseitigen Bildung, die doch zugleich eine Einheit ist und dem, der sie gewonnen hat, wie ein inwendiger Stern alles Denken und Handeln mit einem hellen Licht erleuchtet." Bildung verstanden Inge Scholl und vor allem ihr Mann Otl Aicher gerade nicht intellektualistisch oder gar als Anhäufung von Wissen, sondern durchaus ganzheitlich. Eine neue Kultur der Sinne, die beide propagierten, sollte schließlich in die Ulmer Hochschule für Gestaltung einmünden.

Mehr als ein Vierteljahrhundert, von 1946 bis 1974, leitete Inge Aicher-Scholl die Ulmer Volkshochschule. Der „Geist der Gemordeten" führte sie auch in die Friedensbewegung mit ihren Ostermärschen. Widerständigkeit gegen Fremdbestimmung und aus ihrer Sicht falsche politische Entscheidungen aller Art waren ihr Markenzeichen. Der Umgang mit ihr war nicht immer einfach, weder für die Kinder, die die Mutter ob ihres rastlosen Engagements oft vermissen mussten, noch für die politische Klasse der Bundesrepublik. Erst im Alter, kurz vor ihrem Tod, erhielt sie 1995 die Verdienstmedaille des Landes Baden-Württemberg und 1997 die Ehrenbürgerwürde der Stadt Ulm.

Sie konnte nicht zur „Frau des Jahrhunderts" werden, zu der eine Zeitschrift anlässlich der Jahrtausendwende ihre Schwester Sophie Scholl gewählt hat. Dazu fehlte ihr das Martyrium, das

Foto: Privatarchiv Familie Aicher

Ankündigung einer Lesung von Inge Aicher-Scholl in
Berlin 1990 in der Französischen Friedrichstadtkirche am
Platz der Akademie.

Blutzeugnis für Freiheit, Würde und Demokratie.
Aber sie hat diese Ideen gegen alle Widerstände
durch ein ganzes Leben getragen. Dabei lebte
sie nicht nur das Leben ihrer Geschwister weiter,
sondern durchaus ihr eigenes, auch wenn sich
für den Außenstehenden die Grenzen zwischen
beiden nicht immer klar erkennen lassen: Sie lieh
den Ermordeten selbstlos ihre Stimme und sie
benutzte Hans und Sophie als unangreifbare Autoritäten des Widerstands auch für eigene Ideen und
Projekte, auch wenn ihr dies selbst kaum klar gewesen sein durfte. Sie war überzeugt, stets „im Geiste
der Gemordeten" zu handeln. Der Gedanke einer
„Proexistenz", eines Lebens für andere, war ihr nach
ihrer religiösen Wende 1943/44 nicht fremd, auch
wenn sie ihren katholischen Glauben stets mit großer Diskretion behandelt wissen wollte. Sie war
nicht die Jahrhundertfrau Sophie, aber die große
Frau einer deutschen Jahrhundertgeneration.

Barbara Schüler, geb. 1968, wurde 1998 mit der Arbeit:
„Im Geiste der Gemordeten. Die 'Weiße Rose' und ihre
Wirkung in der Nachkriegszeit" an der Universität Tübingen
zum Dr. phil promoviert. Von 2000 bis 2004 war sie Refe-
ratsleiterin für Reden und Kulturpolitische Fragen in der
Hessischen Staatskanzlei Wiesbaden, seit 2005 ist sie verantwortlich für den Bereich Wissenschaftskommunikation
und Wissenschaftsmanagement am Seminar für Mittlere
und Neue Kirchengeschichte der Universität Münster.

Erwin Teufel

Die „Denk-mal"–Setzerin

I.

Das Taschenbuch „Die Weiße Rose" von Inge Scholl gehört zu den abgegriffensten und vergilbtesten Büchern meiner Bibliothek. Ich habe es oft gelesen und vorgelesen.

Mit diesem Buch hat Inge Scholl ihren Geschwistern Hans und Sophie ein Denkmal gesetzt. Denk – mal! Diese Aufforderung war an eine ganze junge Generation der Nachkriegszeit gerichtet. Denk mal nach über die Verbrechen des Nationalsozialismus und wie es zu dieser totalitären Diktatur kam. Denk mal nach über den Widerstand von Menschen, die ihr Leben einsetzten, damit nicht nur für dieses verbrecherische System demonstriert wurde, sondern auch dagegen. Denk mal nach, wie du dich in einer solchen Situation verhalten hast oder verhalten hättest. Denk mal nach, was notwendig ist, damit Solches nie mehr geschieht und setze dich persönlich ein für die Freiheit und die Menschenwürde, für den Rechtsstaat und eine Demokratie.

Inge Scholl hat ein Zeichen gesetzt. Sie hat weder sich noch ihre Familie in den Vordergrund gerückt. Aber dennoch liest jeder in den Zeilen und zwischen den Zeilen, was diese Familie mitgemacht hat, als der Vater das Amt des Bürgermeisters verlor und die Familie zwangsweise umziehen musste nach Ludwigsburg und Ulm. Es ist bewegend für jeden jungen Menschen, zu lesen, wie hier Gleichaltrige mit einer Lebensfreude und einem Lebenswillen, wie ihn jede und jeder in diesem Alter hat, unter Druck gerät und täglich mehr Gewissensentscheidungen treffen muss, als sie heute einer Führungskraft in Jahren zugemutet wird. Es wird sichtbar, wie in einer solchen Situation und Belastung die Familie und die Gemeinschaft Gleichgesinnter der einzige Ort der Offenheit und des Haltes ist.

II.

Das Buch und das Beispiel der Mitglieder der Weißen Rose hat auch mich aufgewühlt und geprägt. Wie kam ich zu diesem Buch? Meine Mutter, eine einfache Bäuerin, aber eine gescheite Frau, hat es mir noch während meiner Schulzeit geschenkt. Zuerst das Buch „Du hast mich heimgesucht bei Nacht" mit Briefen von Widerstandskämpfern und

Verfolgten aus dem Gefängnis an ihre Angehörigen und den Antwortbriefen. Dann das Tagebuch der Anne Frank, und schließlich „Die Weiße Rose" von Inge Scholl. Am meisten beeindruckt haben mich die Inhalte der Flugblätter, dann der Mut und die Gesinnung und schließlich die Herkunft und Prägung dieser jungen Menschen.

Ich habe mich dann mit dem Nationalsozialismus, mit dem Völkermord an den Juden, den Sinti und Roma, den Geisteskranken im eigenen Land befasst. Schließlich mit der Frage, wie es zum 30. Januar 1933 kam und zum Untergang Weimars. Was es damals an zeitgeschichtlichen Werken gab, besonders von Walter Hofer und Hans Rathfels, habe ich gelesen.

Das hat mich beeindruckt, innerlich tief bewegt und auch fürs Leben geprägt. Es ist einer der beiden Motivationsstränge, die mich in jungen Jahren in die Politik geführt haben. Ich kam zur Überzeugung, dass man keinen Widerstand nachholen kann, sondern dass man sich in einem demokratischen Gemeinwesen freiwillig engagieren muss, um Totalitarismus und Unmenschlichkeit zu verhindern. Vor allem kam ich zur Meinung, dass man verhindern muss, dass Menschen wieder in solche Gewissensqualen kommen, wie tagtäglich im Dritten Reich, mit der Möglichkeit der Bewährung oder des Versagens, jedenfalls mit einer täglichen Überforderung der normalen Menschen.

Wir brauchen eine Werteordnung und eine staatliche Ordnung, die Menschen gestattet, ihre eigenen Lebensziele zu verwirklichen und ihnen nicht Heroismus abfordert. Das habe ich als Grundüberzeugung verinnerlicht.

III.

In einem Flugblatt der Weißen Rose steht: „Die Tatsache, dass seit der Eroberung Polens 300.000 Juden in diesem Land auf bestialischste Art ermordet worden sind. Hier sehen wir das fürchterlichste Verbrechen an der Würde des Menschen, ein Verbrechen, dem sich kein ähnliches in der ganzen Menschengeschichte an die Seite stellen kann."

Und in den nächsten Sätzen dieses Flugblattes riefen sie die Leser dazu auf, gegen diese Verbrechen zu protestieren, die Apathie abzuschütteln und mit den Opfern „mit zu leiden". Mitleid und

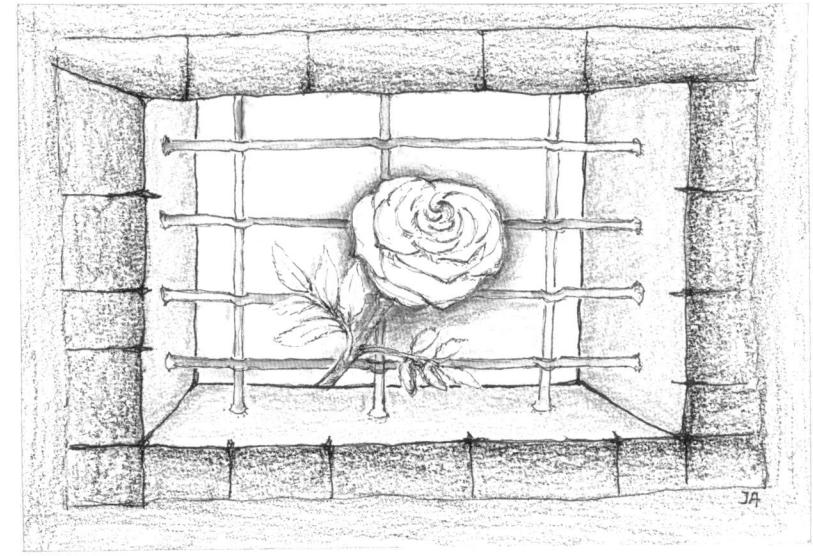

Gold- und Silberschmiedemeister Johannes Abele, geb. 1933 in Waldstetten (Ostalbkreis), erlebte den Widerstand seines Vaters gegen Hitler als Junge. Das Haus der katholischen Familie wurde durchsucht, der Vater zweimal ins Gefängnis gebracht. Johannes Abele ist der Vater der Herausgeberin. Er zeichnete die Rose, die auch hinter Gittern weiterlebt. Die Mitglieder der Widerstandsgruppe „Weiße Rose" standen selbst im Angesicht des Todes zu ihrer Überzeugung. Die letzten Worte von Hans Scholl waren: „Es lebe die Freiheit".

Widerstand – das gehörte für die Weiße Rose untrennbar zusammen. Das Mitleiden und die Anteilnahme am Schicksal der Opfer waren eine wichtige Triebkraft ihres Engagements.

„Zerreißt den Mantel der Gleichgültigkeit, den Ihr um Euer Herz gelegt", heißt es im fünften Flugblatt der Weißen Rose vom Januar 1943.

IV.

Inge Aicher-Scholl hat uns diese Motivation und innere Gesinnung ihrer Geschwister und der Weißen Rose glaubwürdig vermittelt. Sie hat damit der jungen Generation der Nachkriegszeit einen großen Dienst erwiesen. Denn Demokratie ist ja keine Technik der Mehrheitsbildung, sonder sie setzt eine innere Gesinnung der Demokraten voraus. Sie setzt voraus: die Menschenwürde und die Menschenrechte, eine Teilung und Kontrolle der Macht, eine aktive Bewahrung von Freiheit und Frieden.

Inge Aicher-Scholl hat nach dem Zweiten Weltkrieg die Volkshochschule Ulm gegründet und über Jahrzehnte geleitet und inhaltlich geprägt. Sie hat die Erinnerung an das erste KZ auf dem Oberen Kuhberg in Ulm aufrechterhalten. So hat sie mit ihrem Buch und mit vielen Vorträgen und einer guten Bildungsarbeit ein Beispiel gegeben, das ansteckend wirkte bei vielen.

Mit ihrem Mann und einigen Gleichgesinnten hat sie die Hochschule für Gestaltung in Ulm gegründet, aus der bleibende Beispiele großartiger Gestaltung in Grafik und Schrift hervorgingen. Ich nenne als Beispiele nur die Olympischen Spiele in München, den Auftritt des neuen Fernsehsenders ZDF, die Lufthansa.

Inge Aicher-Scholl hat sich zeitlebens für ein neues, demokratisches Deutschland eingesetzt, und sie hat die Erinnerung an das Dritte Reich und seine Verbrechen, an den Widerstand und die Weiße Rose aufrechterhalten. Sie hat uns ein Beispiel gegeben.

Deshalb habe ich ihr als Ministerpräsident als bescheidene Geste der Anerkennung ihres Heimatlandes 1995 den Landesorden Baden-Württemberg verliehen.

V.

Wenige Tage nach der Hinrichtung der Geschwister Scholl und ihrer Freunde erschien über Nacht an einer Reihe Münchner Häuser gleichzeitig die Aufschrift: „Der Geist ist lebendig." Das ist das Vermächtnis der Mitglieder der Weißen Rose.

Inge Aicher-Scholl hat dazu beigetragen, dass der Geist des Widerstandes und seine tragende Gesinnung lebendig bleiben in unserem Land. Das ist eine bleibende Aufgabe für die folgenden Generationen in Deutschland.

Dr. h.c. Erwin Teufel, geboren 1939 in Rottweil, war von 1991 bis 2005 Ministerpräsident des Bundeslandes Baden-Württemberg.

Hermann Vinke

Hüterin des Erinnerungsschatzes

An Inge Aicher-Scholl führte kein Weg vorbei. Wer sich mit der Weißen Rose und den Geschwistern Scholl befassen wollte, brauchte ihre Unterstützung. Die überlebende älteste Tochter von Magdalena und Robert Scholl hatte mit ihrem 1952 erschienenen Buch „Die Weiße Rose" bereits die Richtung vorgegeben und zugleich einen Meilenstein gesetzt, was die Erinnerung an die 1943 ermordeten Geschwister angeht: Den Widerstand von Hans und Sophie wollte sie in den Adenauer-Jahren nicht der allgemeinen Tendenz zum Vergessen und Verdrängen der NS-Zeit überlassen.

Geduldig und zäh sammelte sie über die Jahre Briefe, Dokumente und weitere Zeugnisse zum Widerstand der Münchner Studenten. Andere arbeiteten ihr zu, zum Beispiel ihre Schwester Elisabeth Hartnagel. Inge Aicher-Scholl stand in Kontakt mit vielen Zeitzeugen. Sie unterhielt eine umfangreiche Korrespondenz, schrieb weitere Bücher und war letztlich die Sprecherin der Familie Scholl - Hartnagel, wenn es darum ging, die Motive der jungen Widerstandskämpfer zu erklären, ihre Einstellung zum Krieg und zur NS-Diktatur.

An ihr waren - auch das war bekannt - manche Projekte über die Weiße Rose, ob als Buch oder Film, gescheitert. Meinungsverschiedenheiten mit den jeweiligen Autoren seien der Grund gewesen, hieß es. Als ich im Frühsommer 1979 Inge Aicher-Scholl zum ersten Mal in Rotis besuchte, wusste ich, dass es nicht leicht werden würde.

Zunächst versetzte mich Rotis - dieser von Otl Aicher geschaffene Kosmos - in Erstaunen. Um eine ehemalige Getreide- und Sägemühle gruppieren sich Gebäude aus Holz wie grafische Elemente: Ateliers und Büros für Aicher und seine Mitarbeiter. Alles streng geordnet, funktional und zweckmäßig - ergänzt durch großzügige Rasenflächen und Hochbeete mit Kräutern und Pflanzen.

Der Designer stand damals auf dem Höhepunkt seiner Karriere. Die autonome republik rotis, wie ihr Schöpfer sie nannte, war das Kreativzentrum eines großen Gestalters und zugleich die Wirkungsstätte einer Frau, die es sich zur Lebensaufgabe gemacht hatte, das Andenken an die ermordeten Geschwister wach zu halten und in die politische Gegenwart einzubringen.

Inge Aicher-Scholl, die ich bis dahin nur von Fotos kannte, wirkte schmal und etwas unscheinbar. Das Wohnzimmer, die Küche, ihr Büro - alles atmete den gleichen Geist wie der Rotis-Komplex draußen. Die Einrichtung modern und praktisch, von strenger Eleganz. Die Wände weiß oder holzvertäfelt. In schwarzen Mappen hatte Inge Aicher-Scholl Unterlagen zurecht gelegt. Am auffälligsten war ihre sanfte, weiche Stimme mit der schwäbischen Färbung, die anfangs so gar nicht zu dieser nüchternen, zweckmäßigen Umgebung passen wollte.

In ihrem Gesicht suchte ich zunächst vergeblich nach Ähnlichkeiten mit Sophie Scholl. Das Gespräch machte schon bald klar, dass hinter ihrer zurückhaltenden Art ein starker Wille stand, mit dem sie ihre Überzeugungen vertrat. Bei späteren Treffen kam ihr Mann manchmal hinzu, zumeist abends, wenn er seine Arbeit beendet hatte. Otl Aicher stieg sofort in die Unterredung ein, widersprach gelegentlich seiner Frau oder ergänzte sie.

Meine erste Begegnung mit Inge Aicher-Scholl hatte allerdings mit einer Enttäuschung begonnen. Ich wollte erkunden, ob das Leben der 1943 ermordeten Schwester Sophie Stoff für eine Biografie hergeben würde. Die Idee dazu hatte Elisabeth Raabe, die damalige Lektorin des Otto Maier Verlages Ravensburg und spätere Arche-Verlegerin. In ihrer neuen Reihe Mädchen & Frauen wollte Elisabeth Raabe die Lebensgeschichte der Widerstandskämpferin herausbringen.

Kaum hatte ich in Rotis mein Anliegen vorgetragen, erklärte Inge Aicher-Scholl, den Zugang zu den Briefen und Aufzeichnungen ihrer Geschwister könne sie mir leider nicht ermöglichen, da die Schriftstellerin Inge Jens an der Herausgabe dieser Unterlagen arbeite. Aber reden könnten wir schon, meinte sie. Ich habe dann mein Tonbandgerät aufgestellt und hastig einige Briefe auf Band gesprochen - diese Erlaubnis bekam ich immerhin - und anschließend Inge Aicher-Scholl befragt.

Nach dieser Unterredung dachte ich: Das war es! Ich verließ Rotis zwar nicht ganz mit leeren Händen, aber die Basis für ein Buch über Sophie Scholl sah ich nicht. In Hamburg, wo ich damals beim NDR als Redakteur und Reporter arbeitete, hörte ich mir das Tonband mit einem zeitlichen Abstand noch einmal an. Sofort spürte ich, wie sehr der Stoff mich faszinierte. In Absprache mit meiner Lektorin bemühte ich mich um ein weiteres Treffen mit Inge Aicher-Scholl.

Tatsächlich haben wir uns in den folgenden Wochen und Monaten immer wieder getroffen. Inge

Aicher-Scholl fasste Vertrauen und fand zusehends Interesse an dem Buchprojekt. Und schon bald stand für mich fest, dass das Leben und Schicksal von Sophie Scholl sehr wohl eine eigene Biografie rechtfertigen würden. Damals stand sie in der öffentlichen Wahrnehmung eher im Schatten ihres Bruders Hans, der zweifellos der Kopf der Münchner Widerstandsgruppe gewesen war. Aber Sophie war das Herz dieser Gruppe und – so kann man annehmen – in manchen Situationen auch ihr Motor.

Diese junge Frau, die mit vollem Bewusstsein „gegen Hitler" gestorben war, ihr Mut, ihre Liebe zu Natur, Kunst und Musik – sie wurde mir durch die Gespräche mit ihrer überlebenden ältesten Schwester immer vertrauter. Zugleich spürte ich, dass es Inge Aicher-Scholl nicht leicht fiel, diese Vergangenheit aus der Erinnerung zurück zu holen. Denn mit fast jeder Schilderung kehrte die Angst zurück, eine Angst, der sie nicht ausweichen konnte. Schließlich waren nicht nur Hans und Sophie der Willkür der Gestapo ausgeliefert gewesen, sondern die ganze Familie, die nach der Hinrichtung der Geschwister Scholl in Sippenhaft kam, in Ulm verfemt und verfolgt wurde.

Unsere Gespräche, die sich schließlich über viele Stunden erstreckten, zeichnete ich auf. Die Tonbänder wurden im Verlag abgeschrieben und die Texte nach Rotis geschickt. Als Inge Aicher-Scholl schwarz auf weiß las, was sie gesagt hatte, muss sie schockiert gewesen sein. Jedenfalls machte sie einen Rückzieher. Bald darauf erkrankte sie schwer. Das Buchprojekt rückte in weite Ferne.

Ihre Reaktion kann ich mir im Nachhinein nur so erklären: In den langen Unterredungen hatte sie mit ihren Schilderungen die Schwester gewissermaßen in den Alltag zurückgeholt und ihr eigenes Bild von Sophie der Wirklichkeit angepasst. Das war ohne Zweifel ein schmerzhafter Prozess. Aus Sophie, der schon etwas entrückten Widerstandskämpferin, wurde ein „ganz normales Mädchen", wie Fritz Hartnagel, ihr Freund, sie immer gesehen hat. Ein normales Mädchen mit besonderen Begabungen und einem außerordentlichen Mut, den die Zeitumstände ihr abverlangt hatten. Ein Mensch also, keine Heilige, und damit erreichbar für junge Menschen von heute.

Mit vereinten Kräften gelang es schließlich, Inge Aicher-Scholl davon zu überzeugen, dass sie die wichtigste Zeitzeugin für Sophie war und ihre Berichte für das Gedächtnis an die Weiße Rose unverzichtbar waren. Die Arbeit an dem Buch konnte also weiter gehen. Inge Aicher-Scholl unterstützte meine Recherchen, wo immer sie konnte. So stellte sie die Verbindung zur Lyrikerin Ilse Aichinger her, die sich intensiv mit dem Schicksal der Geschwister Scholl befasst hatte.

Im österreichischen Großgmein habe ich Aichinger besucht. Einen der Sätze, den die Lyrikerin sagte, zitiere ich gern bei Lesungen. Auf die Frage, was junge Menschen, die sich mit den Geschwistern Scholl und der Weißen Rose beschäftigen, daraus lernen könnten, antwortete Aichinger: „Sich nicht anpassen lassen. Die kleinen Träume vergessen, damit die großen nicht vergessen werden. Sich noch weniger denn je anpassen an diese Welt, die sie immer deutlicher in die Verzweiflung treibt, gerade die Jugend."

Inge Aicher-Scholl konnte sogar Fritz Hartnagel, den Freund von Sophie Scholl, der nach dem Krieg Elisabeth Scholl, also die Schwester, geheiratet hatte, dazu bewegen, mit mir über Sophie zu sprechen. Dieses Gespräch war mir besonders wichtig. Hartnagel war Offizier der Wehrmacht gewesen. Unter dem Einfluss von Sophie wandte er sich gegen das NS-Regime und hat nach dem Krieg bis zu seinem Tod 2001 konsequent das Vermächtnis seiner Freundin weiter gelebt – unter anderem als Gegner der Wiederbewaffnung der Bundesrepublik und Berater von Kriegsdienstverweigerern.

Bis 1979 hatte Hartnagel jede öffentliche Äußerung zu Sophie Scholl abgelehnt. Er wolle nicht dazu beitragen, sie auf einen Sockel zu heben, meinte er. Das Gespräch mit ihm und seiner Frau Elisabeth in ihrer Wohnung in Stuttgart verlief zunächst stockend. Doch dann schilderte er freimütig wichtige Phasen einer Freundschaft, die durch die NS-Diktatur zerstört wurde.

Seine Briefe an Sophie galten lange als verschollen. Erst nach seinem Tod tauchten sie auf. Als Außenstehender durfte ich sie zuerst lesen und auswerten. Daraus entstanden zwei weitere Bücher: Fritz Hartnagel – Der Freund von Sophie Scholl (Arche 2005) und Hoffentlich schreibst Du recht bald – Sophie Scholl und Fritz Hartnagel – Eine Freundschaft 1937-1943 (Otto Maier Ravensburg 2006)

Die Grundlage für die Beschäftigung mit dem studentischen Widerstand habe ich Inge Aicher-Scholl zu verdanken. Sie hat mir für das 1980 bei Ravensburger erschienene Buch Das kurze Leben der Sophie Scholl schließlich auch den Zugang zu den Briefen und Aufzeichnungen der Geschwister ermöglicht. Für diese Ausgabe durfte ich Ausschnitte davon aufnehmen. Der befürchtete Konflikt mit Inge Jens blieb aus. Die Schriftstellerin brachte 1984 ihr Buch Hans Scholl Sophie Scholl Briefe und Aufzeichnungen (S. Fischer Verlag) heraus.

Im Frühjahr 1980 schloss ich mein Manuskript über Sophie Scholl ab und schickte es per Post nach Rotis. Zunächst hörte ich nichts, bis Inge Aicher-Scholl mich anrief und erklärte, das Buch könne so nicht erscheinen. Ihr Kritikpunkt: Das Christentum sei der entscheidende Antrieb zum Widerstand gewesen und das komme im Text nicht zum Ausdruck.

Nach einer Schrecksekunde erwiderte ich, die christliche Einstellung von Sophie und Hans habe gewiss eine wichtige Rolle gespielt. Ausschlaggebend für den Widerstand seien jedoch rationale und in zunehmendem Maße auch gesellschaftspolitische

Gründe gewesen. Das spiegelten die persönlichen Aufzeichnungen, die Aussagen von Fritz Hartnagel und die Flugblätter der Weißen Rose wider.

Wir konnten uns nicht einigen, und ich befürchtete schon, das Buchprojekt würde endgültig scheitern. Zu einzelnen redaktionellen Änderungen war ich bereit, sah mich aber nicht in der Lage, meinen Standpunkt grundlegend aufzugeben. Bis eines Tages wieder ein Anruf aus Rotis kam und Inge Aicher-Scholl erklärte, sie sei jetzt doch mit dem Text einverstanden. Sie bat lediglich, einige Zeilen etwas anders zu formulieren, was ich ohne weiteres zusagen konnte.

Was war in der Zwischenzeit geschehen? Erst vor wenigen Jahren habe ich erfahren, dass das Manuskript Gegenstand eines Treffens der Familien Scholl – Hartnagel war und Fritz Hartnagel sich eindringlich dafür aussprach, die Frage der religiösen Einstellung der Widerstandskämpfer nicht über zu bewerten. Hans und Sophie hätten einen klaren

Verstand gehabt und danach gehandelt. Diesen Argumenten hat sich Inge Aicher-Scholl dann angeschlossen.

Bevor das Buch endgültig gedruckt wurde – alle mit dem Verlag abgesprochenen Termine waren inzwischen Makulatur geworden –, gab es eine weitere Überraschung, dieses Mal eine durch und durch angenehme. An die Einzelheiten erinnere ich mich noch genau. Die Überwindung aller Schwierigkeiten sollte gefeiert werden. Das Manuskript lag druckreif vor. Inge Aicher-Scholl hatte zu einem Abendessen eingeladen, an dem auch Otl Aicher und Elisabeth Raabe teilnahmen.

Zu später Stunde sagte Inge Aicher-Scholl, sie wolle uns noch etwas zeigen. Die Uhr ging schon fast auf Mitternacht zu, als sie eine Treppe in ihrem Wohnhaus hinaufstieg und im Dachgeschoss eine große Truhe öffnete, wie sie früher in Bauernhäusern standen. Darin waren nicht nur die Briefe von Sophie aufbewahrt, sondern auch Zeichnungen,

März 1986 im Wohnzimmer in Rotis

Lange Zeit lehnte Otl Aicher ein Sofa als „bürgerlich" ab. Schließlich überraschte er seine Frau mit einer Couch, zwei Sesseln und einem Tisch, wohl auch auf ihren Wunsch hin. Die schweren Holzteile sind verzapft, ähnlich dem Ulmer Hocker. Der Polsterbezug besteht aus grobem, beigen Leinen.

Foto: Karsten de Riese

Fotos, Schulaufsätze, Berichte von Zeitzeugen – alles im Original. Wir trauten unseren Augen nicht. Dass es die Briefe gab, war bekannt, aber dass auch Zeichnungen und andere Unterlagen Krieg und Zerstörung überdauert hatten, das überraschte.

Es kostete dann keine große Überzeugungskraft mehr, auch noch Zeichnungen und bis dahin unveröffentlichte Texte in das Buch mit aufnehmen zu dürfen. Der Otto Maier Verlag reagierte erneut flexibel und machte auch diese wichtige Ergänzung zum Buch Das kurze Leben der Sophie Scholl, das im August 1980 erschien, möglich.

Unsere Meinungsverschiedenheiten spielten in den folgenden Jahren keine Rolle mehr. Im Gegenteil. Mehrfach versicherte Inge Aicher-Scholl, wie froh und erleichtert sie sei, dass das Buch erscheinen konnte und einen so großen Anklang fand. Es wurde zu einem der erfolgreichsten Jugendbücher in Deutschland, mehrfach übersetzt und vielfach ausgezeichnet. Sophie Scholl steht seitdem nicht mehr im Schatten ihres Bruders Hans. Sie wird heute als die bekannteste Widerstandskämpferin im Dritten Reich angesehen. Das Verdienst daran kommt nicht zuletzt Inge Aicher-Scholl zu. Mit diesem Buch und durch dieses Buch hatte sie ihre Einstellung geändert und sich geöffnet für eine neue Sicht auf Sophie und Hans Scholl und auf die Weiße Rose.

Gemeinsam mit ihr habe ich in den folgenden Jahren an Kundgebungen der Friedensbewegung in Süddeutschland mitgewirkt. In Rotis besuchte ich sie noch öfter, zuletzt im November 1996. In diesem Gespräch zog sie, ohne dass wir das verabredet hatten, eine Art Bilanz ihres Lebens. Ihre Stimme war nicht mehr so fest wie früher. Inge Aicher-Scholl war geschwächt von Phasen längerer Krankheit.

Wir sprachen auch über Sophie und Hans, aber vor allem über die unmittelbare Nachkriegszeit, als sie mit Otl Aicher gewissermaßen aus dem Nichts die Volkshochschule Ulm gründete. Damals sei es ihr um Aufbau gegangen, nicht um Wiederaufbau – Aufbau im Sinne eines Neubeginns. Und um Aufklärung: „Aufklärung über das, was passiert war – so genau und so ehrlich wie möglich." Die Volkshochschule und dann die Hochschule für Gestaltung in Ulm waren Leuchttürme in der Finsternis des Verdrängens und Vergessens der Adenauer-Jahre.

Lange und mit einer gewissen Wehmut sprach Inge Aicher-Scholl über die Schicksalsschläge, die sie immer wieder hinnehmen musste: die Geburt ihrer geistig behinderten Tochter Eva, die sie ganz in die Familie integrierte und der sie eine Betreuung sowie Ausbildung ermöglichte. Über den Unfalltod ihrer Tochter Pia, die im Wagen ihres Mannes verunglückte. Schließlich über das tragische Ende von Otl Aicher selbst, der 1991 beim Überqueren einer Straße auf seinem Rasenmäher vor seinem Anwesen in Rotis von einem Motorradfahrer erfasst wurde und wenige Tage später den schweren Verletzungen erlag.

Ihr Mann fehle ihr ganz besonders, sagte sie leise und schilderte dann, wie sie im Sommer oft draußen bei einem Glas Wein gesessen hätten. „Otl war auch ein großer Schweiger", fügte sie hinzu. „Es gab Zeiten, wo ich darunter gelitten habe. Eines Tages dachte ich: Schweig doch mit ihm! Schweig' mit ihm. Das ist das Beste!"

Inge Aicher-Scholl, eine ungewöhnliche Frau mit einem außergewöhnlichen Leben. Gelegentlich suchte sie meinen Rat. Zum Beispiel, als Michael Verhoeven ihre Unterstützung für sein Filmprojekt Die Weiße Rose erbat. Sicherlich hat sie auch andere befragt. Von mir wollte sie wissen, wie sie auf die Anfrage reagieren solle. Ich riet ihr, Ja zu dem Filmprojekt zu sagen, denn Verhoeven sei anerkannter Regisseur. Aber sie solle sich weder die Dreharbeiten noch danach den fertigen Film ansehen. Daran hat sie sich – so viel ich weiß – gehalten.

Hermann Vinke, geb. 1940, Journalist und Autor zahlreicher Bücher, darunter Das kurze Leben der Sophie Scholl (Deutscher Jugendliteraturpreis), Carl von Ossietzky, „Wunden, die nie ganz verheilten" – Das Dritte Reich in der Erinnerung von Zeitzeugen. Redakteur bei Zeitungen und beim NDR. Korrespondent in Japan, USA, DDR und Ostmitteleuropa. 1992-2000 Programmdirektor Hörfunk Radio Bremen.

Bernhard Wette

Ein imaginärer Bücherschrank von Inge Aicher-Scholl
Pro captu lectoris ...

Versuch einer persönlichen Annäherung

Ἐν ἀρχῇ ἦν ὁ λόγος.
En archē ēn ho logos.

Im Anfang war das Wort.
Johannes 1, 1

Das erste ihr gewidmete Buch war wohl eine kleinformatige Dünndruck-Ausgabe des Neuen Testaments[1] in grünem Leinen mit goldgeprägtem Rückentitel, einem goldgeprägten Kreuz auf dem Vorderdeckel und Rotschnitt, die „Ingeborg Scholl" zu ihrer Konfirmation am 2. April 1933 vom Stadtpfarrer (und Nazi-Mitläufer) Gustav Oehler von der evangelischen Garnisonskirche zu Ulm erhielt. Ihr Denkspruch lautete „Und da sie das gesagt hatte, ging sie hin und rief ihre Schwester Maria heimlich und sprach: Der Meister ist da und ruft dich / Joh. 11, 28." Das Zitat ist im handschriftlichen Original unterstrichen. – Am 16. Mai 1933 wurde Adolf Hitler zum Ehrenbürger von Ulm ernannt.

An Ostern 1934 erhielt die Siebzehnjährige als Schulpreisbuch eine Werkausgabe von Eichendorff[2]. Sie stammt aus der heute noch wegen ihrer editorischen Sorgfalt geschätzten Reihe der „Meyers Klassiker-Ausgaben" aus dem Bibliographischen Institut in Leipzig. Das Exemplar trägt die eigenhändige Widmung des Direktors Dr. Reinhold Frick und den Abdruck eines ovalen Gummistempels „Rektorat der Mädchen-Oberrealschule Ulm a. D." mit einem Wappen. – Die Schule trägt heute den Namen Hans und Sophie Scholl-Gymnasium.

Beide Bücher begleiteten Inge Scholl ihr Leben lang. Im Gegensatz zu Kinder- und Jugendbüchern, die sie sicher auch besaß, sind die Konfirmationsbibel und der Eichendorff als Teile der nachgelassenen Bibliothek von Inge Aicher-Scholl und Otl Aicher, der Rotis-Bibliothek, noch vorhanden.

Was für eine Bibliothek! Im letzten Zuhause in Rotis breitete sie sich auf 130 m² einer ganzen Etage des alten Mühlengebäudes aus. Der große Raum hatte mehrere Arbeitsplätze und war elektrisch ausgeleuchtet[3].

Rund 7.000 Bücher standen in den von Otl Aicher entworfenen verchromten Eisendraht-Regalen; an jedem Regal hing ein kleines, in den Draht eingeklinktes gedrucktes Papp-Schildchen mit Nennung der Sachgebiete[4]. Die Bücher waren akkurat alphabetisch geordnet und wohlerhalten. Umfangreiche Sachgebiete waren Literatur, Religion, Geschichte und Politik, Wirtschaft, Fotografie, aber auch Kunst, Architektur, Naturwissenschaften, Geographie, Reiseliteratur, Nachschlagewerke usw.

Häufig widerspiegeln private Bibliotheken ein Wissensgebiet oder eine ausgeprägte Festlegung auf ein bestimmtes Sammelgebiet. Eine nach Sachgebieten derart breitgefächerte große Privatbibliothek findet man heute kaum noch. Bereits jetzt – nach 30 Jahren Internet – ist abzusehen, daß es solche private Zentren des Wissens in sehr überschaubarer Zeit nicht mehr geben wird. Die Gutenbergsche Revolution siegte 500 Jahre lang; das Computerzeitalter benötigte nur einen Wimpernschlag, um das Buch zu bedrucktem Altpapier zu degradieren. Hör- und E-Bücher sind im Vormarsch[5].

Erst bei genauerem Hinsehen verdeutlichte sich, daß es eine über Jahrzehnte zusammengewachsene Bibliothek ihrer beiden Besitzer war. Bücher aus beider Elternhäuser fanden sich, wie überhaupt antiquarische Bücher, kaum; der ganz überwiegende Teil der Bibliothek stammt aus den Jahren nach dem Zweiten Weltkrieg. Der Lesehunger war in den unmittelbaren Nachkriegsjahren – wie bei vielen – besonders groß. Dies ist sicher auch der boomenden Buch- und Zeitschriftenproduktion und ihrer Vielfalt an Titeln zuzuordnen. Die zwölf Jahre der Nazizeit waren für Bücherliebhaber eine „bleierne Zeit" und hatten zudem viele gewachsene Strukturen der Verlage und des Buchhandels gleichgeschaltet und zerstört.

Mag sein, daß Inge Aicher-Scholl schon früh ein bleibendes Faible für Literatur und Religion entwickelte. Die deutsche Literatur der zweiten

---

1 Das Neue Testament unseres Herrn u. Heilands Jesu Christi nach der deutschen Übersetzung D. Martin Luthers. Neu durchgesehen nach dem vom Deutschen Evangelischen Kirchenausschuß genehmigten Text. Neue Taschenausgabe. Stuttgart: Privileg. Württemb. Bibelanstalt, (ca. 1933).

2 Eichendorffs Werke. Hrsg. von Adolf von Grolmann. Kritisch durchgesehene und erläuterte Ausgabe. Lpz.: Bibliographisches Institut, (ca. 1933). (= Deutsche Klassiker. Auswahl aus Meyers Klassiker-Ausgabe).

3 Als ich diese Bibliothek 2004 das erste Mal betreten durfte, fiel mir der große Schreibtisch Otl Aichers auf; die puristische weiße Tischplatte trug links und rechts Stapel von Büchern über japanische Kunst und Plakatdesign, auch in japanischer Sprache. Dazu die für ihn typischen postkartengroßen Notizzettel und -karten, die er auch als Lesezeichen benutzte, in Greifweite der neueste (19.) Ausgabe der Brockhaus-Enzyklopädie; das Erscheinen der letzten Bände erlebte Otl Aicher nicht mehr. Der Raum sah aus, als hätte Otl Aicher den Raum nur vorübergehend verlassen.

4 Architektur, Fotografie, Wirtschaft, Management/Werbung, Produktform, Technik, Politik, Grafik, Lexika, Kochbücher/Kräuter/Diät, Kinder- und Jugendbücher, Archivexemplare, usw. sowie die Bücherregale der Kinder.

5 Bücher als Datenträger gelten irriger Weise heute als Anachronismus ohne verifizierbaren oder gar pfandtauglichen Wert. Fragen Sie als Büchersammler einmal Ihre Bank oder den Gerichtsvollzieher ... Andererseits: Bei der Datensicherheit bleibt das gedruckte Buch jedem elektronischen Speichermedium auch langfristig überlegen. Wieviel Jahre taugt eine CD als Speichermedium? Warum gibt es eine Renaissance des guten alten Schallplattenspielers?

6 Tizian: 44 Handzeichnungen. O. O. u. J. (ca. 1936).

7 Langenscheidts Taschenwörterbuch der russischen und deutschen Sprache. Neubearbeitung in neuer russischer Rechtschreibung. Mit Angabe der Aussprache nach dem phonetischen System der Methode Toussaint-Langenscheidt von Karl Blattner. 5.A. 2 Bde. In 1. Berlin: Langenscheidt, (1929).

Hälfte des 20. Jahrhunderts war in erstaunenswert vollständigem Umfang vertreten – häufig in Erstausgaben und mit persönlichen Widmungen der Autoren. Otl Aichers Schwerpunkte waren eher Architektur und Kunst, aber auch Naturwissenschaften, Technik – und eben auch Religion. Doch dieser erste Blick trügt. Anhand der Namenseinträge in den Büchern stellt man fest, daß hier zwei Bibliotheken zu einem Mosaik der Persönlichkeiten beider Besitzer verschmolzen.

Bei meinem ersten Besuch in der Rotis-Bibliothek war ich überwältigt von der Menge und Vielfalt der Bücher. Zufällig griff ich bei der deutschen Literatur eine Erstausgabe von Hermann Hesse heraus. Auf dem vorderen fliegenden Vorsatz hatte sich der Vorbesitzer eingetragen: Hans Scholl. Eine Luxusausgabe des Nibelungenlieds trug eine handschriftliche Widmung von Robert Scholl an seine sechzehnjährige Tochter Sophie. Eine unscheinbare Mappe mit Handzeichnungen von Tizian[6] trägt auf der Innenseite den Besitzvermerk „Sofie [!] Scholl". In ein Taschenwörterbuch der russischen und deutschen Sprache von Langenscheidt[7] schrieb sie „Sophie Scholl". Ein naturwissenschaftliches Werk über das Universum[8] trägt die Widmung von Hans Scholl „O ja, bis an die Sterne! / FAUST / Sophia zum 9. Mai 1941" – zu ihrem 20. Geburtstag also. Ich gestehe, daß mich die Begegnung mit diesen Büchern aus dem Vorbesitz der Geschwister Scholl sehr berührte[9].

Bei Bücherliebhabern und Historikern ist der Wunsch naheliegend, eine so einzigartige Bibliothek zweier prominenter Büchersammler geschlossen für die Nachwelt und Forschung zu erhalten. Dies freilich ist leichter gedacht als realisiert. Sohn Julian Aicher versuchte hartnäckig und über längere Zeit, wenigstens Teile der Bibliothek seiner Eltern zu bewahren, beispielsweise die deutsche Literatur oder die Theologie. Vergeblich. Weder Institutionen, Bibliotheken, noch Schulen oder Altersheime und als gemeinnützig deklarierte Einrichtungen zeigten Interesse. Deckungsgleiche Erfahrungen mußte ich über Jahrzehnte mehrmals bei nachgelassenen Bibliotheken machen.

In Rotis stand ich vor einer beeindruckenden Bibliothek, die ihren Standort, egal wie, verlassen mußte. Versuchten Sie einmal, Bücher vernünftig zu vererben oder weiter zu geben? Verkaufen ist mühsame Kleinstarbeit, verschenken oder in eine Stiftung umzuwandeln noch schwieriger. „Keine Mittel!" – „Aber Sie bekommen die Bücher doch geschenkt, ich möchte ja nur, daß sie zusammenbleiben". – „Kein Platz!". Und so landen die Bücher in der Papiertonne, auf Flohmärkten[10] oder, im wohl besten Fall, beim Antiquar – wie es im vorliegenden Fall auch geschah.

Deutsche Literaten, falls sie denn namhaft genug sind, können ihren Vorlaß oder Nachlaß nach Marbach verkaufen oder verschenken. Beruhigende

Sicherheit: Dort wird das beschriebene und gedruckte Papier wissenschaftlich aufgearbeitet und der Forschung zur Verfügung gestellt.

Die umfangreichen Sammlungen der Dokumente, Briefe und Schriften der Inge Aicher-Scholl gingen zusammen mit zahlreichen Büchern der Geschwister Scholl und ihres Freundeskreises geschlossen an das renommierte Institut für Zeitgeschichte in München; der aufgearbeitete Nachlaß kann seit 2005 als „Vorläufiges Findbuch" im Internet eingesehen werden[11]. Der berufsbezogene Nachlaß von Otl Aicher wird im Otl-Aicher-Archiv der Hochschule für Gestaltung in Ulm[12] bestens verwahrt und bearbeitet, u. a. zu Ausstellungen.

Mein zweiter Besuch in der Rotis-Bibliothek galt also dem verbliebenen, immer noch sehr umfangreichen „nachzuordnenden Rest", – nicht mehr dem Bewahren, sondern der Vermarktung, dem Taxieren, dem Verkaufen. Wunschgemäß sollte es auch kein Auswählen geben, die Bibliothek sollte geschlossen geräumt werden. Ich mußte also alles mitnehmen, auch vermutlich Unverkäufliches. Ein Termin drängte bereits.

90 cartone banane[13] transportiert von Rotis aus der uralten Mühle ins nahe gelegene Urlau, und dort zu Fuß ins Dachgeschoß eines über hundert Jahre alten Brauereigebäudes.

8 Sir James Jeans: Der Weltenraum und seine Rätsel (The mysterious universe). Aus dem Englischen von Rudolf Nutt. (6. Tsd.). Stuttgart: Deutsche Verlags-Anstalt, o. J. (ca. 1938).

9 Schon als Schüler, 1958, hatte ich mich, gestützt auf das Fischer-Taschenbuch von Inge Aicher-Scholl „Die Weiße Rose", mit dem Thema intensiv beschäftigt und darüber ein Theaterstück verfaßt. Durch meine Mitgliedschaft in der „Schwäbischen Jungenschaft", einer Nachfolgeorganisation der „Deutschen Jungenschaft vom 1.11. (dj.1.11) in Göppingen war ich früh auf die „Weiße Rose" und die Geschwister Scholl gestoßen, die trotz ihrer Führungstätigkeiten in der HJ stark von der dj.1.11 beeinflußt waren. Meine szenische Dokumentation über die „Weiße Rose" basierte überwiegend auf dem Buch von Inge Aicher-Scholl (die Recherche-Situation war zu dieser Zeit sehr dürftig) und wurde auf einem der großen Pfingsttreffen der „Schwäbischen Jungenschaft" als Freiluft-Veranstaltung in der Hohenlohe aufgeführt. – bei strömendem Regen und, makabrer Weise, in einer vormaligen Thingstätte der Nazis. Die Aufführung war bei aller Laienhaftigkeit der Darsteller ein Erfolg, der bis heute in privaten Erzählungen anhält.
Zunächst hatte der Buchenwald-Chronist Eugen Kogon („Der SS-Staat", 1946) das Buch von Inge Aicher-Scholl im Verlag der Frankfurter Hefte 1952 publiziert. Es erreichte mehrere Auflagen. Schutzumschlag, Einband und Typographie: Otl Aicher, Ulm/Donau. Von dieser Erstausgabe erschien auch ein „Einmaliger Sonderdruck für den Verband Deutscher Studentenschaften", sowie für den „Deutschen Bundesjugendring".
Von der ersten Taschenbuchausgabe (1955) der „Weißen Rose" (Fischer Taschenbuch 20888) wurden 680.000 Exemplare verkauft, von der erweiterten Ausgabe ab 1993 (Fischer Taschenbuch 11802) nochmals 130.000 Stück. Dazu kommen noch 30.000 Ausgaben in diversen Sonderauflagen (Mitteilung der S. Fischer Verlage vom 20.07.2012). – Ferner gibt es zahlreiche Übersetzungen des Steady- und Longsellers ins Englische, Französische, Niederländische, Schwedische, Japanische, Italienische und Polnische (NDB).

10 Seit einigen Jahren gibt es selbst in manchen Wertstoffhöfen, Supermärkten oder Cafés Regale für Bücher, derer sich gratis jedermann, auch hinzufügend, bedienen kann. Eine relativ neue, kreative Methode ist das „Aussetzen" im öffentlichen Raum – an einer Bushaltestelle, auf Rastplätzen, Bänken...

11 www.ifz-muenchen.de: www.ifz-muenchen.de/archiv/ed_0474.pdf/. – Das „Vorläufige Findbuch" ist umständlich zu handhaben; eine Suchfunktion fehlt.

12 www.hfg-archiv.ulm.de

13 Die idealen Transportbehältnisse aller Flohmarkthändler und Antiquare tragen exotische Phantasienamen: Chiquita, Consul, Kini, Premium, Senorial, Tropy, Fyffes, Turbana, Tropical Rica, Bajella, Onkel Tuca, Bangior, Bonita, Excelban, Dolphin, Cobana, Pretty Liza, Dole, Tipito, Bouba, Amigo, Goldfinger, Calypso, usw. Es handelt sich um gebrauchte Bananenkartons. Noch kein deutscher Dichter schrieb eine Hymne auf sie (– dieser Wunsch wurde inzwischen durch den „Bananensong" des Schriftstellers Otto Jägersberg, Baden-Baden, erfüllt). Bananenkartons sind genialer als jeder gebräuchliche Umzugskarton, reißen nicht aus, messen 26 x 52 x 38 cm, weisen stabile Handgriffe auf, sind gut trag- und stapelbar. Mit Büchern gefüllt wiegen sie je nach Papiergewicht zwischen zehn und annähernd 30 kg: Belletristik ist leichter, Kunst wiegt schwer. Alle Antiquare „haben Rücken" (schlimmer als Horst Schlämmer alias Hape Kerkeling).

Nach und nach bibliographierte ich die Bücher und stellte sie in meinen Internet-Katalog ein, jeweils mit einem Hinweis auf die Herkunft versehen. Ein halbes, ein ganzes Jahr, gar anderthalb Jahre gab es so gut wie keine Resonanz. Ich war irritiert. Sah denn weltweit niemand, welche Kostbarkeiten aus welcher Provenienz ich anbot? Dann kamen die ersten Bestellungen, die eindeutig mit Bezug auf die Rotis-Bibliothek standen: Aus Argentinien, Japan, den USA – und endlich auch aus Deutschland, zuerst aus Augsburg. Nach einiger Zeit war das Angebot im unberechenbaren und nicht beeinflußbaren Internet bekannter; Bestellungen aus dem Ausland und Inland halten sich die Waage. Vielleicht hätten Inge Aicher-Scholl und Otl Aicher es ertragen können, daß ihre Bibliothek zwar nicht geschlossen erhalten blieb, sondern über die ganze Welt verstreut wird, da die meisten Käufer sich auf die Vorbesitzer berufen und um weitere Informationen bitten.

Durch die intensive, jahrelange Beschäftigung mit der Rotis-Bibliothek lernte ich deren Vorbesitzer auf eine besonders gründliche Art kennen und schätzen, wenngleich ich sie nie persönlich treffen konnte. Ich kann bei meiner Schilderung also nur auf die Bücher selbst, soweit sie noch vorhanden waren, zurückgreifen und auf die Datenbank meines Katalogs antiquarischer Bücher, meine Handbibliothek und andere Quellen.

... habent sua fata libelli

Eines der am häufigsten falsch verwendeten Zitate lautet „Bücher haben ihre Schicksale" oder, für Lateiner, „habent sua fata libelli". Gegen den Spruch ist im Prinzip nichts einzuwenden. Er ist so wenig aussagend wie eine fast leere Sprechblase. Denn das Zitat ist unvollständig. Ursprünglich stammt es aus dem Lehrgedicht „De litteris, de syllabis, de metris" des antiken Grammatikers Terentianus Maurus aus dem zweiten nachchristlichen Jahrhundert und lautet: „Pro captu lectoris habent sua fata libelli", also wörtlich „Je nach Auffassungsgabe des Lesers haben die Büchlein ihre Schicksale". Oder, salopp übersetzt: „Je nach dem, wie der Leser mit ihnen umgeht, haben die Bücher ihre Schicksale". Oder „Das Buch selbst (und nicht nur sein gedeuteter Inhalt) hat ein bewegtes Schicksal – je nach dem, in wessen Händen es sich befindet" (so deutet Umberto Eco den Satz in seinem Roman „Im Namen der Rose", 1980, übersetzt von Burkhart Kroeber, 1982).

Mit diesem Leitgedanken und dem „pro captu lectoris" versuche ich, mich der Bibliothek von Inge Aicher-Scholl zu nähern. Stellen wir uns den typischen Bücherschrank im Wohnzimmer vor, der noch bis vor zwei Generationen in fast jedem sogenannten bürgerlichen Haushalt selbstverständlich war: Massig, mittig aufgebaut, deutsche Eiche massiv, Türen oft mit Schnitzereien geschmückt,

braun oder schwarz gefirnißt, Glastüren mit oft facettegeschliffenen Scheiben, unpraktische 40 bis 50 cm tief, also waren die Fächer zweireihig nutzbar. Vorne zum Betrachter stand ein vielbändiges Lexikon, eine Enzyklopädie, – eben der Brockhaus oder der Meyer in Halbleder mit Rückenvergoldung oder sonstige schmucke Rücken. So ein Bücherschrank war eine Aussage, überlebte Generationen, Kriege und alle Umzüge. Ob es diesen – symbolischen – Bücherschrank in den Elternhäusern von Inge Scholl und Otto Aicher gab, ist mir unbekannt, er soll auch nur die Metapher sein.

In der nachgelassenen Rotis-Bibliothek ist aus einem solchen Bücherschrank aus der Zeit vor der Befreiung vom deutschen Faschismus wenig zu finden, sieht man von einer vergleichsweise geringen Zahl deutscher Literatur und Klassikerausgaben einmal ab.

Von den in der Nazizeit weit verbreiteten belletristischen Autoren[14] wie Hans Grimm, Ina Seidel, Isolde Kurz, Knut Hamsun, Selma Lagerlöf, Hanns Johst, Erwin Guido Kolbenheyer, Emil Strauß, Hermann Stehr, Rudolf G. Binding, Hans Carossa, Wilhelm Schäfer, Werner Beumelburg, Hans Friedrich Blunck, Otto Flake, Ludwig Fincke, Gustav Frenssen, Max Halbe, Josef Ponten, Anton und Friedrich Schnack, Wilhelm von Scholz, Lulu von Strauß und Torney, Eduard Stucken, Will Vesper, Josef Magnus Wehner, usw. oder anderen wie Hermann Hesse, Ernst Wiechert, Manfred Hausmann fand sich wenig, auch wenn einige dieser Autoren nicht emigriert waren, weiter publizieren konnten und sich nach 1945 dem „inneren Widerstand" gerne zurechneten oder so eingestuft wurden und nach 1945 nahtlos wieder veröffentlichten. 88 seinerzeit prominente deutsche Schriftsteller und Dichter hatten ein „Gelöbnis treuester Gefolgschaft"[15] für Adolf Hitler unterzeichnet, das bereits am 26. Oktober 1933 in der „Vossischen Zeitung" publiziert wurde. Überblickt man die Menge der Buchproduktion in der Nazizeit und die Neuauflagen alter Titel nach dem Krieg, ist ein fast völliges Fehlen dieser „braunen" Literatur in der Nachkriegszeit kaum nachvollziehbar. Ideologisch gefärbte politische Literatur aus der Nazizeit:

14 Hellmuth Langenbucher: Volkhafte Dichtung der Zeit. 6., unveränderte (= letzte) A., 21.-30. Tsd. Der Gesamtauflage. Berlin: Juncker und Dünnhaupt, 1941. – Hellmuth Langenbucher (1905-1980) war der „Literaturpapst" der NSDAP, – nach 1945 schrieb er unter Pseudonymen und war 1951-1970 Programmleiter beim Europäischen Buchklub in Stuttgart. – Joseph Wulff: Literatur und Dichtung im Dritten Reich. Eine Dokumentation. Berlin: Ullstein, 1989. – Ernst Klee: Das Kulturlexikon zum Dritten Reich. Wer war was vor und nach 1945. Franfurt: S. Fischer, 2007.

15 „Friede, Arbeit, Freiheit und Ehre sind die heiligsten Güter jeder Nation und die Voraussetzung eines aufrichtigen Zusammenlebens der Völker untereinander. Das Bewußtsein der Kraft und der wiedergewonnenen Einigkeit, unser aufrichtiger Wille, dem inneren und äußeren Frieden vorbehaltlos zu dienen, die tiefe Überzeugung von unseren Aufgaben zum Wiederaufbau des Reiches und unsre Entschlossenheit, nichts zu tun, was nicht mit unsrer und des Vaterlandes Ehre vereinbar ist, veranlassen uns, in dieser ernsten Stunde vor Ihnen, Herr Reichskanzler, das Gelöbnis treuester Gefolgschaft feierlichst abzulegen". – Eine Liste der Unterzeichner ist bei Wikipedia unter „Gelöbnis treuester Gefolgschaft" zu finden.

Fehlanzeige [16]. Spielte hier nach zwölf Jahren Nazi-diktatur voraus- oder nacheilender Gehorsam eine Rolle? Ich halte es daher für wahrscheinlich, daß Inge Aicher-Scholl ihren Bücherschrank nach der Nazizeit entsprechend entrümpelte und weitestgehend „entnazifizierte": Pro captu lectoris ...

Irritierend ist die Tatsache, daß auch jene Autoren völlig fehlen, die zwischen dem 10. Mai und 21. Juni 1933 von den Nationalsozialisten verboten, verbrannt und aus den Bibliotheken und dem Buchhandel verbannt wurden [17].

Auch finden sich kaum Bücher aus Emigrationsverlagen – oder wurden sie von Inge Aicher-Scholl ebenfalls „ausgesondert"? Solche Bücher zu besorgen war schwierig und ihr Besitz gefährlich, aber es gab konspirative Möglichkeiten, sogar über den Buchhandel, wenn nicht vor Ort, so doch im nahen Schwäbischen. Eine Ausnahme im Bestand ist eine Schrift von Paul Claudel aus dem Jahre 1937 [18], verlegt von dem in der ersten Etappe nach Wien emigrierten Bermann-Fischer Verlag. Es trägt den Besitzvermerk „Hans Scholl / 1940".

Der katholische Schriftsteller Reinhold Schneider war in Inge Aicher-Scholls Bibliothek umfangreich vertreten; mehrere Exemplare sind mit Widmungen des Autors versehen oder tragen Besitzeinträge von Inge Scholl oder Otl Aicher. Nach seiner Szenenfolge „Las Casas vor Karl V."(1938) wurden Reinhold Schneiders Bücher verboten; ab 1941 hatte er Publikationsverbot in Deutschland. Seine Sonette gegen Größenwahn und Krieg wurden im zweiten Weltkrieg heimlich in Abschriften verbreitet. Der antinazistische Alsatia-Verlag in Kolmar im von den Nazis besetzten Elsaß war vorübergehend eine Nische für seine Publikationen. Drei seiner Bücher aus diesem Verlag [19] fanden sich in der Rotis-Bibliothek; eines davon, „Die Waffen des Lichts", (1944), mit einer Widmung „S. 11 / der hochverehrten Familie Scholl / 14 Febr 46 / Reinhold Schneider". Der Hinweis auf die Seite 11 bezieht sich auf das Gedicht „Das Richtschwert".

Bei Büchern aus linken politischen oder gar kommunistischen Verlagen ist die Suche – mit Ausnahme der unmittelbaren Nachkriegszeit – vergeblich. Das einzige Buch aus dem Berliner Malik-Verlag [20], Wera Figner's „Nacht über Rußland" [21], überdauerte den Bestand wohl eher als Kuriosum und stand erst nach 1945 und nur kurzfristig in Inge Aicher-Scholls Bücherschrank. Es trägt die Widmung von Inge Aicher-Scholl an ihre Tochter Pia (1954-1975) „Liebe Pia, daß das Buch noch / antiquarisch zu / bekommen war, ist schon ein Glücksfall. / Daß es aus dem / Arbeiterbücherschrank / von Paul Ströbel, / unserem guten Kumpel [sic!] / stammt, finde ich / beinahe wie ein / kleines Vermächtnis. Mama / Weihnachten 1973". Das Exemplar trägt auf dem vorderen Spiegel den Abdruck eines Gummistempels „Paul Ströbel / Ulm (Donau)", weist deutliche Lesespuren auf, sogar

die Titelei fehlt – wohl als Schutz vor Hausdurchsuchungen der Gestapo.

Mein suchender Blick nach Titeln aus der Büchergilde Gutenberg wurde nur durch ein Buch des deutschen Anarchisten und Schriftstellers B. Traven [22] belohnt. Travens umfangreichsten Roman „Die weiße Rose", 1929, fand ich nicht vor. Traven beschreibt sozialkritisch das Schicksal der von Indianern bewohnten Hacienda „Die weiße Rose" im Mexiko der 1920er Jahre und ihre Enteignung durch eine amerikanische Erdölfirma [23]. Der Buchtitel war nach Meinung einiger Forscher Namensgeber der antinazistischen Münchner Widerstandsgruppe. Hans Scholl verneinte oder

16 Wenige Ausnahmen bestätigen den Eindruck. Auch die Bücherliste im Nachlaß Inge Aicher-Scholl des Instituts für Zeitgeschichte bestätigt das Bild. – Das Aussortieren von Büchern gehört wie die Zensur zu ihrer Geschichte. Inge Scholl ordnete ihren Bücherschrank in der zweiten Hälfte der 1940er Jahre neu – prinzipiell ist dagegen nichts einzuwenden und war keine Einzelerscheinung. – Der Index librorum prohibitorum der katholischen Inquisition erschien erstmals 1559 und wurde erst nach dem 2. Vatikanischen Konzil 1965 bzw. 1966 von Papst Paul VI. abgeschafft. – Nach der Zeit des Nationalsozialismus wurde nach dem Befehl Nr. 4 des Alliierten Kontrollrats vom 13. Mai 1946 die Bücherzensur der Siegermächte in öffentlichen Bibliotheken angeordnet, dargestellt in Form von offen zugänglichen Listen mit rund 35.000 Buchtiteln. Diese Liste der auszusondernden Literatur erschien 1946 mit drei Nachträgen im Januar 1947, September 1948 und April 1952 (Berlin: VEB Deutscher Zentralverlag, 1946-1953). In der Zeit der Papierknappheit wurden zudem Neuerscheinungen bis 1949 durch Lizenzvergaben und Papierzuteilung kontrolliert. – Das Buch Mein Kampf von Adolf Hitler erschien von 1925/1926 bis 1944 in rund 10,9 Millionen Exemplaren. Nach 1945 waren alle plötzlich verschwunden: Ein Volk der Mitläufer bestand nur noch aus angeblichen Antifaschisten.

17 Verboten und verbrannt. Deutsche Literatur - 12 Jahre unterdrückt. Hrsg. von Richard Drews und Alfred Kantorowicz. Berlin und München: Heinz Ullstein - Helmut Kindler, 1947. – Vgl. auch „Liste der verbrannten Bücher 1933" in http://de.wikipedia.org/wiki/Liste_der_ verbrannten_Bücher_1933

18 Paul Claudel: Vom Wesen und der holländischen Malerei. (Aus dem Französischen von Ernst Hardt). Wien: Bermann-Fischer Verlag, 1937. (= Schriftenreihe „Ausblicke"). – Ein zweites Exemplar dieses Buches mit dem Besitzeintrag von Sophie Scholl befindet sich beim Institut für Zeitgeschichte, München. – In dieser Schriftenreihe, vom Verleger als „Ausdruck der politischen und kulturpolitischen Gesinnung des Verlages", „als wesentliche Ausschnitte aus dem Geistesleben der Gegenwart und ihrem Bemühen um Klarheit und Menschlichkeit" definiert, erschienen Bücher von Thomas Mann, Robert Musil, Paul Valéry, Hans Hammerstein, u. a. – In der Zeit des Nationalsozialismus konnten viele Bücher nur „unter dem Ladentisch" gehandelt oder auf anderen Wegen verbreitet werden. Eine dieser klandestinen Quellen war die Buchhandlung Josef Rieck in Aulendorf, in deren Kundenkartei sich u. a. die Namen Wilhelm Geyer, Romano Guardini, Scholl und Aicher befanden (vgl. otl aicher: innenseiten des krieges, 1985, S. 152). – Die Herausgeberin dieses Buches, Christine Abele-Aicher, ist mit Franziska Rist, einer ehemaligen engen Mitarbeiterin der Buchhandlung und späteren Inhaberin, verwandt.

19 Reinhold Schneider: Die Waffen des Lichts [Sonette]. (Kolmar): Alsatia, (1944). – Reinhold Schneider: Der Abschied der Frau von Chantal. Kolmar im Elsaß: Alsatia, (1941). – Reinhold Schneider: Das Vaterunser. Kolmar: Alsatia, 1941. – Diese drei Bücher waren vermutlich erst nach 1945 im Besitz von Inge Aicher. – In dem von Joseph Roussé geleiteten katholischen Alsatia-Verlag publizierten auch Alfred Delp, Carl Muth und Theodor Haecker.

20 Der Malik-Verlag, 1916 von Wieland Herzfelde gegründet, war einer der bedeutendsten deutschen Verlage des 20. Jahrhunderts. Bereits 1933 mußte er zunächst nach Prag, dann nach London und New York emigrieren, seine Bücher wurden von den Nazis verbrannt. Er publizierte Autoren wie Martin Andersen Nexö, Upton Sinclair, Alexander Blok, Maxim Gorki, Wladimir Majakowski, John dos Passos, George Grosz, Johannes R. Becher, Karl August Wittvogel, Ludwig Turek, Bertolt Brecht, Theodor Plievier, Oskar Maria Graf, Franz Jung, u. v. a.

21 Wera Figner: Nacht über Rußland. [Übersetzt von Lilly Hirschfeld und Reinhold von Walter. 12.-20. Tsd. Berlin: Malik Verlag, 1928]. – Mit dem hier erstmals auf Deutsch veröffentlichen dritten Teil, „Nach Schlüsselburg", ihrer Lebenserinnerungen. – Wera Nikolajewna Figner (1852-1942) war eine Ärztin und russische Sozialrevolutionärin. Ab 1884 war sie 20 Jahre im berüchtigten Schlüsselburg, auf der Insel der Toten, inhaftiert. – Der Vorbesitzer des Exemplars, Paul Ströbel (*1911), war Mitglied des Kommunistischen Jugendverbandes KJVD, KZ-Überlebender und 1946 Mitbegründer der Ulmer Vereinigung der Verfolgten des Naziregimes (VVN) sowie der KZ-Gedenkstätte Oberer Kuhberg (DZOK), Ulm.

22 B. Traven: Der Schatz der Sierra Madre. Berlin: Büchergilde Gutenberg, 1931.

23 Der durchaus aktuelle letzte Satz des Buches lautet: „Was kümmert uns der Mensch? Wichtig ist nur das Öl." – Zu B. Traven's rätselhafter und abenteuerlicher Biographie vgl. Rolf Recknagel: B. Traven. Beiträge zur Biographie. Lpz.: Reclam, 1966, erweitert 1973². – Karl S[iegfried] Guthke: B. Traven. Biographie eines Rätsels. Frankfurt am Main: Büchergilde Gutenberg, 1987. – Heinz Ludwig Arnold (Hrsg.): B. Traven. In: Text + Kritik, Heft 102, April 1989. – http://www.btraven.com" – die Webseite der B. Traven-Gesellschaft.

verschleierte bei seinem Verhör durch die Gestapo am 20. Februar 1943 die Kenntnis dieses Buches. Es darf als sicher gelten, daß er es kannte.

Bei meinem „Eindringen" in den imaginären Bücherschrank der Inge Aicher-Scholl und ihrer Geschwister bewegte mich auch meine Neugier nach Leseinhalten, die letztlich in den Flugblättern der „Weißen Rose" als nicht gekennzeichnete Zitate, z. B. aus Shakespeare[24], Goethe[25], Hölderlin[26] wieder auftauchen. Meine Idee, zu versuchen, die Jugendbibliothek der Geschwister Scholl und ihres Freundeskreises zu rekonstruieren [27], mußte ich aus finanziellen Gründen (und ohne Forschungsauftrag) wieder aufgeben. Diese Aufgabe ist wohl weiteren germanistischen und historischen Forschungen vorbehalten[28].

Von der Bücherliebhaberei und Lesefreudigkeit zeugen viele Bücher, die innerhalb der Familie Scholl und des Freundeskreises der Geschwister häufig zu Geburts- und Feiertagen, aber auch als Beilagen zu Briefen, verschenkt wurden, oft mit Widmungen versehen. Beispielsweise trägt eine wertvolle, in Halbpergament gebundene limitierte Luxusausgabe von Klabund's „Mohammad" aus dem Jahre 1917[29] den Besitzvermerk in schwarzer Tinte „Inge Scholl / v. Hans / zu Weihnachten 1938!".

Ein Buch als Geschenk und Botschaft – eine leider aus der Mode gekommene noble Geste der Freundschaft, Verbundenheit und Freundlichkeit.

Bei der Auswahl der erwähnten Bücher beschränke ich mich im Folgenden auf Widmungs-exemplare sowie solche, die den Namen des oder der Vorbesitzer tragen, also Exemplare, die eindeutig zuzuordnen sind[30]. Das wohl einzige Beispiel eines Buches, in dem sich gemeinsame Namens-einträge von Hans und Sophie Scholl finden, ist ein seinerzeit gebräuchliches Botanik-Lehrbuch[31], welches Sophie Scholl („SOFIE") von ihrem Bruder („H. Scholl") „geerbt" hatte, nachdem sie ihm zum Studium nach München gefolgt war.

Eine weitere, zeitliche Eingrenzung dieses Versuchs ist zunächst die Beschreibung des imagi-nären Bücherschranks der Inge Scholl von ihrer Zeit als Konfirmandin, höherer Funktionärin als „Ring-führerin" (im Range eines Majors der Wehrmacht) der Jungmädel in der Hitlerjugend[32] bis zur Eheschließung 1952 mit Otl Aicher.

Allgemein hervorzuheben ist die Tatsache, daß sich die Bücher der Rotis-Bibliothek in sehr gutem Erhaltungszustand befanden: Man ging pfleglich und sorgfältig mit dem Kulturgut Buch um. Namenseinträge, Widmungen, Anstreichungen, Unterstreichungen wurden, wenn überhaupt, mit Bleistift vorgenommen. Inge Aicher-Scholl war bei der persönlichen Kennzeichnung ihrer Bücher deutlich zurückhaltender als Otl Aicher. Sie hatte zeitlebens eine zarte und zierliche Handschrift, was durch die Verwendung von dünnem Schreibgerät noch betont wurde.

Die Wissensgebiete der Lektüre Inge Scholls sind bis zu ihrem Tod breit gefächert: Religion, Philosophie, Literatur, Kunst, Geschichte, Naturwis-senschaften.

Bei Religion und Philosophie finden sich von Emil Brunner: Gerechtigkeit[33], eine frühe Nach-kriegsausgabe von Immanuel Kant's: Zum ewigen Frieden[34], eine Schrift des katholischen Journalisten und „Hochland"-Mitarbeiters Ernst Michel: Reno-vatio[35], ein Hirtenbrief des Kardinals von Paris, Emmanuel Célestin Suhard [36], mehrere Schriften des

24 William Shakespeare's sämmtliche dramatische Werke in drei Bänden. Uebersetzt von Schlegel, Benda und Voß. Lpz.: Reclam, o. J. (ca. 1882).

25 Goethes Werke in sechs Bänden. Im Auftrage der Goethe-Gesellschaft ausgewählt und hrsg. von Erich Schmidt. (Eingeleitet von Gustav Roethe). (86.–100. Tsd. Bde.1–5 [von 6]. Lpz.: Insel, o. J. (ca. 1925). Das Exemplar trägt in Bd. 4 („Wilhelm Meister") den Besitzeintrag von Sophie Scholl.

26 In der Rotis-Bibliothek fand ich nur einen Sammelband „Deutsche Gedichte", 1936 hrsg. von der Deutschen Akademie mit einem Hölderlin-Heft sowie mehrere Bände Sekundärliteratur, darunter Romano Guardini's Hölderlin. Weltbild und Frömmigkeit. Lpz.: Hegner, 1939. Diese Erstausgabe trägt den Namenseintrag „Otto Aicher." – Ferner zwei Bücher über Hölderlin, die vermutlich aus dem Vorbesitz von Carl Muth und der „Hochland"-Redaktion stammen. – Im Bestand des Instituts für Zeitgeschichte befindet sich nur eine Nachkriegsausgabe der Gedichtauswahl: Hölderlin, Friedrich: Die schönsten Gedichte. Ausgewählt und mit einem Nachwort versehen von Jochen Schmidt. Frankfurt: Insel, 1993. (= Insel Taschenbuch; 1508).

27 In meinem erlernten Beruf habe ich bereits mehrmals Bibliotheken rekonstruiert, beispiels-weise die Bibliothek eines Nazi-Juristen mit allen Loseblattsammlungen und Zeitschriften. Die Sammlung von 8000 Bänden wurde Mitte der 1960er Jahre komplett von einer Uni-versität in den USA erworben und dient heute der Forschung. – Eine begonnene Sammlung der in der Zeit des Nationalsozialismus verbotenen, verbrannten und zur Emigration gezwungenen Autoren mußte ich ebenso wie die Bibliothek der zensierten Bücher abbrechen.

28 Das Weisse-Rose-Institut, ein gemeinnütziger Verein in München (www.weisserose.info) bemüht sich seit einigen Jahren mit Unterstützung des Verfassers, diese Idee mit Hilfe der in der Rotis-Bibliothek noch vorhandenen Bücher mit dem Erscheinungsjahr bis 1943 zu verwirklichen.

29 Klabund: Mohammed. Der Roman eines Propheten. Berlin: Erich Reiß, (1917). Mit einer Originallithographie von Max Slevogt und einer Originalradierung von Hans Meid. Zweiter Prospero-Druck, in der Hofbuchdruckerei von Dietsch & Brückner in einer einmaligen handschriftlich numerierten Auflage von 600 Exemplaren (hier Nr. 161) auf imitiert Japan-Bütten hergestellt.

30 Der möglichen Unschärfe dieser Auswahl bin ich mir bewußt. Diese Eintragungen sind nicht immer datiert; das Datum einer handschriftlichen Eintragung muß nicht mit dem Erscheinungsjahr des Buches übereinstimmen.
Andererseits belegen Seitenblicke auf die vielen anderen Bücher Inge Scholl's, daß die Interessengebiete und deren Gewichtung nach ihrer Anzahl deckungsgleich sind.
Die zahlreichen Bücher, die sich beim Nachlaß Inge Aicher-Scholl heute im Institut für Zeitgeschichte in München befinden, wurden offensichtlich aufgrund der Namenseinträge ausgewählt und können, so gesehen, das Gesamtbild der Lektüre der Geschwister Scholl und ihres Freundeskreisen nur ergänzen.
Darüber hinaus gilt auch: Ob ein Buch mit oder ohne Namenseintrag oder Widmung auch gelesen wurde, läßt sich dem Exemplar selbst nicht ansehen, – allenfalls wenn darin Unterstreichungen und Randbemerkungen oder beschriftete Lesezeichen zu finden sind. Diese Arbeitsspuren waren Otl Aicher's Lesegewohnheit schon seit jungen Lebensjahren. Bei Inge Aicher-Scholl beschränken sich diese auf seltene zarte Bleistift-Anstreichungen etwa zur Vorbereitung auf eine Veranstaltung.

31 (Hugo) Miehe: Taschenbuch der Botanik. 10., verbesserte Auflage, bearbeitet von Walter Mevius. 2 Bde. Lpz.: Thieme, 1938–1940). – Einem der Bände lag ein gefaltetes DIN-A4-Blatt bei mit einer eigenhändigen Biologie-Zeichnung (Tinte) von Hans Scholl und acht Zeilen Text; auf der Rückseite sind chemische Formeln in Buntstift angebracht.

32 Eckhard Holler: Die Ulmer „Trabanten". Hans Scholl zwischen Hitlerjugend und dj.1.11. Stuttgart: Verlag der Jugendbewegung, 1999. (= puls, Dokumentationsschrift der Jugend-bewegung, 22.

33 Emil Brunner: Gerechtigkeit. Eine Lehre von den Grundgesetzen der Gesellschaftsordnung. (4.–5. Tsd.). Zürich: Zwingli, o. J. (ca. 1944).

34 Immanuel Kant: Zum ewigen Frieden. Mit einer Einführung: Zum Problem des historischen Utopismus von Franz Stegmeyer. (1.–5. Tsd.). Frankfurt: Siegel-Verlag, 1946. (= Schriften zur Humanität, eine politisch-historische Bücherei, Bd. 1).

35 Ernst Michel: Renovatio. Zur Zwiesprache zwischen Kirche und Welt. Aulendorf: Verlag der Gesellschaft Oberschwaben, (1947). (= Veröffentlichung der Oberschwäbischen Akademie Aulendorf).

36 Kardinal Suhard: Aufstieg oder Niedergang der Kirche? Hirtenbrief des Kardinal-Erzbischofs Suhard von Paris. Aus dem Französischen. 2. A. Offenburg: Verlag der Dokumente, o. J. (ca. 1948). (= Sondernummer der Zeitschrift „Dokumente").

Freiburger Ordinarius für Christliche Religionsphilo-
sophie Bernhard Welte, darunter „Die Glaubens-
situation der Gegenwart" [37]. – Ein 1947 vom Ulmer
Stadtpfarrer Josef Gantert an Inge Scholl gewidme-
tes Exemplar von „Glaube und Liebe" [38] des Tübinger
Dogmatikers und NSDAP-Mitglieds Karl Adam, mit
dem Weihnachtsbrief des Stadtpfarrers, ist gestem-
pelt mit „Gesegnete Weihnacht" und handschriftlich
adressiert an „Frl. Inge Scholl". - Im Heidelberger
Verlag Lambert Schneider erschien 1946 Ewald
Wasmuth's Buch über den Propheten Johannes [37].
Dasselbe Erscheinungsjahr trägt der Philosophie-
Klassiker von Friedrich Engels über Ludwig Feuerbach aus dem Ostberliner Dietz-Verlag [38], von Inge
Scholl mit Bleistift auf dem Titelblatt markiert. –
Mit Reinhold Schneider war Inge Scholl schon
früh und langzeitig verbunden. 1946 widmete er ihr
ein Exemplar seiner Erzählung „Der Tod des Mächti-
gen" [39] mit den Zeilen „für Fräulein Inge Scholl /
zum Zeichen herzlichen / dankbaren Gedenkens /
15/4/46 / Reinhold Schneider". - Max Bense, der
streitbare Stuttgarter Professor für Philosophie und
Wissenschaftstheorie lehrte 1953 bis 1958 an der
Ulmer Volkshochschule und an der Hochschule für
Gestaltung Ulm. Von ihm fanden sich in der Rotis-
Bibliothek mehrere gewidmete Bücher, darunter
„Umgang mit Philosophen" aus dem Jahre 1947 [40].

Bei der Kunst gibt es ein von Inge Scholl auf
„September 1942" datiertes Exemplar von Ahlers-
Hestermann's kenntnisreichem Buch über den
Jugendstil in der Erstausgabe [41]. Der deutsche Maler
und Kunstschriftsteller Friedrich Ahlers-
Hestermann (1883–1973) wurde 1933 von den
Nationalsozialisten von seinem Amt als Professor an
den Kölner Werkkunstschulen verjagt, mußte Privat-
unterricht geben und schrieb Bücher. - Das Datum
„13.10.1947" trug sie neben ihrem schwungvollen
Namenszug ein in Oskar Beyers Buch über religiöse
Naturbetrachtung [42]. Oskar Beyer, Gründungsmit-
glied des „Kunstdienst der evangelischen Kirche",
mußte mit seiner jüdischen Ehefrau aus Deutschland fliehen. - Der Isenheimer Altar von Matthias
Grünewald ist 1949 Thema einer kleinen Monogra-
phie von Jakob Eschweiler [43]. Er verschenkte es
mit Widmung an „Frl. / Inge Scholl / als Weihnachts-
gruß / vom Verfasser".

Die Literatur ist bei dieser eingeschränkten
Nennung von Titeln häufiger vertreten. Büchner's
„Leonce und Lena" besaß Inge Scholl in einer illustrierten Nachkriegsausgabe [44]. - „Das bunte Buch",
ein Almanach des Expressionismus-Verlages Kurt
Wolff, überrascht durch sein frühes Erscheinungsjahr 1927 [45] und den Namenseintrag Inge Scholls
noch in (Sütterlin)-Schülerschrift [46]. In diesem
Exemplar gibt es viele Anstreichungen im Verlags-
verzeichnis und Bleistiftnotizen auf der dritten
Umschlagseite, - Bücherwünsche der jungen Inge
Scholl? Otl Aicher befestigte in den 1950er Jahren
den Buchrücken mit einem grauen Klebeband. –

Bereits 1946 konnte eine Betrachtung über Goethes
Naturbild von Ernst Michel erscheinen [47]. Das
Exemplar in der Rotis-Bibliothek trägt die Autor-
Widmung „Frnl. / Inge Scholl / mit herzlichen Neu-
jahrswünschen / Ffm. 27.XII.46 / E. Michel" auf dem
Vortitel. - Die Tagebücher Franz Kafkas sind in der
von Schocken Books New York lizenzierten ersten
deutschen Ausgabe vorhanden [48], – die Kafka-
Rezeption im Nachkriegsdeutschland stand noch in
den Kinderschuhen. - Der klassischen lateinischen
Literatur ist Longus' Hirtenroman „Daphnis und
Chloe" zuzuordnen, – hier in einer illustrierten
Nachkriegsausgabe vorhanden [49]. - Joachim Maass
(„Der Fall Gouffé", 1952) gehörte zu den Schriftstellern, die Victor Otto Stomps um seine 1926
gegründete Rabenpresse in Berlin versammelte.
1939 emigriert, konnte Maass ab 1940 in Massa-
chusetts als Dozent für deutsche Literatur arbeiten.
Seine Vorlesungen erschienen in Deutschland
unter dem Titel „Die Geheimwissenschaft der Literatur" [50]. - Eine Ausgabe der Shakespeare'schen
Sonette in der Übersetzung von Gottlob Regis ist
mit einem schwungvollen Eintrag „J. Scholl" versehen [51]. - Ein rares Beispiel aus der amerikanischen
Literatur, die nach 1945 in zahlreichen Übersetzungen in Deutschland populär wurde, ist Thornton
Wilder's „Die Cabala" [52]. - Überraschend ist ein Band
mit Dramen des Arztes, kommunistischen Schriftstellers und Politikers Friedrich Wolf aus dem
(Ost)Berliner Aufbau-Verlag [53]. - André Gide (1869-
1951) war der siebte Literatur-Nobelpreisträger
(1947) Frankreichs. Den ersten Band seiner auf

37 Ewald Wasmuth: Johannes oder Vom Menschen im Kosmos. Heidelberg: Lambert Schneider,
1946.
38 Friedrich Engels: Ludwig Feuerbach und der Ausgang der klassischen deutschen
Philosophie. Berlin: Dietz, 1946. – Das Exemplar ist sichtbar ungelesen.
39 Reinhold Schneider: Der Tod des Mächtigen. Erzählung. Freiburg: Herder, 1946. –
Vgl. Anm. 19.
40 Max Bense: Umgang mit Philosophen. Köln: Staufen-Verlag, 1947.
41 Friedrich Ahlers-Hestermann: Stilwende. Aufbruch der Jugend um 1900. Berlin:
Gebr. Mann, 1941.
42 Oskar Beyer: Die unendliche Landschaft. Über religiöse Naturmalerei und ihre Meister.
Berlin: Furche, 1922.
43 Jakob Eschweiler: Der Isenheimer Altar. Stuttgart: Schwab, (1948). (CES-Bücherei, Bd. 10).
44 Georg Büchner: Leonce und Lena. Ein Lustspiel. München: Herbert Kluger, 1947.
Mit 8 ganzseitigen Zeichnungen von Claus Hansmann in Kupfertiefdruck.
45 Das bunte Buch. Lpz.: Kurt Wolff, 1927.
46 Die deutsche Sütterlinschrift war seit 1935 als „Deutsche Volksschrift" Teil des Lehrplans
an den Schulen. Bereits 1941 wurde sie (wie die Fraktur als Druckschrift) wieder verboten und
durch die lateinische Schrift in einer Variante, der „Deutschen Normalschrift", ersetzt.
47 Ernst Michel: Goethes Naturanschauung im Lichte seines Schöpfungsglaubens. Wiesbaden:
Dieterich, 1946. (= Freies Deutsches Hochstift Frankfurt am Main. Reihe der Vorträge und
Schriften, hrsg. von Ernst Beutler, Bd. 7).
48 Franz Kafka: Tagebücher. 1910-1923. (1.-5. Tsd.). (Frankfurt): S. Fischer, (1951).
49 Longus: Daphnis und Chloe. Ein Hirtenroman. Übersetzt von Friedrich Jacobs, neubearbeitet
von Hanns Floerke. München: Desch, o. J. (ca. 1948).
50 Joachim Maas: Die Geheimwissenschaft der Literatur. Acht Vorlesungen zur Anregung
einer Ästhetik des Dichterischen. (Berlin): Suhrkamp vorm. S. Fischer, 1949.
51 Shakespeare: Sonette. In der Übertragung von Gottlob Regis. (Hrsg. und mit einem
Nachwort von E. A. Greeven). Hamburg: Marion von Schröder, 1945.
52 Thornton Wilder: Die Cabala. (Aus dem Amerikanischen von Herbert E. Herlitschka).
O. O. (Frankfurt): S. Fischer, 1951.
53 Friedrich Wolf: Besinnung. Vier Dramen. Professor Mamlock, Patrioten, Doktor Wanner,
Was der Mensch säet. (1.-5. Tsd.). Berlin: Aufbau, 1946.

Deutsch erschienenen Tagebücher[54] schenkte Otl Aicher „Inge zu Weihnachten / 1948". – Auch Ferdinand Lion's Studie über die deutsche Romantik[55] trägt in dieser Erstausgabe eine kalligraphische Widmung Otl Aichers „MOZART / Jnge Scholl / STRASSE / 2" auf dem vorderen fliegenden Vorsatz. – Otl Aicher liebte kalligraphische Widmungen. In eine zweisprachige Nachkriegsausgabe des Hamlet von Shakespeare[56] zeichnete er sein „O. A." und damit verschlungen „J. S." für Inge Scholl. – Eine sehr persönliche Widmung des Verfassers trägt Friedrich Schnack's Dichtung „Clarissa mit dem Weidenkörbchen"[57]: „Ein jedes Kraut ist nicht nur / Futter, sondern auch ein Ge= / danke der Natur. / (Clarissa) // Für // Fräulein Inge Scholl / mit Vorfrühlings= / grüssen / herzlich: / Friedrich Schnack / 1947". – Der aus der Emigration zurückgekehrte Carl Zuckmayer schenkte Inge Scholl die erste Ausgabe seiner Gedächtnisrede auf den deutschen Sozialisten Carlo Mierendorf[58] und schrieb mit schwungvoller Tinte: „Für / Inge Scholl / in herzlicher / Freundschaft / Carl Zuckmayer / 6. August 1949" auf das Vorblatt. – Der italienische Nationaldichter Dante Alighieri war wiederholt im Interesse des Freundeskreises der Geschwister Scholl. Im amerikanischen Kriegsgefangenenlager bei Pisa begann Kurt Leonhard sein Buch über den „Gegenwärtigen Dante"[59]. Er widmete sein Buch „Für / Inge Scholl / herzlichst / K. L. / 11.3.50". – Die 1935 – 1938 in Griechenland entstandene Trilogie „Dionysos" von Inge Westpfahl (1896-1974) erschien erst 1948 bei Piper in München[60]. Die Autorin widmete ein Exemplar „Inge Scholl / herzlichst zugeeignet / Inge Westpfahl / Nov. 48".

Noch mit ihrer Sütterlin-Schrift kennzeichnete Inge Scholl das Buch „Carl August von Weimar und Napoleon" von Willy Andreas[61]. – Zu den wenigen antiquarischen Büchern dieser Bibliothek gehört Berdjajews Studie „Das neue Mittelalter" aus dem Jahre 1927[62]. – Das anti-amerikanische Pamphlet der deutschen Journalistin und NS-Mitläuferin Margret Boveri „Amerika-Fibel für erwachsene Deutsche"[63] war deren erste Nachkriegsveröffentlichung. – Die blauen Leinenbände der Buchreihe „Kröners Taschenausgabe" waren (und sind) wohlfeile, sorgfältig edierte Bücher für Wissenshungrige. Im Freundeskreis der „Weißen Rose" sind sie häufiger vertreten. So bei Inge Scholl mit Droysens „Geschichte Alexanders des Großen"[64]. – Katholische Verlage wie Herder, Hegner, Kösel u. a. sind bei Inge Scholls Büchern häufiger anzutreffen. So wurden die Essays „Geschichte und Geschicke" von Heinz Flügel[65] bei Kösel verlegt. – Zu den nach 1945 in großer Titelzahl verbreiteten Schriften gehörte auch Paul Jostock's Studie „Das Proletariat"[66] aus dem katholischen Umfeld. – Auch ein Buch des renommierten kommunistischen Historikers Jürgen Kuczynski[67] war Lesestoff der jungen Inge Scholl, wie ihr Namenseintrag in Sütterlinschrift zeigt. –

Sozialistica tauchen gleichzeitig in Inge Scholls Lektüre unmittelbar nach dem Krieg auf in Form von zwei Schriften Lenins[68]. Beide Broschüren tragen den Namen „Inge Scholl" auf den Titeln, sind zwar vergilbt, aber ansonsten erkennbar ungelesen. – Als Vertreter der preußischen Geschichtsschreibung ist Friedrich Meinecke mit seinen „Aphorismen und Skizzen zur Geschichte"[69] aus dem Kriegsjahr 1942 vorhanden (Inge Scholls Namenseintrag in Sütterlinschrift). – Die „Weltanschauung des Mittelalters"[70] beschreibt der nationalistische katholische Neuscholastiker Hans Meyer, der 1922–1955 an der Universität in Würzburg Philosophie und Pädagogik lehrte, in seinem umfangreichen Werk von 1948. – Ernst Niekisch, der zwischen den politischen Ideologien irrlichternde „Nationalbolschewist" publizierte 1932 das Buch „Hitler – ein deutsches Verhängnis", in dem er vor einer Machtübernahme durch Hitler warnte. Nach dem Krieg KPD- und SED-Mitglied, hielt er 1947 in (Ost-)Berlin vor einer Gruppe des Kulturbundes zur demokratischen Erneuerung Deutschlands einen Vortrag „Zum Problem der Freiheit", der im Aufbau-Verlag erschien[71]. – Als Schriftsteller heute vergessen ist Julius Overhoff. Sein „Buch von der Stadt Soest" erschien 1935 bei Hegner[72] und ist von

54 André Gide: Tagebücher 1939-1942. (Aus dem Französischen von Maria Schaefer-Rümeln). (1.–5. Tsd.). München: Desch, (1948).

55 Ferdinand Lion: Romantik als deutsches Schicksal. (1.–5. Tsd.). Stuttgart, Hamburg: Rowohlt, (1947).

56 William Shakespeare: Hamlet. Englisch und deutsch. Mit Einleitung und Anmerkungen hrsg. von L. L. Schücking. Wiesbaden: Dieterich, o. J. (ca. 1947). (= Sammlung Dieterich, Bd. 82. – „Veröffentlicht unter Zulassungs-Nr. 20 der Nachrichtenkontrolle der Militärregierung".

57 Friedrich Schnack: Clarissa mit dem Weidenkörbchen. Naturdichtung. (11.–15. Tsd.). O. O. (Wiesbaden): Insel, 1946. – Es handelt sich um die erste Nachkriegsausgabe im Jahr nach der Erstausgabe, „veröffentlicht unter Zulassung Nr. 13 der Nachrichtenkontrolle der Militärregierung".

58 Carl Zuckmayer: Carlo Mierendorf. Porträt eines deutschen Sozialisten. Gedenkrede, gesprochen an 12. März 1944 in New York. Berlin: Suhrkamp, (1947). (= Beiträge zur Humanität).

59 Kurt Leonhard: Der gegenwärtige Dante. Sinn und Bild der Göttlichen Komödie. Stuttgart: Deutsche Verlags-Anstalt, (1950). – Begonnen 1945 als Vortragsmanuskript im P. W. Camp 338 bei Pisa, beendet 1947 in Eßlingen am Neckar.

60 Inge Westpfahl: Dionysos. Trilogie. München: Piper, (1948).

61 Willy Andreas: Carl August von Weimar und Napoleon. Lpz.: Koehler & Amelang, (1942). – Vortrag bei der Thüringischen Historischen Kommission in Weimar, 31. Mai 1941.

62 Nikolaus Berdjajew: Das neue Mittelalter. Betrachtungen über das Schicksal Rußlands und Europas. (Aus dem Russischen von Alexander Kresling). Darmstadt: Otto Reichl, 1927.

63 Margret Boveri: Amerika-Fibel für erwachsene Deutsche. Ein Versuch Unverstandenes zu erklären. Freiburg: Badischer Verlag, 1946. – Nach 1945 wurden die Drucklizenzen in Deutschland von den jeweiligen Besatzungsmächten erteilt. Freiburg gehörte zur Französischen Zone.

64 Joh. Gust. Droysen: Geschichte Alexanders des Großen. Neudruck der Urausgabe. Hrsg. von Helmut Berve. 3., durchgesehene Ausgabe. Stuttgart: Kröner, (1943). (= Kröners Taschenausgabe, Bd. 87).

65 Heinz Flügel: Geschichte und Geschicke. Zwölf Essays. München: Kösel, 1946.

66 Paul Jostock: Das Proletariat. Die große soziale Wunde unserer Zeit. Karlsruhe: Badenia, 1946. (= Karlsruher Hefte, Kleinschriften im Geiste christlicher Erneuerung, hrsg. von der Katholischen Arbeitsgemeinschaft Karlsruhe, Soziale Reihe, Heft 2).

67 Jürgen Kuczynski: Die Geschichte der Lage der Arbeiter in Deutschland. Bd. I (von 2): 1800-1932. (6.–15. Tsd.). Berlin: Verlag Die Freie Gewerkschaft, (1947).

68 W. I. Lenin: Der Imperialismus als höchstes Stadium des Kapitalismus (Gemeinverständlicher Abriß). Berlin: Dietz, 1946. – W. I. Lenin: Zwei Taktiken der Sozialdemokratie in der demokratischen Revolution. Berlin: Verlag Neuer Weg, 1946.

69 Friedrich Meinecke: Aphorismen und Skizzen zur Geschichte. Lpz.: Koehler & Amelang, (1942).

70 Hans Meyer: Die Weltanschauung des Mittelalters. Würzburg: Schöningh, 1948. (= Geschichte der abendländischen Weltanschauung, Bd. III [von 5]).

71 Ernst Niekisch: Zum Problem der Freiheit. Berlin: Aufbau, 1948

Inge Scholl in Sütterlinschrift markiert. – Die Energieversorgung war auch unmittelbar nach dem Zweiten Weltkrieg ein Thema: Über Öl und Kohle schrieb 1947 Adolf Reitz[73]. Inge Scholl las „Sozialismus oder Sozialität" von Ernst Rogowski[74]. – Auch die Naturwissenschaften sind vertreten mit einem populärwissenschaftlichen Buch über Wale und Walfänger[75], – mit Inge Scholls Besitzeintrag in Schülerschrift.

Der deutsche Existenzphilosoph Wilhelm Weischedel (1905-1975) promovierte 1933 bei Martin Heidegger mit seiner Arbeit über „Das Wesen der Verantwortung". Während der Zeit des Nationalsozialismus hatte er Berufsverbot und war gegen Ende des Krieges Mitglied der Résistance in Frankreich. Nach dem Krieg lehrte er in Tübingen, 1953 an die Freie Universität Berlin berufen; 1970 wurde er emeritiert. Sein bekanntestes Buch ist „Die philosophische Hintertreppe", sein pfiffiges Alterswerk[76]. Ein Exemplar der Erstausgabe seines 1952 erschienenen Buchs „Die Tiefe im Antlitz der Welt"[77] widmete er mit „Inge und Otl [sic!] Aicher / zum 7. 6. 1952 / herzlichst" / Weischedel" auf dem Titel. Das Exemplar ist unaufgeschnitten, also eindeutig ungelesen. Der 7. Juni 1952 war der Tag der kirchlichen Trauung von Inge Scholl und Otl Aicher – vorgenommen von keinem Geringeren als Romano Guardini.

Inge Scholl's persönliche Kontakte zu Romano Guardini, Reinhold Schneider und insbesondere Theodor Haecker sind weitere Studien wert.

Als der „Jungkatholik" Otto Aicher ab Herbst 1939 durch seinen Schulfreund Werner Scholl zum Freundeskreis stieß, beeindruckte er durch seine ansteckende Belesenheit. Thomas von Aquin,

die Kirchenväter, Nietzsche, Romano Guardini, Kierkegaard, katholische Theologie, Geschichte, Kunst und Naturwissenschaften waren seine Lektüre, die er gerne weiter gab und weiter verschenkte. Zwischen ihm und Inge Scholl waren über das ganze Leben viele gegenseitige Büchergeschenke Standard, häufig aus Anlässen des katholischen Kirchenjahrs. 1980 schenkte Inge Aicher-Scholl ihm ein von dem mit beiden befreundeten Walter Jens herausgegebenes Buch[78]. Beigelegt war ein langerhandgeschriebener Brief in zarter Handschrift, ein Ermunterungsbrief an den offenbar desillusionierten und deprimierten Ehemann. Das Buch als Transportmittel und Träger einer zweifachen Botschaft.

Ein weiterer spiritus rector der Leseleidenschaft im Freundeskreis war der in Ulm als Soldat stationierte dj.1.11er Ernst Reden[79] aus Köln. Von seiner Nähe zu Sophie und Inge Scholl, ihres Freundeskreises und zur Familie Scholl erzählen zahlreiche Buchgeschenke und Briefe.

72 Julius Overhoff: Ein Buch von der Stadt Soest. Lpz.: Hegner, 1935.

73 Adolf Reitz: Dunkle Mächte. Ein Buch von Öl und Kohle. Ulm: Gerhard Hess, (1947).

74 Ernst Rogowski: Sozialismus oder Sozialität. (1.-5. Tsd.). Stuttgart: Deutsche Verlags-Anstalt, (1948). (= Der Deutschenspiegel, Schriften zur Erkenntnis und Erneuerung, hrsg. von Gerhard Binder, Bd. 32/33).

75 Otto Winter (Hrsg.): Wale. Geschichten von Walen und Walfängern. Berlin: Werner Kube, o. J. (ca. 1928). (= Die Tierbücher. Eine Auswahl der schönsten Tiergeschichten. In Einzelbänden hrsg. von der Freien Lehrervereinigung für Kunstpflege in Berlin, Bd. 9).

76 Die philosophische Hintertreppe. Von Alltag und Tiefsinn großer Denker. (München), Nymphenburger, (1966). – (Sammlung Dialog).

77 Wilhelm Weischedel: Die Tiefe im Antlitz der Welt. Entwurf einer Metaphysik der Kunst. Tübingen: Mohr, 1952. (= Philosophie und Geschichte, eine Sammlung von Vorträgen und Schriften aus dem Gebiet der Philosophie und Geschichte, 73/74).

78 Walter Jens (Hrsg.): Warum ich Christ bin. (3. A. (München), Kindler, o. J. (ca. 1980).

79 vgl. Fußnote 32.

Foto: Herbert Maeser

Romano Guardini traut Inge Scholl und Otl Aicher am 7. Juni 1952 in der Sankt Anna-Kirche in München.

Im Freundeskreis der Geschwister Scholl waren Bücher und schriftliche Mitteilungen wichtiger Teil des kreativen Gedankenaustauschs. Ein kurzer Blick in das „Vorläufige Findbuch" des schriftlichen Nachlasses von Inge Scholl beim Institut für Zeitgeschichte in München läßt eine Intensität des Diskurses erahnen, die heutzutage – im SMS-Zeitalter – undenkbar ist.

Die Aktivitäten Inge Scholl's als Gründerin und Leiterin der Ulmer Volkshochschule (1946-74), ihrer großen Lebensleistung, und ihre Kontakte zu Dozenten der vh und HfG, sowie zum „Etablissement der Schmetterlinge" (Hans Werner Richter), der Gruppe 47, der Keimzelle der deutschen Nachkriegsliteratur, sind durch zahlreiche Widmungsexemplare in der Rotis-Bibliothek belegbar.

Diese Zeitabschnitte im Bücherleben der Inge Aicher-Scholl sind weiteren Annäherungen an ihren Bücherschrank vorbehalten.

Geschrieben steht: „Im Anfang war das Wort!"
Hier stock' ich schon! Wer hilft mir weiter fort?
Ich kann das Wort so hoch unmöglich schätzen,
Ich muß es anders übersetzen,
Wenn ich vom Geiste recht erleuchtet bin.
Geschrieben steht: Im Anfang war der Sinn.
Bedenke wohl die erste Zeile,
Daß deine Feder sich nicht übereile!
Ist es der Sinn, der alles wirkt und schafft?
Es sollte stehn: Im Anfang war die Kraft!
Doch, auch indem ich dieses niederschreibe,
Schon warnt mich was, daß ich dabei nicht bleibe.
Mir hilft der Geist! Auf einmal seh' ich Rat
Und schreibe getrost: Im Anfang war die Tat!

Goethe, Faust Teil 1, Szene 3

Julian Aicher

Inge Aicher-Scholls Lieblingswitze

One, two, three – Pipi!

Herbst 1940. Deutsche Truppen stehen am
Ärmelkanal. Die deutsche Wehrmacht begeht einen
wichtigen Tag. Denn ihr Führer Adolf Hitler ist
persönlich erschienen.
Damit seine Soldaten endlich nach England
vorrücken können, sollen sie das Meer leer trinken.
Hunderttausende Uniformierte knien also am
Strand, um jetzt auf den Führerbefehl zu warten
Also kommandiert Hitler: „Eins, zwei, drei: Trinken!"
Die Wehrmänner schlürfen und schlürfen.
Aber der Wasserspiegel senkt sich keinen
Zentimeter.
Auch Stunden später nicht.
Warum?
Da kommt ein deutscher Offizier zu Hitler und
meint ganz aufgeregt: „Mein Führer! Unsere
Aufklärung meldet soeben: Am anderen Ufer des
Ärmelkanals steht der britische Premier Winston
Churchill und hat ebenfalls Hunderttausenden
Soldaten dort befohlen:
„One, two, three – Pipi!"

Ja – woiß des dr Führer?

Ein Dorf auf der Schwäbischen Alb. Im örtlichen
Lebensmittelladen öffnet eine Bäuerin die Tür.
Sie staunt.
Denn an der Wand hängt eine große Weltkarte.
Da fragt sie den Verkäufer:
„Wo isch do Russland?"
Der Verkäufer zeigt mit einer großen runden
Handbewegung Russland.
Dann fragt die alte Frau: „Und wo isch do Amerika?"
Der Verkäufer streicht mit einer ebenfalls großen
Handbewegung über die USA.
Dann fragt die betagte Bäuerin:
„Und wo isch do Deutschland?"
Der Verkäufer drückt mit dem Zeigefinger auf
Deutschland.
Daraufhin die alte Ladenbesucherin:
„Ja, woiß des der Führer?"

Bohnen

Graf Bobby begegnet in Wien auf der Straße
einem Freund. „Na, wie geht's denn, Bobby?", fragt
der Bekannte. „Au, es geht mir nicht so toll",
antwortet Graf Bobby.
„Warum? Bist Du krank?", will der Freund wissen.
„Nein", erwidert Graf Bobby, „ich bin gerade auf
dem Weg zur Gestapo".
„Waaaas", wundert sich der Freund,
„zur Geheimen Staats-Polizei?"
„Ja", jammert Graf Bobby, „und zwar vier Wochen
lang, jeden Tag."
„Warum? Was host angestellt?", sorgt sich der
Freund.
„Ich habe illegal Bohnenkaffee organisiert. Und bin
dabei erwischt worden. Jetzt muss ich jeden Tag zur
Gestapo und laut sagen: ‚Heil Hitler – wir können
auch ohne Bohnenkaffee leben'."
Nach siebeneinhalb Wochen begegnet der Freund
wieder Graf Bobby. Wieder an der gleichen Straße.
„Du schon wieder?", will Bobby's Freund wissen und
hakt nach: „Doch nicht etwa wieder auf dem Weg
zur Gestapo?"
„Doch", beteuert Graf Bobby.
„Warum denn jetzt schon wieder?", fragt der Freund.
Darauf Graf Bobby: „Nachdem ich dreieinhalb
Wochen jeden Tag treu gerufen hatte: ‚Heil Hitler –
wir können auch ohne Bohnenkaffee leben',
versprach ich mich, und brüllte: ‚Heil Bohnenkaffee
– wir können auch ohne Hitler leben'."

„Drugged no"

Gerne erzählte Inge Aicher-Scholl auch von jenem
Busfahrer in Ulm während ‚der letzten Kriegsjahre'
(vor 1945), der angesichts vollen Fahrzeugs den
Zusteigenden zugerufen haben soll:
„Drugged no – d'Russa drugged au."
Und wenn dieser Busfahrer, der zur Belegschaft
der Buslinie 2 gehörte, sehr lange auf das Fahrzeug
der Linie 4 warten musste, rief er laut: „Ja leck' mi
doch der Vierer* am Arsch."

---

* Im Schwäbischen wird das Ü gerne als I ausgesprochen.
  Insofern klingt „Vierer" gleich wie „Führer".

Der in der Mitte

New York. 1960er Jahre. Eine Stripperin
kommt ins Tätowier-Studio. Sie möchte unter der
Gürtellinie zwei Tattoos haben: auf dem linken
Oberschenkel den sowjetischen Präsidenten Nikita
Chrutschow – auf dem rechten Oberschenkel
US Präsident John F. Kennedy.
Der Tätowierer geht an's Werk. Nach getaner Arbeit
betrachtet die Dame das Ergebnis.
„Aber da erkennt man ja keinen", empört sie sich.
Kundin und Lieferant können sich nicht einigen.
Kompromiss: Jemand von der Straße soll ins Studio
reingeholt werden und sagen, welcher Politiker auf
welchem Schenkel erkennbar ist.
Abgemacht.
Die erste Betrachterin der Tattoos erkennt
niemanden.
Dem zweiten Mann von der Straße fällt auch kein
Politikername ein, als er die Oberschenkel anschaut.
Die dritte sagt schließlich:
„Also: den rechts erkenne ich nicht. Und den links,
das weiß ich auch nicht, wer das sein soll.
Aber in der Mitte – das ist klar – das kann nur Fidel
Castro sein."

Otl Aicher erzählte weit mehr als einmal
folgende Witze:

Nach Rom

Zwei Klassenkameraden der Oberschule respektieren
sich in gegenseitigen ‚Boshaftigkeiten'.
Etwa 30 Jahre nach dem Abitur begegnen sie sich
ganz unerwartet am Bahnsteig.
Der eine ist inzwischen General geworden – der
andere Kardinal. Beide kommen in Berufskleidung
daher.
Der Kardinal erkennt seinen Mitschüler von einst
und fragt den uniformierten General:
„Entschuldigen Sie, Herr Stationsvorsteher –
fährt hier der Zug nach Rom?"
Der General zuckt etwas zusammen, meint dann
aber:
„Ja, hier fährt heute abend der Zug in dieser
Richtung. Aber in Ihrem Zustand, gnädige Frau,
würde ich heute nicht mehr nach Rom reisen."

Karl Scheißerle

Während der Nazi-Zeit meldet sich ein Mann
beim Standesamt. Er beantragt eine Namens-
Umbenennung.
„Wie heißen Sie denn?", fragt der Beamte.
„Adolf Scheißerle", antwortet der Antragsteller.
Darauf der Beamte: „Und wie möchten Sie heißen?"
Die Antwort: „Karl Scheißerle".

Georg Aicher

Eine zielstrebige Frau

Ich habe sie meistens bei uns zu Hause erlebt bei
Besuchen. Sie war ruhig und gelassen. Ich habe sie
selten aufgebracht gesehen. Im Allgemeinen war sie
eine zielstrebige Frau, die ihre Aufgaben bis zum
Schluss konsequent durchgezogen hat.

Georg Aicher, geb. 1923, ist der Bruder von Otl Aicher
und Hedwig Maeser, geb. Aicher. Er übernahm die
Installationsfirma seines Vaters in Ulm-Söflingen.
Er starb am 30. Juli 2011, drei Tage, nachdem er seinen
Beitrag über Inge geschickt hatte.

Bei einer Familienfeier im Ferienhaus
„Roter Hof", zwischen 1966 und 1968.

Inge Aicher-Scholl bei einem
Treffen der Gruppe 47, im Hintergrund
Günther Grass.

Inge im Ferienhaus „Roter Hof",
Kisslegg, Lkr. Wangen (heute Ravensburg), Oktober 1965.

In diesen ehemaligen Torfstecherhof
zog es die Familie Aicher während
der 60er Jahre an Wochenenden und
in den Ferien (ohne Fax und Telefon),
bevor sie 1970/1971 die Rotismühle
bei Leutkirch kaufte.

Helena Aicher

Gedanken zu Oma Inge

Die Bilder, die ich zu Oma Inge habe, sind wohl eine Mischung: einerseits aus persönlichen Erinnerungen an sie, die Frau, die meine Großmutter väterlicherseits ist, und andererseits aus dem. wie ich sie aus meiner heutigen Perspektive als junge Erwachsene sehe, spüre, was ich über sie zu verstehen und von ihr zu wissen glaube.

Als wir noch klein waren, verbrachten wir oft um Weihnachten herum meist einige Tage in Rotis. Der Weihnachtsbaum stand nicht auf dem Boden, sondern hing an der Decke! Wenn wir Heiligabend feierten, ich weiß nicht mehr genau, ob wir das jeweils am 24. Dezember taten oder erst später, spielte Inge am Klavikord.

 Ich kann mich erinnern, dass wir auch sonst ab und zu in den Ferien in Rotis waren, wo wir dann beim nahe gelegenen Bauernhof Milch holten und im Stall bei den Kühen waren. In der Wiese wuchs Sauerampfer, den wir aßen, die Tochter der Haushälterin hatte zwei Pferde, auf denen ich reiten durfte, im Wald sammelten wir Schneckenhäuser und Tannenzapfen. Auf dem kleinen Bach fuhren wir im Ruderboot. mit unseren beiden Cousins, deren Eltern in Rotis eine Ferienwohnung hatten, spielten wir auf der Wiese, im Wald, am Bach und veranstalteten Schnitzeljagd, wir lasen Comics und spielten Tischtennis.

 Manchmal war ich bei Eva, der ältesten Tochter von Oma Inge und Opa Otl, im Zimmer, wenn jemand da war, der sich um sie kümmerte, und wir bastelten Dinge aus Papier oder Knetmasse.

 Zum Frühstück gab es ein leckeres Obstmüsli, das wir manchmal auf Otls Barhockern sitzend in der Küche aßen. Ab und zu gab es Feste, die Erwachsenen redeten, während wir Kinder draußen

Foto: Rupert Leser

Inge Aicher-Scholl im März 1993

11. August 1995, Geburtstagsfeier von Inge in Rotis (siehe auch Beitrag von Manuel Aicher).

beim Brunnen auf dem Hof spielten. Einmal, ich glaube, es war zu Inges Geburtstag, war bei einem Sommerfest eine Sängerin eingeladen, die Lieder von Zara Leander sang.

Im Haus gab es eine Treppe über alle Stockwerke. Das war ein bisschen gefährlich, denn das Geländer war nicht gerade kindertauglich. Auch vor der Turbine, an der man vorbeilief, um in die Werkstatt zu kommen, hatte ich ziemlich Respekt. Es war alles so groß, weit und spannend in Rotis.

Inge hat ein Buch geschrieben, „Die Weiße Rose", dessen Titelblatt Otl gestaltet hat. Obwohl ich dieses Buch nie gelesen habe, ist es in meiner Erinnerung doch sehr präsent. Lange Zeit war „Die Weiße Rose" für mich einfach das Buch von meiner Oma. Erst viel später habe ich angefangen, mich für die Geschichte zu interessieren.

Inge erlebte ich als eher reserviert, distanziert, wenig herzlich. Sie war nicht die Großmutter, die ihren Enkeln Geschichten erzählte. Und doch hing in unserem Treppenhaus lange ein Bild von ihr und einem meiner jüngeren Brüder. Und es gibt Fotos, als sie mit uns Kindern spazieren geht, die anderes für sich sprechen lassen.

Otl starb, als ich noch klein und keiner meiner Brüder auf der Welt war. An ihn glaube ich nur noch eine einzige authentische Erinnerung zu haben. Dementsprechend ist er für mich nicht wirklich präsent, wenn ich an die Zeit in Rotis denke. Inge war die Hausherrin. Ich glaube, sie war eine strenge Frau. Streng auch zu sich selbst. Ich kann mir vorstellen, dass es für meine Mutter, ihre Schwiegertochter, nicht einfach war dort wegen uns lebhaften Kindern.

In Rotis schien alles so perfekt. Möglicherweise auch, um zu verdecken, dass hinter der feinsäuberlichen Fassade eben doch nicht alles so perfekt war.

Manchmal denke ich, für sie waren die Kinder teilweise so etwas wie ein Status-Symbol. Aber das ist sicherlich nur die halbe Wahrheit. Vielleicht konnte sie die Mutterliebe nicht wirklich zeigen oder leben. Vielleicht war sie zu abgelenkt von ihrem beruflichen Engagement.

Die Vergangenheit, insbesondere der Verlust ihrer jüngeren Geschwister Hans und Sophie, für deren Tod sie sich als ältere Schwester möglicherweise (unbewusst) verantwortlich fühlte, und das Verschwinden ihres Bruders Werner, hatten tiefe Spuren bei ihr hinterlassen. Ich bin mir nicht sicher, ob ihre Schutzmauer in der allerletzten Phase ihres Lebens nicht doch noch eingebrochen ist. Möglicherweise hatte sie damit zu kämpfen, dass Sophie so viel Beachtung erhielt, und versuchte dies durch ihr Engagement und ihre Disziplin zu kompensieren. Wissen tu' ich es nicht, es sind alles nur Gedanken dazu.

Meine Mutter hat mir erzählt, dass Inge, als sie bereits im Sterben lag, noch mit ihr geredet habe, dass sie Vergangenes klären konnten. Möglicherweise konnte sie in diesem körperlich schwachen Zustand ihre harte Schale ablegen und ihre Verletzlichkeit zeigen.

Ich danke Inge für mein Leben in diesem Körper, das ohne sie nicht möglich wäre.

Helena Aicher, geb. 1989, ist die älteste Tochter von Manuel Aicher, dem jüngsten der Aicher-Kinder. Sie ist Mutter einer Tochter, Moana, geb. 2010. Helena lebt in Dietikon bei Zürich in der Schweiz.

Julian Aicher

„Allen Gewalten zum Trotz sich erhalten"
oder: Die langen Linien

Beachtliche Lebenskräfte – trotz tödlicher Tatsachen. Meine Mutter Inge Aicher-Scholl erstaunte immer wieder durch vielseitige Leistungen. Trotz schwerster persönlicher Verluste.

Welche Stärken aus ihrer Herkunfts-Familie beflügelten sie dabei? Was bremste ihren Tatendrang? Was trieb ihn an? Was wirkte davon gar so beständig, dass sich diese wie verlängerte Linien noch heute bei uns, ihren Kindern, erkennen lassen? Und falls ja – wie?

Im Alter von 16 Jahren begeisterte Hitlerjugendführerin. Dann, mit 25, selbst Verfolgte des Naziregimes. Keine zehn Jahre danach Verfasserin des Buches „Die Weiße Rose". Mitbegründerin der vh Ulm sowie der Hochschule für Gestaltung – ohne Abitur. Dazu noch Mutter von fünf Kindern. Sie hatte zwischen 1943 und 1991 den unnatürlichen Tod fünf geliebter Menschen zu ertragen. Mit alldem erntete meine Mutter Inge Aicher-Scholl Bewunderung und nicht selten die Frage: Wie konnte diese Frau eine solch ungeheure Lebensleistung erbringen?

Mit dem vorliegenden Beitrag zu diesem Buch versuche ich, Einflüsse, Vorbilder und Prägungen zu benennen, die meine Mutter begleiteten. Haltungen und Verhaltensweisen, die sie pflegte. Und weitergab. Wie angelegt auf langen Linien.

Die Schwierigkeit dabei für mich: meine Mutter ‚objektiv' zu schildern. Kannte ich sie jahrelang doch so nahe, dass mir Vergleiche zu anderen Familien erst Zug um Zug auffielen. Die ungewöhnliche Person Inge Aicher-Scholl wirkte auf mich also während meiner Kindheit als ganz 'normale' Mama. Der Außenblick schärfte sich erst später.

Die andere Seite der Mut-Medaille

„Allen Gewalten
zum Trotz sich erhalten.
Nimmer sich beugen,
mutig sich zeigen.
Rufet die Arme
der Götter herbei."

Diese Zeilen – nach Johann Wolfgang von Goethe etwas abgewandelt – standen auf dem Schreibtisch von Inge Aicher-Scholls Vater Robert Scholl (13. April 1891 – 25. Oktober 1973).

Ein Lebensmotto. Wohl fast täglich gelesen. Inges Schwester Elisabeth erzählte mir, ihr Vater habe den Anfang dieses Verses morgens sogar beim Rasieren laut aufgesagt.

Hans Scholl soll noch kurz vor seinem Tod mit Bleistift an seine Zellenwand geschrieben haben: „Allen Gewalten zum Trutz sich erhalten."

„Mut" heißt das Wort, das Außenstehende der Familie Scholl gerne anheften. Mut im Sinn tapferer Zivil-Courage bewies derweil auch die Familie von Otl Aicher (seit 7. Juni 1952 ihr Mann). Keines der Aicher'schen Familienmitglieder war 1933 bis 1945 einer nationalsozialistischen Partei-Gliederung beigetreten.

Dies fiel umso schwerer, als Familienvater Anton Aicher (1895-1971) sich in Konsequenz als selbständiger Installateur-Handwerker weitgehend ohne öffentliche Aufträge durchbringen musste.

Doch auch die Medaille, auf der das Wort „Mut" glitzert, verfügt über zwei Seiten. In diesem Fall spiegelt Angst den Mut.

Es entspräche also nicht der Wirklichkeit, meine Mutter als Person zu betrachten, die die Folgen der Gefahren nicht sah – geschweige denn sich nicht davor fürchtete. Im Gegenteil: Inge Aicher-Scholl zeigte in vertrauter Umgebung gelegentlich eine auffällig starke Angst. Oder Ängstlichkeit. „Fall' die Treppe nicht runter", riet sie am Abgang zum Keller dem (damals mindestens) zwölfjährigen Benno Grzimek (*1960) – Angehöriger einer jahrelang besonders befreundeten Familie und daher mit den Räumlichkeiten von Inge Aicher-Scholl's Haus in Rotis bestens vertraut. Davon erzählte mir Benno kurz danach und meinte lächelnd: „Deine Mutter ist schon manchmal besonders ängstlich."

Während eines Besuchs bei Benno in Berlin am 7. Oktober 2011 (kurz bevor ich begann, diesen Beitrag zu schreiben) erweiterte er nochmals: „Ja, ich habe Dir ja schon gesagt, dass auch Du manchmal mehr Angst hast als nötig." Das schien mich zu ermutigen. Nach meinem ersten Feuerlauf über einen fünf Meter langen und 600 Grad heißen Glutteppich aus Holzkohle am 6. November 2011 wuchs dieser freudige Mut noch. Angst vor wirtschaftlichem Niedergang war da einstweilen einer starken Zuversicht auf weitere berufliche Selbständigkeit gewichen. Wie sich noch 2011 zeigte, berechtigt.

Inge Aicher-Scholl und Julian Aicher
mit Elise Leber, geb. Müller, die
Schwester von Magdalene Scholl
geb. Müller (und Mutter von Inge),
gegen Ende der 60er Jahre.

Dabei nennen Selbständige die Furcht vor wirtschaftlichem Niedergang eher selten. Umso markanter wirken solche Äußerungen von ihnen. So schilderte meine Mutter unseren Vater Otl als Mann, der „nie Angst hat". Da wunderte ich mich doch ziemlich, als mein Vater wohl während der „Ölkrise" 1973 einen Satz mit den Worten begann: „Ich habe Angst vor ...". Er fürchtete als „Freier Unternehmer" damals, so wenig Aufträge zu bekommen, „dass wir das Ganze nicht halten können", also das neu erworbene Anwesen mit Bürobauten in Rotis. Die Erinnerung daran kam mir so deutlich seit langem erst wieder, als ich beim Schreiben dieses Textes darüber nachdachte, wann ich wohl zum ersten Mal solche Furcht vor wirtschaftlichen Engpässen gespürt hatte – ich war damals 15.

Dass Mut indes nicht mit der Abwesenheit von Angst verwechselt zu werden braucht, bewies meine Mutter in den 1990er Jahren. Im abgelegen wirkenden Allgäuer Wohnort Rotis lebte sie nachts oft mutterseelenallein mit ihrer ‚behinderten' Tochter Eva. Ohne stromverstärkte Zäune, ohne Wachhund oder Waffen. In jenem Jahrzehnt sollen in Deutschland aufgrund „rechtsradikal motivierter Gewalt" über 100 Personen ermordet worden sein. Also durchaus Anlass für Angst. Die Leutkircher Polizei versuchte, meine Mutter auf eine ganz spezielle Art zu beruhigen. Auf Nachfrage bei den Beamten, ob sie sich zu fürchten habe, hörte sie die Gegenfrage eines Polizisten: „Wie heißen Sie denn?" „Inge Aicher-Scholl." Antwort des Schutzmanns: „Otl Aicher kenne ich – aber Inge Aicher-Scholl – nie gehört."

Mein jüngerer Bruder Manuel erkundigte sich in den frühen 1990er Jahren dennoch beim Bundeskriminalamt (BKA), ob meine Mutter auf jener Todesliste mit Namen stand, die Ziel von Kriminellen mit rechtsradikalem Hintergrund seien. Er erfuhr ein beruhigendes „Nein".

Auch, um trotzdem die damaligen Sorgen etwas ein zu dämmen, entschloss ich mich um 1992, im (seinerzeit rund 700 Quadratmeter umfassenden) Haus meiner Mutter eine eigene Wohnung ausbauen zu lassen und zog 1994 dort hin. (In dem Gebäude hatten in den 1970er Jahren fünf Personen gelebt. Weiterhin barg es damals eine Bibliothek mit rund 10.000 Bänden, Inge Aicher-Scholls „Geschwister-Scholl-Archiv" und das Buchhaltungs-Büro des vormaligen „büro aicher"). Mit 'mehr Licht' aus dieser neuen Wohnung einerseits wollte ich ab 1994 allerhand lichtscheue Gestalten fern halten. Andererseits auch durch den schon bald gegründeten nachbarschaftlichen Konzertverein „Rotis Lichtmiljö eV".

Es schwirrt mir auch nach dem Tod meiner Mutter 1998 noch mancher Gedanke durch den Kopf, ob nicht Opa Scholls Motto gegen „alle Gewalten" manchmal auch seinen Enkeln ein bisschen hilft, das menschlich Richtige zu tun. Was kann das sein? Zum Beispiel Bedrohte nicht alleine lassen – bei Gefahr Hilfe rufen. So zumindest einer der Ratschläge von Polizeifachleuten nach gewalttätigen Übergriffen – etwa in U-Bahnen.

War es 2008? Da stand ich vor dem städtischen „Bürgerzentrum Weststadthaus" in Ulm. Zwei junge Herren hatten gerade eine Prügelei begonnen. Einer mit Messer bewaffnet. „Ich glaube, da muss ich wohl was tun", meinte Peter Fuhrmann, damals Leiter der Einrichtung. Der hoch gewachsene Mann schritt auf die Streithähne zu und bat sie, wohl zunächst erfolglos, auseinander zu gehen. Vielleicht nicht ganz ohne Angstschweiß begleitete ich ihn, holte mein Mobiltelefon aus der Tasche und meinte laut: „Ich rufe dann gleich mal die Bullen." Am anderen Ende der Leitung hörte ich im Augenblick wirklich drohender Gefahr, nachdem ich bereits die Adresse durchgegeben hatte: „Wo ist das? Kenne ich nicht." Offensichtlich fand der Schutzmann den Tatort dann doch im Stadtplan und meinte: „Wir schicken sofort die Streife." Nachdem ich laut gerufen hatte: „Die Bullen kommen", rasten die beiden Prügel-Knaben sofort davon.

„One, two three: Pipi!"

Der Schreck steigt mir manchmal erst Tage nach solchen Erlebnissen in Kopf und Knie. Umso mehr, wenn solche Begegnungen (laut veröffentlichten Berichten) tatsächlich tödlich ausgingen. Und ich frage mich dann manchmal, ob nicht Mut zur Feigheit den sichereren Weg gewiesen hätte? Den bequemeren? Jedenfalls eine Feigheit, zu der ich mich manchmal mindestens so gerne bekennen würde.

Wirkt Mut doch stärker, dann findet Angst einen ganz besonderen Widersacher: den Humor. Bei aller Tragik, die meine Mutter vor allem über das „Dritte Reich" schilderte, blieben mir doch freche Witze, die sie über die Nazis noch Jahre später wusste, im Kopf.

Kostprobe? Ärmelkanal, 1940: Deutsche Truppen wollen nach England – aber das Meer hindert sie daran. Also befiehlt Hitler Hunderttausende seiner Soldaten an den Strand und kommandiert:

„Ein, zwei, drei – trinken!" Warum senkt sich der Meeresspiegel trotzdem nicht? Ein deutscher Adjutant erfährt es bald: „Mein Führer, unsere Aufklärung berichtet gerade, Winston Churchill stehe gegenüber am britischen Ufer und befehle aktuell mehreren Armeen dort am Strand: „One, two, three – pipi!"

Ein Lachen über kriminelle Rechtsradikale, das sie angeblich am meisten verunsicherte. Es hatte mich andernorts schon zuvor bestärkt, „Rock gegen Rechts"-Festivals unter dem Titel „Parties statt Nazis" mit zu veranstalten. Dabei wichtig: Diejenigen, die sich von den bräunlichen Schläger-trupps im Oberschwaben der 1980er und 1990er Jahre nicht bedrohen lassen wollten, verstanden offenbar die Botschaft. Vor „Parties statt Nazis" am 2. Juni 1989 in der Festhalle Leutkirch fuhr ich mit Ankündigungs-Plakaten am Bahnhof Bad Saulgau mit meinem Auto vor. Noch lagen die Papier-bögen im Kofferraum, da sah ich an der anderen Straßenseite kurz geschorene junge Herren in „Bomberjacken" – manche wohl mit Hitlergruß und Nazi-Rufen Richtung Eingang des Konzertlokals „Bohnenstengel". „Vorsicht!", dachte ich mir, – „jetzt nur nicht den Helden spielen". Ich blieb also einige Minuten im Auto sitzen und gab den belanglosen Bahnhofsbesucher. Schließlich dauerte es nicht lange, bis die lauten jungen Herrn mit pflegeleich-ten Frisuren weiter zogen. Gott sei Dank nicht in meine Richtung. Ich stieg aus, nahm die „Parties statt Nazis"-Plakate mit, schaute zuerst unsicher um mich und trug sie dann ins Lokal „Bohnensten-gel". Der Wirt gab eine Runde Schnaps für alle aus,

Foto: privat

Julian Aicher (vorne) bei einer Drehe in der Rotismühle 1996. Zweite von links, Inge Aicher-Scholl.

Eine Drehe ist die Einweihung einer frisch renovierten oder neu eingesetz-ten Turbine.

Das von Aichers 1970 gekaufte Areal Rotis diente früher als Korn- und Sägemühle, die mit Wasserkraft be-trieben wurden. Die Kornmühle war schon stillgelegt, aber die Wasserkraft-anlage produziert auch weiterhin Strom. Nach einer zusätzlichen Reno-vierung 1996 erklärt Julian Aicher den Nachbarn die Turbinen. Er ist heute noch Betreiber dieser Kleinwasser-kraftanlage.

die in der Gaststätte zu ihm gehalten hatten. Nachdem ich die Aushänge dort entrollt hatte, brach Begeisterung aus. Ich könne sicher sein, dass innerhalb der nächsten Stunden Saulgau „komplett plakatiert" sei, versprachen mir die Gäste.

Lachen nach einem Schreck. Humor gegen Angst. Umso schöner, wenn dieser dem „zuletzt Lachenden" half. Als meine Mutter 1998 schon an tödlichem Krebs litt, besuchte sie der „Medizinische Dienst" bei uns in Rotis. Diese Herren stellten Inge Aicher-Scholl allerhand Fragen. Offenkundiges Ziel: Sie in eine für die Krankenkasse möglichst billige „Pflegestufe" zu bringen. Frage also an meine Mutter: „Welchen Tag haben wir denn heute?" Darauf ihre Antwort: „Das weiß ich nicht – aber wir können ja im Kalender schauen." Danach lächelte sie milde.

Dieses milde Lächeln prägte sich mir umso mehr ein, als meine Mutter damals tatsächlich viele alltägliche Dinge vergaß. Indes wusste sie klar: Der Tod ließ nicht mehr lange auf sich warten. Da wirkte jede fröhliche Stunde, ja Minute wie ein Gottesgeschenk.

„Geordnetes Schlachtfeld"

Wenn Goethe dazu aufgefordert hatte, sich „allen Gewalten zum Trotz" zu erhalten, so nicht ohne die „Arme der Götter" herbei zu rufen. Mit Gottvertrauen. Religion schien dabei eine fast ständige Begleiterin meiner Mutter gewesen zu sein. Dabei bemerkenswert: Inge Aicher-Scholl eröffneten sich schon früh verschiedenste Wege zum Glauben. Einerseits der gütig wirkende Vater Robert Scholl. Er eher fern von vielem, was mit der organisierten Form von Religion – mit Kirche – zu tun hatte. Anders Mutter Magdalena Scholl, geborene Müller (1881–1958). Diese betont fromme Frau zeigte ihren Kindern den liebenden, den schützenden Gott. Ihre Tochter Inge folgte schließlich einer weiteren Möglichkeit, Glauben zu bekunden: der Kirche, die sich auf offenbar althergebrachte Werte beruft.

Da bot der römisch-katholische Klerus beste Voraussetzungen. Schließlich lernte meine Mutter über meinen Vater Otl Aicher Katholikinnen und Katholiken kennen, die versuchten, sich der Nazi-Diktatur zu verweigern. Zum Beispiel den (Ulm-) Söflinger Pfarrer Franz Borgias Weiß (1892-1985). Weiß war im Ersten Weltkrieg Soldat. Insgeheim vereint mit anderen katholischen Seelsorgern, die an diesem Krieg als Offiziere teilgenommen hatten, wollte er in den 1930er Jahren ein „Acies Ordinata" (‚geordnetes Schlachtfeld') aufbauen. Als Schutztruppe unter anderem für den Rottenburger Bischof Johannes Baptista Sproll (1870-1949). Aber auch als ein starker Ring Eingeweihter, die zum Beispiel an einem festgelegten Sonntag auf einmal Hirtenworte des Bischofs verlesen sollten. Sproll verwiesen die

Nazis 1938 des Landes. Begründung: Der Bischof hatte sich bei der Abstimmung zum Anschluss Österreichs an Deutschland der Stimme enthalten. Pfarrer Weiß wirkt noch heute wie eine Art Kultfigur des katholischen Widerstands im Ulmer Vorort Söflingen gegen das damals militär-vernarrte, evangelische Nazi-Ulm der 1930er Jahre. Mein Vater Otl Aicher erzählte uns Kindern, Weiß sei in seinem Söflinger Pfarrhaus von der Nazi-SA umstellt gewesen. Dabei lag wohl seine eigene Waffe aus dem Krieg griffbereit sicher. Und so rief er zu seinen Belagerern durchs Fenster zu: „Der erste, der reinkommt, ist eine Leiche." Bald danach, so berichtete mein Vater, seien „die SA-Leute abgezogen". Vorerst. Weiß' Mut beeindruckte meine Mutter offenbar stark - durfte ich doch mit ihr Pfarrer Weiß noch in den 1980er Jahren besuchen für eine Sonderseite in der „Südwest Presse" Ulm.

Inge Aicher-Scholl schilderte mir die römisch-katholische Kirche als eine Art Über-Lebenshilfe für die Familie Scholl. Sei dieser doch nach dem 22. Februar 1943 von Freunden dringend geraten worden, sich vor den drohenden Besuchen der Polizei in 'schwarzes Land' zu sichern – „also entweder ins katholisch-‚schwarze' Oberschwaben oder in die ebenfalls ‚schwarz'-katholischen Schwarzwald". Es wurde letzterer – weil noch weiter weg vom Sitz der Gestapo Ulm? Vor dieser Einrichtung ganz sicher verborgen gehalten werden musste wohl auch ein Reim, von dem meine Mutter sagte, ihr Bruder Hans habe ihr die Zeilen gegeben. Ihm drückte sie wohl eine katholische (Kranken-) Schwester in die Hand:

„Jäh' in der Nacht, bin ich erwacht.
Es war wie ein Te Deum.
Das Herz mir noch im Busen klopft:
Ich sah' den Hitler ausgestopft
– im Britischen Museum."

Katholische Kreise, stark wie der Söflinger Pfarrer Weiß, pflegten offenbar heimlich einen bissigen Humor gegen Hitler. Lachen als Waffe.

Stellte ein weiteres Erlebnis, das mir meine Mutter schilderte, ebenfalls eine trotz allem möglichst schmunzelnde Gelassenheit innerhalb katholisch Gläubiger dar? Vor den Gestapo-Nachstellungen in den bäuerlich-familiären Bruderhof bei Ewatingen im Südschwarzwald geflüchtet, besuchte Inge Scholl in dieser Gegend die ‚Lebensbeichte' bei einem katholischen Pfarrer. Ziel: Übertritt von der evangelischen zur römisch-katholischen Konfession. Kurz nachdem meine Mutter damit begonnen hatte, dem Kirchenmann ihre „Sünden" zu schildern, drang bedrohliches Motorgeräusch eines Flugzeugs in die Ohren der beiden. Immer lauter. Darauf der Pfarrer zu Inge Scholl: „Und alles andere schließen wir mit ein." Der Segen sei dann ganz schnell erteilt worden, wusste meine Mutter später.

Tiefere Ursachen dafür, warum ich den Glauben von Inge Aicher-Scholl meist völlig anders als heiter oder gar gelassen erlebte, verstand ich lange nicht. Sonntäglichen Gottesdienstbesuch verordnete uns Kindern meine Mutter fast strenger als die Teilnahme am Schulunterricht. Und bitte möglichst auch ohne Jeans. So der befehlende Wunsch unseres Vaters.

Fast so päpstlich wie der Papst zeigte sich meine Mutter derweil, wenn es um einen Punkt ging, mit dem sich die römisch-katholische Kirche besonders gerne zu beschäftigen scheint: Sex. Von ihm wollte sie vor allem die eigenen Kinder fernhalten. Noch fast hörbar in meinem Ohr: Das trommelnde Klopfen meiner Frau Mama aufs Türbrett, als sie 1976 außen vor verschlossener Tür meines Schlafzimmers in Rotis stand – meine damalige Freundin Claudia Fuchs und ich drin. Die gesetzliche „Volljährigkeit" hatte ich damals schon erreicht.

Auf was ließ sich die sexuell wenig freizügige Hausordnung meiner Mutter zurückführen? Auf ihre Liebe zur langen Tradition der römisch-katholisch Gläubigen? Diese Erklärung schien mir mit der Zeit nicht mehr ganz richtig. Denn als ich mich bei meinem Vetter Martin Maeser aus dem traditionell katholischen Aicher-Teil unserer Familie in Ulm-Söflingen erkundigte, ob seinen Freundinnen nachts ebenfalls der Zugang zu seinem Schlafzimmer verwehrt sei, antwortete er nur kurz: „Nein. Da kümmert sich bei uns niemand drum."

Warum sich meine Mutter dennoch auch hier gerne auf die katholische Kirche berief, hängt vermutlich mit politischen Entwicklungen in Deutschland nach 1945 zusammen. Galt Inge Aicher-Scholl doch als markante Vertreterin jener römisch-katholischen Gläubigen, die dem Hitler-Reich nicht zugestimmt hatten. Dort schien ein frommes Dasein nach zurückhaltenden Regeln als Zeichen ehemaliger Nazi-Gegner.

Kein Wunder: Dass nicht alles, was sich seit den 1960er Jahren als sexuelle Befreiung darstellte, auf Dauer als solche empfunden werden würde, erkannte meine Mutter schon damals – und bemerkenswert begründet. Über die Anti-Baby-Pille meinte sie bereits Mitte der 1970er Jahre: „Die Frauen werden sich noch dagegen auflehnen." Was seinerzeit bei mir nur Kopfschütteln auslöste, erwies sich wenige Jahre später als wahr. Im ‚emanzipierten' Tübingen empfahlen während der 1980er Jahre Plakate Kondome mit dem Spruch: „Mode für die Stange."

„Gesellschaftlich-politische" Entwicklungen bewerten und voraussehen – das hatte meine Mutter offensichtlich schon von ihrem Vater Robert Scholl gelernt. Was bis 1945 mit Deutschland passierte, war von ihm in groben Zügen schon 1933 vorausgesagt worden. Für seine Bemerkung, Hitler sei eine „Geißel Gottes" und werde den Krieg verlieren, brachten ihn die damaligen Machthaber 1942 in Haft. Sein weiteres „Vergehen": Er hatte – damals verboten – ausländische Radiosender gehört.

Eine gewisse Freude daran, nicht nur Vergangenes zu benennen, sondern auch Rückschlüsse für die Zukunft daraus zu ziehen, finde auch ich. Freilich heute Gott sei Dank meistens erlaubt. So staunten Bürgermeister im Allgäu 2006 nicht schlecht, als ich ihnen einen Text von mir aus dem Jahr 1998 vorlas. 1998: das Jahr, als mit Joschka Fischer und Gerhard Schröder zwei Machtmänner das Bundeskanzleramt übernahmen. Im gleichen Jahr schilderte mein Text, wie die Bundeskanzlerin das bayerisch-schwäbische Oberland im Jahr 2008 besuche. 2005 übernahm mit Angela Merkel tatsächlich eine Frau dieses Amt, die Tochter eines evangelischen Pfarrers.

Religion rundum: Meine Mutter bekam die evangelische Taufe und legte ihre „Lebensbeichte" bei einem katholischen Pfarrer ab. So richtig es sein mag, wenn meine Mutter immer wieder betonte, dass katholische Lehrer wie Carl Muth oder Romano Guardini Hans und Sophie Scholl während ihrer letzten Lebensjahre prägten, so sachlich korrekt kommt mir auch der Hinweis meines Vetters Jörg Hartnagel vor, mein Vater Otl Aicher sei kurz nach dem Zweiten Weltkrieg eigens nach Rom gefahren, um den Vatikan davon abzubringen, Hans und Sophie Scholl selig zu sprechen. Begründung: Sie waren evangelisch.

Und es wundert mich manchmal etwas, wenn ich seit 2000 öfter lese, wie tief mein Vater als junger Mann Altersgenossen für die römisch-katholische Kirche begeistert haben soll. Denn wohl in den 1980er Jahren schlug er meiner Mutter vor: „Man sollte eigentlich aus der Kirche austreten und das Geld jemandem in der ‚Dritten Welt' geben, der es dort braucht." Seine Frau widersprach: „Was sollen da die Leute hier 'rum sagen?" Ihre Liebe zum römisch-katholischen Glauben bekundete also meine Mutter als einzelne Person. Ihr Bekenntnis prägte aber nicht die ganze Familie. Schon gar nicht über ihren Tod hinaus.

Um 1980 saßen einige Aichers bei einer betont schlichten Messfeier des Tübinger Theologieprofessors Norbert Greinacher am Wohnzimmertisch in Rotis. Neben Theologie-Studierenden auch die ‚geistig behinderte' Eva. Zur Wandlung griff sie – wie die anderen rundum – zum (Mess-) Weinglas. Dann sagte Eva: „Proscht." Damit entsprach sie bestimmt nicht ganz jenen Ritualen, von denen mir meine Mutter immer wieder sagte, wegen ihnen sei sie von der evangelischen zur katholischen Kirche übergetreten.

Die „andere Gerechtigkeit"

Das erklärt vieles. Alles? Steckt da doch noch mehr dahinter? Überzeugungen innerhalb der Familien Aicher-Scholl und Hartnagel-Scholl erinnern mich manchmal weit jenseits kirchenamtlicher Konfessionen an religiöses Regelwerk. Zumindest an Eigenschaften, die auch das Neue Testament fordert. Etwa die Vergebung. Zumindest Verzicht auf direkte Rache.

Dies fiel mir erst während der letzten Jahre auf. Vor allem dann, wenn etwa Angehörige der Opfer von Mordanschlägen der „Rote Armee Fraktion" (RAF) forderten, sie wollten genau wissen, wer wann und wie die Taten ausgeführt hatte. In der Regel mit dem Wunsch nach richterlich strafender Gerechtigkeit. Ähnliche Äußerungen habe ich weder von meiner Mutter noch deren Schwester oder den Männern der beiden Scholl-Schwestern jemals gehört. Genauso wenig von meinem Opa Robert Scholl. Dabei boten sich Anlässe für solche Überlegungen. Schließlich genoss die junge Bundesrepublik als Rechtsnachfolgerin des Nazi-Staates große Vorteile durch den Mut der „Weißen Rose". Das förderte das Bild von einem „anständigen Deutschland" (Willy Brandt) bei anderen Staaten schon kurz nach Kriegsende 1945. Noch deutlicher wurde 1946 der ehemalige britische Premierminister Winston Churchill. Er zählte damals den deutschen Widerstand gegen die Nazi-Diktatur „zu dem Edelsten und Größten", „was je in der Geschichte aller Völker hervorgebracht wurde". Abwegig also, wenn Familien solcher Widerstandsleute nach 1945 vom neuen deutschen Staat wenigsten einen geldwerten Schadensersatz wollten? Manche von ihnen forderten es.

Doch der Rechtsnachfolger des Nazi-Staates wollte nicht. Vor allem nicht seine Richter. Von ihnen hatten ja viele schon in der Nazi-Zeit ‚Recht gesprochen'. Aus deren gerichtlichen Beschlüssen nach 1945 leitete Film-Regisseur Michael Verhoeven im Abspann seines Titels „Die Weiße Rose" (1982) den Satz ab: „Die Urteile gelten noch heute."

Mein Bruder Manuel, damals Student der Rechtswissenschaft, befasste sich kurz danach gründlich mit der Frage: Gelten die Urteile gegen die „Weiße Rose" tatsächlich noch heute? Manuels klare Antwort im Februar 1983: juristisch ja. Damit bekamen die staatlich bezahlten „Goethe-Institute" ein echtes Problem. Denn sie hatten sich zunächst geweigert, Verhoevens Film im Ausland zu zeigen. Ein Blockade-Versuch, der sich als Bumerang erwies. Umso mehr, als unter anderem Sophie Scholls früherer Verlobter Fritz Hartnagel dafür eintrat, die Nazi-Volksgerichtshof-Urteile für ungültig zu erklären. Eine bundesdeutsche Kultur-Politik, die sich um Folgen der Nazi-Vergangenheit drückte, diente vermutlich kaum den Interessen der westdeutschen Export-Wirtschaft. Der deutsche Ruf im Ausland schien gefährdet. Bis 1985 stellten die Abgeordneten des Deutschen Bundestags schließlich mit Mehrheit fest, dass der „Volksgerichtshof" (der Hans und Sophie zum Tod verurteilt hatte) „kein Gericht im rechtsstaatlichen Sinn", sondern „ein Terrorinstrument" gewesen sei. Damit gelten die „Volksgerichtshof"-Urteile gegen die „Weiße Rose" seither wohl als unwirksam. Dass indes ein Richter in der Bundesrepublik Deutschland seinen rechtlichen Beschluss gleich oder ähnlich wie der Bundestag 1985 begründet hätte, war mir nie vor Augen oder zu Ohren gekommen.

Mit ein Grund dafür, dass aus dem Familienkreis von Hans und Sophie Scholl nach 1945 vor einem deutschen Gericht „Wiedergutmachung" der Urteile gegen Hans und Sophie Scholl nie gefordert wurde? Meine Mutter meinte dazu: „So etwas lässt sich nicht im Gerichtssaal bestimmen." Vielleicht ganz im Sinn ihres Vaters Robert Scholl, der am 22. Februar 1943 noch dem Volksgerichts-Präsidenten Roland Freisler im Prozess-Saal zugerufen haben soll: „Es gibt auch noch eine andere Gerechtigkeit."

Für mich heute noch bemerkenswert: Von wenigen anderen Leuten in vergleichbarer gesellschaftlicher Position hörte ich häufiger das Wort „Entschuldigung", wie von meiner Mutter. Sollten ihre Kinder gerade deshalb von sich aus für verhältnismäßig vieles „Entschuldigung" sagen? Und sich dann (so konnte unser Vater uns anordnen) „die Strafe selbst aussuchen"?

Erstaunlich für mich dann meine Mutter nach Otls Tod 1991. Eines abends – vermutlich 1991 – bekannte ich ihr gegenüber in einem Zwiegespräch: Ihre Trauer über unseren Vater könne ich so nicht teilen. Zu tief noch meine seelischen Verwundungen, die mir durch Streitigkeiten vor seinem Unfall blieben.

Dem widersprach die Witwe dann deutlich: „Er hat dich doch so geliebt!" Widerrede von mir. Schließlich konnte ich auf den Anruf von einem meiner Tübinger Professoren hinweisen, der sich mir gegenüber erstaunt darüber gezeigt hatte, dass von meinem Vater bei ihm ein Texter gesucht worden war, ich für diese Arbeit (Buch über Mexiko) bei der Anfrage aber ausdrücklich als ungeeignet genannt wurde. Meine Mutter hörte mir interessiert und ruhig zu. Diese Unaufgeregtheit wunderte mich. Am Tag danach betonte sie: „Mit Otl muss ich dir Abbitte tun. Er hat's dir bestimmt nicht immer leicht gemacht." Ein solches persönliches Eingeständnis bestärkte sie ein, zwei Jahre später noch mit der Bemerkung: „Wenn Otl sehen würde, was ihr hier in Rotis macht – er wäre sehr stolz auf euch."

Einsicht, Lob, Bestärkung

Daraus schien meine Mutter ihrerseits Teile ihrer Kraft zu schöpfen. Hatten vor allem mein Bruder Florian (*1954) und ich doch seit 1991 vieles dran gegeben, das elterliche Anwesen Rotismühle mit neuem Leben anzureichern. Offenkundig durchaus im Sinn von Inge Aicher-Scholl. Denn dass ihr die Vorträge zweier ‚alternativer Nobelpreisträger' damals im Saal „rotisserie" sehr gefielen, zeigte meine Mutter mit verschiedenen Reaktionen. Schließlich verblüffte sie mich damals gelegentlich mit einem akademischen Wissen, das mir an der Universität Tübingen nicht bei jedem Professor begegnete. Zum Beispiel mit dem prompt korrigierenden Hinweis bei einem abendlichen Gespräch: „Hat das nicht eher Horkheimer als Adorno geschrieben?"

Diese Freude an einer beachtlichen Bildung paarte meine Mutter (hochschulamtlich nie zu einem Studium eingeschrieben) mit einer gewissen Geselligkeit. Wissenserwerb also auch ohne die bis heute von staatlichen Stellen ausgeübte Auslese nach „Leistungen". Oder „Keine Angst vor Bildung", wie es auf dem Titelblatt einer Illustrierten mit meiner Mutter drauf hieß. Bildung gepaart mit Geselligkeit. Für mich vor allem spürbar nach dem Tod ihres Mannes 1991. Da begrüßte sie sogar Rockmusik – von ihr bis dahin oft als „zu laut" verdammt. „Wann ist denn euer nächstes Konzert?" fragte sie uns Veranstaltende in der „rotisserie". So wichtig wie die Klänge selbst schienen ihr dabei junge Leute zu sein, die sie dort ansprachen. Diejenigen von ihnen, die nach solchen Veranstaltungen noch zur Reinigung in die „rotisserie" kamen, standen danach gelegentlich noch um die Bar. Zu ihnen gesellte sich hin und wieder meine Mutter. Ihren Anteil Wein fasste sie dabei knapp: Er passte in einen Fingerhut.

Diese Offenheit für junge Leute mag an den „Offenen Samstag" an der Ulmer Volkshochschule erinnern. Sie verscheuchten aber wohl auch ein Gefühl, das meine Mutter seit 1991 immer wieder erkennbar plagte: Einsamkeit. „Weil Du bei mir bist, bin ich nicht allein", betitelte sie ihr letztes Buch – über ihre ‚behinderte' Tochter Eva. Bekämpfte sie mit Betreuung anderer ihre eigenes Verlassenheits-Gefühl? Und falls ja – ein Wunder bei all den nahe stehenden Personen, die Inge Aicher-Scholl bereits seit jungen Jahren verloren hatte? Nach ihren Geschwistern Hans und Sophie als Kriegsvermissten ihren jüngsten Bruder Werner. 1975 der Tod ihrer Tochter Pia – mit einem Schmerz, den so offenbar nur Eltern erleben, vor allem Mütter? Pia starb kurz nach dem schriftlichen Abitur im Februar 1975 an den Folgen eines Verkehrsunfalls. Dem Straßenverkehr erlag 1991 auch mein Vater. Also fünf Fälle eines unnatürlichen Todes, darunter zwei Verkehrsunfälle, für die die deutsche Sprache zwar Opfer, aber keine Täter benennt.

Eine starke seelische Belastung für meine Mutter. Ihr begegnete sie einerseits mit Goethes „Arme der Götter" vom Schreibtisch ihres Vaters. Zum anderen suchte seine Tochter Verbindung zu vielen anderen. Einerseits persönlich. Andererseits damit, dass sie deren Schriften las. Eine Freude an Bildung also. Sie selbst zählt zu denen, die nach 1945 ohne amtlich-wissenschaftliche Stempel Wissen verbreitete. Ihre Kinder indes drängte sie zu möglichst hohen staatlichen Schulabschlüssen. Da konnte es selbst bei einem Freund ihrer Tochter Pia, der sich zum Krankenpfleger ausbilden ließ, sein, dass sie ihn so vorstellte: „Der lernt gerade Krankenpfleger und studiert danach noch Medizin." Dabei schätzte Inge Aicher-Scholl praktische Fähigkeiten nicht gering. Etwa Musizieren. „Lerne ein Instrument – das kannst du immer brauchen", riet sie gelegentlich. Akademische Titel bewertete sie stattdessen manchmal mit Augenzwinkern: „Sag' vor dem seinem Namen einfach noch ‚Herr Doktor', das freut den", empfahl sie mir mal.

Es spannte sich da also oft ein stark gedehnter Bogen zwischen dem Wunsch von Inge und Otl Aicher, die Kinder mögen doch jene staatlichen Bildungsabschlüsse vorlegen, über die die Eltern dann eben doch nicht verfügten. Andererseits der „Unterschied zwischen dem Gescheiten und dem Dummen", den mein Vater so benannte: „Ein Gescheiter kann vom Dummen lernen."

Akademischen Titelträgern, die bei Gesprächen mit meinem Vater gerne ihre ‚höhere Bildung' betonten, riet er, doch auch mal ‚mit der Hand zu denken'. Vielleicht mit ein Grund, seine Söhne teils schon im Alter von zwölf auf Baustellen in und um Rotis zum „Schaffen" zu bestellen? Was wir dort erfassten, half uns Aicher-Buben sicherlich, die Welt aus verschiedenen Blickwinkeln wahrzunehmen. Eine kundige Handwerksmeisterin verdient da allemal so viel Respekt wie ein Professor.

In ihrem letzten Lebensjahrzehnt lud mich meine Mutter gelegentlich gar dazu ein, wieder gemeinsam Texte für Veröffentlichungen abzufassen. Zum Beispiel 1994 für die damalige Bundespräsidenten-Kandidatin Hildegard Hamm-Brücher. Damals Mitglied der FDP, fand die Politikerin Unterstützung bei mehreren bekannten Schriftstellerinnen und Schriftstellern in einem gemeinsamen Taschenbuch – als Wahlaufruf. Meine Anregung an meine Frau Mama: Wenn schon eine Frau kandidierte, vertrete sie damit die Mehrheit der Bevölkerung. Deshalb mein Titel-Vorschlag: „Eine Mehrheit für die Mehrheit."

Andererseits willigte meine Mutter auch immer wieder gerne ein, wenn ich ihr vorschlug, zu bestimmten Anlässen Reden oder Erklärungen zu veröffentlichen, die ich vorformuliert hatte. So setzte sie sich bei Erhalt der Ulmer Ehrenbürgerwürde 1997 mit einer ganz kurzen Rede dafür ein, mehr Sonnenenergie in den Donaustädten zu nutzen. Wenige Jahre später befand sich Ulm immer wieder auf Platz 1 der „Solarbundesliga". Auch für das „Stromeinspeisegesetz" – heute „Erneuerbare-Energien-Gesetz" (EEG) machte sie sich öffentlich stark.

Neugierig Wissen erwerben, eigene Texte veröffentlichen, öffentlich mitreden. Auch hier erweisen sich lange Linien einer Familientradition. Nicht nur tun, sondern auch zeigen, wie's die Goethe-Losung riet.

Eigene Erkenntnisse drucken lassen und sich öffentlich einmischen – das taten und tun auch alle Aicher-Scholl-Söhne. Auf Spuren der Eltern? Vielleicht deshalb um so mehr, als die Familien rund um die „Weiße Rose" am eigenen Leib eine Zeit miterlebt hatten, in der öffentliche Einmischung eben unerwünscht war? Da galt es dann tatsächlich, auch um des schlichten Überlebens willen „allen Gewalten zum Trotz sich (zu) erhalten".

Meine Mutter musste sich gegenüber vielen „Gewalten erhalten", wie Goethe gefordert hatte. Sie rief dabei „die Arme der Götter herbei" und folgte einem Sinnspruch: „Kräftig sich zeigen" (auf Robert Scholls Schreibtisch in „mutig sich zeigen" abgewandelt). Kraftvoll mutig. Manche dieser Eigenschaften übertrugen sich auf uns Kinder. Sie wirken „erhalten" – vielleicht auch „zum Trotz"?

Julian Aicher, geb. 20. März 1958 in Ulm, viertes Kind von Inge Aicher-Scholl und Otl Aicher. Ab 1972 in Rotis aufgewachsen. Dort wohnt er seit 1994 ununterbrochen. Texter, Buchverfasser, Journalist, Ausstellungsmacher, Veranstalter, Zuhörer. Seit 2002 Gründer und Inhaber des Büros rio's in Rotis. Es veröffentlicht Informationen über Erneuerbare Energien. Seit 2003 verheiratet mit Christine Abele-Aicher.

www.rio-s.de

Foto: Friedrich Schmid

„Allen Gewalten zum Trotz sich erhalten".
Hermann Scheer (1944-2010) erwies sich als Politiker, der großem Druck stand hielt. Hier spricht der SPD-Bundestagsabgeordnete, Präsident von „Eurosolar", Träger des „Alternativen Nobelpreises" und „Hero of the Green Century" (TIME Magazine) im Herbst 1997 auf Einladung Julian Aichers bei der „Energie-Ernte Rotis" im dortigen Veranstaltungssaal „rotisserie".
Inge Aicher-Scholl schätzte politische Köpfe, die voraus dachten. Als energischer Befürworter Erneuerbarer Energien verkündete Scheer später stolz, das heute in über 50 Staaten der Welt übernommene deutsche „Erneuerbare Energien Gesetz" (EEG) sei 2000 hauptsächlich an seinem Schreibtisch entstanden. Die atom-arme deutsche „Energiewende" von 2011 – bereits 1986 von Inge Aicher-Scholl angemahnt – erlebte Scheer persönlich nicht mehr.
Mit ausdrücklicher Zustimmung Inge Aicher-Scholls hatten vor allem Florian Aicher und Julian Aicher in den 1990er Jahren mehrere Veranstaltungsreihen in und ums Gewölbe „rotisserie" angestoßen. Inge nahm oft persönlich daran teil.

Manuel Aicher

prägung, rätsel und geschenke

über die eigene mutter zu schreiben, fällt mir nicht leicht. wo beginnen? was auswählen?

ich will nur ein paar wenige pointen erzählen, die mich mit meiner mutter verbinden. sie zeigen momentaufnahmen einer beziehung, die als ganzes sowieso unfassbar bleibt.

als wir in meiner kindheit in ulm auf dem kuhberg wohnten, standen unserer familie zwei wohnungen zur verfügung, die durch einen langen flur verbunden waren. die eine hälfte dieses doppelhauses war für das familienleben mit kindern vorgesehen, die andere meinen eltern und dem büro meines vaters vorbehalten. diese war uns kindern nicht verboten, aber hatte etwas unberührbares, für mich fast lebloses: wir konnten dort nicht spielen und toben, die einrichtung hatte unverändert zu bleiben. dort gab es einen wohnraum mit einer breiten fensterfront, die den blick auf das donautal und bei klarer sicht bis zu den alpen freigab.

in diesem raum war eine kleine bibliothek meiner eltern und auch eine kleine sammlung von schallplatten mit einem plattenspieler, den es in der lebendigeren hälfte des hauses nicht gab. unter diesen schallplatten befand sich eine, welche eine sammlung von liedern aus verschiedenen europäischen ländern aus der zeit des 2. weltkrieges enthielt. ich bin nicht mehr ganz sicher, meine mich aber zu erinnern, dass es lieder aus dem widerstand und partisanenlieder waren.

es gab eine zeit, zu welcher ich diese schallplatte ganz häufig hörte, immer und immer wieder. anfangs legte sie mir meine mutter auf, irgendwann konnte oder durfte ich das selbst. aus dieser platte klang für mich sehr viel schwermut. es gab ein russisches lied, an dessen melodie ich mich noch genau erinnere, welches die krönung war. dieses lied zu hören tat mir als kind fast körperlich weh, so viel trauer und sehnsucht drückte es aus. mir war, als würde ich all das aufsaugen wie ein schwamm, trinken wollen, obwohl ich fast darin ertrank.

ich weiss nicht, warum ich diese platte und speziell dieses lied immer und immer wieder hörte. denn ich selbst habe mich nicht als schwermütiges kind empfunden. heute glaube ich, dass es mein versuch war, die traurigkeit meiner mutter, die ich als kind spürte, aufzunehmen, um sie ihr abzunehmen. ein kind, das meint, in seiner allmacht etwas für seine mutter tragen zu können, als würde diese es damit los. oder war es der versuch, durch das

hören etwas zu einem eindruck zu verdichten, was ich in ihrer nähe spürte, ohne es klar fassen zu können. ein versuch, eindruck und ausdruck zu verbinden. denn indem ich die lieder hörte, hörten sie die anderen ja mit. vielleicht verstanden sie oder spürten sie so auch etwas von meiner traurigkeit, die ich nicht in worte fassen konnte. so schlich sich eine schwere in mein leben, die seither nie mehr ganz verschwunden ist.

auf diese weise hat mir meine mutter eine zwiespältige gabe geschenkt. die schwere führte mich in manchen phasen meines lebens in tiefe depressionen, andererseits ermöglichte sie mir einen besonderen tiefgang, der mir ein spektrum menschlicher erfahrung eröffnet, welches mir sonst vielleicht verschlossen geblieben wäre, und der mir auch in der begleitung anderer menschen eine wichtige ressource geworden ist.

als unsere familie nach rotis im allgäu zog, war ich 12 jahre alt. meine mutter arbeitete noch weitere zwei jahre als leiterin der ulmer volkshochschule und war daher jede woche mehrere tage am stück in ulm. wenn sie nach hause kam, ging ich oft an die türe, um sie zu begrüßen und fragte sie: mama, wie geht es dir? eines tages sprach mich meine mutter mit mehr wehmut als vorwurf darauf an, dass ich sie das gar nicht mehr fragen würde. ich fühlte mich ertappt, als hätte ich etwas verbotenes getan. mir selbst war das gar nicht aufgefallen, es war einfach aus meinem leben verschwunden. ich denke, dass meine mutter das sehr traurig gemacht hat. kurz danach hörte sie die arbeit in ulm auf.

meine mutter beherrschte die kunst des manipulierens in einer weise, die mich noch als erwachsener blind machte. soweit meine erinnerungen zurück reichen, hatte mein vater immer wieder anfälle heftiger herzschmerzen. er blieb dann im bett, stundenlang, manchmal einen tag, vielleicht sogar länger. uns kindern gegenüber wurden diese immer als herzanfälle, manchmal auch als angina pectoris, bezeichnet. was es letztlich war, habe ich erst jahre nach seinem tod verstanden. wenn es zu diesen anfällen kam, wurde oft der arzt gerufen und das ganze hatte eine große dramatik. ich lebte als kind in der vorstellung, dass es um leben und tod gehe. mein vater selbst sprach nicht viel darüber, aber meine mutter gab mir – und wohl auch meinen geschwistern – zu verstehen, dass wir absolut ruhig

11. August 1995
Geburtstagsfeier von Inge

„Florian, Julian und Manuel und die zu
ihnen gehörenden Frauen Noelle, Gabi
Hirth und Ulrike Breisch haben mit
Inge ihren Geburtstag gefeiert. Tage-
bucheintrag: ‚als sei ich eine Königin –
so liebevoll, eifrig phantasievoll...'
Julian überrascht mit einer Band (eine
Sängerin, ein Ziehharmonikaspieler,
ein Trommler) – zauberhafte Musik.
Florian gestaltete das Licht, mit
Feuerwerk, Windlichtern besonderer
Art ... „War es hell genug?" fragte er
leise. Manuel kümmerte sich um alles
Drumherum. Was war für diese jungen
Menschen der Geburtstag der Mama?
Schön war, daß er sie zu einer der-
artigen Gemeinsamkeit zusammen-
führte. „Ich danke Gott für diese Liebe
und bitte ihn, sie auf diese Kinder
zurückstrahlen zu lassen."

sein mussten, weil jedes noch so geringe geräusch
die lebensgefahr erhöhen würde. es kam auch
vor, dass mein vater gar keine attacke hatte, meine
mutter aber zur ruhe aufforderte mit der drohung,
sonst könnte ein anfall eintreten. ich brauche nicht
zu sagen, was es für ein kind bedeutet, wenn ihm
zu verstehen gegeben wird, die eigene lebhaftigkeit
stelle eine lebensgefahr für den eigenen vater dar.

diese anfälle gab es auch später noch, als ich
schon erwachsen war. selbst wenn ich mit meinem
ersten kind zu besuch war, das lebhaft war wie
kinder es sind, forderte uns meine mutter immer zur
ruhe auf und dazu, dass auch das kind möglichst
ruhig zu sein hätte. für mich hatten diese ereignisse
etwas an dramatik verloren, aber ich gab mir mühe,
für die gewünschte ruhe zu sorgen und meine frau
und ich versuchten, mit unserer tochter dorthin
auszuweichen, wo sie außer hörweite war. als dann
mein vater tot war, fuhr meine mutter mit den
ermahnungen um ruhe fort, als wäre gar nichts geschehen. es machte nicht den geringsten unterschied, dass er tot war. mich ergriff eine mischung
aus erstaunen, überraschung und lachen über mich
selbst, wie blind ich jahrelang war: nein, es war gar
nicht mein vater, der angeblich die ruhe brauchte,
es war meine mutter, die sie wollte. und ich, damals
31 jahre alt, hatte ihr all die jahre ihre geschichte
abgekauft.

als ich 15 war, begann mich die genealogie
unserer familie zu interessieren. ich trug erst die
fakten zusammen, die ich durch erzählungen
wusste oder die sich aus alten ariernachweisen
meiner großeltern ergaben. doch dann musste die
forschung in den kirchenbüchern fortgesetzt
werden, die sich damals noch in den pfarrämtern

befanden. mein problem dabei: ich kannte die alte
schrift nicht. und wie sollte ich als teenager auf die
dörfer reisen, die eine halbe tagesreise mit dem
auto entfernt lagen? meine mutter bot mir an, mit
mir diese forschungsreisen gemeinsam zu unternehmen. mehrmals fuhren wir zu zweit mit dem
silbergrauen vw-bus in den oster- und herbstferien
in den mainhardter wald oder ins hohenlohische,
wo ihre ahnen lebten, um die pfarrämter zu besuchen. meine mutter konnte die schrift der letzten
150 jahre noch gut lesen und durch ihre hilfe wurde
ich rasch mit der schrift vertraut. sie öffnete mir
auch die tür zu manchem pfarramt, die mir als
jugendlicher vielleicht verschlossen geblieben wäre.
das führte bei wiederholten besuchen so weit, dass
die pfarrer uns manchmal ein kirchenbuch über
nacht mit in unsere herberge mitgaben, was eigentlich nicht erlaubt war. zuerst besuchten wir geisselhardt und mainhardt, wo die familie ihres vaters
her kam. später dann forchtenberg und seine umgebung, wo die ahnen ihrer mutter lebten. auf diese
weise wurde mir die gegend, in der meine mutter
ihre kindheit verbracht hatte, mehr und mehr
vertraut. es entwickelte sich rasch eine sehr gute
kooperation: ich suchte die entsprechenden einträge in den registern heraus und meine mutter
schrieb sie ab. oder ich suchte einzelne einträge in
den tauf-, ehe- und sterberegistern heraus, die ich
dann bei ausreichender kenntnis selbst abschrieb,
während meine mutter für die familien der seiten-
verwandten die familienregister abschrieb. wir
waren auf diese weise sehr in unser tun versunken,
sprachen nur von zeit zu zeit. und doch merkte ich,
dass meine mutter auf ihre eigene weise gefallen
an der arbeit fand: sie war immer wieder fasziniert

103

von den schicksalen, die aus diesen büchern sprangen. sie machte immer wieder bemerkungen über die große zahl früh verstorbener kinder oder die zahl der kinder, die eine frau in früherer zeit zur welt brachte. oder dann den tod einer frau im kindbett. und – immerhin waren es ja ihre eigenen ahnen und nicht nur meine – vielleicht tat sich auch in ihrer welt ein anderer blick auf ihre abstammung und ihren familiären hintergrund auf.

manchmal übernachteten wir in pensionen, sehr häufig aber im ferienhaus der familie hartnagel, der schwester meiner mutter. wenn wir abends dort ankamen, erwarteten uns oft ein feines essen und manchmal lange gespräche. dieses haus am ende eines langen kiesweges durch den wald hatte wirklich etwas von einem hexenhaus. ich war sehr gerne dort, drängte aber morgens bald zum aufbruch, weil ich mich in meine forschungen vertiefen und nicht viel zeit verlieren wollte.

bei all diesen reisen und all meinen fragen über die familie erwähnte meine mutter nie, dass sie noch einen drei jahre älteren halbbruder hatte, den ihr vater vor der ehe gezeugt hatte. davon berichtete mir erst nach ihrem tod ihre schwester, in einer weise, als sei das völlig selbstverständlich. es war also bekannt, dass dieser junge ein halbbruder war. dabei erzählte mir meine mutter von ihm als einem pflegesohn ihrer eltern, weil er in forchtenberg mit der familie lebte. dass er im kirchlichen familienregister von ludwigsburg, wohin die familie von forchtenberg aus zog, als kind der familie aufgeführt war, hatte ich daher für einen irrtum gehalten. es war nur ein halber. ihre schwester berichtete mir, als ich sie nach diesem onkel fragte, dass meine großeltern ihn noch adoptieren wollten, als sie schon in ulm lebten, es dann aber dazu nicht mehr kam, weil er heiratete. damals war meine mutter 17 jahre alt. bis dahin muss also ein enger kontakt bestanden haben. und immerhin lebte er jahrelang mit im elternhaus. ich habe mich oft gefragt, was passiert sein muss, dass sie diesen älteren bruder so aus allen berichten über ihre kindheit oder jugend strich. und warum er in unserer ulmer zeit nie zuhause auftauchte oder zumindest nie als onkel vorgestellt wurde, obwohl er bis 1991 in ulm lebte. die tatsache seiner nichtehelichen abstammung allein kann es nicht gewesen sein, denn obgleich meine mutter diesbezüglich eine streng katholische moral vertrat, sprach sie nie abschätzig über nichteheliche kinder, die ja auch bei unseren gemeinsamen forschungen zuhauf in den kirchenbüchern auftauchten.

bezeichnend ist, dass wir – immer noch gemeinsam – erst später auf den heuberg reisten, um die ahnen der familie aicher zu erforschen.

auf diese weise gab mir meine mutter ein anderes geschenk mit: sie half mir nicht nur, einem für jugendliche etwas ausgefallenen hobby nachzugehen. immerhin ist ein großteil der ergebnisse meiner eigenen familienforschung gemeinsam mit meiner mutter zusammen getragen worden. nein, sie trug auch entscheidend dazu bei, dass ich durch die erforschung meiner eigenen ahnen das wesentliche rüstzeug und die erfahrung erwarb für das, was nach abschluss meines studiums mein erster beruf werden sollte. und dafür bin ich ihr zutiefst dankbar.

Elisabeth Bauhofer

Von höflicher Ungeduld

Im Sommer 1973 erfuhr ich, dass das Büro Aicher in Rotis eine Angestellte für Buchhaltung und Verwaltung suchte. Noch am gleichen Tag fuhr ich dorthin und stellte mich vor. Auf die Frage, wann ich anfangen könne, antwortete ich: „Sofort." Tatsächlich stellten mich Otl Aicher und Inge Aicher-Scholl ohne lange Diskussion ein. Otl Aicher bat mich lediglich, meine Zeugnisse später noch nachzureichen. Meine Einarbeitungszeit durch meine Vorgängerin war extrem kurz, da diese durch Krankheit schon nach zwei Tagen ausfiel. So wurde ich regelrecht in meine neuen Aufgaben „hinein geschmissen".

Anfangs war Inge Aicher-Scholl noch in Ulm an der vh tätig. Bevor sie am Montag morgen losfuhr, besprachen wir in meinem Büro die vergangene Woche. Nach der Beendigung ihrer Tätigkeit in Ulm 1974 arbeitete sie nunmehr die volle Zeit in Rotis. Unsere Büros lagen nebeneinander. Zunächst bedeutete dies eine große Veränderung in meinem Arbeitsablauf, denn sie unterbrach mich hin und wieder und stellte Fragen. Als Vorgesetzte war sie sehr höflich, manchmal aber auch etwas ungeduldig. In diesen Fällen wollte sie sofort, dass ich ihr zuhöre. Es dauerte einige Zeit, bis wir ein eingespieltes Team wurden. Und nach geraumer Zeit stellte sich gegenseitiges Vertrauen ein. So tätigte ich beispielsweise auf meinem Arbeitsweg von Leutkirch nach Rotis Einkäufe für sie, die am Monatsende per Rechnung beglichen wurden.

Mit der Zeit übertrug sie mir immer mehr Vollmachten. Ich übernahm die Kontrolle von ihren Geldeingängen aus ihren Buchverkäufen. Manchmal bat sie mich, ihre Korrespondenz gegenzulesen.

In den Ferien nahm ich meine beiden Töchter hin und wieder mit nach Rotis. Im Aicher'schen Garten oder im Haushalt verrichteten sie kleinere Arbeiten wie Unkraut jäten oder ähnliches. Oder sie beschäftigten sich mit Eva, der behinderten Tochter. Das honorierte die Hausherrin mit einem Taschengeld. Als Julian in Leutkirch auf die Realschule ging, bat sie mich hin und wieder, ob er bei mir zu Mittag essen könne. Es war somit eine gegenseitige Unterstützung. Sofort willigte sie ein, als ich sie um die Firm-Patenschaft meiner Mädchen bat.

Durch die enge Zusammenarbeit blieben uns die Sorgen und Nöte des anderen natürlich nicht verborgen. Nach dem Unfall von Pia im Februar 1975 war sie mehr als vorher in sich gekehrt. Sie

kam mir in sich gebrochen vor, aber nach außen war sie sehr stark. Diese innere Starre ist im Laufe der Zeit wieder geschmolzen.

Als ich einmal sehr in mich gekehrt war, erkundigte sie sich nach meinem Befinden. Zunächst wollte ich nicht über diese Angelegenheit sprechen. Nach ein paar Tagen bemerkte sie, dass sich meine Stimmung wieder gebessert hatte. Da berichtete ich ihr von einem Vorfall in meinem engsten Familienkreis, der glücklicherweise ein gutes Ende genommen hatte. Da nahm sie mich in den Arm vor Freude: „Jetzt kann ich Sie verstehen, warum Sie so bedrückt waren. Wenn Sie Sorgen oder Geldknappheit haben, können Sie jederzeit zu mir kommen. Wenn es in meiner Macht steht, helfe ich Ihnen gerne."

Die Gelegenheit ergab sich, als ich aufgrund eines Unfalls mein Auto ersetzen musste. Sie gewährte mir sofort ein zinsloses Darlehen. Ich habe sie in jeder Weise als sehr sozial gegenüber mir in Erinnerung. Obwohl ich bei ihr angestellt war, fühlte ich mich doch wie zu einer großen Familie zugehörig. Manchmal fielen aufgrund eines hohen Arbeitspensums Überstunden an. In diesen Fällen lud sie mich ein, zum Mittagessen zu bleiben. Auf der anderen Seite folgte sie hin und wieder einer Einladung auf eine Tasse Kaffee zu mir, wenn sie in Leutkirch war.

Natürlich ließen sich Meinungsverschiedenheiten nicht immer vermeiden. Aber diese wurden geklärt und es wurde nichts nachgetragen.

Nach dem Tod von Otl bot sie mir das „Du" an. „Sie sind von den Freunden von Otl auch geduzt worden", sagte sie. Ich entgegnete: „Frau Aicher, Sie sind meine Chefin. Ich kann Sie nicht duzen." Es schien mir, als reagierte sie darauf etwas gekränkt. Als sie später schwer krank wurde, ich auch das Pflegepersonal betreute und ihre persönlichen Finanzen verwaltete, habe ich das „Du" angenommen. Und sie hatte Tränen in den Augen vor Freude.

Beim Ordnen von Otl Aichers Policen fand ich eine Lebensversicherung von ihm. Sie war sprachlos, denn sie wusste nichts mehr davon. Ab diesem Zeitpunkt bat sie mich auch privat öfter um Rat. Zum Beispiel, als es um die Unterbringung von Eva in einem betreuten Wohnen in Leutkirch ging. Auch aufs Notariat begleitete ich sie, als sie ihr Testament machte. Sie sagte: „Auf Sie kann ich mich verlassen, da kommt nichts raus." Zu diesem Zeitpunkt lebte sie alleine in Rotis.

Als sie krank wurde, riet ich ihr, Pflegegeld zu beantragen. Von dieser Möglichkeit hatte sie keine Kenntnis. Als Kranke habe ich sie dankbar erlebt, dass ich sie auch weiterhin unterstützte. Sie war in meiner Gegenwart nie ungeduldig oder mürrisch. Auch wenn sie Schmerzen hatte.

Elisabeth Bauhofer, geb. 1937, hat ab August 1973 im „rotis büro" die Buchhaltung und Verwaltungsaufgaben erledigt. Bis heute dürfen die Erben ihre Unterstützung in Anspruch nehmen. Im Verein „otl aicher rotis eV" ist sie als Geschäftsführerin tätig.

Renate Burmeister

Die ältere Freundin

Am 21. Dezember 1987 schenkte Inge meinem damals zehnjährigen Sohn Julian – verbunden mit guten Weihnachtswünschen – ein kleines handliches Bilderbuch. Es handelt von Abraham und stammt aus der Reihe „Was uns die Bibel erzählt". Sie fand, wie sie ihm auf einer Postkarte aus Rotis schrieb, dieses Gleichnis über Gehorsam und Vertrauen gegen alle Zweifel der Vernunft schön und passend für ihr Patenkind. Gleichwohl schrieb sie auch: „Manchmal möchte ich Dich ein wenig besser kennen, um Dir etwas schenken zu können. Wenn ich wieder mal nach München komme, erzählst Du mir, was Dich interessiert."

Wie kam es zu dieser Patenschaft? Sie hat mit Inges Tochter Pia zu tun, die 1975, 21-jährig, an den Folgen eines Verkehrsunfalls verstarb. Und sie hat etwas damit zu tun, dass zwischen Inge, Pia und mir ein Vertrauensverhältnis wachsen konnte und bis zu beider Tod Bestand hatte.

Ich lernte Inge zunächst als Leiterin der von ihr gegründeten vh Ulm kennen. Von Januar 1965 bis Juli 1968 war ich ihre persönliche Assistentin. In Ulm geboren und in einer politisch wachen Familie aufgewachsen, kannte ich selbstverständlich die Geschichte der Weißen Rose, ihr Büchlein über den Widerstand ihrer Geschwister war meine Schullektüre. Umso mehr war es für mich eine Ehre, mit Inge zweieinhalb Jahre eng beruflich zusammen arbeiten zu dürfen. Sie war Vorbild und Vorgesetzte und zuletzt verständnisvolle ältere Freundin. Ihr vielfältiges gesellschaftspolitisches und kulturelles Engagement gerade in den 60er und 70er Jahren und ebenso das von Otl Aicher, dem Vater ihrer fünf Kinder, hat aber wohl auch zu Momenten geführt, in denen beide nach Gesprächspartnern außerhalb der Familie gesucht haben, die im rechten Moment zur Verfügung standen.

So wurde ich für einige Jahre zu einer Art älteren Freundin für Pia, die – ebenso wie ihr Zwillingsbruder Florian – im Alter von 18 Jahren den Wohnortwechsel ihres Elternhauses nicht mitmachen wollte.

1968 entschied die Landesregierung unter Hans Filbinger in Baden-Württemberg, die Hochschule für Gestaltung in Ulm nicht weiter zu fördern. Diese war aber neben der Volkshochschule für Inge, noch mehr aber für Otl Aicher, ein wichtiger Arbeitsschwerpunkt. Umso schmerzlicher traf sie diese Entscheidung, denn die HfG wurde von beiden zur Erinnerung an Sophie und Hans Scholl gegründet. Die Folge: Sie verlegten ihren Wohn- und Arbeitssitz nach Rotis. Pia und Florian setzten sich mit ihrem Standpunkt durch und blieben in Ulm.

In diesen Jahren entwickelte sich zwischen Pia und mir eine intensive Freundschaft. Zwischenzeitlich in München wohnend und arbeitend, traf ich Pia oft, wenn sie ihre Eltern in Rotis besuchte und ich ebenfalls an Wochenenden dort eingeladen war. Dabei kam es immer wieder zu Gesprächen über Konflikte, die Pia mit ihrer Mutter (und umgekehrt) nicht befriedigend lösen konnte. Inge konnte sich dabei immer wieder meines Bemühens sicher sein, Pia ihrer Mutter näher zu bringen, ohne die entstandene Freundschaft zu ihr oder zu Pia zu gefährden.

In Folge dieser intensiven Nähe und dieses gegenseitigen Vertrauens schrieb mir Pia am 18. Juni 1974 folgende Zeilen: „Liebe Renate, (...) vielleicht bin ich auch in deiner Gegenwart ausgeglichener und vielleicht reifer, weil ich mich von dir anerkannt fühle, trotz meiner Fehler und Schwächen. Mein Selbstwertgefühl hängt sehr oft an einem sehr dünnen Faden, weil ich im Moment in Ulm nicht wirklich weiß, wo ich hingehöre. (...) Vielleicht ist unsere Freundschaft dagegen von so langer Dauer, weil jeder seine eigene Welt lebt, in der weder ich dir, noch du mir im Weg stehen. (...) Vielleicht ist es auch, daß du nicht in der selben Situation steckst wie ich und alles viel distanzierter siehst, nicht selber so mit hineingerissen wirst wie zum Beispiel Flo oder Sanny, die zum Beispiel den Schulproblemen genauso hilflos gegenüberstehen wie ich. (...) Auf jeden Fall ist es gut, dich zu kennen und es macht Spaß, mit dir durch den Regen zu wandern. (...)"

Pia fand in Folge immer wieder auch mal den Weg zu mir nach München. Das geschah meist überraschend; bisweilen wartete sie geduldig vor der Tür meiner Wohngemeinschaft, bis ich kam.

Auch nach ihrem Tod war ich oft und gerne zu Besuch bei Inge und Otl und konnte Motorradfahrten mit Otl durch das Allgäu um Isny genießen und lange Gespräche mit Inge führen. Als 1977 mein Sohn Julian auf die Welt kam, war es für Inge ein Herzenswunsch, die Patenschaft für ihn zu übernehmen. Sie begründete es damit, dass ich die Patenschaft für Pia übernommen hatte, als ihre Tochter diese brauchte und suchte.

In ihrem Garten in Rotis, 1996.

Dieser Gedanke von ihr hat mich tief berührt und die Verbindung zu ihr weiter gefestigt. Wann immer es ging und wann immer sie in München war, kam sie zu Besuch, um mich und Julian zu sehen. Inge war eine aufmerksame und interessierte Patin. Sie war an meiner und damit auch an Julians Seite, als mein Vater und sein Großvater in Ulm zu Grabe getragen wurde und sie legte großen Wert darauf, die Konfirmation ihres Patenkindes nicht nur mitzufeiern, sondern auch mitzugestalten. In den darauf folgenden Jahren war es ihr öfter nicht möglich, Termine und gesellschaftliche Verpflichtungen in München selbst wahrzunehmen. So hatte ich 1982 die Gelegenheit, sie bei der Premiere des Films „Die Weiße Rose" von Michael Verhoeven zu vertreten. Auch war es ihr ein Anliegen, dass ich immer am Todestag ihrer Geschwister das Grab von Sophie und Hans besuchte. Ihr Patenkind ging gerne mit und wir berichteten ihr dann von den vielen Blumengrüßen, die Menschen auf das Grab gelegt hatten.

Die Grundlage für meine Beziehung zu Inge und umgekehrt war gegenseitiges Vertrauen. Gerne habe ich sie mit meinem Mann noch kurz vor ihrem Tod in Rotis besucht. Zu Florian, dem Zwillingsbruder von Pia, und seiner Frau Gabriele haben mein Mann und ich bis heute berufliche und private Kontakte. Er war es auch, der mir gleich nach dem Tod seiner Mutter den Begräbnistermin mitteilte. So konnten Julian und ich uns von ihr verabschieden.

Renate Burmeister, geb. Saumweber, 1943 in Ulm geboren, war zwischen 1965 und 1968 Assistentin von Inge Aicher-Scholl an der Ulmer vh. Danach war sie für Suhrkamp, Piper sowie das Deutsche Jugendinstitut München und in der Erwachsenenbildung tätig. Sie ist Mutter eines Sohnes und Oma von drei Enkelkindern.

Malve Fehrer

Anders als alle anderen

Meine Kindheitserlebnisse mit Inge in Ulm

Inge Aicher-Scholl und Otl Aicher lernten meine Eltern, Ingeborg (genannt Biene) Grzimek und Günther (genannt Jim) Grzimek, in den späten 1940er Jahren kennen.

Sie blieben bis an ihr Lebensende miteinander befreundet.

Inge und Otl, sowie ihre Kinder Eva, Pia, Florian und etwas später Julian und Manuel gehören zu meinem Leben wie nahe Verwandte.

Inge unterschied sich von allen Frauen, die ich als Kind erlebte, erheblich. Sie war nicht Hausfrau und Mutter, sondern sie verkörperte für mich eine Persönlichkeit, die immer etwas Bedeutungsvolles und Ideelles vertrat.

Meine deutlichen Erinnerungen an sie beginnen, als ich im Alter von etwa acht Jahren war. Inge war etwa 30 Jahre älter als ich.

Inge und Otl, meine Eltern und der riesige Ulmer Freundeskreis trafen sich regelmäßig: um zu diskutieren, zu diskutieren, zu diskutieren und zu feiern. Sie luden sich, auch innerhalb der Woche, gegenseitig ein und es ging oft laut und fröhlich zu. Mitgebrachte Gäste waren hoch willkommen, so trafen Musiker, Schauspieler, Designer, Schriftsteller, Wissenschaftler und Wirtschaftsexperten zusammen.

Manchmal kamen auch Inges Schwester Lisel Hartnagel und ihr Mann Fritz zu uns zu den gemeinsamen Treffen. Lisel suchte sich einen bequemen Stuhl oder einen Sessel. Meist dauerte es nicht lange, dann war sie eingeschlafen. Ich glaube, sie war pragmatischer als die anderen.

Wenn sich damals Erwachsene trafen, waren Kinder sozusagen nicht anwesend, auch wenn sie sich im selben Raum aufhielten. Es beeindruckte mich tief, als mich Inge wiederholt in einer sanften und aufmerksamen Weise ansprach. Wenn gerade über weltpolitisch wichtige Angelegenheiten gesprochen wurde, sagte sie zu mir: „Es interessiert mich, was du darüber denkst." Ich wusste kein einziges Mal, was ich antworten sollte. Inge schien sich nicht darüber zu wundern, aber ich fühlte mich durch ihre Beachtung sehr geehrt.

Im Laufe der nächsten Jahre schenkte sie mir „Das Tagebuch der Anne Frank" und Tschingis Aitmatows Erzählungen, die auch die Liebesgeschichte „Dshamilija" enthielt, die im Sommer des Kriegsjahres 1943 spielt. Noch als Kind las ich Inges Buch „Die Weiße Rose."

Obwohl Inge gerne lachte, ging stets etwas Tragisches mit ihr einher. Ich kann mich nicht erinnern, wann ich über meine Eltern von Sophie und Hans Scholls Hinrichtung erfuhr, doch der Schock über das Geschehene prägte mich. Der Tod ihrer Geschwister, die Verbrechen während des Faschismus und die Sorge um faschistoide Tendenzen in der Bundesrepublik Deutschland waren für Inge, wie mir schien, allgegenwärtig. Meinem Empfinden nach hat sie dieser Schatten ihr ganzes Leben lang begleitet.

Gelegentlich, wenn meine Eltern verreisten, wohnte ich für ein paar Tage bei der Familie Aicher in ihrem Ulmer Haus, das sich auf dem Campus der Hochschule für Gestaltung befand. Die Wohnfläche erstreckte sich über zwei Geschossebenen und war sehr sparsam eingerichtet. Wie bei uns zu Hause gab es die „Ulmer Hocker", die Braun Musikanlage „Schneewittchensarg" und Stehlampen, die lediglich große, nach unten verspiegelte Birnen zur Beleuchtung besaßen.

Ich erlebte Inge als Managerin des Haushaltes, als Erzieherin ihrer Kinder, als ständig gefragte Leiterin der Volkshochschule und als Mitgestalterin von politischen Projekten. Es gab zwar immer Frauen, die sie bei den täglichen Aufgaben unterstützten, doch sie gab ganz genau an, wie alles zu geschehen hatte.

Einmal übernachtete ich zusammen mit Eva im selben Zimmer. Gegen Morgen wachte ich auf, weil eine große Unruhe herrschte. Es ging Eva nicht gut. Inge teilte mir ängstlich und aufgeregt mit, Eva habe ein sehr schwaches Herz und sie wüsste nicht, wie schwer sie gerade erkrankt sei. Am nächsten Morgen war Eva wieder gesund, doch Inge waren die strapaziöse Nacht und die Sorge um das Kind deutlich anzumerken.

Als ich ungefähr 14 Jahre alt war, nahm mich Inge mit dem Auto von Ulm nach München mit. Sie hatte etwas mit ihrem Vater zu besprechen, ich sollte mich während der Fahrt um Pia und Florian kümmern. Wir stiegen in den imposanten Alfa Romeo ein. Doch Inge war ziemlich nervös, da sie sonst einen kleinen Wagen fuhr, wenn ich mich richtig erinnere, einen Fiat 500. Bei Augsburg wurde das Benzin knapp. An der Tankstelle fragte sie der Tankwart nach dem Tankschlüssel. Otl war telefonisch nicht zu erreichen und der Tankwart wurde immer ungeduldiger. Irgendwie löste er das Problem, aber Inge war ziemlich fertig. Später als geplant kamen wir in München an, doch der versprochene Zoobesuch fand trotzdem statt. Danach sollte es nun zu Inges Vater gehen, doch Inge verirrte sich hoffnungslos im Großstadtverkehr. Mitten auf einer viel befahrenen Kreuzung blieb sie stehen. Völlig verzweifelt fragte sie ihre Kinder: „Wo geht es denn jetzt lang?" Florian schrie: „Nach links!" Pia schrie: „Nach rechts!" Inge stieg aus dem Auto, gestikulierte wild und versuchte, Kontakt zu den zwangsweise wartenden Autofahrern zu bekommen. Wildes Hupen war die Folge, aber es fand sich ein hilfsbereiter Mensch, der Inge schließlich den Weg erklärte.

Der „Rote Hof"

Ende der 1960er Jahre machten meine Eltern und mein 13 Jahre jüngerer Bruder Benno, der genauso alt wie Manuel ist und der sich in dieser Zeit besonders gut mit Julian verstand, wiederholt Ferien bei Aichers auf dem „Roten Hof". Diese hatten ein ehemaliges Bauernhaus im schwäbischen Allgäu so perfekt umgebaut, dass die große Familie und sogar noch Gäste wunderbar darin Platz fanden. Ich studierte in Berlin und besuchte sie dort mehrere Male.

Da meine eigenen Eltern viele Auseinandersetzungen miteinander führten und sich häufig stritten, empfand ich die Übereinstimmung von Inge und Otl in organisatorischen, politischen, ästhetischen und erzieherischen Fragen erstaunlich.

„souvenir von mailand. dieser filou ! füllte unsere hände mit erbsen und im nu stürzten sich die tauben wie komplizen darauf. ehe wir entscheiden konnten, ob wir wollten, hatte er uns schon geknipst und schleppte uns hinab in sein büro im u-bahnhof, nahm uns etliche lire und unsere adresse ab – und nach 8 tagen kamen die fotos in rotis an."

Eintrag in der Rotis-Chronik 1981 unter dem Bild.
Kein genaueres Datum der Reise angegeben.

Der Tagesablauf folgte strengen Regeln und jedes Kind (und auch die Gäste) wussten immer ganz genau, welche Arbeit an der Reihe war. Ganz offensichtlich ließen sich Inge und Otl von der antiautoritären Bewegung, die in den 60er Jahren rasch die verschiedensten Bereiche erfasste, nicht beeindrucken. Ihr Erziehungsstil blieb autoritär.

Im abgesteckten Rahmen gab es viele Aktivitäten, die die Erwachsenen und die Kinder einvernehmlich und ausgelassen gemeinsam durchführten. Die „drei kleinen Buben" Julian, Manuel und Benno, damals zwischen acht und zehn Jahre alt, spielten leidenschaftlich gerne Fußball, ihre „dicken Mütter" Inge und Biene mussten stundenlang im Tor stehen.

Häufig kamen Gäste zu Besuch. Meistens wurde über politische und weltanschauliche Themen diskutiert, doch manchmal machte sich in dieser Zeit eine optimistische, gar fröhliche Stimmung breit. Einmal erfanden alle Anwesenden, die sich im Refektorium des „Roten Hofs" versammelt hatten, einen ganzen Abend lang Schüttelreime. Inge schlug mit ihren Wortschöpfungen und ihrer Erfindungsgabe alle in ihren Bann.

Von der politischen Aufbruchstimmung in Europa und in den USA wurden sowohl Inge als auch Otl intensiv beeinflusst. Inge liebte die Songs von Joan Baez, Pete Seeger, Donovan und Peter Paul and Mary. Otl stellte den „Schneewittchensarg" auf volle Lautstärke und über das friedliche Allgäu hinweg ertönte Bob Dylans „The Times, They are A-Changin'".

Die Ostermarschbewegung erfüllte Inge mit Hoffnungen auf einen gesamtgesellschaftlichen Umbruch. Es war maßgeblich ihr zu verdanken, dass 1968 ein riesiger Ostermarsch durch Ulm zog.

Rotis

Wenn ich an ihre ersten Jahre in Rotis zurück denke, sehe ich Inge stiller und ernster vor mir als zuvor. Sie wirkte völlig absorbiert von Aufgaben für das enorm große Anwesen, von den Verpflichtungen für die Familie – vor allem im Zusammenhang mit Eva – und ihren eigenen, verschiedenartigen Projekten.

Auch kurz nach dem Tod von Pia oder nachdem Otl gestorben war, habe ich sie nie weinen sehen. Sie bezog ihre verunglückte Tochter und ihren Mann mit großer Empathie in Gedankengänge, die sie beschäftigten, mit ein – gerade so, als wären sie anwesend.

Als unser erster Sohn Felix 1977 geboren worden war, erfasste mich eine solch' überwältigende Freude und Dankbarkeit, dass ich sie unbedingt mit anderen teilen wollte. Ich fragte Inge, ob sie seine Patin werden wollte, und sie stimmte sofort zu.

Heute denke ich, dass sie die Patenschaft eher als eine weitere Verpflichtung empfunden haben muss, aber das hat sie Felix und mich nie spüren lassen. Zu seinen Geburtstagen und zu Weihnachten hat sie ihm wunderschöne Geschenke gemacht wie „Das große Liederbuch", von Tomi Ungerer illustriert und mit dazugehöriger Schallplatte, Holzfrühstücksbretter, die eine Maus und ein Schwein darstellten, eine warme Wintermütze mit Ohrenklappen, die Felix viel zu groß war und die er dennoch mit Leidenschaft trug und „Das Schellenursli", das er immer wieder vorgelesen bekommen wollte und das er bald auswendig aufsagen konnte.

Als junge, unerfahrene Mutter schrieb ich Inge lange Briefe über die Entwicklung unseres Sohns und über Unsicherheiten bei Erziehungsfragen. Insgeheim hoffte ich auf ihre moralische Unterstützung, aber die konnte sie mir wohl nicht geben. Eher hätte sie vielleicht selbst eine Patin gebraucht.

Als unser drittes Kind geboren wurde, tot, schrieb ich ihr einen langen Brief, auf den sie mir alsbald antwortete. Sie bedauerte, mir keinen Trost geben zu können, sondern viel mehr selbst sehr viel Kraft und Zuversicht aus meinen Worten erhalten zu haben.

Da erahnte ich zum ersten Mal, dass eine Patenschaft ein Dilemma bedeuten kann.

Als unser Felix etwa zweieinhalb war, also noch vor dieser Zeit, erreichte uns eine Einladung aus Rotis. Ich schwitzte Blut und Wasser, weil er nichts anfassen, sich ruhig verhalten und möglichst bewegungslos sein sollte. Otl war krank und hatte sich zurückgezogen. Wir standen gerade im weiträumigen Treppenhaus, als Felix, indem er nach oben zeigte, plötzlich ganz laut rief: „Was macht denn der kleine Mann da?!" und er zeigte auf Otl, der hinunter schaute. Da konnte sich Inge vor lauter Lachen kaum halten.

Seit 1966 besaß unsere Familie ein Ferienhaus im Allgäu, Inge besuchte uns dort häufig. Meistens brachte sie Eva mit, die unseren Hund „Fritz" gar nicht mochte. Doch es gab Kräutertee, selbst gebackenen Kuchen und Schlagsahne und Eva war hoch zufrieden. Meistens unternahmen wir dann einen Spaziergang. Wann immer es die Natur erlaubte, pflückten Inge und Eva einen Feldblumenstrauß für uns.

Bei diesen Gelegenheiten erzählte uns Inge von ihren Aktivitäten, von ihrem Wirken in der Gustav-Heinemann-Stiftung, ihrem Einsatz für Menschen, die sich während des Faschismus zur Wehr gesetzt hatten, im Dritten Reich verurteilt worden waren und immer noch nicht von der bundesrepublikanischen Justiz rehabilitiert wurden, von ihrem Engagement gegen den Nato-Nachrüstungsbeschluß.

Mit großer Freude berichtete sie von dem Film „Die weiße Rose" und ihrer Verbundenheit zu Senta Berger und Michael Verhoeven. Sie brachte uns die

Filmmusik, die Konstantin Wecker komponiert hatte, auf einer Schallplatte mit und mir ging der Liedtext tagelang nicht mehr aus den Ohren.

„Ihr wärt hier so wichtig, Sophie und Hans,
Alexander und all die andern,
eure Schlichtheit und euer Mut,
euer Gottvertrauen – ach, tät das gut!
Denn die Menschlichkeit, man kann's verstehn,
ist hierzuland eher ungern gesehn
und beschloss deshalb auszuwandern."

Im Sommer 1991, kurz vor Otls Unfall, waren mein Mann und ich in Rotis zum Abendessen eingeladen. Das große Wohnhaus wirkte sehr still. Das Ehepaar erzählte uns angeregt von ihren Erlebnissen mit ihren Katzen. Ich löste bei beiden wohl Erinnerungen an die Zeit unserer Kindheit in Ulm und auf dem „Roten Hof" aus. Dabei gerieten sie regelrecht ins Schwärmen.

Otl führte uns über das weitläufige Gelände und erklärte uns die Funktion der verschiedenen Gebäude. Schließlich kamen wir in sein Atelier und er zeigte uns, wie mir schien, mit großem Stolz die beiden Tonbüsten, die er gerade von den Geschwistern Sophie und Hans anfertigte.

Als er beim Essen weiter über die Arbeit an den Köpfen sprach, war ich stark davon berührt, wie glücklich sich Inge über dieses Werk zeigte.

In den letzten Jahren vor ihrem Tod trafen sich unsere Familien nur noch zu zeitlich sehr begrenzten Gelegenheiten. Inge schienen die Treffen anzustrengen.

Als meine inzwischen sechsköpfige Familie im Jahr 1997 mit Inges erwachsenen Kindern und ihren Enkelkindern in Florians Wohnung in Rotis Silvester feierten, fiel mir im Laufe des Abends auf, dass Inge zeitweise stark verwirrt war.

Im August 1998 wurde mir deutlich, dass Inge wohl ihren letzten Geburtstag erleben würde. Wie mir ihre Kinder, die sie betreuten, mitteilten, muss sie in diesen Tagen schon sehr schwach gewesen sein. Ich überlegte lange, womit ich ihr eine Freude bereiten könnte. Es herrschte schönstes Sommerwetter und mir fiel das Lied „Geh aus, mein Herz, und suche Freud'" des großen Kirchenlieddichters Paul Gerhardt. Ich schrieb alle 15 Strophen für sie ab und hoffte, dass ihr den Text jemand vorlesen würde. Ich glaube, es gibt kaum ein heiteres, tröstlicheres Lied als dieses; durch tiefes Vertrauen auf Gott gekennzeichnet schien es mir ganz wunderbar zu Inge zu passen.

Malve Fehrer, geb. Grzimek, geboren 1947 in Weingarten, Kreis Ravensburg, wuchs in Ulm auf. Als Grund- und Hauptschullehrerin unterrichtet sie seit 1989 auf der Grundlage der Montessori-Pädagogik. Sie ist Vorstandsmitglied der Deutschen Montessori Gesellschaft und im Redaktionsteam der Mitgliederzeitung DAS KIND. Malve Fehrer hat vier Kinder und zwei Enkeltöchter und lebt in Berlin.

Peter Finckh

Die Freundin in Schicksalsgemeinschaft

Es ist in der Volkshochschule Ulm gewesen. 1967.
Da bin ich Inge begegnet. Sie, die Schwester von
Sophie und Hans Scholl, ich, der Sohn von Eberhard
Finckh, Oberst i.G. Inges Geschwister und mein
Vater wurden vom Volksgerichtshof zum Tode
verurteilt und hingerichtet.

Unsere Begegnung mündete schnell in eine
Freundschaft. Inge beabsichtigte in der vh eine
Dokureihe mit Zeitzeugen des deutschen Widerstandes gegen die Hitler- und Naziherrschaft einzu-
richten. Meine Zugehörigkeit zur Stiftung „20. Juli
1944" ermöglichte es, Überlebende des Widerstandes als Referentinnen und Referenten anzusprechen. Durch diese Zusammenarbeit in der vh
bewährte und verdichtete sich unsere Beziehung.
Darüber hinaus engagierten wir beide uns beim
Ausbau des Dokumentationszentrums KZ Oberer
Kuhberg.

Otl Aicher, Inges Mann, bekam den Auftrag zur
Erstellung des Erscheinungsbilds der Olympischen
Spiele 1972 in München. In der Zeit der Spiele
siedelte die Familie Aicher von Ulm nach Rotis im
württembergischen Allgäu nahe Leutkirch. Ihr
frei werdendes Haus in Ulm, ein Dozentenhaus der
HfG, wurde von meiner Familie und mir bezogen.
Monatlich besuchte ich Inge und Otl ein- bis
zweimal in Rotis; meist blieb ich über Nacht.

Peter Finckh, geb. 1937, ist Sohn von Oberst i. G. Eberhard
Finckh, der wegen maßgeblicher Teilnahme am Umsturzver-
such des 20. Juli 1944 in Plötzensee hingerichtet wurde.
Sein Sohn Peter besuchte in Stuttgart die Waldorfschule
Uhlandshöhe. Nach dem Studium der Betriebs- und Volkswirtschaftslehre kam er beruflich nach Ulm. Er lebt bis
heute im Dozentenhaus der Familie Aicher am Hochsträss.

Susanne Freitag

Leise, eigenwillig, beharrlich

Inge Aicher Scholl trat schon früh in mein Leben, nämlich als Patentante. Daher wuchs sie wie selbstverständlich in mein Leben hinein. Ich erinnere mich gerne an sie zurück. Kurz nach meiner Geburt hält sie mich auf dem Foto auf ihren Armen über das Taufbecken in der Klosterkirche in Ulm-Söflingen, daneben steht mein Patenonkel Georg.

Ich bin das älteste von Hedls Kindern. Da hatte Inge schon drei Kinder, zu einem war meine Mutter schon Patin geworden.

Inge ist nun schon 14 Jahre tot. Sie starb im Sommer 1998 in Rotis, sieben Jahre nach ihrem Mann Otl.

Inge wurde bestattet im Grab neben Otl und Tochter Pia. Ich erinnere mich an diese Beerdigung im einfachen Stil mit Blumenkränzen und Sträußen, die sie liebte, wie Kapuzinerkresse, Wicken, Ringelblumen, Malven und anderen Blüten in Pastellfarben. Anschließend tranken wir Kaffee im Hof der Rotisserie. Inge möchte ich bezeichnen mit Eigenschaften wie leise, eigenwillig, bescheiden, geduldig und beharrlich.

Bis ich sie als Patentante wahrnahm, vergingen einige Jahre, denn für ein Kleinkind ist erst mal alles selbstverständlich. Und so sind es die Geschenke von ihr, an die ich mich zu erst erinnere, vor allem die Weihnachtsgeschenke! Kurz vor Weihnachten kam sie bei uns in der Glockengasse in Söflingen vorbei und brachte in einem geflochtenen großen Korb wundervoll eingepackte Geschenke. Feines Seidenpapier in kräftigen Tönen oder Pastellfarben, doppellagig mit schönen Bändern, zu Schleifen gebunden, alles passend Ton in Ton.

Meine Familie wohnte damals in Söflingen in der Glockengasse 10 mit den Großeltern Aicher zusammen, so waren es mehrere Päckchen von ihr unter dem Weihnachtsbaum, meine jedenfalls waren mit Namen versehen. Da freute ich mich besonders. Meistens waren es Bücher, Taschenbücher. Das passte zu ihr. Sie war allerdings keine Tante, die ich oft sah. Sie war viel beschäftigt, heute frage ich mich, wie sie so viele Aufgaben unter einen Hut bekam. Ihre Präsenz ist mir nur im Zusammenhang mit Familienzusammenkünften in Erinnerung.

Inge Aicher-Scholl hält ihr Patenkind, Susanne Maeser (verheiratete Freitag), auf dem Arm, März 1955, rechts im Bild Pfarrer Rohrer.

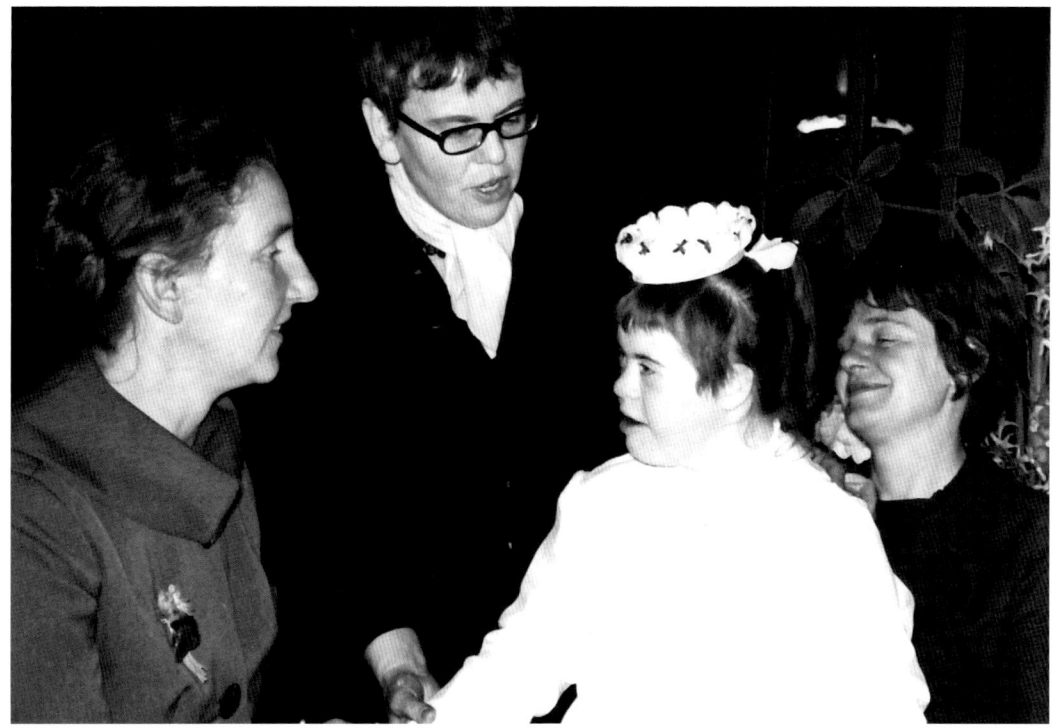

Erstkommunion
von Eva Aicher

Links im Bild
Irene Straub, eine
Bekannte der
Familie, daneben
Inge, Eva als
Kommunionkind
und Elisabeth
Hartnagel-Scholl.

Für mich war sie schon etwas Besonderes.
Ihre Kleidung war außergewöhnlich. Sie entsprach
nicht dem allgemeinen Stil. Ihr Auftreten war anders. Oft trug sie ein Haarband zu ihrem Kurzhaar-
schnitt, das passte gut zu ihrem hübschen Gesicht,
ihrem schönen Profil.

Auffällig war ihre warme, weiche Stimme,
eher leise und sanft. Ihre sanfte Stimme, die ganz
schöne sanfte, helle Stimme, das ist es, an was ich
mich zuerst erinnere, wenn ich an sie denke. Dennoch konnte sie sich gut Gehör verschaffen. Eine
natürliche Autorität umgab sie. Ich empfand
Respekt für sie, spürte Distanz und auch Bewunderung. Es war besser, ihr nicht zu widersprechen,
dass hätte die Sache nur komplizierter gemacht.

Gerne auch erinnere ich mich an unsere
Besuche am Hochsträss, oben am Kuhberg. Wir
Kinder spielten zusammen mit den Cousinen und
Cousins im freien Gelände rund um die HfG, Räuber
und Gendarm!

Das Wohngebäude der Familie hat bei mir
einen bleibenden Eindruck hinterlassen. Es war eine
ganz andere Welt. Die Aichers wohnten in einer
Haushälfte der Dozentenhäuser der HfG. Außergewöhnlich der Grundriss in der Split-level-Anlage,
der Wohnbereich tiefer gelegt zum Garten.

Das erste Fest, an das ich mich zurückerinnern
kann, war die Erstkommunion von fünf Cousins und
Cousinen an einem Termin. Von Aichers waren es
drei Kinder, Eva, Pia und Florian. Dazu kamen noch

Ulrike, die Tochter von Georg Aicher, und ich.
Gefeiert wurde in einem Restaurant außerhalb von
Ulm. Da saßen wir alle zusammen, weil jeder zu
jedem Pate oder Verwandter war. Es war nie üblich
gewesen, Inge mit Tante anzusprechen. Sie war
einfach die Inge.

Bald nach dem Umzug nach Rotis verunglückte meine Cousine Pia tödlich bei einem Autounfall auf der Fahrt mit ihrem Vater nach Ulm.
An diese Beerdigung kann ich mich noch gut erinnern. Pias Freund spielte auf der Gitarre das Lied
„Dust in the wind". Das Grab auf dem Dorffriedhof
in der Allgäulandschaft – unwirklich. Inge (und
auch Otl) ertrugen diesen Schicksalsschlag ohne
Jammern mit großer Tapferkeit. Heute bräuchte
man psychologische Betreuung. Sie ertrugen dieses
Schicksal nach so vielen dramatischen Familiener-
eignissen und verloren nicht den Halt. Bewundernswert die Haltung von Inge – Demut, Geduld,
mentale Stärke.

Erst Jahre später in Rotis nehme ich Inge als
Person wahr, als naturverbundene Person und im
Bereich der Küche. Es hatte alles seine genaue
Ordnung, alles seinen Ablauf. Essen zu kochen für
eine Familieneinladung war ja auch eine Herausfor-
derung. Damals konnte ich sie zum Teil bei der
Arbeit unterstützen, aber man durfte nichts unge-
fragt machen, nichts durcheinanderbringen. Im
Anschluss an die Essküche hatte sie ihren eigenen
Bereich, einerseits das Büro und andererseits das

Gästezimmer. Dort gab es einen Eingang vom Garten her. Da wurden ihre Lieblinge, die Katzen, versorgt, Bätze und Bohle. Sie mochte die Samtpfoten sehr. Irgendwie passten sie zu ihrer feinen Art. Nicht weit entfernt im Garten hatte sie ihren Kräutergarten in Hochbeeten angelegt mit einem breiten Angebot von Gartenkräutern, die sie stets zum Kochen verwendete und mit großer Hingabe pflegte und verarbeitete. Ihre Naturverbundenheit, ihr Kräutergarten, besondere Blumen, das war ihr Reich.

Eva hat sehr viel Zuwendung von ihr erfahren. Ihr Tagesablauf war gut geregelt und hat viel Zeit erfordert. Abends an Evas Bett hat sie noch Gitarre gespielt und mit ihr gesungen. Da hat Inge noch lange die Mutterrolle ausgeübt, auch als sie schon älter war, und diese noch mal vertieft. Als sie jung war und ihre Kinder noch klein, hatte sie wenig Zeit. Was sie da alles geleistet hat ist enorm, Volkshochschule aufbauen, Spenden sammeln für die HfG, Vorträge halten. Sie war fleißig, organisiert und engagiert.

Ich selbst verdanke Inge eine Weichenstellung in meinem Leben. Sie unterstützte mich bei der Suche nach einer Praktikantenstelle in Ulm und so kam ich schließlich gerne nach Ulm zurück. Heute lebe ich noch immer sehr gerne in dieser Stadt. Hier spüre ich nach wie vor den besonderen Geist, der in der Nachkriegszeit wehte, geprägt von Menschen wie Inge, deren Spuren bis heute sichtbar sind.

Susanne Freitag, geb. Maeser (1955) in Ulm.
Ihre Mutter ist die ältere Schwester von Otl Aicher.
Susanne Freitag lebt in Ulm und ist tätig im Bereich Stadtgeschichte Ulm und HfG.

Claudia Fuchs

Die Erfahrungsraum-Gestalterin

Seltsam, wenn ich heute zurückdenke, was mir in Erinnerung blieb von dem berühmten Haushalt, in dem ich als Jugendliche ein paar Jahre lang zu Gast war, weil ich mit Manuel die Klasse teilte und mit Julian eine Liebesgeschichte.

Es wurde geflüstert, dass sie in ihrem Zimmer ein Barocksofa habe, ein illegales, denn es waren nur bestimmte Möbel erlaubt, und das Klopapier hatte quadratische Einprägungen, keine rechteckigen, weil Otl das so wollte.

Sie fuhr uns durch das Elsass, damit wir Wehranlagen besichtigen konnten, ein Hobby von Julian, der unablässig Glacis zeichnete. Ich erinnere mich, dass in dem silbernen VW-Bus aus Otls Autosammlung irgendwo in Frankreich das Frontfenster zerbarst und sie weiterfuhr gegen Regen und Wind zur weit entfernten nächsten Reparaturwerkstatt.

Ich sehe sie am Steuer sitzen: Klaglos, aufrecht, absolut eisern. Ich habe sie damals sehr bewundert.

Sie fuhr mit uns nach Frankfurt, zum 30. Jahrestag des VVN [1]. Ich erinnere mich an den Festakt in der Paulskirche, davor die Heckenfotografierer des Verfassungsschutzes. Wir wohnten bei der Tochter von Mitscherlichs, lange Flure in der Altbauwohnung. Wir saßen mit alten Männern aus dem Widerstand im Café Hauptwache, die mit uns redeten und unsere Fragen beantworteten. Wir waren die einzigen Jugendlichen da, weil Inge Aicher-Scholl uns mitgebracht hatte. Sie war eine Pädagogin, sie gestaltete Erfahrungs-Räume für uns, in denen wir uns dann bewegen konnten.

In Rotis. Diese Küche, von Otl gestaltet, mit Arbeitsblock in der Mitte. Heute kennt man das, in den siebziger Jahren war das völlig neu. So eine Küche hatte ich noch nie gesehen. Der Gedanke, dass die Gestaltung einer Küche sich an den Arbeitsabläufen orientiert! Ich war begeistert. Ich sehe mich stehen am Arbeitsblock in der Mitte, unter Inge Aichers Aufsicht Gemüse schneiden; es gibt kein Schneidebrett, der ganze Block, aus Holz, ist die Arbeitsfläche, auf der geschnitten wird. Die Reste werden in die Mitte geschoben, in die Öffnung, unter der ein Plastikbeutel hängt. So einfach, so praktisch!

Sie war streng. Alles musste in einer bestimmten Weise getan werden und nicht anders, sie wies falsches Arbeiten zurück.

Es wurde sorgfältig gekocht, mit Überlegung, mit ausgesuchten Zutaten, viele aus dem eigenen Garten, der von Bitz, dem alten Knecht, und ihr versorgt wurde. Ich erinnere mich an die Estragonsuppe, es gab viele Gerichte, die ich von zuhause nicht kannte. Und es schmeckte immer gut! Ich saß abends, so war es beschlossen, neben Otl, der mich Kreszentia nannte, oder kurz Kreszenz. Das war mir damals sehr peinlich, heute rührt es mich.

Das Arbeiten nahm sie so ernst wie die Menschen.

Es gab feste Regeln und Strukturen. Tagesabläufe, Arbeiten und Aufgaben waren fixiert in dem Betrieb, der Rotis damals auch war, mit Druckerei, Fotografen, Grafikern, Verwaltung, Hauswirtschaft, Küche, Hof, Garten, Gebäuden. An die zwanzig Menschen lebten und arbeiteten in dem Modell Rotis und wurden täglich versorgt von Inge Aicher-Scholl und ihren Helferinnen.

Sie war eine disziplinierte Managerin und gute Verwalterin, die erste von vielen, die ich kennen lernte. Sie war auch die erste Schriftstellerin, die ich kennen lernte: Ihre Bücher, über das Leben mit Eva, über die Weiße Rose, schrieb sie nachts. Sie stand um vier Uhr morgens auf und schrieb auf einer Olivetti bis gegen sechs. Dann ging sie nach nebenan in die Küche und fing ihren langen Arbeitstag im Dienst von Rotis an.

Eva, die älteste Tochter, wurde genau beobachtet und gepflegt, viele Alltagsrituale halfen ihr. Sie wuchs ganz anders auf als viele andere Menschen mit Down-Syndrom zu jener Zeit. Sie war mit Würde anders, „unterirdisch", wie Inge Aicher-Scholl es nannte. Eva hatte eine Gitarre, auf der sie vor dem Abendessen oft spielte. Julian meinte damals, sie zeige damit die gegenwärtige Stimmung in der Familie an. Und die war an der Oberfläche sehr geordnet, sehr strukturiert, und im Hintergrund doch auch oft fragil, die klare Ästhetik aus Form und Funktion ein halbtransparenter Vorhang, hinter dem sich anderes abspielte.

Otl war lebenslustig, zelebrierte gerne, spielte Hallenhockey mit uns, lief Schlittschuh mit mir am Arm und sang dazu Walzer. Er fuhr mich abends auf seinem BMW-Motorrad nach Hause: 25 Kilometer über kleine Allgäuer Landstraßen. Es muss ihm Spaß gemacht haben.

1 VVN = Vereinigung der Verfolgten des Naziregimes

117

Inge Aicher-Scholl und Willi Daume bei einem Empfang in Rotis Anfang der 70er Jahre. Willi Daume war Präsident des Nationalen Olympischen Komitees (NOK) und einer der wichtigsten Ansprechpartner Otl Aichers für die Olympischen Spiele 1972, genannt „Die heiteren Spiele". Für diese Olympiade München 1972 entwickelte Otl Aicher das Erscheinungsbild, darunter auch die legendären Piktogramme.

Foto: privat

Er erzählte beim Abendessen Geschichten davon, wie die Verhältnisse vertrackt und die Dinge anders waren, als sie schienen: wie er mit Sophie Scholl im Bett gelegen habe, irgendwann in der Vorkriegszeit, und sie hätten sich nicht berührt. Wie er behauptet hatte, eine Zeigefingerlähmung zu haben im Krieg, damit er nicht schießen musste.

Das Anders-Sein, das Dagegen-Sein, das In-Frage-Stellen, das Weiter-Denken wurde selbstbewusst gepflegt, ganz im Stil der Nach-Achtundsechziger-Zeit, aber auch als Erbe der Familiengeschichte, der Weißen Rose, des Widerstands gegen die Nazis. Hinter dem Aufmüpfigen und Lustvoll-Subversiven gab es eine Ahnung von Gefährdung, Zerbrechlichkeit und Zerfall. Das Sitzen am Tisch, beim Abendessen, ruhig, geordnet, geregelt, war nur eine von mehreren Ebenen, auf denen sich das Leben abspielte.

Inge Aicher-Scholl als Mutter meines Jugendfreundes Julian war eine strenge „Schwiegermutter". Als ihr eines Tages bewusst wurde, dass wir in Rotis miteinander schliefen, Julian und ich, zitierte sie uns in die Küche und hielt uns einen Vortrag, sehr aufgeregt, dessen Botschaft wir nicht teilten: Wir sollten warten, wir wären zu jung. Anschließend warf sie mich aus dem Haus. Wir waren alle sehr politisch, und das Private war auch politisch, und damit öffentlich, und deswegen erzählten wir das alles unserer politischen Gruppe, die damals die

Friedenswochen in Leutkirch organisierte. Es fand sich, mit Hilfe der Gruppenmitglieder und unserem Freund Klaus Sam, die über eigene Räume verfügten, stillschweigend eine andere Lösung für Julian und mich. So waren die Zeiten in den späten Siebzigern, als ich Inge Aicher-Scholl kennen lernte: Sie schwamm auch damals mit ihren Ansichten gegen den Strom.

Claudia Fuchs, Dr. habil., Jg. 1960, teilte bis zum Abitur 1979 im Leutkircher Gymnasium die Klasse mit Manuel Aicher. Heute auf Föhr lebend, wirkt sie als selbständige Beraterin und Qualitätsentwicklerin für Schulen und Kultusbehörden: www.fuchs-foehr.de.

Auf Föhr organisiert sie die Inselschreibwerkstatt mit Schreibberatung, Lesungen, philosophischen Gesprächen und einem Blog zu den InselLebensGenüssen: www.Inselschreibwerkstatt-foehr.de

Elisabeth Hartnagel-Scholl im Interview

„Die Begabteste in unserer Familie"

Elisabeth Hartnagel-Scholl, Jahrgang 1920, ist das einzige noch lebende Geschwister von Hans und Sophie Scholl, an die sie sich noch erinnert, als ob es gestern gewesen wäre. Die gelernte Kinderkrankenschwester hat kurz nach Kriegsende Fritz Hartnagel, den Verlobten von Sophie, geheiratet. Das Paar hat vier Söhne bekommen. Gemeinsam mit ihrem Mann Fritz Hartnagel war sie aktiv in der Friedensbewegung. Sie hat Ostermärsche organisiert und gegen die Stationierung amerikanischer Atomraketen in der Nähe von Stuttgart demonstriert. Zu ihrer Schwester Inge pflegte sie ein sehr enges Verhältnis. Im Gespräch mit ihrem Neffen Julian Aicher und dessen Frau Christine Abele-Aicher am 18. Februar 2012 [1] in Stuttgart gab sie Auskunft.

Christine Abele-Aicher: Elisabeth, welche Rolle spielte die Inge unter euch fünf Geschwistern?

Elisabeth Hartnagel-Scholl: Schon in jungen Jahren war die Inge unter uns sozusagen der „Leithammel". Sie war, glaube ich, gerade zwölf, da hat sie eine Kinderoper komponiert und dann mit uns eingeübt. Anschließend brachte sie das Werk zur Aufführung, im Pfarrgarten von Forchtenberg, wo wir damals lebten. Das Publikum bestand aus dem Lehrer, dem Pfarrer, dem Notar, dem Arzt, dem Apotheker und unseren Eltern, also der örtlichen „Prominenz".

Abele-Aicher: Waren auch Nachbarskinder involviert?

Hartnagel-Scholl: Nein, nur wir Geschwister, wie meist in solchen Fällen.

Abele-Aicher: Wie kam es, dass sich alles so stark in der Familie abspielte?

Hartnagel-Scholl: Weil wir so viele waren, haben wir Freunde von außerhalb oft gar nicht gebraucht. Ich hatte in Forchtenberg aber schon auch eine Freundin, die mit mir zur Schule ging. Mit der war ich bis vorletztes Jahr in Kontakt. Mittlerweile ist sie verstorben.

Abele-Aicher: Was habt ihr gespielt?

Hartnagel-Scholl: (Begeistert) Die tollsten Sachen. Einmal haben wir ein Schiff gebaut, obwohl wir

vorher noch nie ein Schiff gesehen hatten. Außerdem wohnten wir an einem spannenden Ort, nämlich im 1. Stock des Rathauses. Darunter war das Bandhaus mit der Feuerwehr. Bei Alarm wurden zunächst zwei Pferde geholt und diese vor den Wagen gespannt. Das dauerte seine Zeit – und bedeutete für so manchen brennenden Saustall das endgültige Ende.

Abele-Aicher: Wo war denn dein Rang vom Alter her in diesem Quintett?

Hartnagel-Scholl: Der Werner war der jüngste, die Sophie die zweitjüngste, dann kam ich, dann der Hans und schließlich die Inge. Die Inge hat sehr früh begonnen, die Sophie zu fördern. Ihr war Sophies künstlerische Begabung aufgefallen, worauf sie ihr alle nötigen Utensilien wie Farbstifte oder Zeichenblöcke gekauft hat. Die Inge hat auch dafür gesorgt, dass sie Zeit bekam um zu zeichnen. Inge und Sophie hatten ein sehr gutes Verhältnis zueinander. Nach der Abwahl unseres Vaters in Forchtenberg als Bürgermeister wurde er Syndikus bei der Malerinnung in Stuttgart. Wir zogen nach Ludwigsburg, einen Ortswechsel nach Stuttgart wollte er wegen uns Kindern nicht. In Ludwigsburg war die Inge ungefähr 13 Jahre alt. Da haben wir unseren Eltern erklärt, dass wir nun nicht mehr „Mama und Papa" sondern „Vater und Mutter" sagen wollten.

Abele-Aicher: Haben euch die vielen Umzüge nicht sehr belastet? Dadurch sind ja bestimmt auch Freundschaften zerbrochen.

Hartnagel-Scholl: Das war für uns nie ein Problem, gerade weil wir so viele waren und sich so viel innerhalb der Familie abspielte.

Abele-Aicher: Kann man sich das Klima im Haus Scholl als ein humorvolles vorstellen?

Hartnagel-Scholl: Unser Vater war eigentlich nicht sehr humorvoll. Meine Mutter war eine fröhliche Frau, das hat unsere Kindheit so schön gemacht. Mein Vater war, solange wir klein waren, sehr streng zu uns. Es kam vor, dass der Gemeindediener, der in

1 Die Wahl des Datums geschah zufällig, auf den Tag genau 69 Jahre nach der Verhaftung der Geschwister.

Forchtenberg bei Bekanntmachungen mit der Glocke durch den Ort lief, sich als Vermittler versuchte. Ihn haben wir heiß geliebt. Natürlich hatte es mein Vater manchmal ganz schön streng. Der Ratssaal mit seinem Dienstzimmer lag direkt neben unserer Wohnung, in der nicht nur wir fünf Kinder zugange waren. Denn außerdem lebten der Ernst noch bei uns und eine Tochter von Mutters jüngster, früh verstorbener Schwester, die von meinen Eltern aufgenommen wurde, weil sich diese mit ihrer Stiefmutter nicht vertrug.

Julian Aicher: Einige Jahre später ließ sich Euer Vater dann als Steuerberater und Treuhänder in Ulm nieder. Inge hat ihn unterstützt im Büro.

Hartnagel-Scholl: Ich hab' sie mal gefragt: „Bist du eigentlich ehrgeizig?" Und sie antwortete mir: „Ich hab' mein ganzes Leben darunter gelitten, dass ich keine richtige Berufsausbildung hatte."

Abele-Aicher: Aber sie hatte doch eine!

Hartnagel-Scholl (mit erregter Stimme): Aber die grottenfalsche. Inge als Steuerberaterin, dafür war sie die völlig falsche Person.

Abele-Aicher: Was wäre denn der richtige Berufsweg für sie gewesen?

Hartnagel-Scholl: Die Inge hätte studieren sollen; sie war ja so phantasievoll, sie war sicher die Begabteste in unserer Familie. Sie hatte Talent fürs Schreiben, sie war musikalisch, sie hat Klavier gespielt. Ohne Noten. Und sie hat sehr nett gesungen. Unser Sohn Thomas hat ihre Stimme einmal mit der von Joan Baez verglichen: So schön und so berührend.

Abele-Aicher: Aber ist es ihr nicht gelungen, ihre vielen Talente später gut einzusetzen? Aufbau der Ulmer vh, Mitaufbau der HfG, später das Leben in Rotis.

Hartnagel-Scholl: Ja, aber wenn du angeben musst: „Steuerfachgehilfin!"

Abele-Aicher: Glaubst Du, dass ihr das schwer fiel?

Hartnagel-Scholl: Nein, das nicht. Aber sie konnte sich darin nicht entfalten. Mein Vater hat im Übrigen sehr gut bezahlt. Dafür haben sie im Büro unheimlich schuften müssen. Es gab Zeiten, da mussten sie bis in die Nacht hinein arbeiten.

Aicher: Habt ihr wirklich nichts gewusst von den Flugblättern, du und die Inge?

Hartnagel-Scholl: Nein, gar nichts.

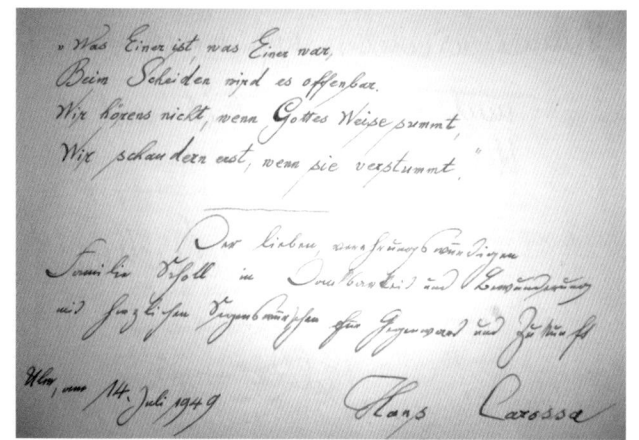

Eintrag von Hans Carossa ins Gästebuch der Familie Scholl

Foto: Christine Abele-Aicher

Aicher: Und eure Eltern?

Hartnagel-Scholl: Auch nicht.

Aicher: Mich hat mal „Der Spiegel" angerufen und gefragt – das hat wohl der Hans Hirzel gesagt: „Wussten Sie, dass die Inge den Otl am 21. Februar angerufen hat und gesagt hat, er solle unbedingt dem Hans sagen, das Buch ‚Machtstaat und Utopie' [2] sei vergriffen". Als Warncode für die Mitglieder der „Weißen Rose".

Hartnagel-Scholl (unterbricht erregt): Das stimmt auch nicht. Denn da war ich dabei und hab' später den Hans Hirzel darauf angesprochen. Hans Hirzel hat zur Inge gesagt, sie solle dem Hans und der Sophie sagen, der Hans Hirzel hätte Halsweh, aber er sei noch nicht im Krankenhaus. Das war die Botschaft, die die Inge übermittelt haben könnte. Als der Hans Hirzel uns später besuchte, hat man ihm das mit „Machtstaat und Utopie" eingeredet. Ich sagte zu ihm: „Hans, das stimmt doch gar nicht". Da bestätigte er mir: „Du hast Recht".

Aicher: Ich antwortete damals dem Spiegel-Redakteur: Das haben mir meine Eltern nie erzählt. Das war für mich wirklich etwas völlig Neues. Dazu kann ich nichts sagen. Das spielt jetzt bei der Rezension von dem Otl-Buch [3] wieder eine Rolle. Er hätte sie nicht rechtzeitig genug gewarnt. Später hätte er dann ein schlechtes Gewissen gehabt. Mag ja sein.

Hartnagel-Scholl: Der Otl war auch nicht im Widerstand. Als sie zusammen in der Schule waren, sprach ihn der Werner einmal an: „Wir müssen doch

2   Gerhard Georg Bernhard Ritter (1888 – 1967), dt. Historiker, seit 1929 Mitglied der Deutschen Volkspartei (DVP), 1940 brachte er sein Werk „Machtstaat und Utopie" heraus, das Hans Scholl inspirierte (Quelle: Wikipedia)
3   Eva Moser, otl aicher, gestalter, Hatje Cantz Ostfildern 2012.

jetzt irgendwas machen!" Der Otl entgegnete darauf: „Das geht noch so lange." Dem Otl ging es immer nur um seine eigene Person.

Aicher: Er wollte einfach überleben, und er hat gesagt. „Nachher, da muss auch noch jemand da sein!"

Hartnagel-Scholl: Ja, aber so haben alle gesagt.

Aicher: Wie lange ward ihr nach der Zerschlagung der Weißen Rose im Gefängnis?

Hartnagel-Scholl: Mutter und Inge fünf Monate, ich zwei Monate. Ich erkrankte während dieser „Sippenhaft" an einer Nieren- und Blasenentzündung. Als ich mich nach dem Krieg bei dem Sanitätswachmeister bedanken wollte, der meine Entlassung bewirkt hatte durch seine Angabe, man könne mich im Gefängnis nicht mehr behandeln, da war er bereits verstorben – im Internierungslager.

Abele-Aicher: Eure Mutter war nach außen eine ganz starke Frau, aber nach innen mit einem ganz weichen Kern.

Hartnagel-Scholl: Innerlich verwundbar, verwundet.

Abele-Aicher: Sie hat ihre Trauer nie gezeigt, wenn die anderen dabei waren.

Hartnagel-Scholl: Dass Hans und Sophie so im Glauben gestorben sind, das war für meine Mutter der größte Trost. Ich hab' ein paar herzzerreißende Briefe von ihr an Fritz. Uns Geschwistern wollte sie das Herz nicht noch schwerer machen, aber bei ihm hat sie es ausgeschüttet.

Von links: Robert Scholl, Inge, Hans,
Elisabeth, Sophie, Werner

Abele-Aicher: Wie hat die Inge die Gefangenschaft verkraftet?

Hartnagel-Scholl: Die Inge hat sehr darunter gelitten. Während der Haft zog sie sich eine Diphtherie und dadurch eine Gaumensegellähmung zu. Außerdem war ihr Herz stark angegriffen. Die Inge haben wir danach lange im Rollstuhl gefahren. Ich bin auf eine sehr denkwürdige Passage in einem der Briefe meiner Mutter an meinen Mann gestoßen. Sie erzählt darin, wie sie mit der Inge an einem Kindergarten vorbeifuhr und die Kinder sangen: „Aber Mama weinet sehr, hat ja jetzt kein Hänschen mehr."

Abele-Aicher: Kann man sagen, dass Inge in der Aufarbeitung des Todes eurer Geschwister die Extrovertierte war? Weil sie es war, die das Buch „Die Weiße Rose" schrieb und damit an die Öffentlichkeit ging.

Hartnagel-Scholl: Das ist so. Dass heute überhaupt noch von der Weißen Rose gesprochen wird, ist eindeutig Inges Verdienst. Als der Krieg vorbei war, sagte sie: „Das darf nicht vergessen werden." Es gab ja so viele Tote im Widerstand, von denen heute keiner mehr spricht. Es gab so viele. Barbara Beuys, Verfasserin der Biographie über die Sophie [4], hat die Erinnerung an sie in ihrem Buch „Vergesst uns nicht" festgehalten. Sogar der Fritz hat es außerordentlich geschätzt. Ansonsten las er solche Bücher nicht mehr. Weil er der Meinung war: „Es nützt sich ab." Beuys hielt in diesem Buch fest, dass die zum Tode Verurteilten alle gesagt haben: „Vergesst uns nicht!" Und man hat sie alle vergessen.

Aicher: Barbara Beuys hatte zu dir aber während ihrer Recherchen keinen Kontakt aufgenommen?

Hartnagel-Scholl: Nein.

Aicher: Bei einer Lesung habe ich sie darauf angesprochen, dass ich das schade finde. Sie entgegnete, es sei von den Zeitzeugen bereits alles gesagt worden.

Hartnagel-Scholl: Ich traf sie ebenfalls bei einer Lesung. Sie berief sich darauf, dass sich Historiker an Dokumenten orientierten. Dabei besaß ich noch so manches Dokument, das ich ihr gerne gezeigt hätte. Zum Beispiel, was die Else Gebel, die mit Sophie in einer Zelle saß, berichtet hat über den Traum von der Sophie. Als Fritz mit seinem Studium in München begann, hat er Else Geble ausfindig gemacht. Auch Wachtmeister lebten noch. Einer erinnerte sich sogar noch an den Abschiedsbrief von der Sophie. Ein paar Jahre später lebten die Leute nicht mehr.

4 Barbara Beuys, „Sophie Scholl", Biografie, München, 2010

121

Abele-Aicher: Inge und Du – wart ihr manchmal aufeinander eifersüchtig?

Hartnagel-Scholl: Nein, als sie „Die Weiße Rose" schrieb, spielte ich gar keine Rolle. Sie hat mich auch nie gefragt.

Allerdings hat Inge einen ganz wesentlichen Teil ihrer Stoffsammlung mir zu verdanken. Ich war es, die Sophies Deutschlehrerin besuchte, Fräulein Walser. Sophie hatte bei ihr einen Aufsatz verfasst, in dessen Anmerkung die Lehrerin schrieb: „Das Büchlein macht eine solche Freude, am liebsten würde man es gar nicht aus der Hand geben." Sie hat Sophie sehr geschätzt. Sophie schenkte ihn ihr darauf hin. Nach Sophies Tod fing ich an, solche Sachen zu sammeln. Zum Glück gab mir Fräulein Walser den Aufsatz, denn bei dem Fliegerangriff in Ulm im Dezember 1944 wurde ihre Wohnung komplett zerstört. Dabei wäre das Büchlein verbrannt. Ebenfalls veröffentlicht ist der Aufsatz in Hermann Vinkes Buch [5].

Fräulein Walser war politisch in Ordnung. Im Mai 1943 brachte sie mir einen Blumenstrauß für das Grab von Sophie zu deren Geburtstag.

Aicher: „Wir waren plötzlich alle wieder frei." So hat Otls Schwester Hedwig Maeser ihre Stimmung nach dem 8. Mai 1945 beschrieben. Wie war euer Eindruck? Gab es da nie eine Stimme, die besagte: ‚Dies ist nicht mehr das Land, wo wir hingehören?'

Hartnagel-Scholl: Nein, das haben wir nicht gesagt. Wir hatten damals die Überzeugung, dass jetzt alles anders werden müsse. Leider mussten wir nach ein paar Jahren feststellen, dass es so weitergeht wie vorher auch. Dieselben Personen, die im Dritten Reich was zu sagen hatten, waren wieder obenauf. Als dann der Kalte Krieg losging, war den Amerikanern ein guter Nazi lieber als ein Kommunist. Als in Ulm die Lizenz für die Presse vergeben wurde, war einer der möglichen Lizenzträger, den die Amerikaner benannt hatten, der Otl. Aber Kurt Fried [Kulturbeauftragter von Ulm und schließlich Lizenzträger der Schwäbischen Donau-Zeitung] und Johannes Weißer [ebenfalls Lizenzträger der SDZ] wollten den Otl nicht. „So ein junger Schnösel", sagten sie. Und haben ihn auf die vh verwiesen.

Abele-Aicher: Was passierte dann?

Hartnagel-Scholl: Otl wollte in München Bildhauerei studieren und hat die Inge vorgeschoben. Aber in Wirklichkeit war er der Ideengeber. Die Volkshochschule in Ulm war eine Mustervolkshochschule. Aufgrund ihres Namens konnte Inge Redner verpflichten, die nie zu einer anderen Volkshochschule gekommen wären. Otl war der Mann im Hintergrund und hat die Themen gemacht. Der Otl war auch einfach einer, der gerochen hat, was zukünftig

ist. Ich persönlich finde, dass er in dem Buch von der Frau Moser [3] ein bisschen zu kalt wegkommt. Wohl besaß er wenig Taktgefühl, das kann man so sehen. Er selbst hat das wohl gemerkt und so manches dann hinterher sehr bedauert.

Abele-Aicher: Hattest Du auch manchmal das Gefühl, dass er die Inge verletzte?

Hartnagel-Scholl: Ja.

Abele-Aicher: Und wie ist sie damit umgegangen?

Hartnagel-Scholl: Fritz und ich haben gesagt, dass es für die Inge immer hieß: ‚Ich bin der Herr, dein Otl.' Die Inge hat dem Otl alles verziehen, er war ihr Ein und Alles. Ich erinnere noch, dass die Inge zu mir gesagt hat: „Ich hab' den Otl mal angebrüllt: Hättest du besser mich zu Tode gefahren und nicht die Pia." [Tochter von Inge Aicher-Scholl und Otl Aicher] Ich hab' darauf zu ihr gesagt: „Das ist doch unmöglich, das kannst du doch nicht sagen." Da hat sie zugegeben, dass es ihr hinterher sehr leid getan habe.

Abele-Aicher: Glaubst Du, dass die Inge ohne den Otl ein besseres Leben gehabt hätte?

Hartnagel-Scholl: Ein besseres Leben nicht. Nach meinem Eindruck ist der Otl erst auf die Inge zugegangen, als er gesehen hat, wie einer sehr auf sie aus war. Das war 1946. Dieser Mann hatte in Ulm ziemlich viel zu sagen. Die Inge hätte viele Chancen gehabt, denn sie sah gut aus und war intelligent. Aber ohne den Otl wäre sie nicht diese Inge. Sie ist letztlich durch ihn entfaltet worden.

Abele-Aicher: Erinnerst Du Dich noch an die Zeit, als Inge das Geld für die HfG einwerben musste?

Hartnagel-Scholl: Ja, ich erinnere mich noch sehr genau. Zu John McCloy, dem amerikanischen Hochkommissar, hatte sie wirklich ein gutes Verhältnis. Aber sie bekam die 1 Mio. DM erst, wenn sie innerhalb einer bestimmten Frist eine weitere Million Deutschmark von der deutschen Industrie erhielt. Das war oft eine Strapaze für sie. Manchmal hat sie sich in ihrem Hotelzimmer ausgeweint. Hermann Josef Abs hat sie sehr dabei unterstützt [6]. Seine Rolle im Dritten Reich ist unklar und man munkelte, er hätte etwas gut zu machen. Mit Malke Gugelot

5 Hermann Vinke, Das kurze Leben der Sophie Scholl
   Originalausgabe: Ravensburger Buchverlag, Ravensburg 1980
   Ravensburger Taschenbuch, Ravensburg 1997 (siehe auch Beitrag von Hermann Vinke
   in diesem Buch)
6 Hermann Josef Abs war maßgeblich am Wiederaufbau der Bundesrepublik Deutschland
   beteiligt. Er war von 1948 bis 1952 Vorstandsvorsitzender der KfW (Kreditanstalt für
   Wiederaufbau). 1952 nahm er seine offizielle Tätigkeit in der Deutschen Bank Berlin-Düssel-
   dorf wieder auf. Er bekleidete eine Vielzahl an Aufsichtsratsmandaten. Quelle: Wikipedia

ist sie dann auch in die USA geflogen. Aber dort bekam sie viele Absagen und hat schlechte Erfahrungen gemacht. Die Amerikaner verstanden nicht, dass eine Deutsche zum Geldsammeln kam, obwohl doch die Deutschen den Krieg angezettelt hatten.

Aicher: Wie siehst Du den Stellenwert der Weißen Rose in der bundesdeutschen Geschichte der Vergangenheitsbewältigung?

Hartnagel-Scholl: Die Weiße Rose hat nach dem Krieg nicht die Rolle gespielt wie später in den 1970er Jahren. Da zogen dann die Kinder ihre Eltern zur Verantwortung. „Was habt ihr damals gemacht?" Erst da wurde mit der Aufarbeitung begonnen, und der Widerstand hat seinen wirklichen Platz gefunden. Auch der 20. Juli. Es gab plötzlich viele Geschwister-Scholl-Schulen. Manchmal kam es mir auch ein bisschen erzwungen vor. Einmal habe ich die Inge nach Ludwigshafen begleitet. Wir waren eingeladen zur Namensgebung der Geschwister-Scholl-Schule. Inge hat gesprochen. Durchgesetzt hatte die Namensgebung der damalige Oberbürgermeister, der während der NS-Herrschaft im Exil gewesen war. Die Lehrer wollten eigentlich ein Goethe-Gymnasium – und haben uns ziemlich kühl behandelt. Das war das einzige Mal, dass ich sie begleitet habe. Erst nach ihrem Tod übernahm ich diese Aufgaben.

Aicher: Somit hast Du nach Inges Tod ihre Arbeit auf deine Art und Weise fortgesetzt.

Hartnagel-Scholl: Erst nach dem Sophie-Film („Sophie Scholl - Die letzten Tage", 2005). Weil mir das ein bisschen auf die Nerven gegangen ist, wie die Sophie da zur Ikone hochstilisiert wurde. Dies entspricht ihr einfach nicht.

Aicher: War sie für dich keine treibende Kraft im Widerstand?

Hartnagel-Scholl: Das ging vor allem von Hans aus. Von Hans und von Alex Schmorell. Ohne die beiden hätte es die Weiße Rose nicht gegeben. Die ersten Flugblätter sind ja auch ohne Sophie entstanden. Ich hab' die Sophie ein paar Mal in München besucht und dabei festgestellt, dass sie gar nicht studiert. Sie wusste wohl selbst nicht, warum sie in München ist. Einmal habe ich sie in die Biologie-Vorlesung begleitet, an der sie vorher noch nicht teilgenommen hatte. Da schob sie einfach ihr Studienbuch unter, damit sie einen Stempel bekommt zur Anerkennung des Semesters. Ich glaub', dass die Weiße Rose zu diesem Zeitpunkt schon einen gewissen Einfluss hatte. Natürlich hat die Sophie sehr gut schreiben können. Aber an Diskussionen hat sie sich nicht beteiligt. Das lag ihr nicht, sie war sehr zurückhaltend.

Abele-Aicher: Hat dich das wütend gemacht, wie Sophie zur Heldin gemacht wurde?

Hartnagel-Scholl: Die Inge hat mal gesagt: „Was machen wir bloß, damit der Hans an seine richtige Stelle kommt?" Sie hat das wie ich als falsch empfunden.

Aicher: Woher kam dieser Mut vom Hans und vom Alex? Und wie kann man diesen heute Jüngeren erklären?

Hartnagel-Scholl: Das weiß ich auch nicht. Wir stammten ja aus einem Elternhaus, das antinazistisch eingestellt war. Als wir dann mit der Hitlerjugend fertig waren, sind wir bei unserem Vater offene Türen eingerannt.

Aicher: Weißt Du noch, wann Du von der Hitlerjugend ausgetreten bist?

Hartnagel-Scholl: Ich bin '37 oder '38 ausgetreten. Zu dieser Zeit wurden Razzien gegen die Bündische Jugend gemacht. Die Gestapo hat einige Male bei uns Unterlagen durchsucht und auch in Inges, Sophies und meinem Tagebuch rumgestöbert. Mit dem Vorwand, sie würde zum Bäcker gehen um Brot für ihren Mann zu kaufen, lief meine Mutter in das abseits gelegene Zimmer von Hans und Werner und versteckte geheime Unterlagen. Im Dezember 1937 kamen Inge, Werner und einige junge Schüler aus Ulm für acht Tage lang ins Stuttgarter Gestapo-Gefängnis, Hotel Silber genannt. Werner feierte dort seinen 13. Geburtstag! Später erzählte er, dass die Jugendlichen dort indoktriniert wurden. Inge kam zurück nach Hause und war von Wanzen zerstochen. Hans war damals schon beim Militär. Bei der berittenen Kavallerie in Cannstatt. Hans und Werner gehörten zur Bündischen Jugend. Hans war auch inhaftiert, aber sein Vorgesetzter holte ihn aus dem Gefängnis. Da begann es bei uns zu dämmern.

Aicher: Bei deinen Schulbesuchen - stört es Dich da nicht, als Zeitzeugin vor allem auf das Thema „Weiße Rose" festgelegt zu werden?

Hartnagel-Scholl: Darauf habe ich mich nicht festlegen lassen. Jugendliche übers Dritte Reich aufzuklären, ist gleichwohl eine wichtige Aufgabe; viele können sich das gar nicht mehr vorstellen in einer Zeit von Fernsehen und Internet, wie leicht wir damals einfach abgeschnitten wurden von allen Informationen.

Aicher: Der Opa hat immer Radio Beromünster gehört.

Hartnagel-Scholl: Ja, jeden Tag. Deshalb war er ja auch im Gefängnis.

Von links: Sophie, Inge, Werner
Dahinter: Hans, Magdalene Scholl,
der Ziehsohn Ernst, Robert Scholl
Vorne rechts unten: Elisabeth (Lisel).

Aicher: Verurteilt wegen „Rundfunkverbrechens."

Hartnagel-Scholl: Er war zu sechs Monaten verurteilt, ist dann begnadigt worden auf vier. Und dann wurde er ja nach dem Tod von Hans und Sophie nochmals wegen des so genannten „Rundfunkverbrechens" verurteilt. Er hat es einfach zugegeben. Wir wissen es heute nicht mehr, warum. Wir vermuten, aufgrund von Hinweisen des Ulmer Gestapo-Manns Rechsteiner, dass Gefängnis besser sei als KZ. Von dort wäre er auf keinen Fall mehr raus gekommen.

Abele-Aicher: In der lokalen NS-Zeitung „Ulmer Sturm" erschien nach der Ermordung von Hans und Sophie ein Artikel: „Wie lange noch Scholl?" Hattet ihr nicht wahnsinnig viel Angst? Einige Male kam doch die Gestapo zu Hausdurchsuchungen.

Hartnagel-Scholl: Wir hatten keine Angst.

Abele-Aicher: Inge auch nicht?

Hartnagel-Scholl: Wir wussten, dass wir im Recht waren. Wir glaubten keinen einzigen Tag, dass Hitler den Krieg gewinnt, selbst dann nicht, als die deutschen Truppen immer wieder im Vormarsch waren.

Abele-Aicher: Und diese Überzeugung hat euch eine innere Kraft gegeben?

Hartnagel-Scholl: Man darf es auch nicht überhöhen. Es war uns einfach egal. Man hat die Nazis als dumm empfunden.

Abele-Aicher: Glaubst Du, dass die Deutschen so veranlagt sind, dass sich so etwas wiederholen könnte?

Hartnagel-Scholl: Das ist meine Sorge. Wenn bei uns mal wieder eine hohe Arbeitslosigkeit herrscht, dass die Politik dann nicht nach links, sondern nach rechts rückt. Die Deutschen sind einfach traditionell rechts.

Aicher: Seid ihr nach dem Krieg ebenfalls bedroht oder beschimpft worden? Von Inge weiß ich, dass sie anonyme Briefchen erhielt.

Hartnagel-Scholl: Vor einem Jahr erhielt ich einen Schmuddelbrief. Da fällt mir ein denkwürdiger Besuch an einer Schule ein. Zwischendurch wurde ein kleiner Imbiss gereicht, bewacht von zwei Polizisten. Ich fragte sie nach dem Grund ihrer Anwesenheit. Sie erklärten, sie passten auf, dass nichts passiert. In dem Ort sind zwei von der NPD im Kreistag.

Abele-Aicher: Wie hast Du deine Schwester erlebt nach dem Tod von der Pia?

Hartnagel-Scholl (sehr ernst): Die Inge war geschockt. Sie stand wirklich viele Jahre unter Schock. Sie konnte nicht mehr weinen. Wir haben viel miteinander gesprochen. Ich glaube, es vergingen vier oder fünf Jahre, bis sie mich eines Tage anrief und sagte: „Stell' dir vor, ich kann jetzt wieder weinen". Als wir Otl besuchten, da hat er gefragt: „Wie hat sie ausgesehen?" Ich hab' ihm gesagt: „Wie ein Kind."

Aicher: Ich erinnere mich noch, als ich nach dem Unfall Otl im Krankenhaus besuchte. Er sah aus wie ein verprügelter Gladiator. Plötzlich bekam ich einen besseren Draht zu meinem Vater, weil er einfach so ...

Hartnagel-Scholl: ... menschlich war.

Aicher: Plötzlich war er ein Mensch, der auch Schwäche zeigen konnte. Ich glaube, dass dieser Unfall bei ihm ein Nachdenken ausgelöst hat: „Muss ich immer fahren wie ein Verrückter?"

Hartnagel-Scholl: Auch mit dem Motorrad ist er oft unheimlich gerast. Einmal stellte ihn die Inge vor die Wahl: „Wenn du das Motorrad jetzt nicht verkaufst, lass' ich mich scheiden." Ein

Vierteljahr später ist sie mit ihm auf dem Motorrad nach Italien gefahren.

Abele-Aicher: Hattest Du zu ihr ein gutes Verhältnis?

Hartnagel-Scholl: Ja, wir haben fast jeden Tag telefoniert. Ich hab' immer angerufen, als das Evchen im Bett lag. Da konnte sie frei sprechen. Ich sah sie immer auch als meine beste Freundin an.

Abele-Aicher: Welche Erinnerungen verbindest Du mit Rotis?

Hartnagel-Scholl: Die Gastfreundschaft in Rotis war einfach überwältigend und für uns etwas, dem wir nachgeeifert haben. Gekocht hat die Inge nicht gerne. „Das kann ich nicht, das hat der Otl gemacht", redete sie sich nach dessen Tod heraus. Das Bild habe ich vor mir: wie der Otl, triefend vor Schweiß, in der Küche stand und kochte. Inge war eher seine Gehilfin. Im Haushalt war sie nie sonderlich praktisch veranlagt. Aber sie war sehr gründlich. Inge war unserem Vater ein bisschen ähnlich, die beiden haben sich auch sehr gut verstanden. Inge war eine Vater-Tochter, während ich eine Mutter-Tochter war.

Abele-Aicher: Du hast erzählt, dass die Inge nach Pias Tod so lange nicht weinen konnte. War das bei euch nach der Hinrichtung von Hans und Sophie ähnlich?

Hartnagel-Scholl: Das war damals eine völlig andere Situation. Wir waren so stolz auf Hans und Sophie. Und das hat der Inge und mir die Trauer ein bisschen gemildert. Bei meiner Mutter war es anders. Da haben wir manchmal, wenn wir in der Haft nachts aufgewacht sind, gehört, wie sie auf ihrer Pritsche weinte.

Abele-Aicher: Und wie erging es der Inge nach Otls Tod? Verlor sie an Lebensmut?

Hartnagel-Scholl: Das gar nicht. Erst hat sie um ihn gekämpft, als er nach seinem Unfall ins Krankenhaus kam. Sie ließ erst los, als ihr ein Arzt eröffnete, im Falle seines Überlebens würde er sein Lebtag schwer behindert sein. Sie hat zu mir gesagt: „Jetzt denken die Angestellten wahrscheinlich, jetzt ist die Katz' tot, jetzt tanzen die Mäuse." Weil sie das Gefühl hatte, sie müsste sich jetzt durchsetzen, wurde sie noch strenger.
Wir sind monatelang jedes Wochenende nach Rotis gefahren, weil die Inge sagte, sie könne nicht alleine sein. Als sie schon am Rollator ging, sagte sie zu mir: „Wenn mich jetzt noch jemand holen würde, dass ich über die Weiße Rose erzähle, dann würde ich sofort mitgehen." Die Leute vergessen so

schnell! Später, kurz vor ihrem Tod, sind wir auch öfter hingefahren, morgens hin und abends zurück. Da war Rotis sehr ungastlich. Um die Inge aber haben sich die Angestellten rührend gekümmert. Sie hat sehr unter ihrer Vereinsamung gelitten. Und das geht so schnell!

Aicher: Nicht nur eure Familie wurde Opfer eines politischen Mordes. Die Familie von Dohnanyi versuchte nach dem Krieg ein Urteil zu erreichen, dass die Urteile des Volksgerichtshofs ungültig würden.

Hartnagel-Scholl: Der Fritz hat sich darum bemüht, dass der Volksgerichtshof zur verbrecherischen Organisation erklärt wird. Aber die Justiz hat sich lange auf den Standpunkt gestellt, dass es sich damals um geltendes Recht handelte.

Aicher: Weißt Du, wie die Inge darauf reagiert hat?

Hartnagel-Scholl: Inge war derselben Meinung wie wir.

Abele-Aicher: In Deinem Antwortbrief an Julian vom 30. September 1998 (am Ende des Buches abgedruckt) schreibst Du: „... und doch hoffe ich, dass dieser Glaube (an ein Jenseits) Inge eine Hilfe war." Weiter schreibst du, dass Fritz und Dir „der Glaube an ein Jenseits abhanden gekommen ist". Bedeutet das, dass Du durch das Erlebte einen Glauben an Gott verloren hast?

Hartnagel-Scholl: Nein, das war nicht wegen der Erlebnisse. Im Gegenteil. Das hat uns sehr ans Christentum gebunden. Und meine Mutter war eine tiefreligiöse Frau. Ich spielte damit auf unsere Mutter an, die glaubte, dass sie nach ihrem Tod Hans und Sophie wieder im Jenseits treffen würde. Dieser Glaube an ein Jenseits ist mir abhanden gekommen. Das kam erst später, dass ich einen Glauben an solch einen Gott verloren habe, der so was zulässt. Die Greueltaten und Pogrome sind erst später aufgedeckt worden. Ich glaube nach wie vor an Gott als eine ordnende Kraft.

Wir danken Elisabeth Hartnagel-Scholl in besonderer Weise. Sie hat uns geduldig unsere Fragen beantwortet und uns mit vielen Informationen unterstützt.

Ihre Motivation dazu ist ihre Liebe zu ihrer Schwester Inge. Sie sagte: „Inge hat es verdient, dass dieses Buch über sie erscheint." Das hat uns sehr angespornt.

Thomas Hartnagel

Tante und noch viel mehr

Inge war immer Inge, nie Tante Inge, ebenso wie Otl nie Onkel war – vermutlich haben sich beide die Tante bzw. den Onkel verbeten. Inge, nur Inge, das entsprach auch viel mehr der Rolle, die die Schwester meiner Mutter für mich eingenommen hat. Sie war nicht einfach eine nahe Verwandte, mit der man den üblichen verwandtschaftlichen Kontakt pflegte. Sie war eine ältere Freundin, eine Mentorin für einen Jugendlichen und jungen Erwachsenen, der lange nach seinem Platz in der Welt gesucht hat. Sie hat Interessen geweckt und gefördert, sie war ein Vorbild dafür, was ein Mensch aus seinem Leben machen kann und was er seinen Mitmenschen, der Gesellschaft geben kann.

Eine tiefschürfende Würdigung von Inge will mir nicht gelingen – nach meinem Gefühl würde sie meine Beziehung zu Inge auch nicht wirklich erfassen. Deshalb möchte ich hier nur einige Erinnerungen aufschreiben, die mir beim Nachdenken über Inge eher zufällig in den Kopf kommen. Es ist seither so viel Zeit verstrichen, dass Vieles nur noch schemenhaft aufscheint – fast so als ob es sich um ein anderes Leben handele.

Es hat gedauert, bis ich einen engeren Kontakt zu Inge gefunden hatte. So sind meine Kindheitserinnerungen eher ambivalent. Da taucht die vage Erinnerung an eine Woche auf, die ich bei der Familie Aicher in der Mozartstraße 2, meinem Geburtshaus, eher zwangsweise denn freiwillig verbracht habe. Meine Eltern waren ohne Kinder für eine Woche ins Allgäu gefahren und hatten die drei Söhne (der vierte war noch nicht geboren) bei Bekannten und Verwandten untergebracht. Inge war eigentlich nie da, ich war einer kühlen und strikten Haushälterin (Margarete oder Margret oder so ähnlich) ausgeliefert – so habe ich das jedenfalls in Erinnerung. Die Nachmittage nach der Schule – ich ging in die 1. Klasse, es muss also im Jahr 1954 gewesen sein – verbrachte ich einsam auf einer Wiese nebenan. Wir Hartnagel-Kinder waren auf Aichers nicht gut zu sprechen, wurden uns die Aicher-Kinder von meiner Mutter doch immer als leuchtende Vorbilder für Ordentlichkeit, Hilfsbereitschaft und sonstige unkindliche Tugenden hingestellt (was, wie ich später herausbekommen habe, mit der Wirklichkeit wenig zu tun hatte). Die späteren Besuche auf dem Oberen Kuhberg waren für uns Kinder meist eine Qual. In meiner Kindheit war Inge eben doch nur eine Tante, auch wenn ich sie nie so genannt habe.

Inge Aicher-Scholl mit ihren Kindern Pia (vorne im Bild, verunglückt 1975), dahinter ist der Pferdeschwanz von Eva zu sehen, links (abgeschnitten) Julian.

Erst als ich die Kindheit hinter mir gelassen hatte und zum pubertierenden, mehr oder weniger unglücklichen Jugendlichen geworden war, entstand eine eigenständige Beziehung zwischen Inge und mir, die von beiden Seiten her wuchs. Nach meinem Eindruck fiel es Inge schwer, einen Draht zu Kindern zu entwickeln, umso leichter aber zu Jugendlichen und jungen Erwachsenen. Meine eigene Geschichte mit Inge begann, als sie mir eine Stelle als Austräger der Ulmer Volkshochschule anbot. Jeden Mittwochnachmittag fuhr ich von da an mit dem Rad durch Ulm, um Post und Akten der vh zu den verschiedensten Adressaten zu bringen. Die Bezahlung war miserabel: zunächst 80 Pfennige, dann 1,40 DM und ganz zum Schluss, ich stand schon kurz vor dem Abitur, zwei Mark die Stunde. Dennoch war das selbstverdiente Geld für mich, der ich nie ein regelmäßiges Taschengeld bekam, von großer Bedeutung.

An eine Episode, die für mich schwerwiegende Folgen hatte, erinnere ich mich noch gut: Ich bekam von Inge den Auftrag, bei der Post für, soweit ich mich erinnere, 400 Mark Rentenversicherungsmarken zu kaufen (ein heute unvorstellbares Verfahren!). Die Bedeutung dieser Marken und ihre Unwiederbringlichkeit bei Verlust waren mir damals nicht bewusst. Kurzum, ich verlor die Marken (kaum größer als Briefmarken), 400 Mark waren weg. Inge erließ mir die Hälfte des von mir verursachten Schadens, aber 200 Mark musste ich auf irgendeine

Weise aufbringen. So geriet ich an die Holzhandelsfirma von Hans Zumsteg, wo ich in den Ferien drei Wochen unter heute unvorstellbar schweren Bedingungen – ich war wohl 16 oder 17 Jahre alt – als Lagerarbeiter jobbte.

Mit dem Älterwerden begann ich politische, kulturelle und philosophische Interessen zu entwickeln, die von Inge erkannt, gefördert und verstärkt wurden und die auch die vh mit ihrem durch Inge entwickelten spezifischen Profil für mich bedeutsam machten.

An dieser Stelle möchte ich, abweichend von der Chronologie, Inges großes Lebenswerk, die Ulmer vh würdigen. Die vh war einerseits eine klassische Volkshochschule mit den üblichen Kursen in Fremdsprachen, Stenographie, Hauswirtschaft etc. Diese vh war für mich ohne Bedeutung. Die vh hat aber andererseits mit ihren Kursen und Einzelveranstaltungen das kulturelle und politische Klima in Ulm maßgeblich mit geprägt. Ich habe nie wieder eine Volkshochschule gesehen, die von so eminent wichtiger Bedeutung für ihre Stadt war. Lange war es mein Berufswunsch, in die Fußstapfen von Inge zu treten. Zu Beginn meines Studiums absolvierte ich zweimal in Folge in den Semesterferien ein von Inge betreutes mehrwöchiges Praktikum an der Ulmer vh. Dass aus diesem Berufswunsch nichts wurde, hatte mehrere Gründe, zum einen Brüche in meiner Biographie, vor allem aber, dass die Volkshochschulen, die ich näher in Augenschein nahm, nichts mit dem gemein hatten, was ich aus Ulm kannte. Dass ich schließlich Lehrer wurde, hatte ganz wesentlich auch mit Inge als ein Vorbild des gesellschaftlichen Wirksamwerdens zu tun.

Inge traute mir pickeligem Jugendlichen erstaunlich viel zu und trug so wesentlich zur Stärkung meines Selbstbewusstseins bei. So erinnere ich mich noch lebhaft an einen Abend, an dem ich den Münchener Musik- und Literaturkritiker Joachim Kaiser zum Abendessen begleiten sollte. Inge war verhindert, Joachim Kaiser, der einen seiner vielen Vorträge in der vh hielt, legte großen Wert auf persönliche Betreuung. Also begleitete ich ihn in eines der damals wenigen guten Restaurants in Ulm (den Namen habe ich vergessen). Joachim Kaiser dinierte ausgiebig (ich erinnere mich noch, dass er u.a. Weinbergschnecken bestellte), ich saß bei einem kleinen Getränk dabei. Denn hier zeigte sich die ausgeprägte schwäbische Sparsamkeit von Inge: Ich sollte für mich möglichst kein Geld ausgeben.

Inge war aber nicht nur die vh. Vor allem die Erinnerung an meine oft längeren Besuche in Rotis in den Siebziger- und Achtzigerjahren sind mit einem Gefühl von freiem Atmen und anregenden Gesprächen über politische und weltanschauliche Fragen in einer überaus gastfreundlichen Atmosphäre verbunden. Inge besaß ein ausgeprägtes Gespür für die Fragen, die junge Menschen bewegten, war offen für die wesentlichen Probleme der Zeit. Besonders ausgeprägt war ihr Engagement für die Friedensbewegung gegen die „Nachrüstung" der Nato mit atomaren Mittelstreckenraketen auf deutschem Boden. Obwohl Inge keineswegs Trends hinterherlief und sehr dezidierte Positionen vertrat, waren die Diskussionen mit ihr, anders als mit den meisten älteren Erwachsenen, immer frei von ideologischen oder Generationenkonflikten. Was sie zu sagen hatte, wirkte einfach authentisch.

Bewundernswert finde ich bis heute Inges Umgang mit dem Unfalltod ihrer Tochter Pia, meiner Cousine also. Sie trauerte wohl bis an ihr Lebensende, ohne daran zu zerbrechen, ohne das Leben und die Lebenden zu vergessen. Trotz dieses tragischen Todes blieb Rotis ein Ort der Lebensfreude. Dabei half ihr sicherlich ihr tiefer Glaube – ein Aspekt von Inges Persönlichkeit, der mir immer fremd blieb, ohne dass dies zu einer Entfremdung geführt hätte.

Ich war immer gern in Rotis und habe trotz der weiten Entfernung von meinem Wohnort Hamburg alle Gelegenheiten zu Besuchen genutzt. Allerdings muss ich gestehen, dass ich nach Möglichkeit die Zeiten aussuchte, in denen Otl beruflich abwesend war. Dann war vor allem Inge einfach entspannter und auch der Betrieb in Rotis lief ohne Stress.

Nach dem Tod von Otl war ich nur noch zweimal in Rotis, einmal zusammen mit meinen Eltern, und dann zu Inges Beerdigung. Das letzte Zusammentreffen mit Inge empfand ich anders als die zahllosen zuvor: Nach meinem Empfinden waren Fröhlichkeit und Lebensfreude verschwunden und einer eher grüblerischen Religiosität gewichen. Schwermut war die vorherrschende Stimmung. Ein bisschen schäme ich mich bis heute dafür, dass ich in diesen letzten schweren Jahren den Kontakt mit Inge gemieden habe. Sie wäre ihrerseits sicherlich menschlicher und souveräner mit der Situation umgegangen.

Thomas Hartnagel, geb. 1947, ist der älteste Sohn von Fritz Hartnagel und Elisabeth Hartnagel-Scholl. Der Neffe von Inge lebt in Hamburg und unterrichtet als Lehrer.

Gabriele Hirth

Die Frage

Im Jahr zuvor hatte ich mich in einen ihrer Söhne verliebt. Richard aus meiner Wohngemeinschaft brachte ihn eines Abends in den Biergarten mit, den neuen Praktikanten aus seinem Büro. Auf einen kurzen Sommer folgte ein langer Abschied, im Herbst reiste mein junger Freund – er war gerade mal 23 – zum nächsten Praktikum nach Buffalo in die USA, für sechs Monate. Die waren jetzt zwar vorbei, aber in die Arme hatte ich ihn noch nicht schließen können. In Berlin, wo ich ihn am Flughafen überraschen wollte, war er nicht gelandet, stattdessen erreichte mich über einen gemeinsamen Freund die Nachricht, dass er über Amsterdam geflogen und mittlerweile bei seinen Eltern im Allgäu sei.

Enttäuscht wendete ich meinen VW-Käfer und machte mich auf die Suche nach einem Dorf namens Rotis. Je weiter ich nach Süden kam, desto verzagter wurde ich. Dass sein Elternhaus berühmt war, hatte ich natürlich schon mitbekommen, aber die Geschichten, die dazu im Umlauf waren, ergaben kein schlüssiges Bild. Die Weiße Rose, gut, das war Schulpensum. Von der Hochschule für Gestaltung in Ulm hatte ich nie zuvor gehört. Und dann die Olympiade 1972 – das war an erster Stelle das Attentat auf die Israelis im Olympischen Dorf; die heiteren Farben der Spiele und die Piktogramme hatte ich immerhin wahrgenommen, die Gestalter, die dahinter standen, nicht. Wäre schon Google-Zeit gewesen, hätte ich mich jetzt für meinen Besuch fit machen können, so aber blieb nur zu wünschen und hoffen, meinen Freund alleine anzutreffen und umgehend mit ihm zusammen in meine Welt nach München fahren zu können.

Eine scharfe Rechtskurve, und vor mir liegt in einer Entfernung von vielleicht 200 Metern eine Ansammlung merkwürdiger Gebäude, das muss es sein. An einem Wegkreuz die Möglichkeit anzuhalten. Normale Häuser sind das ja nicht: gezackte Dächer und schwarze Fassaden. Es ist Vormittag, kein Mensch weit und breit zu sehen. Nach durchfahrener Nacht hatte ich im Gasthof Post in Legau, dem letzten Dorf vor Rotis auf meiner Route, Kaffee getrunken und schließlich Mut gefasst zu einem Anruf bei der Familie Aicher. Eine helle, mädchenhafte Stimme hatte mir zu verstehen gegeben, dass der von mir Gesuchte irgendwo auf dem Gelände sei und erst zum Mittagessen zurückkomme. Ich hatte mich bedankt und aufgelegt, mich dann ins Auto gesetzt und war dem Hinweisschild Rotis

nachgefahren, bergauf aus dem Dorf hinaus, dann durch eine Hochebene mit weitem Blick, steil hinunter durch einen Wald bis zu besagter Kurve.

Jetzt also hin zu der Agglomeration von hausähnlichen Gebilden. Ich traue mich nicht anzuhalten, der Einblick wird zudem versperrt durch ein Scheunengebäude parallel zur Straße, auch hier das Dach ein großer Zacken. Ich fahre weiter, rechts ein ganz normaler Bauernhof, dann steigt die Straße wieder steil an, eine Linkskurve, nach einer Weile die Möglichkeit zu wenden, dann wieder zurück, wieder vorbei am Ziel, zurück ins Dorf.

Um zwölf Uhr wage ich von einer Telefonzelle aus einen zweiten Anruf. Wieder die junge Stimme – vielleicht das Kindermädchen, kommt es mir in den Sinn, da gibt es doch noch eine Schwester von ihm, die Betreuung braucht, das hatte ich ganz vergessen. „Könnte ich bitte ..." – „Wir essen gerade, wenn Sie vielleicht in einer Stunde noch mal ..." Da wird ihr der Hörer aus der Hand genommen, „wo bist du", fragt er, „ich komme dir entgegen". Und wieder ist es an dem Wegkreuz, wo ich halte, weil er schon dasteht und winkt.

„Die warten mit dem Essen auf uns", sagt er, und wenig später finde ich mich in einem großen Küchenraum wieder, offensichtlich im Haupthaus – alt, gemauerte Wände und ein richtiges Dach. Nach wie vor ist mir nicht klar, was dieses Anwesen darstellt, ein Dorf im Dorf? Natürlich war es seine Mutter, mit der ich telefoniert hatte. Allerdings entpuppt sie sich keineswegs als das Hascherl, wie mir ihre Stimme suggerierte, vielmehr führt hier eine reife, selbstbewusste Frau mit sehr kurz und gut geschnittenen grauen Haaren, Nickelbrille, Wollpullover, Hosen und sportlichem Schuhwerk Regie. Sie ist etwas kleiner als ich, Typ Jean Seberg, kommt mir in den Sinn, nur der leichte schwäbische Singsang in ihrer Stimme passt nicht. Das Alter schätze ich auf 50 und vertue mich damit um gut zehn Jahre.

Er stellt mich mit Namen vor. Sie gibt mir die Hand, der Arm gestreckt und Abstand haltend. Sie wirkt etwas nervös, vielleicht weil das Essen seit geraumer Zeit fertig ist und die Gesellschaft sich immer noch vergrößert, statt endlich am Tisch Platz zu nehmen. Außer den Familienmitgliedern sind noch Gäste da, Malke und Sisi, beide wollen nach dem Essen aufbrechen. Ich mache mich so gut es geht unsichtbar. An einem großen Tisch sitzt bereits Eva, seine ältere Schwester, daneben der Hausherr. Die

Das Bild entstand 1996 anlässlich einer Familienfeier: unten im Bild Inge Aicher-Scholl, links daneben Sohn Julian, dahinter Sohn Florian, im Hintergrund (rechts) Hedwig Maeser geb. Aicher, die Schwester von Otl Aicher. Die beiden Kinder sind Lion (der Ältere) und Marvin (rechts davon), die Kinder von Florian Aicher und Gabriele Hirth.

zwei jüngeren Brüder nehme ich nur schemenhaft wahr. Aber die Fotocollage, die in einem großen Glasrahmen an der Wand lehnt, nimmt mich gefangen; das muss Pia sein, die Zwillingsschwester meines Freundes, die bei einem Autounfall vor wenigen Jahren ums Leben gekommen ist.

Nach dem Essen herrscht Aufbruchstimmung, auch von mir will sich seine Mutter schon mal verabschieden, da sie sich etwas hinlegen werde und ich ja dann vielleicht nicht mehr da sei? Da richtet mein junger Freund seinen Blick auf sie, doch, sagt er, wir würden gerne bis morgen bleiben, wenn es recht ist. Wie er so da steht, mein Othello und ihr Mozartle – so hat sie ihn später mal in einem Anflug mütterlicher Verliebtheit genannt – und endlich Farbe bekennt, das rührt mich sehr. Das trübt aber auch meine Aufmerksamkeit für das, was seine Mutter daraufhin sagt, in etwas höherer Tonlage, aber sehr bestimmt: „Ja schläft sie dann im Gräfinnen-Zimmer?"

Den Fingerzeig in ihrer Frage spüre ich sofort, aber ich brauche eine Weile, bis ich meine Gedanken sortiert habe. Der Besuch, Sisi von Schweinitz, das ist doch eine Gräfin, nach ihr wird das Zimmer benannt sein. Mit Sicherheit ist es nicht das Zimmer ihres Sohnes. Den will sie vor mir schützen. Wieso sagt der eigentlich nichts? Was ist das überhaupt für ein Satz, der als Frage daherkommt, aber eine Anweisung ist? Ein sanfter Befehl! Je länger ich nachdenke, umso anmaßender finde ich ihn. Ich bin doch nicht mehr als 1000 Kilometer in zwei Tagen gefahren, um das Gästezimmer der Familie zu beziehen. Auf keinen Fall werde ich mich diesem Diktat beugen.

Andererseits bin ich hier Gast, und ich werde die Gastfreundschaft nicht missbrauchen. Da bleibt also nur, meinen Freund doch noch zum Aufbruch am selben Tag zu überreden. Die Geschichte des Gräfinnen-Zimmers hat aber eine Fortsetzung gefunden: Heute, 34 Jahre später, dient es uns – luxuriös in seinen alten Ausmaßen, mit dem großen Fenster zum Hof – als Badezimmer, in dem sich vortrefflich die wichtigen und unwichtigen Dinge des Lebens besprechen lassen.

Gabriele Hirth, geb. 1949, ist verheiratet mit Florian Aicher, dem ältesten der Aicher-Söhne. Sie leben in Rotis. Gemeinsam haben sie zwei Söhne, Lion und Marvin.

Marvin Hirth

Oma Inge

Vor Kurzem hat sich mir der Geruch von der Oma zu erkennen gegeben.

Ich kann mich nicht genau erinnern, wie das Haupthaus in Rotis eingerichtet war, während die Oma noch lebte. Am stärksten hat sich noch der Teppichboden im Obergeschoss eingeprägt – und zwar auf meinen Fußsohlen, so hart und unbequem zu begehen. Möbel, Lampen und anderes habe ich nicht mehr in Erinnerung, das Haus im Ganzen erschien mir immer auch als rätselhaft verschlungen.

Wie es gerochen hat, weiß ich dafür noch ziemlich gut. Wobei ‚wissen' hier der falsche Ausdruck ist, denn beschreiben konnte ich diesen Geruch nie. Es roch ganz einfach nach Oma Inge, das Gebäude und die Person waren untrennbar olfaktorisch miteinander verbunden. Ein sehr eigentümlicher Geruch, für mich nicht zu vergleichen mit anderen Menschen oder Orten – zumindest bislang nicht.

Ich arbeite in einer kleinen Küche. Unser Schweinefleisch bekommen wir von einem Bauern, der seine Schweine selber schlachtet, verarbeitet und verkauft. Nebenbei verkauft er auch alles, was sein Garten so hergibt, vor allem Kräuter. Da wir stets zu den letzten Kunden des Tages gehören, schenkt er uns häufig an Kräutern, was er noch übrig hat. Vor Kurzem waren das ein Bund Thymian, ein Paar Zweige Minze und Liebstöckel in größeren Mengen.

In der kleinen Küche koche ich häufig klare Knochen- und Fleischbrühen. So auch an dem Tag mit dem unverhofften Kräutersegen, welcher dann gleich in Form von Liebstöckel und Thymian Eingang in die Suppe gefunden hat. Dass Klare Suppen sehr von Liebstöckel profitieren ist kein Geheimnis und wurde bisher von mir auch häufig genutzt. Aber als ich den Liebstöckel wieder aus der heißen Brühe fischte, war ich verblüfft über ein mächtiges Geruchserlebnis – einer unwillkürlichen, entschiedenen Erinnerung an die Oma. Es war Duft, den ich seit Jahren nicht gerochen hatte: Es roch nach dem alten Rotiser Haupthaus, nach Oma Inge. Der Geruch, den ich nie benennen konnte, ähnelt unverkennbar in Rindssuppe gekochtem Liebstöckel.

So hat sich mir vor Kurzem der Geruch von der Oma zu erkennen gegeben.

Marvin Hirth, geb. 1987, ist der jüngere der beiden Söhne von Gabriele Hirth und Florian Aicher. Er lebt in Wien.

Privatarchiv

Inge in der Küche mit der Köchin Centa Melcher. Der Tisch hat in der Mitte ein Loch, durch das die Abfälle in einen Eimer oder Beutel geschoben werden können. Das war eine Neuheit. Die Küche ist der Prototyp von Otl Aicher für die Firma Bulthaup. Seine Gedanken und Studien fasste er in dem Buch „Die Küche zum Kochen", Callway Verlag München, 1982, zusammen.

Daniela Koros

mehr als eine wahrheit

manuel aicher, das jüngste der aicher-kinder, ging in der neunten klasse mit mir auf das gymnasium in leutkirch. ich war eigentlich all die jahre immer eher ein mauerblümchen gewesen, und dass er mich bemerkte und tatsächlich gefühle für mich entwickelte, war in meinen augen absolut spektakulär. ich war zu der zeit gerade ein wenig in einen anderen jungen verliebt, allerdings auf eine sehr harmlose und keusche weise, und so fiel es dem jungen herrn aicher nicht schwer, mich mit seinem stürmischen werben von seinen positiven seiten zu überzeugen.

wir „gingen miteinander", wie das so schön heißt, und über eine – für unser jugendliches alter – lange zeit entwickelten sich tiefe gefühle und eine erste wirklich große liebe. ich fühlte mich aufgenommen in die aicher-familie, vor allem zu inge hatte ich schon sehr bald eine gute beziehung. sie spürte wohl, dass ich es gut meinte mit ihrem jüngsten, und dass ich vor allem ihrem – wenn auch unausgesprochenen, aber von mir sehr wohl wahrgenommenen – wunsch nach einem langsamen angehen der körperlichen beziehung rechnung trug. auch meine mutter wünschte sich im übrigen diese gebremste entwicklung, und ob es nun daran lag, dass ich die erwartungen unserer mütter erfüllen wollte oder ob auch mir an dieser langsamen gangart gelegen war, kann ich heute gar nicht mehr sagen. jedenfalls ließen wir uns zeit.

julian, der zweitjüngste der aicher-söhne, war zu dieser zeit mit einer klassenkameradin und freundin von manuel und mir liiert. ich erinnere mich noch gut, dass wir mädchen, wenn wir mal in rotis übernachteten, immer im sogenannten grünen zimmer untergebracht waren, und dass wir uns immer darüber amüsiert haben, dass es der raum im haus war, der am weitesten von den beiden jungsschlafzimmern entfernt war. claudia ließ sich davon wenig beeindrucken und machte sich nachts heimlich auf den weg zu ihrem liebsten, was bei den vielen knarrenden holztreppen gar nicht so einfach zu bewerkstelligen war. ich blieb brav die nächte über im grünen zimmer, obwohl ich mir dabei schon ziemlich angepasst und langweilig vorkam. aber die vorstellung, womöglich von inge oder otl aus manuels bett gezerrt zu werden, war so abschreckend, dass es mir nicht schwerfiel zu bleiben wo ich war.

eines tages trafen sich inge und meine mutter in leutkirch beim einkaufen, und die beiden unterhielten sich ein bisschen miteinander. inge ewähnte

Inge am See, 1988. Ort unbekannt, wohl an der Iller, nördlich von Altusried, nahe Rotis.
Das Bild ist der privaten Rotis Chronik der Familie Aicher entnommen.

meiner mutter gegenüber, dass sie sehr wohl wisse, dass claudia ihren wunsch nach getrennten nächten nicht wirklich respektierte, im gegensatz zu mir. meine mutter erwiderte, dass sie sich durchaus vorstellen könne, dass auch manuel und ich nicht immer nur händchen hielten. worauf inge meinte: „wenn zwei das gleiche tun, ist es noch lange nicht dasselbe."

als meine mutter mir von dieser begegnung berichtete, war ich ziemlich geschockt. inge war für mich immer eine sehr eindeutige moralische instanz gewesen. dass sie nun so leicht und locker über eine für mich nicht immer einfache situation urteilte und mir dabei einen größeren freiraum zugestand als ich mir selbst, brachte mich in ein ziemliches dilemma. vor allem aber irritierte mich der inhalt ihrer aussage. einige zeit später sagte mir inge in einem gespräch in einem ganz anderen zusammenhang, dass es mehr als eine wahrheit gebe – und

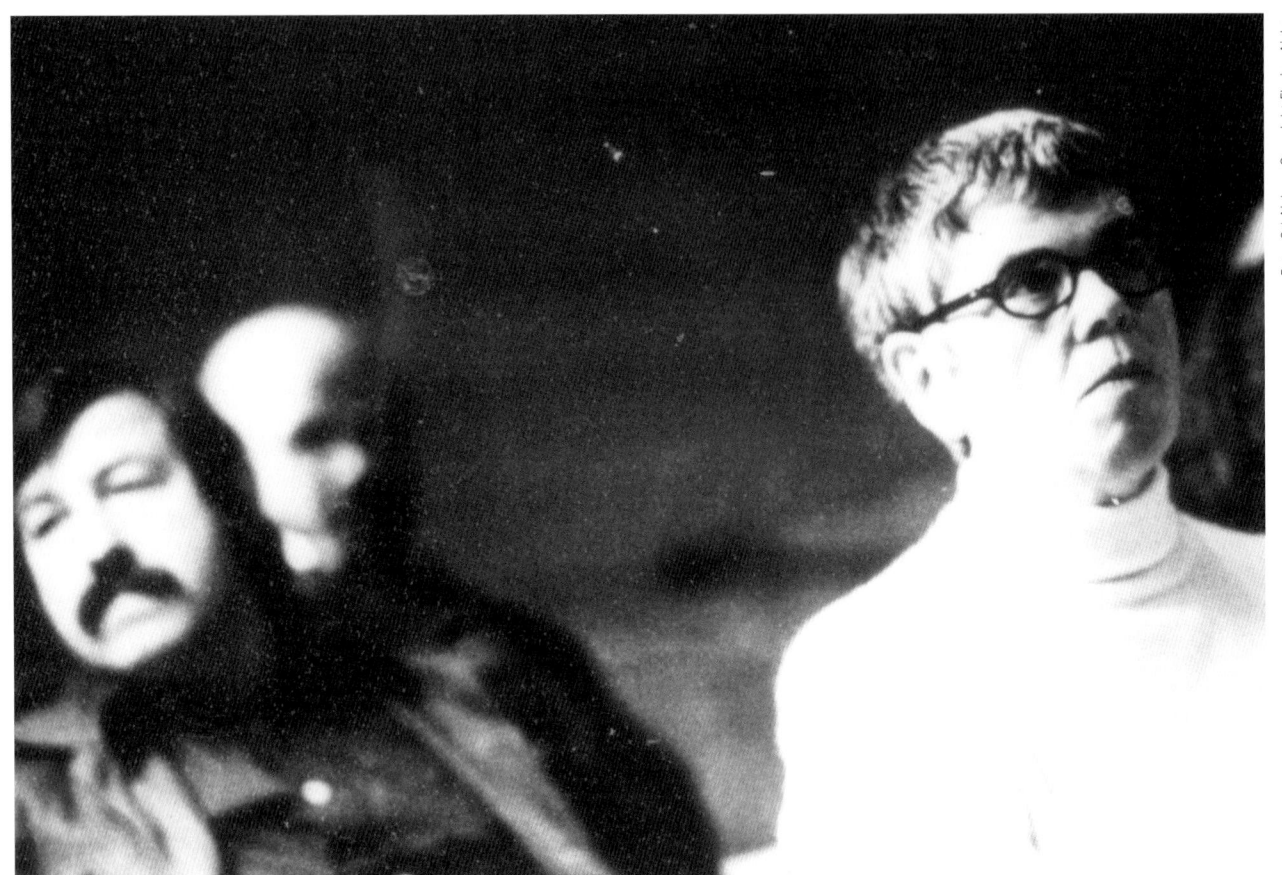

Inge Aicher-Scholl bei einem Treffen der Gruppe 47,
im Hintergrund Günther Grass.

auch das brachte mich wieder ins schlingern. wie
konnte das sein? wie konnten solche aussagen
ausgerechnet von inge kommen?

es ist mir sehr schwer gefallen, inge von ihrem
moralsockel absteigen zu lassen, auf den ich sie
gestellt habe. wo ich – aufgrund meiner jugend und
meiner mangelnden lebenserfahrung – nur schwarz
und weiß sah, gab es für sie durchaus alle schattie-
rungen von grau. und wahrscheinlich noch viele
andere farben.

für mich blieb inge lange über meine beziehung zu manuel hinaus ein vorbild. ich mochte ihre
ruhe und abgeklärtheit. von ihr habe ich gelernt,
dass es mehr als eine wahrheit gibt. und dass es
noch lange nicht dasselbe ist, wenn zwei das
gleiche tun.

Daniela Koros, geb. 1958 in Leutkirch, Ausbildung in Rotis
zur Schriftsetzerin, Studium der Gesellschafts- und
Wirtschaftskommunikation an der HDK in Berlin, eigene
Agentur seit 1993, www.hepundko.com

Irmgard Keßler im Interview

Erinnerungen an Inge Scholl in der „Jungmädel"-Zeit

Irmgard Elmer, verwitwete Keßler, wurde am selben Tag wie Inge Scholl, am 11. August 1917, in Ulm geboren. Im Sommer 1932, unmittelbar nachdem die Familie von Magdalene und Robert Scholl mit ihren fünf Kindern von Ludwigsburg nach Ulm umgezogen war, kam „Irms", wie sie genannt wurde, in Kontakt mit ihnen. Sie ging in der Wohnung der Scholls, zunächst in der Kernerstraße 29, ab 1933 in der Olgastraße 81, ein und aus. Inge und Irms standen damals kurz vor ihrem 15. Geburtstag. Im Jahr danach kam Hitler an die Macht und beide – und die anderen Geschwister – begeisterten sich für die Unternehmungen der „Hitlerjugend". Sie wurden beide „Ring-Führerinnen" für die „Jungmädel" der 10 bis 14-jährigen, wobei Inge als „Ring-Führerin" zeitweise an der Spitze der „Jungmädel" von „Ulm-Stadt" stand und Irms Keßler an der Spitze des „Ringes Ulm-Land".

Irmgard Keßler ist – neben Elisabeth Hartnagel-Scholl, mit der sie bis heute befreundet ist – die letzte unmittelbare Zeitzeugin für die Anfänge der Familie Scholl in Ulm und vor allem für Praxis und Geist der weiblichen „Hitlerjugend" in den Anfangs-jahren des NS-Regimes. Die Beziehung zu Inge Scholl wurde dünner, als sich die beruflichen Wege 1936 trennten und Irmgard Keßler außerhalb Ulms zur Krankenschwester ausgebildet wurde. Sie wurde „NS-Schwester", da diese Ausbildung kostenlos war.

Zum Ulmer „Schollbund" der späten Dreißiger und frühen Vierziger Jahre, der sich zum Widerstand gegen das NS-Regime entwickelte, gehörte sie nicht mehr.

Das hier in Ausschnitten wiedergegebene, auf Tonband aufgezeichnete, von Ursula Bischoff tran-skribierte und von Irmgard Keßler und Elisabeth Hartnagel gegengelesene Gespräch führte Silvester Lechner am 5. Juli und am 15. September 2011 im Haus von Frau Keßler.

Silvester Lechner: Frau Keßler, erinnern Sie sich noch, wie der erste Kontakt mit der Familie Scholl, bzw. mit den Geschwistern zustande kam?

Irmgard Keßler: Es war im Sommer 1932, da klin-gelte es an der Glastüre und da standen zwei junge Leute draußen, das waren Lisel Scholl und ihr Bruder Hans Scholl. Sie richteten mir einen Gruß aus von meinen Kusinen aus Ludwigsburg. Sie seien frisch hierher nach Ulm gezogen, sagten sie. Da sie in Ulm noch niemanden kennen würden, meinten meine Ba-sen in Ludwigsburg, sollten sie mit mir Kontakt auf-nehmen. Wir wohnten damals in Ulm, Frauensteige 14a, im alten Standortlazarett. Die Scholls waren damals auch auf den Michelsberg gezogen, in die Kernerstraße, das war ganz in unserer Nähe. Wir machten gleich aus, dass wir uns mal treffen wollten zum gemeinsamen Ballspielen oder was ähnlichem.

Lechner: Sind Sie dann schon bald in die Wohnung der Scholls gekommen? Wann haben Sie die Eltern kennen gelernt und die anderen Geschwister?

Keßler: Es ging dann ziemlich schnell. Ich merkte, dass Lisel großes Interesse hatte an meinem kleinen Schwesterchen, das im April geboren war. Ich erfuhr dann auch, dass Lisel und die Scholls ein klei-nes Schwesterchen verloren hatten vor nicht allzu langer Zeit. Es war an einer schweren Krankheit ge-storben. Ich habe dann die Scholls ziemlich bald da-nach besucht in der Kernerstraße, wo sie ein Haus gemietet hatten. Ich lernte gleich die Mutter, Frau Scholl, kennen, die mir lieb und sehr mütterlich ent-gegen kam. Sie hat sich nach meiner Familie erkundigt. Mir hat eigentlich gleich von Anfang an besonders der Hans Scholl gefallen, der war da 14.

Lechner: 1932, wie alt waren Sie da?

Keßler: Da wurde ich 15. Es hat sich ziemlich bald herausgestellt, dass ich am selben Tag wie Inge Scholl geboren bin, am 11. August 1917. Wir waren also total gleich alt. Ab da entwickelte sich ein ziem-lich reger Besuchsverkehr zwischen den beiden Fa-milien, immer mit dem Hintergrund, dass ich auch Hans Scholl wenigstens von weitem sehen kann. Wogegen Lisel hauptsächlich wegen meines kleinen Schwesterchens kam, dem sie das Fläschchen geben durfte. So verging die erste Zeit, immer ein Hin und Her. Ich merkte ziemlich bald, dass es in der Familie Scholl materiell etwas schwieriger zuging als bei uns. Mein Vater hatte als Beamter sein geregeltes Einkommen, was natürlich auch für seine siebenköpfige Familie eher zu wenig als zuviel war. Bei Scholls stand in dieser Zeit, das haben wir da-mals gespürt, wenig Geld zur Verfügung. Es war ja

Inge Scholl singt als „Jungmädel-Führerin" ihrer Gruppe eine Ballade vor, 1936.

auch ein neuer Anfang für sie hier in Ulm. Frau Scholl buk sogar selber das Brot, das zeigte sie mir. Mit der Zeit hat es sich ergeben, dass wir jeden Sonntagnachmittag gemeinsame Spaziergänge machten, um die Wilhelmsburg herum.

Lechner: Wie kamen Sie zu den „Jungmädeln"?

Keßler: Eines Tages kam Inge und berichtete über die neue Jugendgruppe, die sich da in den Formen der Hitlerjugend entwickelt hatte. Inge fragte meine Eltern, ob ich da nicht mitmachen dürfe. Mein Vater als Zentrumsmann hatte seine Bedenken. Aber meine Mutter sagte damals, das ist doch nett, wenn die Mädchen sich treffen und singen. Scholls sind doch auch rechte Leut', wenn die ihre Kinder dabei haben, kannst du es deinen nicht verwehren.

In welche Schule gingen Sie 1932?

Keßler: Bei mir war es so, dass im April 1932 meine Mutter noch mal ein Kind bekam. Da hieß es dann von heute auf morgen: „Du brauchst jetzt nicht mehr zur Schule zu gehen. Du hilfst jetzt der Mutter."
Ich war damals in der Mädchenrealschule und hatte gerade die vierte Klasse hinter mir gehabt, eigentlich also die achte Klasse. Ich durfte also von heute auf morgen nicht mehr zur Schule gehen,

sondern musste meiner Mutter im Haushalt helfen. Meine Mutter hatte lauter Hausgeburten gehabt unter Beistand einer Schwester. Die zeigte mir, wie man Babies badet und alles was dazu gehört, ein kleines Kind zu versorgen. Also das war für mich auch nicht leicht, so plötzlich war ich sozusagen Dienstmädchen bei meiner Mutter.

Lechner: Wie war das bei der Inge – was haben Sie von ihr mitbekommen? Ging sie 1932 noch in Ulm in die Schule? Wie war der Kontakt zu ihr?

Keßler: Der Kontakt zu ihrer Schwester Lisel war besonders gut. Aber da war ja auch unser kleines Baby schuld, denn Lisel hatte ja noch in Forchtenberg ein kleines Schwesterlein, Thilde, durch eine Masern-Epidemie verloren. Inge ging 1932 noch in die Schule, zusammen mit meiner Schwester Ruth, und zwar in die Mädchenrealschule. Das war ein ganzer Schulkomplex zwischen Stein- und Frauenstraße. Da war die evangelische Volksschule und auch die Mittelschule, weiter vorne in Richtung Frauenstraße war die Realschule.
Inge habe ich nur gesehen bei Spaziergängen. Da ging sie oft mit und die Erika Reiff war auch dabei. Erika war 1918 geboren, sie ging ins Gymnasium, wo sie auch Latein lernte. Sie hat erst später das Abitur nachgemacht, als sie Medizin studieren wollte.

Erika gehörte mit zu den ersten, die ich bei Scholls angetroffen habe. Inge schloss in der Mädchenrealschule mit der Mittleren Reife ab. Ab da hieß es ebenfalls, sie solle ihrem Vater im Büro helfen. Sie hatte noch in einer Ulmer Privatschule eine „Schnellbleiche" mitgemacht, um Stenographie und Maschinenschreiben zu lernen. Inge konnte sehr gut Maschinenschreiben und sie konnte auch gut sprechen. Es war besonders schön, wenn Inge bei unseren Treffen war, weil sie Klampfe spielen konnte und viele Lieder beherrschte, die sie uns beibrachte.

Lechner: Jetzt reden Sie schon von der Jungmädelzeit.

Keßler: Mein Schwesterchen war jetzt größer und damit ging für mich die „Heimabendzeit" an, ja, „Heimabende" für Mädels in der Hitlerjugend.

Lechner: Wann ging es denn mit der Hitlerjugend-Begeisterung los? Hitler wurde am 30. Januar 1933 Reichskanzler, zur so genannten „Machtergreifung" kam es dann im März 1933. Wann entstand in Ulm die Hitlerjugend?

Keßler: Das weiß ich nicht so genau, ich denke 1934. Meine Eltern sind, glaube ich, davon ausgegangen, dass es eine Zusammenkunft von jungen Mädchen und Buben ist, die sich treffen, so wie man es gewohnt war von den katholischen Verbänden. Meine Mutter stimmte auch zu, dass ich mich beim „Heimabend" mit anderen treffen könnte. Aber mein Vater hatte als Zentrumsmann seine Bedenken. Dass das Ganze damals so stark politisch war, habe ich nicht mitbekommen. So wie es von Inge beschrieben wird, die damals schon eine Hitlerbegeisterung hatte, so war ich nicht.

Lechner: Wie hat sich diese Hitlerbegeisterung bei Inge geäußert?

Keßler: Als ich das gelesen habe in dem Buch von Barbara Beuys, war ich ganz überrascht, wie ausführlich Inge das in ihren Tagebüchern beschrieben hat. Ich kannte das von Inge überhaupt nicht. Bei Hans Scholl, ja, da wusste man, dass er begeistert dabei war. Er war ja dann Jungvolkführer. Beim BdM stellte sich heraus, dass Inge vieles bei ihrem Bruder abgeschaut hatte. Sie konnte damals schon diese Lieder singen mit ihrer Klampfe.

Lechner: Sie glauben also, Inge hat das Liedersingen und das Führen von Gruppen von ihrem Bruder gelernt? Der war doch jünger?

Keßler: Ja, aber nur ein Jahr und der „Führer" der HJ war Max von Neubeck. Ich weiß bloß, dass wir Mädchen ganz am Anfang uns im evangelischen Dekanat getroffen haben. Da war unten ein Raum

im Grünen Hof. Hilde Kappus war auch in unserer Gruppe. Das kam wohl von ihren Eltern, dass man sich dort treffen konnte.

Lechner: Vater Kappus war Dekan am Münster.

Keßler: Aber über Kirche und dergleichen haben wir überhaupt nicht gesprochen. Das war erst später, wenn wir am Sonntag etwas vorhatten. Es war so, dass meine Eltern das erlaubt haben, aber wir mussten in jedem Fall morgens am Sonntag die katholische Messe besucht haben, unter Umständen auch die Frühmesse um 6 Uhr. Dann durften wir zum Wandern gehen, auch mit der Hitlerjugend bzw. dem BdM.

Lechner: Erzählen Sie doch ein wenig von Inges Persönlichkeit in den frühen Jahren. Ihre Basen in Ludwigsburg hatten Ihnen ja schon ein wenig von Inge erzählt.

Keßler: Ja, sie sagten, sie sei in Ludwigsburg „Schnecke" genannt worden. Mir kam sie immer sehr ausgeglichen vor. Sie sah gepflegt aus. Man merkte auch, dass sie die „große Schwester" war, das verband sie mit mir, denn auch ich war „die große Schwester" meiner fünf jüngeren Geschwister. Mit ihrer sehr guten Stimme konnte Inge begeistern. Wir lernten die Lieder von ihr sehr leicht. Dabei kam es oft vor, dass die Lieder, die auch bei Hans im Jungvolk gesungen wurden, sie auch uns beibrachte. Es war vielleicht ein wenig anders als bei den übrigen Hitlerjugend-Gruppen.

Lechner: Was war anders?

Keßler: Es kam ziemlich bald heraus, dass „wir", die Mädels von Inge und Charlotte Thurau, genannt Charlo, ein bisschen was Besseres waren in unserer Gruppe, ein anderes Niveau hatten, besonders bei den Heimabenden. Das kam sicherlich von Inge. Hans wurde ziemlich bald „Jungvolkführer", später dann „Fähnleinführer", sein „Bannführer" war dann Max von Neubeck. [...]
Unsere Gruppe, alle über 14 Jahre, setzte sich aus „Führerinnen" von Jungmädelgruppen – bis 14 Jahre – zusammen. Es hat sich bald heraus kristallisiert, dass wir, die wir ja schon eine gewisse Schulung im ersten und zweiten Jahr mitgemacht hatten, zu einer ziemlichen Gemeinschaft geworden sind. In den Heimabenden ging es um „Ideale", die man gepflegt hat. Charlo Thurau und später Inge Scholl waren unsere „Führerinnen". Hilde Kappus war bei dieser ersten Gruppe von Anfang an dabei und dann auch Erika Reiff und meine Schwester Hilde und die Heller (Helene) Kraus.

Lechner: Sie haben gesagt, Inge habe sehr überzeugt mit ihrer schönen Stimme und ihrem

Gitarre-Spiel bei den Heimabenden. Was wurde sonst noch gemacht?

Keßler: Bei den Heimabenden gab es auch ein Heft, ein Monatsheft von der Hitlerjugend, dabei war so eine Art Losung, es war auch eine Anweisung zur Gestaltung von Heimabenden. Ein Heimabend ging so los, dass man zuerst ein Lied gesungen hat, dann sprach man über etwas Aktuelles, wahrscheinlich was Politisches, das war aber für uns Nebensache. Man hat sich dann vor allem überlegt, wie man eine Wanderung oder eine Fahrradtour unternehmen könnte. Ich denke, man hat sich ziemlich angelehnt an das, was vom Bruder Hans herüberkam.

Lechner: Man spricht ja auch von „nationalsozialistischer Weltanschauung". Wenn Sie so zurückdenken, welche Bestandteile waren da? Deutsche Geschichte, das deutsche Volk, die deutsche Rasse, die Gestalt Adolf Hitlers? Welche Rolle spielte das?

Keßler: Das ist für mich jetzt schwierig, ob ich das noch im Gedächtnis habe. Ich weiß nur, dass wir gerne hingingen. Es wurde schon gesagt, dass der Führer jetzt alles besser machen wird. Wenn er regieren wird, werden die vielen Arbeitslosen nicht mehr betteln müssen. Man wird die Arbeitslosigkeit beheben, die damals auch in Ulm sehr groß war. Ganz in der Nähe gab es die „Herberge zur Heimat", da sah man oft Wanderburschen, die unterwegs waren, weil sie keine Arbeit und deshalb wenig Geld hatten.

Inge hat es ganz gut verstanden, uns all das näher zu bringen. Sie hatte ja auch Unterstützung durch die Monatshefte, und so glaubten wir, Hitler wird alles besser machen. Das wurde uns gesagt und die Arbeitslosen werden verschwinden und die Straßenkämpfe werden weniger. Was ich meinen Kindern auch immer wieder erzähle, wenn damals jemand wegen 3 Pfennig von Haus zu Haus betteln ging, das kann man sich heute nicht mehr vorstellen. Diese Menschen waren alle auch schlecht gekleidet. Oder da spielte jemand Geige vor dem Haus. Da sah man, wie man ihm ein paar Pfennige in Zeitungspapier wickelte und hinunterwarf. Meine Mutter fragte auch, ob sie einen Teller Suppe möchten. Meine Eltern hatten einen so genannten „Bettlerteller", die Mutter wollte immer das selbe Geschirr für solche Gäste verwenden. Ich glaube, dass Frau Scholl auch sehr hilfsbereit war, wenn jemand gebettelt hat.

Inge war damals schon irgendwie an der Spitze. Sie kannte sich sehr gut aus und las uns aus den Monatsheften vor. Die Begeisterung für Hitler wurde auch durch die vielen Märsche, die man durch die Stadt machte, geschürt. Zum Beispiel als das Saarland wieder „deutsch" wurde. Da war großer Zapfenstreich am Münsterplatz. Da sind dann Inge und auch Charlo der Gruppe voraus gelaufen.

Lechner: Sie haben schon ein paar Mal „Charlo", Charlotte Thurau, genannt. Das war noch vor Inge eine Schlüsselfigur für die Ulmer Jungmädel in den ersten Jahren des Regimes.

Keßler: Charlo war ganz in den Anfängen nicht dabei. Da war Hilde Kappus, es war ja ihre elterliche Wohnung, und verschiedene andere, deren Namen ich nicht mehr kenne. Irgendwann war dann auch Charlo dabei. In ihrem Auftreten wirkte sie zunächst beherrschend. Sie hat zumindest die jüngeren Mädchen, mich weniger, begeistert durch ihre ganze Art und Weise. Sie hatte ja eine Französin zur Mutter. Ich habe in späteren Jahren mit Butz, das war Irmgard Seeger, die einzige Tochter des Finanzamtsleiters, die Medizinerin geworden ist, über sie geredet. Die sagte oft, sie sei auch in Charlo verliebt gewesen, weil sie so was Mitreißendes an sich hatte. Die konnte nicht Gitarre spielen wie Inge, die ein Gegenstück zu Charlo war. Ich habe nie für sie geschwärmt. Die Jüngeren haben Charlo angehimmelt. Fürs Singen und das Besinnliche war Inge eher zuständig. Da sind alle ruhig geworden, wenn Inge sang und wir es von ihr lernten.

Lechner: Wie wirkten sich denn die ab 1934 wirksamen Richtlinien zur Struktur des BdM aus?

Keßler: Ja, es war so, dass allmählich sich alles einfach so geordnet hat, organisatorisch gerichtet worden ist. Ein Beispiel dafür war, dass die ganzen HJ-Gruppierungen, wenn sie sich regelmäßig getroffen hatten, immer in Dreierreihen marschierten, was anderes gab es ja nicht. Da hat man viel den Buben nachgemacht.

Bei Inge habe ich nie erlebt, dass sie laut geworden wäre. Ich kann mich auch nicht erinnern, dass sie so angehimmelt worden wäre wie Charlo. Einmal hat sie zu mir über ihre vier Jahre jüngere Schwester Sophie gesagt: „Weißt Du, die Sophie ist so begabt und ich möchte mal alles dafür einsetzen, dass die Sophie es weit bringt in ihrem Leben." Darüber habe ich mich gewundert. Ich habe ja auch jüngere Geschwister, aber ich war nicht so opferbereit wie sie, die sie alles tun wollte für ihre kleinere Schwester, um ihr zu helfen, dass sie im Leben vorwärts käme.

Lechner: Die Bezeichnungen für die verschiedenen Formationen der nationalsozialistischen Jugendorganisationen kamen 1933 auf den Weg. Welche Einheiten waren das? Wann hat sich das etabliert?

Keßler: Etablieren ist, glaube ich, das richtige Wort. Vorher ging man in Heimabende und war mit dabei. Jetzt hieß es, wir treffen uns am Münsterplatz, da ist das und das los. Da singt man und natürlich war es wichtig, dass man das Deutschlandlied konnte. Und da kam der Film auf, wo die

Schulen hingingen, „Hitlerjunge Quex". Da lernte man dann auch das Lied, „Die Fahne hoch, die Reihen dicht geschlossen". Das war ja zuerst ein Lied der SA. Das haben wir gelernt und gesungen.

Lechner: Welche Gruppierungen haben sich bei den Ulmer Jungmädeln gebildet?

Keßler: Das ging so nacheinander. Zuerst kam die Geschichte mit den Straßensammlungen zum Winterhilfswerk. Dazu hat man sich freiwillig gemeldet, dass man am Sonntag sammelt. Dann gab es die Eintopfsonntage, an einem Sonntag im Monat, wo man auch sammelte. Ich weiß heute nicht mehr, wofür das Geld, das die Familien eingespart haben, verwendet wurde. Vielleicht war das eine Form, mit der man die „Volksgemeinschaft" bewusst machen wollte. Ja auf einmal kam das auf, man braucht jetzt Jungmädelführerinnen. Weil man jetzt die Zehnjährigen auch schon aufnimmt. Dann kristallisierte sich heraus, dass unsere Gruppe, die sich bisher getroffen hatte beim BdM, alle JM-Führerinnen geworden sind. Und die mussten natürlich auch eine Spitze haben, das war bei uns die Charlo Thurau, woraus sich dann der Ring 7 gebildet hat.

Lechner: Gab es denn in Ulm auch Ring 1, 2, 3? Oder hieß das nur zufällig Ring 7?

Keßler: Das weiß ich nicht, Ring 7 hat einfach besser geklungen. Das war das, was man heute vielleicht eine „Marke" nennt. Es war ja auch der „bessere" Ring, glaubten wir.

Ein Jahr später wurde das verändert, da waren wir der Ring 1. Das war wohl erst 1936, als meine jüngere Schwester bei der Hitlerjugend war. Da lief ja dann überhaupt ziemlich viel anders. Da kam der Staatsjugendtag, das bedeutet, dass alle, die nicht bei der Hitlerjugend waren, am Samstag zur Schule gehen mussten. Unter anderem auch mein zweiter Mann, Erich Kessler, der war ja bei der katholischen Jugend. Uns hat der Staatsjugendtag, der immer am Samstag war, ziemlich gut gefallen. Meine kleine Schwester war größer geworden und da ging ich in die Frauenarbeitsschule, also ganztags die ganze Woche, half also nicht mehr im Haushalt. Da habe ich Nähen und Kochen gelernt.

Lechner: Charlo Thurau wurde im Herbst 1933 Ringführerin von Ring 7?

Keßler: Ja, sie war offiziell von der Gruppe bestimmt. Und diejenigen, die sich bisher zum Heimabend getroffen hatten, wurden fast alle Jungmädelführerinnen. Wir haben es dann später so gemacht, das war ja verpflichtend, wer Mitglied von der HJ war, der musste später dann am Samstag Heimabend haben. Wir Führerinnen alle, wir haben

„Böhmerwald-Fahrt" August 1935 von etwa 20 „Jungmädel-Führerinnen" des „Ring 7". „Ringführerin" war damals Charlo(tte) Thurau, ihre Stellvertreterin und Nachfolgerin war Inge Scholl. Hier: Lagerplatz mit selbst genähten Runen-Fahnen.

eine Einheit gebildet, eine Gruppe unter der Führung von Charlo. Wir kamen zusammen und da hat man besprochen, was man als Jungmädelführerin machen könnte.

Lechner: Wann ist Inge Scholl Jungmädelführerin geworden und wann ist die Charlo Thurau abgetreten?

Keßler: Jungmädelführerin (JM) wurde Inge schon ganz am Anfang. Nach unserer „Großfahrt" in den Böhmerwald im August 1935 wurde Inge Ringführerin von Ring 7. Charlo war weggegangen. Es kann sein, das sie zur Ausbildung oder zum Studium weg gegangen ist. Ich habe sie dann nicht mehr oft gesehen. Charlo war noch in Ulm, aber da war ich nicht mehr da. Da hatte ich mit der Schwesternausbildung begonnen.

Lechner: Was hat man sich unter dieser „Großfahrt" vorzustellen? Wer von den Scholl-Geschwistern war dabei?

Keßler: Ich habe mir damals eigentlich gar keine Gedanken gemacht. Das Wort Großfahrt hat einfach bedeutet, dass es sich um eine Fahrt handelt, die weiter weg ging und länger dauerte als eine Woche. Das war in den Sommerferien 1935. Es ist eigentlich mehr oder weniger wieder nachgemacht worden, was Hans Scholl und das Jungvolk vormachten. Inge hat ja auch immer von ihrem Bruder das Neueste gewusst. Hans hatte diese Großfahrt im Jahr zuvor gemacht und Inge sagte, die machen wir auch. Hans schwärmte davon, was das für eine tolle Fahrt war. Also konnte man sich einrichten. Natürlich ist

„Böhmerwald-
fahrt", August
1935. Wandern
in Marsch-
ordnung; in der
Mitte vorne Inge
Scholl, damals
Stellvertreterin
als „Ringführe-
rin".

ein Plan gemacht worden, da konnten alle ein biss-
chen mitsprechen, z.B., ob man ein Stück mit dem
Fahrrad fährt. „Böhmerwald" war eigentlich der alte
Begriff für diese Landschaft, eigentlich ist das der
Bayerische Wald. Man wollte auch wandern und hat
ausgemacht, dass man mindestens eine Woche wan-
dert. So war im August 1935 diese Großfahrt. Der
Begriff stammt wahrscheinlich von der bündischen
Jugend.

Von den Scholls waren die Inge und die Lisel
dabei. Sophie war zu der Zeit noch zu klein und
konnte deshalb auch keine Führerin sein. Diese Fahrt
haben eigentlich alle Jungmädelführerinnen gemacht mit ihren beiden „Häuptlingen". Es waren
insgesamt zwanzig Mädchen, Charlo Thurau war zusammen mit Inge „Führerin". Man kann sich nicht
mehr vorstellen, dass man oft nicht mal ein eigenes
Fahrrad hatte. Es waren Fahrräder einfachster Art,
natürlich ohne Gangschaltung und wenn sie Beleuchtung hatten, dann war das schon Luxus.

Lechner: Wo haben Sie übernachtet? Hatten Sie ein
Zelt oder gar eine Kote? Wurde im Freien gekocht?

Keßler: Das wäre fast ein „Vergehen" gewesen,
wenn Jungmädel eine Kote gehabt hätten. Das war

ein Heiligtum der Buben. Das war schon geplant,
dass wir Zelte mitnehmen, aber auch Jugendherber-
gen aufsuchen würden. Als Zeltplanen hatten wir
ganz einfache, zusammenknüpfbare Zeltplanen, die
irgendwo ausgeliehen worden waren, denn wir
mussten sie wieder abgeben. Und weil zwei Planen
verschlampert wurden, mussten diese zwei vom
Geld, das wir vom „Führer" erhalten hatten, gekauft
und ersetzt werden.

Lechner: Wie bitte, Geld vom „Führer" geschenkt?

Keßler: Ja, gleich, zunächst noch die Vorgeschichte.
Wir sind zuerst mit dem Zug nach Prien am Chiemsee gefahren. Wir wollten einfach so schnell wie
möglich weg von Ulm sein. Am Chiemsee haben wir
gezeltet. Das war also der erste Tag. Ich war fürs
Kochen zuständig. Das war schwierig, denn als wir
ankamen war es schon am Dunkelwerden. Alle hatten Hunger. Wir haben dann Haferflocken und Ka-
kao und Zucker miteinander verrührt und es so gegessen. Wir nannten es „Götterfraß". Das war also
unser Mittag- und Abendessen in einem. Am nächsten Tag ging es dann weiter mit dem Fahrrad Richtung Berchtesgaden.

Damals war die Autobahn noch im Bau, wir sind teilweise über halb fertige Streckenabschnitte gefahren, doch die Arbeiter ließen uns auf der Baustelle weiterfahren, weil wir ja die BdM-Kluft trugen. Uns hat man nicht so schnell was verboten. Wir trugen weiße Blusen und einen dunkelblauen Rock und den „Knoten"; der bestand aus einem schwarzen Halstuch, das durch einen geflochtenen Lederknoten hindurchgezogen wurde. Der Knoten war wie aus Lederschuhnestel geflochten. Dieses Halstuch mit Knoten war immer um den Hals gelegt, den Knoten konnte man rauf und runter schieben, je nachdem wie heiß es war.

Wir waren also auf der deutschen Alpenstraße und sind am ersten Tag vor Berchtesgaden, das wir nicht ganz erreicht hatten, im Vorort Ramsau angekommen und haben dort unsere Zelte aufgeschlagen.

Lechner: Und da kam der „Führer"?

Keßler: Es war ein wunderschöner Platz, auf dem wir zelten durften. Man hat gleich gesagt, da bleiben wir jetzt und machen von hier aus Ausflüge und Wanderungen.

An einem der Tage, ich hatte gerade meinen Kochtopf auf die aus Steinen gebaute Feuerstelle gesetzt, hieß es, „der Führer kommt, der Führer kommt!" Alle riefen: „Wo denn, wo?" „Dort drüben ist die Landstraße!" Alle rannten rüber. Da kam auch schon ein großes, schönes Auto mit offenem Verdeck. Es war wohl kein Mercedes. Unterhalb der Wagentüren waren ziemlich breite Trittbretter. Wir rannten auf der Straße vor das Auto, so dass es anhalten musste. Da war der „Führer". Er saß vorne neben dem Chauffeur. Hitler lächelte gleich sehr freundlich und winkte. Und wir hüpften und freuten uns, dass wir „unseren" Führer sehen. Von seinen schönen blauen Augen waren wir sehr beeindruckt. Er fragte uns, wo wir her seien, was wir unternehmen wollen und wie. Er war sehr huldvoll – so möchte ich mal sagen. Ich weiß nicht mehr, was er sonst noch gesagt hat, jedenfalls streckte er uns einen Fünfzigmarkschein entgegen. Damit wolle er unsere Unternehmung unterstützen. Dann fuhr der Wagen weiter. Wir waren total begeistert von dieser Begegnung. Manche haben sich, wie sich Elisabeth Hartnagel später erinnerte, tagelang nicht mehr die Hand gewaschen, die von der „Führerhand" berührt worden war.

Von Berchtesgaden aus fuhren wir dann weiter Richtung Passau, es regnete. Passau war unser Ziel vor dem Bayerischen Wald. Unterwegs haben wir noch mal Halt gemacht. Das Wetter war schlecht, es hat geregnet. Passende Regenbekleidung hatte damals fast niemand. So konnten wir nicht zelten und eine Jugendherberge gab es nicht. Wir durften dann in einem so genannten „Armenhaus" nächtigen. Es war eigentlich für mittellose Leute gedacht

und dort durften wir unsere Lager aufschlagen für eine Nacht.

In Passau haben wir dann in der Veste Oberhaus Quartier bezogen. Da war eine Jugendherberge und wir konnten uns nach acht Tagen mal wieder gründlicher waschen und sogar duschen, aber selbstverständlich nur mit kaltem Wasser. Warmes Wasser gab es nicht. Danach haben wir überlegt, was wir jetzt machen. Hier könnten wir auch essen, aber was kostet das wohl? Soviel Geld hatten wir nicht, da kochten wir lieber „hinterm Haus". Hinter dem Oberhaus war ein Museum oder so was ähnliches. Jedenfalls haben wir mit Abstand vom Haus Feuer gemacht und Reis mit Rindfleisch in Dosen gekocht, ehe es weiterging mit dem Fahrrad noch nach Zwiesel.

Lechner: Dann sind sie noch ein paar Tage gewandert.

Keßler: Ab Zwiesel begann die zweite Woche. Wir waren in einer guten Jugendherberge und da konnten wir unsere Fahrräder einstellen. Dann wanderten wir zuerst zum Arber, wo wir im Wald gezeltet haben. Am anderen Tag haben wir gemerkt, dass wir mitten in den Heidelbeeren lagen. Unter uns war auch „der Walle", eine Abkürzung für Waltraud. Ihr Vater war ein hoher Forstbeamter. Walle sagte immer: „Mein Vater hat gesagt, man darf im Wald kein Feuer machen." Am nächsten Tag sind wir dann gegen Abend auf dem Arber gewesen. Da hieß es (die Hütte war sehr einfach), wir haben keine Matratzenlager, wir sollten uns einfach auf den Boden legen, was anderes könnten sie nicht bieten. Da ging ich in die Küche und sagte, ich würde gerne eine Erbsensuppe kochen. Aber die hatten keine Wasserleitung, nur eine Quelle. Es war ein armseliges Geriesel.

Ich ging mit meinem Kochtopf zu der kleinen Quelle unterhalb des Hauses und füllte ihn auf. Die Suppe hat hinterher ein wenig sandig geschmeckt. Aber wir hatten alle Hunger und das ist ja der beste Koch. Wir aßen die Suppe mit gutem Appetit, wahrscheinlich zum Schrecken vieler Eltern, wenn sie später davon gehört hatten.

Lechner: Wie lange hat diese Wanderung durch den Böhmerwald gedauert und welche Rolle hatte Inge?

Keßler: Wenn ich sage, wir sind damals gewandert, so ist das nicht wie heute. Nein, wir sind in der Regel auf den Wegen in ordentlichen Reihen zu dritt marschiert. Voraus liefen immer Inge und Charlo. Diese beiden waren damals, so kann man sagen, ebenbürtige „Führerinnen". Inge war dringend notwendig für die Gruppe, weil sie immer ihre Klampfe mit dabei hatte. Es war ihr ein Anliegen, dass wir ihre Lieder lernen. Und sie hat uns etwas dazu erzählt, vor allem aus den germanischen

Heldensagen. Ich und Lisel Scholl waren, wie man sagte, die „Lumpensammler", wir gingen immer am Schluss. Wenn jemand nicht mehr weiter laufen konnte oder eine Panne mit dem Fahrrad hatte, mussten wir anhalten und sehen, dass niemand „verloren" geht. Ich war für die Verpflegung zuständig und auch fürs Feuermachen. Ich suchte den Platz heraus und geeignete Steine für die Feuerstelle; die anderen trugen das Holz herbei. Das konnte ich, glaub' ich, damals am besten.

Wir haben am nächsten Tag den Rachel besucht und dort gezeltet. Wir wollten früh morgens rauf zum Sonnenaufgang. Wir kamen aber zu spät, die Sonne war etwas schneller als wir.

Gleichzeitig war da oben ein großes Zeltlager vom Jungvolk aus Tübingen, 50 Jungen, die halfen uns beim Zeltaufschlagen. Wir knüpften uns ein großes Zelt zusammen. Der Führer der Hitlerjungen kam vorbei und fragte, ob jemand unter uns sei, der Kartoffelsalat zubereiten könne. Da hieß es, „das kann die Irms", und ich musste zu den Buben. Die hatten so was wie einen großen Waschkessel. Die Kartoffeln waren schon gekocht und geschält und geschnitten. Ich fragte, wo man sich die Hände waschen könne. Da oben gab es kein Wasser. Ich musste mit meinen Händen, so wie sie waren, die Kartoffeln mischen, bis über meine Arme steckte ich im Kessel. Es war damals eine ganz besondere Ehre, dass die Jungen die Mädchen in ihre Zelte gelassen haben, aber sie haben mich eingeladen, mit ihnen zusammen zu essen. Da durfte ich neben dem „Häuptling" sitzen, was eine besondere Ehre war

damals. Die Jungen waren die besten, die Mädchen spielten die zweite Geige. Es gab dann noch ein dreifaches „zicke-zacke-zicke-zacke-hoch" für die Irms, weil der Salat so gut schmeckte.

Lechner: Sie haben mal erzählt, dass man in der Mädelgruppe untereinander manchmal Ringkämpfe gemacht hat. Und Sie selber seien eine gewesen, die das besonders gern gemacht habe.

Keßler: Immer! Ich hatte als Kind – mit meinem großen Bruder hauptsächlich – immer wieder mal einen Ringkampf gemacht. Deshalb konnte ich das. Bei Scholls war es so, Inge und Lisel haben keine Lust dazu gehabt, aber Hans und Sophie rauften schon. Man wollte keinem weh tun, das war nicht der Sinn. Der Sinn war bei dieser Rauferei, dass man den anderen auf den Boden warf. Dann war man Sieger.

Sophie war da anders als ihre Schwestern. Die ging auch wie eine Katze die Bäume hoch. Inge tat das überhaupt nicht, sie war irgendwie bedächtiger. Sie war, obwohl wir am selben Tag geboren waren, eigentlich das Gegenteil von mir, vom Temperament her.

Lechner: Noch einmal zurück zur Begegnung mit Hitler. Sie waren davon begeistert.

Keßler: Nicht nur ich, eigentlich alle waren begeistert. Es war halt damals so: wir hatten alle wenig Geld, bis auf wenige Ausnahmen. Man musste also

Archiv Doku-Zentrum Oberer Kuhberg, Ulm, Bestand I. Keßler

Das „Jungvolk-Heim" von Hans Scholl, ein ehemaliges Pulvermagazin, nördlich der Wilhelmsburg in Ulm, um 1935. Das Foto war ein Geschenk von Hans Scholl an Irms Elmer, nachdem sie einmal die Räume geputzt hatte.

immer sparsam und bescheiden sein und fünfzig Mark war viel, viel Geld. Schon von daher fand man Hitler nett und lieb. Er hat ein Stück weit unsere Sympathie sich erkauft – so kann man schon sagen. Und er hatte sehr schöne Augen.

Keßler: Ich muss noch was ergänzen. Auf der Fahrt im Böhmerwald sind wir auf den Lusen geklettert. Da waren so viele Felsen, wir waren alle restlos glücklich und waren so was wie eine innige Gemeinschaft. Es gab eigentlich keine Streitereien oder Eifersüchteleien. Zwischendurch kam eine Idee auf, vielleicht schon von Inge, dass wir so eine Art von germanischem „Thing" machen. Das bedeutete, wir saßen alle im Kreis herum und jede durfte frei sagen, was sie stört, jede konnte frei ihre Meinung sagen und auch manches klären, was noch unausgesprochen war. Ich nehme an, dass das alles auch vom tusk, dem Gründer der dj.1.11, herkommt.

Lechner: Haben die Charlo und die Inge in irgendeiner Weise miteinander konkurriert? Die waren ja jetzt beide „Führerinnen" und im Temperament sehr unterschiedlich.

Keßler: Ich glaube, das war ja das Gute dran, dass sie ohne zu konkurrieren entsprechend ihrer Persönlichkeit diese Rollen spielten. Ich nehme an, dass Inge anerkannt hat, dass Charlo die Erste ist, aber sie hat ihre eigenen Qualitäten auch gekannt. Das war auch wichtig für die Gruppe, weil sie ja auch all das Musische eingebracht hat. Die neuen Lieder zum Beispiel, ich erinnere mich an Balladen, die wir gesungen haben damals. Dazu war Inge ganz arg wichtig. Übrigens, Inge und noch einige mussten acht Tage vor Ende der Fahrt mit dem Zug heimfahren, von Passau aus nach Ulm. Der Rest der Gruppe ist noch länger geblieben. Wir sind über Umwege dann mit dem Fahrrad nach Ulm zurück gefahren. Die Strecke hat sich sehr hingezogen.

Lechner: In der Biografie von Hans Scholl spielt der Reichsparteitag im September 1935 (oder 1936) eine Rolle. Es stand auch in der Ulmer Zeitung, dass eine Abordnung der Ulmer HJ bis Nürnberg marschiert sei.

Keßler: Dass sie marschiert sind, glaube ich nicht. Es gab aber Sonderzüge.

Lechner: Waren da auch Jungmädel dabei? Gab es einen Niederschlag in den Heimabenden? Oder war das mehr Bubensache?

Keßler: Also mit dem Reichsparteitag haben die Mädchen überhaupt nichts zu tun gehabt, nach meiner Erinnerung. Jedenfalls bei mir war es so in dieser Zeit.

Lechner: Als sie zurückkamen von der Böhmerwald-Fahrt, fand eine Neuorganisation der weiblichen Hitlerjugend in Ulm statt. Wie war das?

Keßler: Man muss in diesem Fall nicht von der Hitlerjugend, sondern von den Jungmädeln sprechen, damit man weiß, dass es die jüngeren Jahrgänge von zehn bis 14 Jahren waren.

Als wir von der Großfahrt zurückkamen, war es so, dass die Charlo, die ja ein Jahr älter war als Inge und ich – sie war Jahrgang 1916 – weniger Zeit aufbringen konnte für diese Tätigkeit als wir, weil ihre Ausbildung begonnen hat. Sie war ab dieser Zeit eigentlich nicht mehr dabei. Die Neuorganisation ging vom so genannten „Untergau" aus, der HJ-Geschäftsstelle für den „Untergau Ulm", in der Bockgasse. Ich kam da so gut wie nie hin. Ich war halt praktisch veranlagt, ich habe das Nötige gut überblickt. Wenn jemand hinfiel und ein Pflaster nötig hatte, oder jemand sich nicht gut fühlte, da hat man mich halt gefragt.

Lechner: Im Herbst 1934 wurde der Samstag, an dem bisher Schule war, zum „Staatsjugendtag" für die „Hitlerjugend"gemacht.

Keßler: Ja, in diesem Zusammenhang hat man da dann beschlossen, dass ich, die ich ja bisher die Gruppe in Söflingen gehabt hatte, den „Ring Ulm-Land", den es vorher noch nicht gab, übernehmen solle. Der wurde eingerichtet, weil die Zahl der Jungmädel stark angewachsen war, nehme ich an.

Lechner: Was gehörte da alles zum „Ring Ulm-Land"?

Keßler: Ich glaube, das schreibt Frau Beuys alles, was Sophie da später gemacht hat. Die war ja auch da eingesetzt. Da gehörten Wiblingen dazu, Söflingen, Einsingen, Ehrenstein, Harthausen. Ich weiß, dass ich mit dem Fahrrad zu einem großen Treffen des Ring 7 auf das Hochsträß fuhr. Da gibt's Fotos. Da traf ich mich mit meinem Ring, wir sangen und machten Spiele.

Lechner: Sie haben also diesen Ring „Ulm-Land" übernommen, der dann „Ring 7" hieß.

Keßler: Der bisherige Ring 7 – diese Ziffer war wohl willkürlich gewählt und hatte etwas Elitäres – bekam nun die Nummer 1. Also, als Inge den übernommen hat, war es der Ring 1, und der betraf die Stadt Ulm. Vermutlich war er der größte Ring im „Untergau Ulm". Man darf nicht vergessen, in jenen Jahren gab's den Staatsjugendtag mit dem ganzen Zwang. Es war ja dann so, dass die Kinder fast schon von der Polizei geholt worden sind, die nicht am Staatsjugendtag erschienen waren. Ich war in der kurzen Zeit von August 1934 bis zum Frühjahr

1936 Führerin vom Ring 7. Inge war noch etwas länger Führerin von Ring 1. Da war dann auch Lisel, sie war Scharführerin im Ring 1. Und Sophie war im Ring 7 bei mir und dann meine Nachfolgerin in Söflingen. So habe ich es im Kopf, weil ich ja dann Ehrenstein hatte. Ich bin ja jeden Samstag nach Ehrenstein gefahren. Wir haben unsere Zeltlager meistens in Ehrenstein gemacht und unsere Treffen. Das war damals ja so üblich, dass man seinen Ring zusammengeholt hat und ein Treffen machte mit Zeltlager, Spielen und Geländespielen. Damals ist Sophie immer aufgefallen, weil sie so gut auf Bäume klettern konnte.

Lechner: Was waren Ihre Aktivitäten als Ringführerin?

Keßler: Ich habe zum Beispiel in den Weihnachtsferien 1935/36 ein Führerinnentreffen auf dem Volkmarsberg gemacht. Wir sind mit dem Zug nach Königsbronn gefahren und mit den Skiern auf den Volkmarsberg gegangen. Zum nachträglichen Schrecken der Eltern, weil es dort oben kein Wasser gab. Wir haben in dieser einfachen Hütte des Albvereins, in der wir auf dem Boden lagen, gleich bestimmt, dass Wasser zum Kochen und „Gesicht abreiben" auf dieser Seite der Hütte geholt werden sollte und das Klo auf der anderen Seite der Hütte im Schnee war. Auf primitivste Weise sind wir acht Tage ohne Dusche ausgekommen. Kein Mensch wurde krank, alle waren mopsfidel. Nur die Eltern haben sich teilweise bei mir beschwert, weil die Wäsche ihrer Töchter so schmutzig war.

Lechner: Am Volkmarsberg war Sophie dabei, aber nicht Inge und Lisel?

Keßler: Weil nur Sophie jetzt bei mir „Schaftführerin" war. Sie hatte eine kleine Einheit. Die acht Tage über haben wir Wanderungen gemacht und gesungen, wir haben Silvester dort erlebt. Dort war ein ordentlich großer Felsblock. Wir haben ja auf unseren Fahrten eigene Fahnen gehabt, keine Hitlerfahnen, sondern schwarzes Tuch mit einer Rune drauf. Die haben wir da oben gehisst. Da gibt's ein Foto, aber leider ist nur Sophies Kopf erkennbar. Es war damals verpönt, sich so hinzustellen und fotografieren zu lassen, von hinten eher. Wir stehen da alle und singen ein Lied zum Hissen der Fahne.

Lechner: Sie haben dann im Frühjahr 1936 die Rolle als Ringführerin abgegeben und eine Ausbildung begonnen.

Keßler: Vorher noch ein anderes aufregendes Erlebnis. Vor unserer Großfahrt in den Böhmerwald war ich Scharführerin. Und ich bin mit meiner Schar und den anderen Führerinnen, etwa zehn Mädchen, mit dem Fahrrad an den Bodensee gefahren und wir zelteten in Unteruhldingen. Das war zu Pfingsten

1935. Es war meine Schwester Hilde noch dabei. Wir haben einfach unsere Zelte aufgeschlagen und niemand hinderte uns daran. Wir wollten so nah an den See heran wie möglich. In der Nähe von unserem Zeltbiwak war ein Bauer, der auch Boote vermietete. Das war unser Höchstes, denn wir wollten auf dem Bodensee rudern. Wir mieteten also zwei Ruderboote, in dem einen war Sophie drin und der „Schmetterling" – das war die Anneliese Witte –, die beiden Jüngsten, im anderen Boot waren wir zu viert. Wir ruderten also los in Richtung Insel Mainau, da erschien eine dunkle Wolke. Da sagte jemand, am Bodensee ist das gefährlich, man muss schnell umkehren. Sophie und der Schmetterling waren schon weit von uns entfernt. Wir riefen: Kommt zurück! Die hörten uns nicht. Wir ruderten zurück ans Ufer, was schon recht schwer war, denn das Boot war groß. Am Ufer fielen schon die ersten Regentropfen.

Wir stiegen aus und gingen zum Bootsvermieter und gaben Bescheid, dass das andere Boot weit draußen sei. Er meinte, da käme ein ziemlich starkes Gewitter hoch. Die Verantwortung dafür war bei mir, dass die Zwei auf dem Wasser sind. Das Schifflein sah man hin und wieder als kleinen Punkt. Der Vermieter holte sein Fernglas, ließ mich durchschauen und sagte, dass sie immer noch über Wasser seien. Ich stand da und dachte an meine Verantwortung. Wenn die nicht lebend nach Ulm zurückkehren, was dann? Es war eine total anstrengende Situation. Schließlich ließen Regen und Wind nach. Aber damals gab es noch keinerlei bequeme Verbindungsmöglichkeiten, um sich zu verständigen. Wir wussten nicht, ob unsere Zwei auf der Mainau angekommen sind oder nicht.

Der Bootsverleiher konnte dann mit dem Hafen der Insel Mainau telefonieren. Er brachte den Bescheid, die beiden seien da und kämen mit dem nächsten Dampfer. Gerettet! Hinterher berichtete Anneliese Witte, ihre Mutter habe immer gesagt, im Notfall immer gegen die Wellen rudern, um nicht zu kentern. Dann sei ein Dampfer vorbeigefahren und nahm die beiden Mädchen nicht auf, obwohl sie in Not waren. Eine andere Stimme meinte, es wäre gar nicht möglich gewesen, so nah heranzufahren an das Boot. Also, man kann sagen, wenn die beiden nicht so eisern gegen die Wellen gerudert hätten, wären sie wahrscheinlich ertrunken. Ich dachte immer an meine Verantwortung den Eltern gegenüber.

Lechner: Wieder ins Jahr 1936. Da endete Ihre Zeit bei der Hitlerjugend und es begann der Weg in den Beruf.

Keßler: Ich war im August 1935 18 Jahre alt geworden und musste mich endlich für einen Ausbildungsweg, der zu einem Beruf gehörte, entschließen. Es ergab sich die Möglichkeit –

Sommer-Fahrt per Fahrrad der „Jungmädel-Führerinnen" des „Ring 1", August 1936, zur ost-friesischen Insel Langeoog. „Ringführerin" war Inge Scholl, auf dem Bild sechste von links, daneben (5.) Sophie Scholl.

wahrscheinlich bin ich vom Untergau angeschrie-ben worden – dass ich an einem „Ernte-Kindergärt-nerinnenkurs" mitmachen könne und dann den Sommer über einen Ernte-Kindergarten leiten könnte. Das schien mir eine gute Lösung, außerdem wollte ich ein wenig Geld verdienen, um meine El-tern als Älteste zu entlasten. Es gab einen Kurs in Kuchen bei Geislingen auf dem Kuchberg. Es muss ein Lager gewesen sein, denn das ganze Terrain war eingezäunt. Mit dem Bus fuhr man durch ein großes Tor. Es war vielleicht eine Art Kaserne, vielleicht vom Arbeitsdienst, ich kann es nicht sagen. Vier Wochen lang hat man uns Singspiele und Reigen gelehrt, wir sind da alle untergebracht worden in einem riesigen Saal. Das würde heutzutage kein Mensch mehr ma-chen, 30 Mädchen waren da beieinander.

Nach dem Kurs sind wir Dörfern zugeteilt worden, die keine Kindergärten hatten. Die Bauern sollten während der Erntezeit entlastet werden. Da kam ich nach Wurmberg, Bahnstation Mühl-acker, eine total abgelegene Gemeinde. Da kam ich mit meinem geflochtenen Reisekorb an, wurde von Parteileuten abgeholt und zu meiner Unterkunft bei der „Frauenschaftsführerin" gebracht. Alles hat die Partei gemanagt. So hatte ich ein Zimmer mit Verpflegung. Mein Arbeitsfeld war in der alten Schule, also nicht gerade kleinkindgerecht mit Treppenaufgängen und einer Toilette, Plumpsklos auf Deutsch. Da hat man lauter kleine Nachttöpfe

aufgestellt. Das war nicht gerade hygienisch. Auch die Einrichtung war primitiv und einfach. Meine treuen ehemaligen Jungmädel-Führerinnen haben für mich Spielsachen gesammelt und mir zuge-schickt. Die alte Schule lag direkt neben der Kirche. Vom Erdgeschoss führte eine Treppe nach oben und von dort konnte man direkt zum Kirchplatz hinein und dort gab es Sandkästen zum Spielen. Es waren immer viel zu viele Kinder bei mir. Bei schönem Wetter konnten wir dort oben Reigenspiele machen. Die Kleinen sandelten solange. Bei weniger gutem Wetter ging ich mit den Kleinen spazieren. Der „Schmetterling" war übrigens auch dabei, sie hatte Sommerferien.

Lechner: Was haben Sie mitgenommen aus dieser Zeit im „Erntekindergarten"?

Keßler: Es war klar, dass die Zeit als Ringführerin nun vorbei war. Die Leute im Dorf waren sehr nett und dankbar.

In dieser Erntekindergartenzeit musste ich noch BDM-Führerin in Wurmberg machen, mit den größeren Mädchen. In dieser Zeit machten die an-deren ihre Großfahrt mit Inge und Sophie an die Nordsee, nach Langeoog. Auf der Rückreise besuch-ten sie mich in Wurmberg. Sie schliefen im Kinder-garten. Es war gut, dass das Schulgebäude groß genug war, da konnten die nach langer Zeit mal wieder richtig in einer Küche kochen. Eine Nacht blieben sie bei mir. Das war sehr nett. An meinem letzten Tag riefen meine Gastgebersleute mich herbei, ich solle herunterkommen, man bringe mir ein Ständchen. Der Lehrer wollte mir mit seinen Schülern zum Abschied Lieder singen. „Wahre Freundschaft soll nicht wanken" und „Am Brunnen vor dem Tore" haben sie mir vorgesungen. Das sei doch eine große Ehre für mich, ich sei ja erst neunzehn Jahre alt und schon ein Ständchen, meinte die Hauswirtin. Ich war etwas verlegen.

Lechner: Sie kehrten also nach Hause zurück. Die Wege von Ihnen und Inge Scholl gingen auseinander.

Keßler: Ja, wenn man jetzt überlegt, dann war das so, dass Inge in Ulm im Ring 1 die Hauptrolle gespielt hat und Sophie in der Zeit in Söflingen war. Während meiner Ausbildung hatten wir natürlich wenig Kontakt miteinander.

Lechner: Wann hat die Ausbildung begonnen?

Keßler: Im September 1936 habe ich in Rosenheim im Müttererholungsheim der „Nationalsozialistischen Volkswohlfahrt" (NSV) als Vorschwester angefangen. Das war damals notwendig. Wenn man Krankenschwester werden wollte, musste man ein Haushaltsjahr machen. Das war Bedingung. Da war ich in Rosenheim. Ich war aber immer über meine Schwester Hilde in Kontakt mit den Scholls, vor allem mit Lisel.

Lechner: Aus welchen Gründen haben Sie das Angebot der Partei angenommen, NS-Krankenschwester zu werden …

Keßler: … eine so genannte „NS-Schwester" zu werden. Warum? Ich wollte gerne Krankenschwester werden und nur diese Ausbildung wurde kostenlos angeboten. Wir waren ja sechs Kinder und mein Vater war in der Zwischenzeit schon verrentet. Da war es wichtig, dass meine Ausbildung so günstig wie möglich war. Ein kleines Taschengeld war auch nötig.

Lechner: Sie waren während dieser Ausbildung viel von Ulm weg. Welchen Kontakt zur Familie Scholl und besonders zu Inge hatten sie dann noch?

Keßler: Ich hatte ja ein besonders nettes Verhältnis zur Mutter Scholl. Da habe ich einfach Frau Scholl besucht, wenn ich in Ulm war. Außerdem hoffte ich immer auch ein wenig Hans zu sehen. Aber zu Inge ist die Beziehung, die nie so fest war, ganz schnell lockerer geworden, im Gegensatz zu der mit Lisel. Lisel hat mich mit Annelies Kammerer in Würzburg mal besucht per Anhalter.

Mit Inge hatte ich kaum Briefwechsel. Ich wusste auch, dass Herr Scholl viel Arbeit hatte und dass Inge beruflich sehr eingespannt war. Sie war sicher auch sehr tüchtig, eine tüchtige Hilfe für ihren Vater. Sie war ja auch „a gscheits Mädle". Ein ganz nettes Verhältnis hatte ich zu Sophie. Also kurz und gut, ab 1936 war ich weg von Ulm, in Ausbildung zur „braunen Schwester".

Lechner: Hans Scholl hat 1937 das Abitur gemacht und kam am 1. November zum Kommiss nach Cannstatt, zur Kavallerie. Dort wurde er im Dezember verhaftet und kam in Untersuchungshaft – wegen „bündischer Umtriebe" während seiner HJ-Aktivitäten in Ulm. Haben Sie davon etwas mitbekommen?

Keßler: Damals gab es schon Telefon, aber es war etwas, was man nur bei großen Entfernungen und großer Wichtigkeit verwendete. Es war einfach zu teuer. Man hat also nicht jeden Tag mit der Mutter telefoniert. Da habe ich auch davon gehört, wahrscheinlich in einem Brief, dass da was war mit Hans. Das habe ich auch in der Post von Lisel gelesen. Wir hatten immer Kontakt. Also, die Gruppe vom Hans war eine mehr „bündische" Gruppe mit eigenen Liedern und Ritualen, jenseits der Hitlerjugend. Mich hat in der Zeit dies alles gar nicht mehr so sehr interessiert. Aber trotzdem wurde ich am Rande von diesen Ereignissen berührt. Bei meiner Ausbildung in Würzburg gab es zwei Hebammen, die waren schon „braune Schwestern". Wir waren aber der erste Kurs „brauner Schülerinnen", der an dieser Uni-Klinik ausgebildet wurde. […]Eines Tages kam eine der Schwestern, die sagte, sie sei aus Ravensburg und sie würde über Ostern heimfahren und würde mich mitnehmen, weil sie erfahren hatte, dass ich aus Ulm bin. Dann fuhr ich mit der mit dem Auto nach Ulm – damals gab es noch nicht so viele Autos.

Lechner: Haben Sie da etwas von den Verhaftungen erfahren?

Keßler: Bei der Autofahrt hat diese Schwester mir Sachen erzählt, die ich mir nicht erklären konnte, und zwar in der Richtung, ich solle mit meinen Äußerungen vorsichtiger sein. Es war wie eine verschleierte Warnung. Später hörte ich von Boby Reichle, der ja bei der Gerichtsverhandlung auch mit dabei war, es sei mein Name gefallen. Dann hätte jemand gesagt, man brauche sich wegen mir keine Gedanken zu machen, die (also ich) wird NS-Schwester. Also dem Sinn nach, die ist auf der richtigen Seite. Daraus geht hervor, dass und wie man damals irgendwie ausspioniert worden ist. Die haben das mitgekriegt und die Schwester war mir wohl gesonnen, weil wir beide Schwäbinnen waren, und sie hat mich da so vorsichtig gewarnt.

Lechner: Dass sie „braune Schwester" wurden, haben die Scholls irgendwie darauf reagiert?

Keßler: Mutter Scholl war sehr interessiert und fand das ganz prima, dass ich Krankenschwester werden wollte. Einmal hat sie zu mir gesagt: „Irms, du musst mal einen Witwer heiraten mit fünf Kindern." Ich habe immer gedacht, das will ich doch nicht. Die hat gemeint, ich sei schon so tüchtig als Hausfrau, also mit meinen Fähigkeiten zur Hausfrau. Frau Scholl hat später mal geschrieben, ich soll doch mal vorbeikommen, sie wolle mich so gerne mal in Tracht sehen. Also bin ich in der Schwesterntracht an einem Wochenende heim gefahren und dachte, „ha ja, ich möchte ja auch gern zeigen, wie ich jetzt aussehe".

Da war ich also bei Scholls und wie immer war eine ganze Menge Leute da. Man hat sich irgendwie in so Zirkeln getroffen. Scholls hatten nun (ab 1939) eine viel größere Wohnung am Münsterplatz. Ich wurde in ein großes Wohnzimmer geführt und setzte mich. Da kam Frau Scholl herein, sah mich und fragte Hans, ob er mir schon „Grüß Gott" gesagt hätte. Er gab mir die Hand, aber irgendwie abwesend. Man hatte sich ja schon entfremdet. Und ich nun auch noch in der Tracht! Und die waren wohl schon im ersten Widerstand begriffen, noch nicht aktiv, aber in Gedanken. Und ich in meiner braunen Schwesterntracht! Zum Glück war Lisel da. Ich wollte aber schnell wieder gehen. Frau Scholl meinte, ich wäre doch gerade erst gekommen, ich solle doch noch da bleiben.

Die Gruppe hatte damals gerade beschlossen, den Maler Wilhelm Geyer zu besuchen. Da ging der ganze Trupp vom Münsterplatz in die Zeitblomstraße zu Geyers. Ich mit Lisel hinterdrein. Der war das „wurscht" wegen meiner Tracht. Ich habe mich aber total unwohl gefühlt, bin wegen Lisel mitgegangen. Dann haben die dort geklingelt und es guckte jemand heraus, es gab ein Geflüster und so weiter und ich in der Tracht der Partei! Die ist ungefährlich, hat man geflüstert und die neuesten Werke von Herrn Geyer angeschaut. Da habe ich dann so schnell wie möglich die Gruppe verlassen und habe gedacht, in der Tracht komme ich nimmer.

Aber es wurde mir klar, dass Hans und ich nicht zusammenpassen, es war halt von der frühen Jugend her eine Freundschaft. Hans war ja auch ein netter Kerl und er war zu mir wie ein Bruder. In den Räumen des Pulvermagazins, hinter der Wilhelmsburg gelegen, hatte er sein „Heim", wo er sich mit seinen Jungen traf. Hans hat mich ganz freundschaftlich gefragt, ob ich das nicht mal putzen könne und ich habe dann auch geputzt. Wasser brachten sie an, aber ich habe den Boden geputzt. Also wir waren eigentlich wie Geschwister.

Lechner: Haben Sie von dem Gesinnungswandel der Scholls gegenüber der Nazi-Bewegung etwas vernommen?

Keßler: Wenn ich in Urlaub in Ulm war, bin ich regelmäßig, auch als sie schon am Münsterplatz wohnten, zu Scholls. Von einem dieser Besuche hat mich Sophie mal heim begleitet. Sie sagte, „weißt du, da ist ja so Vieles, auch in Dachau..." Sinngemäß vielleicht so: es ist etwas ganz Übles mit dem Hitler.

Lechner: Wann war das? Nach Kriegsbeginn?

Keßler: Nein, das war noch vor Kriegsbeginn. Denn ich bin ja dann nach Dresden für zweieinhalb Jahre, in der Zeit ist der Krieg ausgebrochen 1939. 1938 hatte ich ja meine Ausbildung in Würzburg gemacht. Da hat mich Lisel besucht mit der Annelies Kammerer, aber mit Inge habe ich keine Briefe gewechselt. Ich weiß nur, dass sie beim BDM dann auch aufgehört hat, das war altersgemäß. Wieder zusammengekommen sind wir erst nach dem Krieg. Da war auch die Erika Reiff, sie ist im Beuys-Buch genannt. Sie hat sich da nie eingemischt. Sie lebt noch, hört nur sehr schlecht. Mit ihr habe ich eigentlich immer einen engen Kontakt gehabt. Sie war ja auch eine der ersten im Jahr 1932, die bei Scholls verkehrt ist. Die sagte zu mir nach einer Unterhaltung mit Scholls: „Irms, es ist alles so gefährlich geworden". Das war eine leichte Warnung, man muss vorsichtig sein, damit man nicht hinein gezogen wird.

Lechner: Wann und wo haben sie erfahren, dass die beiden Scholls hingerichtet worden waren? Was haben Sie darüber gedacht und gefühlt? Wie hat man darüber geredet? Sind Sie ab da den Scholls mehr aus dem Weg gegangen?

Keßler: Ich war in der Zwischenzeit in Stuttgart und habe dort im Sommer meinen ersten Mann, Hans Reng, kennen gelernt und hab' ihn im November 1941 geheiratet. Das war für mich ein ganz neuer Lebensabschnitt. Und schon vorher, wenn ich nach Ulm kam, waren da meine Schwestern, die konnten mir sagen, was in der Zeitung stand. Im Umfeld von Scholls habe ich mich rarer gemacht. Mein Bruder starb 1935, mein Vater 1937, das traf die Familie hart. Schon aus diesen Gründen habe ich mich raushalten müssen. Außerdem waren es ja nur ein paar Tage, die ich in Ulm zu Besuch war und da hat man nicht mehr groß über was anderes als Familiäres gesprochen.

Lechner: Wie war das denn für Sie, als in der Zeitung Ende Februar stand: „Hans und Sophie Scholl wurden wegen Hochverrats hingerichtet".

Keßler: Um diese Zeit habe ich bereits mein Kind gehabt und ich las die Zeitung. Diese Nachricht hab' ich ausgeschnitten und aufgehoben. Ich nahm mein Kind und ging sofort zur Anneliese Kammerer ins Geschäft, weil ich dachte, ich muss mit jemand sprechen. Ich fragte Anneliese, ob sie was Näheres wüsste. Den BDM gab es für uns nicht mehr, wo man sich hätte treffen können. Lisel war ja in Tübingen und auch nicht immer da, Hans hat in München studiert. Anneliese war ja irgendwie auch in Hans verliebt gewesen. Es hatte sich alles schon ein wenig gelockert. Inge hatte ja auch ihren Freundeskreis. Die Beziehung zu Otl Aicher hat sich damals entwickelt. Das habe ich jetzt erst bei Beuys gelesen, wie sich das entwickelt hat. Jedenfalls, ich war voller Schrecken, sehr betroffen über diese Nachricht. Und auch irgendwie entsetzt über die Kühle. Alle sagten, das hat ja so kommen müssen. Das wusste man ja in Ulm, dass die Scholls gegen den Nazi-Staat waren.

Lechner: Mir gegenüber haben sich eine ganze Reihe von Ulmern dieser Generation geäußert: „Wir haben nichts gewusst. Die Scholls waren doch immer beim BDM als Aktivisten vornedran. Dass die sich im Widerstand befanden, das haben wir nicht mitgekriegt."

Inge Scholl als „Jungmädel-Ringführerin", 1936.

Keßler: Also mindestens der Kreis, den wir aus unserer Jungmädelzeit kennen gelernt haben, die haben das schon mitgekriegt, diese Ablehnung Hitlers. Es ging ja auch da draus hervor, wenn ich mir heute das so überlege, Sophie hat doch die Ausbildung gemacht als Kindergärtnerin. Ich glaube, es war in der Zeit, als sie zu mir sagte: weißt du, es geschieht so viel Unrecht. Man braucht nur an Dachau denken. Und das hat auch mitgewirkt, dass Herr Scholl immer Radio „Beromünster" gehört hat. Das war ja verboten. Herr Scholl hatte ja auch Kontakt mit Ulmer Juden, denen er bei der Abwicklung ihrer Emigration half.

Lechner: 1940 fanden die Euthanasie-Aktionen in Grafeneck statt. Was haben Sie davon mitbekommen? Auch die „rassenhygienischen Maßnahmen" davor gehörten doch sicher zu Ihrem Unterrichtsstoff?

Keßler: Ja, das hat zum Unterrichtsstoff gehört. Während meiner Ausbildung in Würzburg 1937/38 kam plötzlich die Anweisung, dass ich von der Inneren Abteilung zur Chirurgie wechseln muss, um zu helfen. Da war eine Kameradin, Frieda, von mir – damals sagte man nicht Kollegin –, die sagte, die katholischen Schwestern hätten sich geweigert bei den Sterilisationen mit zu machen. Da musste ich vor den Eingriffen beim Baden derjenigen, die von den Anstalten eingeliefert worden waren, helfen. Frieda und ich, wir sagten halt, dass es da unten auch sauber sein soll, und das machen die katholischen Schwestern nicht. Wir wollten nicht mit den bloßen Händen dran gehen, dafür gab es kleine Bürsten, damit sind wir dann zwischen den Beinen der Männer durchgefahren, damit alles sauber ist. Da haben wir erst so richtig mit gekriegt, was da alles los ist.

Ich hatte eine Tante, die war Störnäherin, sie kam herum bei den Leuten und von Hof zu Hof. Diese Tante wusste was von dem Lager Grafeneck auf der Alb.

Lechner: Hat das in der Beziehung zu Scholls eine Rolle gespielt?

Keßler: Darüber zu sprechen, da kam man gar nicht mehr dazu. Ab September 1936 war ich ja nicht mehr in Ulm.

Lechner: Was haben Sie von der so genannten Kristallnacht im November 1938 mitbekommen?

Keßler: Da war ich in Dresden. Da habe ich nicht mal Zeitungsausschnitte gelesen. Meine Mutter hat oft lange Briefe geschrieben. Da war viel drin, weil sie gerne ausführlich berichtete.

Sie hat mir schon bei meinen Besuchen daheim erzählt, was alles los ist.

Lechner: Hatten Sie nach der Hinrichtung der Geschwister Scholl am 22. Februar 1943 bis Kriegsende noch irgendeinen Kontakt zu den Scholls? Die übrig gebliebenen Scholls wurden ja nachgerade zu „Unpersonen" in Ulm, kamen in so genannte „Sippenhaft" ...

Keßler: Grundsätzlich muss ich sagen, dass ich monatelang mit meinem Kind in Riedenburg bei den Schwiegereltern war, deshalb haben wir auch von daher wenig Kontakt gehabt. Aber ich war mal auf dem Wochenmarkt auf dem Münsterplatz. Da sehe ich, dass auf meiner Seite Frau Scholl und Lisel kommen. Die Scholls – da gingen die Leute auf die andere Straßenseite. Das habe ich nicht fertig gebracht. Ich ging zu Frau Scholl hin und gab ihr die Hand. Kurz davor habe ich mir überlegt, was sagt man denn in so einem Fall? Ich hatte sehr mitgefühlt. Mir sind die Tränen runter gelaufen und ich konnte nur sagen: „Es tut mir alles so leid". Lisel habe ich auch die Hand gegeben. Vielleicht wollten sie mich schützen, denn sie liefen einfach weiter. Das war noch die letzte Begegnung, ehe der Krieg zu Ende war. Das war so im späten Frühjahr 1943. In der Zwischenzeit war mein Mann vermisst, ich hatte das kleine Kind, jeder musste sich um alles kümmern, die Luftangriffe kamen hinzu. Das waren schon Gründe, dass man sich nicht mehr so oft gesehen hat wie vordem.

Lechner: Kam es nach dem Krieg wieder zu Begegnungen?

Keßler: Als der Krieg zu Ende war, wurde Robert Scholl im Juni 1945 von den Amis als Oberbürgermeister von Ulm eingesetzt. Im Frühjahr 1948 kam die Erika Reiff zu mir und sagte, ich solle für Herrn Scholl werben, damit er zum Oberbürgermeister gewählt wird, vorher war er ja nur von den Amerikanern eingesetzt worden. Ich ging dann mit Erika. Sie sagte, wir gehen nicht in unserer Gegend, wir gehen auf den Galgenberg, da kennt uns niemand. Das war ja neu für uns. Ich bin mit meinem Herrenfahrrad hingefahren, nachdem ich meinen Chef, den Dr. Stemshorn, um die Unterschrift gebeten hatte, und ich habe auch unterschrieben. Erika meinte vor Ort, ich soll in diese Häuser gehen und sie geht dort rein. Das war eine Villengegend. Ich komme also in ein Haus, die fragten mich aus und ich wusste überhaupt nichts, ich hatte mich ja vorher auch noch nicht beschäftigt mit Stadtpolitik. Ich sagte nur, ich kenne die Familie Scholl gut. Die haben nicht unterschrieben und Erika ging es genau so. Man hat ja damals schon mehr gewusst mit der Zeit; die Schandtaten der Nazis wurden Zug um Zug bekannt. Ich war total unpolitisch, mein vermisster Ehemann und meine Zukunft waren meine Sorgen.

Lechner: Die Leute haben offensichtlich den Robert Scholl abgelehnt?

Keßler: Anneliese Kammerer hat immer gesagt, Herr Scholl sei so nett gewesen zu ihr. Ich habe mich für ihn eingesetzt und auch für ihn geworben. Das, was die Nazis angerichtet hatten, ging mir in der Zwischenzeit auch auf, das hat man zumindest geahnt damals.

Dann kam diese neue Periode mit den Scholls, sie haben bei mir angefragt. Als Inge und ihre Volkshochschule Leute gebrauchen konnten, da haben wir ein paar Mal für sie gekocht, meine Schwester Ruth und ich. Man hat sich plötzlich auch in der katholischen Kirche gesehen, denn Inge war konvertiert.

Sie hat ja dann Otl Aicher geheiratet, das erste Kind kam im Juni 1953. Da sagte Lisel bei einer Gelegenheit, ob ich das Kind schon gesehen hätte. Ich habe mich nicht getraut zu sagen, das Kind sieht nicht ganz normal aus. Das war das Evchen. Lisel meinte dann, als Inge den Professor fragte, ob alles in Ordnung sei, hätte er geantwortet, das Aussehen sei familiär bedingt. Also, es sieht halt seinem Vater gleich.

Ich weiß halt, dass Inge gleich mit uns wieder ein freundschaftliches Verhältnis aufgebaut hat.

Lechner: Inge Scholl hat Sie gebraucht beim Aufbau der Volkshochschule?

Keßler: Nicht so direkt. Sie hat eines Tages gesagt, die Vorarbeiten sind gelungen, jetzt werden Mitglieder-Karten in der Größe einer halben Postkarte ausgegeben mit einer Eule drauf. Da kauft man jeden Monat eine Marke und klebte sie auf die Karte. Damit konnte man an allen Veranstaltungen teilnehmen.

Mit der Zeit änderten sich dann die Farben. Ich ging damals häufig in die Volkshochschule, zusammen mit der Lisel. Wir wohnten ja ganz in der Nähe. Da sind so viele Leute eingetreten als Mitglieder und die wollten alle ihre Mitgliedskarten erwerben.

Inge hat eine Zeitlang noch im Oberbürgermeisterhaus gewohnt, das war in der Mendlerschen Villa am Michelsberg; nicht lange, denn 1948 wurde Robert Scholl als OB nicht mehr gewählt. Die Eltern Scholl sind dann nach München umgezogen. In dem großen Wohnzimmer lagen prächtige Teppiche aus. Dort füllten wir die Mitgliederkarten aus, weil am Tisch zu wenig Platz war. Meine Schwestern Ruth und Hilde waren mit dabei. Hilde hatte die Handelsschule besucht, ihr hat Inge Briefe diktiert, zu dritt haben wir geholfen. Dann zogen Inge Scholl und Otl Aicher dort aus und sind auf den Oberen Kuhberg in die Dozenten-Wohnungen der „Hochschule für Gestaltung", die im Herbst 1955 eröffnet wurde, gezogen.

Lechner: Die Ulmer, wie standen die zur Volkshochschule?

Keßler: Die wurde sehr angenommen. Ich habe noch von den ersten Programmen einen Stoß. Da konnte man sich's aussuchen, was einen interessierte. Bei den so genannten Donnerstags-Vorträgen war der Saal immer knallvoll. Es waren auch viele Besichtigungen im Angebot. Der Grzimek sanierte den Alten Friedhof. Da habe ich lachen müssen, als ich neulich las, er muss saniert werden. Die Hauptsache hatte damals ja Grzimek gemacht.

Lechner: Können Sie noch etwas zusammenfassend zu Ihrer Beziehung zu Inge Scholl sagen?

Keßler: Die war in der Nachkriegszeit naturgemäß dünn. Inge war verheiratet, hatte Familie mit Kindern, ich habe dann auch wieder geheiratet. Inge war zunächst an der „Hochschule für Gestaltung" oben. Da haben wir sie mal über den Zaun beobachtet und waren ein wenig enttäuscht von ihr, weil sie uns per Sie angeredet hat.

Danach kam dann eine Zeit, wo wir uns wieder näher kamen, als sie Dinge von früher erfragte. Es interessierten sie die bündischen „Lieder der Südlegion", sie brauche diese und hätte sie gern. Da schrieb sie mir einen sehr netten Brief und bedankte sich dafür.

Lechner: 1974 hörte Inge Aicher-Scholl mit der Volkshochschule auf und zog sich ganz zurück ins Allgäu nach Rotis.

Keßler: Das ist ganz klar, als sie ab 1974 nicht mehr in Ulm wohnte, da kamen dann Enttäuschungen. Mit den Ulmern scheint's Konflikte gegeben zu haben.

Ich war ja 1955 nach Heidenheim gezogen. Inges Eltern waren in München, die waren nicht mehr da. Mit Lisel hatte ich immer Kontakt. Sie wohnte in der Prittwitzstraße. Da habe ich sie besucht und man sprach auch von Inge, sie ist zu der Zeit intensiv zur Kirche gegangen. Sie wurde ja katholisch, worüber sich die Leute aufhalten konnten. Einen Schriftwechsel hatte ich nicht mit Inge. Wenn ich Lisel traf, habe ich mich immer auch nach Inge erkundigt. Sie bekam noch mal ein Kind, da war sie 44 Jahre alt. Dann brachte Inge ihre Bücher heraus. Das erste lese ich immer noch sehr gern. Das zweite gefiel mir nicht so. Inge kam dann gelegentlich im Fernsehen. Ihre elegante Kleidung fiel mir mal auf, da sagte sie, die sucht immer Otl aus. Oder sie erzählte mal was von der Zeitung. Lisel sah ich gelegentlich in Stuttgart, weil ich dort Verwandte habe und diese besuchte.

Unsere Wege trennten sich im Lauf der Zeit immer mehr. Ich habe noch mal geheiratet und wieder mit dem Kinderkriegen begonnen. 1975 wurde ich in den Heidenheimer Gemeinderat gewählt. Ich bin dort vor lauter Aufgaben fast total aufgegangen. Ich war dabei bis 1995. Deshalb habe ich die Auszeichnung der Bürgermedaille bekommen.

Lechner: Inge Scholl hat Ende der Neunzigerjahre auch die Ulmer Bürgermedaille bekommen.

Keßler: Es ist möglich, dass mich das nicht mehr so interessiert hat. Hans war tot. Mit Lisel hatte ich Kontakt. Ich hab mich noch mal engagiert, als der Tübinger Eckhart Holler über die Nordlandfahrt von Hans Scholl und seinen Freunden („Die Trabanten") schrieb und ich die Darstellung fehlerhaft fand. Die Stimmung war dann in Ulm sehr wechselhaft: pro und contra Scholl. Man sagt ja auch, auch Frau Hartnagel hat es gesagt, es sei langsam zu viel, wofür Sophies Name überall verwendet wird, für Schulen, Straßen, Plätze usw. Auch ihre Büste in der „Walhalla" guckt sie gar nicht an. Frau Hartnagel meinte, die treibende Kraft des studentischen Widerstandes in München sei doch letztlich ihr Bruder Hans gewesen....

Lechner: Frau Keßler, haben Sie Dank für all Ihre Erinnerungen.

Quelle für Text und Fotos: Archiv des Dokumentationszentrums Oberer Kuhberg, Ulm; Bestand Irmgard Keßler, Faszikel 28, 29, 33, 40.

Hedwig Maeser im Interview

„Tief gläubig, aber nicht so katholisch"

Hedwig Maeser, geborene Aicher, geb. 21. Dezember 1920 in Ulm, ist die Schwester von Otl Aicher. In Gesprächen mit Christine Abele-Aicher und Julian Aicher am 15. September 2011 und 5. Juli 2012 schilderte sie ihre Erinnerungen an die Kriegs- und Nachkriegsjahre, an die Familie Scholl und an ihre Schwägerin Inge Aicher-Scholl.

Christine Abele-Aicher: Welches sind deine Erinnerungen an deine erste Begegnung mit Inge? Wann hat die stattgefunden?

Hedwig Maeser: Ich lernte die Inge etwa 1940 oder '41 kennen. Ihr Bruder Werner war ein Schulkamerad vom Otl und kam so öfter in unsere Familie. Die Scholl-Kinder waren sehr belesen. Sie haben abends öfter Theaterstücke gelesen und da hat der Otl mich ein paar Mal mitgenommen zu Scholls am Münsterplatz. So kam der erste Kontakt zustande. Der war aber ziemlich locker. Man hat sich dann ab und zu gesehen. Er wurde erst intensiver, als die Geschichte mit Hans und Sophie passierte.

Abele-Aicher: Wie war der Werner denn so?

Maeser: Ja, wie war der Werner? Da kann ich nicht viel dazu sagen. Der Werner durfte das Abitur machen, und der Otl nicht. Der Werner war nämlich in der Hitler Jugend. Auch Inge und Sophie waren eine Zeitlang in der Hitler-Jugend. Aber im Laufe der Zeit haben sie mitgekriegt, was der Hitler alles bringt.

Julian Aicher: Was haben sie denn so gelesen?

Maeser: Blois, Claudel, Bernanos, zum Beispiel.

Abele-Aicher: War Dir die Inge auf Anhieb sympathisch oder eher unsympathisch?

Maeser: Ich hab' mich da eigentlich nicht so wohl gefühlt, weil ich da nicht so richtig reingepasst habe. Die waren eher intellektuell. Meine Familie war anders gelagert. Der Otl hat mich mitgenommen. Wahrscheinlich dachte er, dass ich davon profitiere. Ich hatte aber auch nicht immer Zeit, da ich zu Hause im Büro gearbeitet habe. An den Hans allerdings erinnere ich mich nicht mehr. Der war wohl schon im Studium in München. Aber so eine

spontane Freundschaft zur Inge, das kann ich nicht sagen.

Abele-Aicher: War die Sophie vom Temperament her im Vergleich zu ihrer Schwester Inge eher die Extrovertierte?

Maeser: Das kann ich nicht beurteilen. So einen tiefen Einblick hatte ich da nicht. Ich kenne Sophie eigentlich nur von einer Begegnung. Im Frühjahr 1943 waren die politischen Verhältnisse schon sehr angespannt. Nazi-Gegner waren überall. Und der Otl war hier in Ulm auf Urlaub. Inge und Sophie besuchten ihn in der Glockengasse. Sie machten zu dritt einen Spaziergang. Danach tranken wir miteinander Kaffee und Sophie erzählte, was in München alles los sei. Überall würden Flugblätter verteilt und Häuser bemalt. Es sei sehr spannend, aber auch kritisch. Das hat sie erzählt. Und meine Mutter erwiderte – ich hör' sie reden: „Aber Mädle, pass' bloß auf, dass ihr euch da raushaltet." „Ja, ja, das wissen wir schon", entgegnete Sophie. Das war ein Dienstag. Noch in der gleichen Woche wurden sie hingerichtet.

Und der Otl war ja zufällig da. Donnerstags hörte man im Radio, in München seien im Lichthof der Uni Flugblätter gefallen. Man wisse noch nicht genau, wer das sei, aber man habe die Studenten schon erwischt. Natürlich ist es gleich raus gekommen. Der Otl kam heim von Scholls und sagte: „Die beiden sind verhaftet. Die haben die Flugblätter verteilt oder sind daran beteiligt. Das wird eine ganz schwierige Sache. Morgen ist Verhandlung im Volksgerichthof. Der Herr und die Frau Scholl fahren hin." Sie sind nach München gefahren und kamen am Abend wieder. Und Frau Scholl hat selber gesagt: „Sie sind zum Tode verurteilt." Da ist mir das Blut in den Adern gefroren. Otl sagte zur Inge: „Inge, wir fahren morgen noch hin. Wir müssen sie besuchen." Ja gut. Sie sind am anderen Morgen mit dem ersten Zug gefahren, ich glaube, es war so gegen 5.30 Uhr. Die Züge verkehrten ja damals ganz unregelmäßig und waren voll. Als sie in Stadelheim vorgesprochen haben, fragte der Beamte: „Ja, haben Sie die Zeitung nicht gelesen? Das Urteil ist bereits vollstreckt."

Wen ich sehr bewundert habe, das war Frau Scholl. Die Frau Scholl hab' ich unwahrscheinlich bewundert.

Abele-Aicher: Als Frau Scholl aus München zurück-kam und berichtete, dass Hans und Sophie zum Tode verurteilt wurden, wie hat sie das gesagt? Hat sie da einen Weinkrampf bekommen?

Maeser: Nein, so wie ich es jetzt sage. Nicht wie versteinert. Gefasst. Irgendwie hat sie's wahrscheinlich innerlich schon geahnt. Der Vater Scholl hat's nicht so gut aufgenommen. Manche waren bei der Beerdigung, das weiß ich aber nicht mehr so genau. Dann wurden Scholls verhaftet, Frau Scholl und Inge kamen in Sippenhaft noch im Februar. Die Lisel war auf der Schwäbischen Alb bei einem Pfarrer als Kindermädchen. Die war also nicht unmittelbar in der Familie. Sie kam dann in Untersuchungshaft am Frauengraben. Inge schrieb später in ihrem Buch über die Sippenhaft, dass es einen Wachtmeister gab, der ihnen gut gesonnen war. Der hat immer wieder Briefe rausgeschmuggelt. Inge war krank. Sie hatte Diphterie und saß sogar zeitweise im Rollstuhl. Da musste man sie ein bisschen unterstützen. Meine Mutter hat in dieser Zeit gehamstert. Wir fuhren nach Harthausen bei Ulm, um Milch und Mehl zu holen. Ein paar Hühner hatten wir selber. Wir buken Brot. Und am Samstagmittag wurde ich mit dem Päckchen zum Gefängnis geschickt, weil der Herr Probst Dienst hatte. Ihm konnte man es anvertrauen. Da bin ich mit dem Fahrrad an der Blau entlang reingefahren, mit meinem Päckchen. Und als ich an den Frauengraben kam und vor der Tür stand, da klopfte mein Herz so laut, dass ich mir nicht sicher war, ob ich überhaupt läuten konnte oder nicht. Was, wenn ein anderer aufmacht? Was mach' ich dann? Und dann hab' ich geläutet. Da stand der Herr Probst und ich habe ihm mein Paket übergeben. Dann war alles gut und ich bin erleichtert wieder Heim gefahren. Das war an etlichen Samstagen so.

Aicher: Hast Du das Grab besucht?

Maeser: Ja, Frau Scholl hat aus dem Frauengraben geschrieben, ob ich denn nicht in München nach dem Grab schauen könnte. Es war Mai, wir haben Stiefmütterchen gekauft, zwei Steige voll. Da ich mich in München nicht auskenne, hat mir der Otl genau geschildert, wohin ich gehen muss. Dann bin ich also mit dem Zug gefahren. Der war gerammelt voll, gerammelt voll! „Jetzt kommen Sie noch mit den Kisten, wir haben doch eh keinen Platz", haben die Leute geschimpft. Dann bin ich also glücklich in München angekommen und zum Perlacher Forst gegangen.
   Ganz draußen am Rand war das Grab. Ich hab' mich immer vorsichtig umgeschaut, ob nicht vielleicht einer von der SA mich beobachtet. Was muss ich sagen, wenn die kommen, wie verhalt' ich mich, solche Fragen sind mir durch den Kopf geschossen. Dann bin ich also am Grab gewesen. Es war nur ein

Erdhügel. Ich hab es ein bisschen gesäubert und meine Blumen gepflanzt. Nebenan war der Grabhügel von Christoph Probst. Es hat mich niemand gesehen oder belästigt. Ich hatte einen guten Schutzengel.
   Nach diesem Ereignis war der Kontakt natürlich intensiver. Auch mit der Inge, als sie Ende Juli aus der Sippenhaft wieder entlassen wurde. Sie kam immer mal wieder bei uns vorbei. Aber große Freundinnen wurden wir trotzdem nicht. Sie war eben anders als ich. Ich war praktisch veranlagt und konnte ihr so auf diese Weise viel helfen. Aber das Intellektuelle, das konnte ich ihr nicht bieten. Aber wir sind schon ganz gut miteinander zurecht gekommen.

Abele-Aicher: Wie hat sich die Inge verändert nach dem Tod ihrer Geschwister? Und ihr Bruder Werner ist ja auch vermisst. Wie hat das die Inge geprägt?

Maeser: Sie spürte den Tod ihrer Geschwister als Vermächtnis. Sie muss jetzt dabeibleiben und die Erinnerung wachhalten. Dafür muss sie sich einsetzen.

Abele-Aicher: Das hat sie als ihre Lebensaufgabe gesehen. Kann man das so ausdrücken?

Maeser (überlegt, zögert): Ja, das kann man so sagen. Aber im Wesen hat sie sich nicht verändert. Es wurde viel drüber gesprochen. Und wenn man viel über etwas Schlimmes spricht, dann kann man es eher verkraften und verarbeiten. Später kam es an die Öffentlichkeit, vor allem durch die Volkshochschule. Die Geschwister-Scholl-Stiftung wurde gegründet. Und nachher war es umgekehrt: Was vorher Verrat war, war jetzt Heldentum. Und in der Stadt wurde sie gehört, möchte ich sagen.

Aicher: Gab's auch Anfeindungen nach dem Krieg? Hast Du erlebt, dass man sie beschimpft hat?

Maeser: Eigentlich nicht. Ich bin natürlich auch nicht in diesen Kreisen verkehrt. Wir waren ja der gleichen Gesinnung.

Abele-Aicher: Und eure Wege haben euch nicht zwangsläufig zusammengeführt?

Maeser: Über den Otl schon. Alle seine Ideen wurden bei uns zu Hause besprochen. Da war auch die Inge dabei. Der Otl hat auch oft unsere Eltern in seine Vorhaben eingeweiht.

Aicher: Haben die nicht gesagt, dass er ein bisschen spinnt?

Maeser: Nein, mein Vater hat das im Grund schon bestätigt oder gern gesehen. Auch dass Otl im

Die Braut Inge Aicher-Scholl
an ihrem Hochzeitstag,
7. Juni 1952.

11. August 1987, Geburtstag von
Inge im Wintergarten in Rotis.

Dritten Reich so fest war. Das hat er geschätzt. Er war ja selber dieser Meinung. Wo hätten sie sich sonst auch treffen können? Es gab keine Plätze oder Hotels oder Gaststätten oder Räume mehr, nichts. Es gab vielleicht noch ein paar Familien mit einem intakten Haus. Dazu gehörten wir. Warum sie sich nicht bei Scholls trafen, weiß ich nicht. Der Otl hat halt hier gewohnt und geschlafen und in seinem Zimmer im Dach oben alles niedergeschrieben. So lag es nahe, dass es hier diskutiert wurde. Als er dann Redner nach Ulm holte für Vorträge, haben sie am Anfang bei uns übernachtet. Es gab ja sonst nichts.

Aicher: Kannst Du dich an bestimmte Redner erinnern?

Maeser: An den Guardini auf jeden Fall. An Messerschmidt, Gregor Lang, Josef Bernhardt.

Aicher: Die haben bei euch übernachtet und gefrühstückt?

Maeser: Ja, damals musste ich immer mein Zimmer abtreten. In meinem Zimmer gab es nämlich ein Waschbecken. Und ein anderes Zimmer hatten wir nicht. Und der Walter Zeischegg oder andere Studenten von der Hochschule haben oben unter dem Dach geschlafen. Das wussten wir oftmals gar nicht. Morgens kam jemand runter, den wir gar nicht kannten.

Abele-Aicher: 1946 hat die Volkshochschule am Marktplatz eröffnet. Und da diskutieren Inge und Otl in der Glockengasse in Söflingen solche Ideen.

Maeser: Der Otl hat die Plakate zu den Vorträgen in seinem Zimmer gemalt.

Abele-Aicher: Wann habt ihr in der Familie gemerkt, dass die beiden befreundet sind? Zunächst war es ja erst mal eine Arbeitsgemeinschaft.

Maeser: Es war schon ein bisschen mehr als nur eine Freundschaft. Aber eine ganz offene Liebe war es auch nicht. Aber es war auch nicht bloß eine Freundschaft. Man hat sehr gerne zusammen gearbeitet und diese Plakatentwürfe und Ideen verfolgt. Und der Otl hat die Inge vorgeschoben. Wenn er eine Idee hatte, musste die Inge sie öffentlich vertreten. Ich würde es als eine gute Zusammenarbeit bezeichnen.

Aicher: Wie muss man sich das denn vorstellen? Der Krieg war hier in Ulm im April beendet, und dann? Die alte Regierung war weg.

Maeser: Da war ein gewisser Stillstand. Alle Menschen sind sich wieder näher gekommen. Man musste vor dem anderen nicht mehr vorsichtig sein. Da ist man auf einmal aufgeblüht.

Aicher: Und Robert Scholl wurde Oberbürgermeister.

Maeser: Zunächst kein gewählter Bürgermeister. Aber der Otl hat sich eingesetzt für den Vater Scholl und für ihn Wahlpropaganda gemacht. Er ist am Kamin der heutigen FUG, Fernwärme Ulm, hinten die Stiegen raufgeklettert und hat von oben bis unten aufgeschrieben: „Wählt Scholl!" Ein Arbeiter von uns weiß das noch ganz genau. Und erzählt mir immer wieder davon. Der Vater Scholl war ein bisschen steif. Sein Nachfolger wurde Theodor Pfizer. Die Nachkriegszeit war eine ganz tolle Zeit. Die Soldaten kamen zurück. In Ulm gab es ein Entlassungslager an der Kienlesbergkaserne. Dann hat er erfahren, dass der Guardini im Allgäu in Mooshausen lebt. Er ist mit dem Fahrrad dorthin gefahren und hat ihn getroffen. Eine andere Verbindung gab es nicht dorthin. Und Guardini hat zugesagt nach Ulm zu kommen für einen Vortrag an der Martin-Luther-Kirche.

Unsere Eltern haben es ermöglicht, dass Otl seine Ideen hat verwirklichen können. Im väterlichen Handwerksbetrieb gab es zwei Autos, aber kein Benzin. Das konnte man nur unter Schwierigkeiten beschaffen. Mit einem Auto aus dem elterlichen Betrieb konnte er die Redner abholen. Guardini kam drei oder viermal. Nach einem Jahr ungefähr haben die Herren vom Stadtrat in Ulm gesagt, ja das geht doch nicht, dass man den Guardini bei Aichers wohnen lässt. Da hatte das Bäumle als erstes Hotel wieder geöffnet. Und vielleicht noch ein anderes. Bei Aichers, bei so einfachen Leuten! Aber der Guardini sagte dann, er wolle nirgendwo anders schlafen.

Abele-Aicher: Welche Rolle spielte die Inge bei der Gründung der vh?

Maeser: Eine wichtige Rolle. Bei den Behörden gab es auch Widerstände. Sie wollten genau wissen, was sie vorhatten. Die vh war ja etwas ganz Neues. Alles wurde von Grund auf neu aufgebaut und überlegt. Das war schon eine enorme Arbeit. Die Inge war zunächst noch im Steuerbüro ihres Vaters tätig. Und hat nebenher die vh mit eingefädelt, bis es dann ein Vollzeitjob für sie wurde.

Abele-Aicher: Was hat Dir an der Inge besonders gefallen?

Maeser: Vor allem hab' ich sie bewundert, als das mit ihren Geschwistern passiert war. Da hab ich sie sehr bewundert. Dass sie das alles so großmütig und im Glauben verwurzelt ertragen hat. Das hat mir gefallen. Dass sie sich einfach auch fürs Gemeinwohl so hat einsetzen lassen. Auch das habe

Inge Aicher-
Scholl und Otl
Aicher bei der
Kommunionfeier
des jüngsten
Sohnes Manuel
1968.

ich bewundert. Als sie selbst Kinder hatte, musste
sie persönlich zurückstecken. Das Politische und die
Allgemeinheit standen immer im Vordergrund.

Abele-Aicher: Glaubst Du, dass sie es gerne
gemacht hat, oder ist es ihr schwer gefallen?

Maeser: Gerne und auch manchmal nicht gerne.
Es war ihr schon auch eine Last. Schon bald musste
sie ja auch für die Hochschule Spenden sammeln.
Eine Million Mark. Dafür hat sie viel auf sich
genommen. Sie war in Amerika und bei namhaften
Firmen in der Bundesrepublik. Da war sie sehr
strapaziert. Sie hat schon viel geopfert und hatte
auch selbst schon Kinder.

Abele-Aicher: Sie stellte ihre persönlichen Interessen in den Hintergrund.

Maeser: Bestimmt. Sie hat immer gerne gelesen. Das
konnte sie dann nicht mehr so einfach. Sie war sehr
gefordert. Und dann wurde sie meine Schwägerin.
Da waren wir auf einmal ganz natürlich beieinander
und die Familie spielte eine wichtige Rolle. Man
hat sich gegenseitig geholfen. Ich habe sie in prak-
tischen Dingen unterstützt, zum Beispiel beim
Führerschein. Bevor sie die Fahrprüfung ablegte, bin
ich ein paar Mal mit ihr zum Üben gefahren. Das
lag ihr einfach nicht. Dann hat sie die Prüfung

gemacht und ist durchgefallen und musste
wiederholen. Aber dann kam sie voller Stolz zu uns
in die Glockengasse um die Kurve gerast, wie ein
D-Zug, mit ihrem kleinen Fiat 500.
      Als Mütter haben wir Kinderwägen ausge-
tauscht und Kindswäsche geliehen. Es war eine
ganz normale Familie und nichts Besonderes mehr.
Später ist die Familie nach Rotis gezogen. Inges
Leistung für die Allgemeinheit war schon enorm.
Sie hat großen Anteil am Verlauf der Nachkriegszeit.
In den 1980er Jahren, als meine Mutter tot und
meine Kinder aus dem Haus waren, haben mein
Mann Herbert und ich immer mal wieder in Rotis
einen Besuch gemacht. Oder wir übernahmen die
Vertretung dort. Manchmal war ich dann Hausver-
walterin, als Inge und Otl verreist waren. Ich wurde
in das Wasserkraftgeschäft eingewiesen. Wenn
die Sirene geheult hat, musste der Rechen geputzt
werden, auch nachts. Am Geräusch der Turbine
konnte man hören, wie die Turbine lief, ob man jetzt
was machen musste oder nicht. Und manchmal
beim Spülen oder Backen ist plötzlich der Strom
ganz schwach geworden. In diesem Fall musste der
Rechen wieder geputzt werden. Das war eine köst-
liche Zeit. Ich war stolz, dass ich das alles erledigen
konnte, mit Unterstützung von Herbert natürlich.
Die Angestellten sind zu mir gekommen und ich war
der Chef. Das hat mir schon gut gefallen (kichert
amüsiert). Das war eine schöne Zeit.

Abele-Aicher: Wenn Du in Rotis warst, als Inge und Otl auf Reisen waren, hattest Du dann Freiraum, die Zeit selber zu organisieren? Oder war alles durchorganisiert?

Maeser: Ja, es war schon ziemlich durchorganisiert, aber viel Freiraum hatten wir auch. In der Küche war sie eine absolute Meisterin der Weiterverwendung von Speisen. Alles wurde verwertet. Sie hat rechnen müssen. Ich erinnere mich noch, als mal wieder ein Bausparvertrag voll war, da hat sie gedacht, jetzt könnten wir mal wieder … Da hatte Otl schon wieder in Rotis ein Haus dazu geplant oder den Kanal gerichtet. Und sie hat die Wäsche flicken lassen, die Socken von den Kindern bei der Oma Aicher.

Abele-Aicher: Du hast dich auch viel um die Eva gekümmert.

Maeser: Die Eva war immer dabei, selbst wenn der Bundespräsident auf Besuch gewesen wäre. Die Eva saß am Tisch neben dem Otl. Da dachte ich oft: alle Achtung.
Eva ist gerne bei mir gewesen. Wenn Ferien waren, kam sie öfters eine Woche zu mir nach Söflingen. Am Tag vor Otls Unfall war Klausur in Rotis. Niemand durfte kommen und stören, Herr und Frau Aicher wollten alleine sein und sich besprechen. Weil Eva ein bisschen im Weg war, wurde sie zu mir gebracht. An einem Sonntag kamen sie und brachten das Evchen. Wir drehten noch eine kleine Runde durch Söflingen und suchten einen geeigneten Platz zur Anbringung des Reliefs für den Pfarrer Weiß, an dem Otl arbeitete. So sind wir durch den Klosterhof gefahren und anschließend nach Grimmelfingen zum Nachtessen. Wir sprachen darüber, dass er bald seinen 70. Geburtstag haben würde. Es war ein ganz wunderbar schöner Abend. Und dann sind sie zurückgefahren und haben die Eva bei mir dagelassen. Und am Montag Mittag ist das Unglück passiert, der tödliche Unfall von Otl.

Abele-Aicher: Wie erlebtest Du die Inge nach dem Tod vom Otl?

Maeser: Da war sie schon sehr bedrückt, vor allem war sie alleine und unsicher. Der Otl war schon ihre Stütze. Und das hat sie vermisst, seinen Rückhalt. Obgleich er ja manchmal auch schwierig war. Sie hat in der Beziehung schon manches erdulden müssen. Der Otl hat tagelang schweigen können. Und das ist sehr belastend für eine Familie.

Aicher: Hatten schon die Großeltern Anton und Anna solche Schweigephasen?

Maeser: Mein Vater Anton ja, aber nicht so ausgeprägt wie beim Otl. Der hatte das als Junge schon.

Und deshalb gab's daheim immer wieder Zerwürfnisse. „Dem Kerle hat ma doch nix dua, warum schwätzt du denn nix?" hat meine Mutter gesagt. (Sie lacht). Ich selber hatte immer das Gefühl, der brütet was aus. Und tatsächlich, nach ein paar Tagen kam er von selbst wieder mit einer neuen Idee. Vielleicht war das in Rotis auch so und niemand verstand es. Aber mit Sicherheit hat die Inge schon einiges aushalten müssen.

Abele-Aicher: Wie ist Inge damit umgegangen? Welches Ventil hatte sie, um das auszuhalten?

Maeser: Sie werden sich wohl auch untereinander ausgesprochen haben. Schimpfen konnte sie nicht. Und dann hat sie Bücher geschrieben, ein Buch übers Evchen oder sie hat die Kassiber aus dem Gefängnis sortiert und zusammengestellt und das Buch „Sippenhaft"[1] veröffentlicht.

Abele-Aicher: Inge hatte wohl eher ein ruhiges Temperament. Sie hat wahrscheinlich innerlich viel mit sich selber ausgemacht.

Maeser: In der Volkshochschule sagte man immer, sie sei die „sanfte Gewalt".

Aicher: Hattest Du Kontakt zu Leuten der Volkshochschule, zu Eri Schmid[2] zum Beispiel?

Maeser: Die Eri Schmid hat sie durch mich gefunden. Eri und ich besuchten die gleiche Schule. Ich kannte sie von der Jugendbewegung her.

Aicher: Wie war das denn mit ihrem Glauben? Sie ist ja am 22. Februar 1945 in Ewattingen katholisch getauft worden und konvertierte dadurch. Aber sie ist ja nicht katholisch aufgewachsen, und dann solch ein Übertritt! Ist man da überhaupt richtig dabei?

Maeser: Sie war schon tief gläubig. Aber sie war nicht so katholisch.

Abele-Aicher: Hat sie mal erzählt, warum sie übergetreten ist?

Maeser: Es war eine Folge von vielem. Von Begegnungen und Gesprächen. Aber es war kein Wunsch unserer Eltern für die Ehe.

Abele-Aicher: Wo haben meine Schwiegereltern geheiratet?

Maeser: In München, in St. Anna. Ich habe noch viele Bilder von der Hochzeit.

1 „Sippenhaft" ist 1993 erschienen im S. Fischer Verlag, Frankfurt
   siehe auch Literaturverzeichnis

Abele-Aicher: Glaubst Du, dass es wirklich eine Liebesehe war?

Maeser: Ja, bestimmt. Es mag wohl Liebe auf den zweiten Blick gewesen sein. Wenn ein Paar ein ganzes Leben füreinander da ist, sich ergänzt und Freiräume lässt, dann muss das Liebe sein.

Aicher: Es wird oft gesagt, dass der Otl in die Sophie verliebt war.

Maeser: Er stand mit ihr in regem Briefwechsel.

Abele-Aicher: Gehörte diese Ehe deiner Meinung nach auch zu diesem Vermächtnis, von dem Du gesprochen hast, zu Inges Lebensaufgabe?

Maeser: Er hatte keine andere Beziehung. Ich glaube, die Beziehung zu Sophie war eher eine geistige Beziehung. Zur Inge war er schon mehr

hingezogen. Es war nicht nur eine Formsache. Es war eine feste Beziehung, entstanden auf dem Fundament dieses Vermächtnisses.

Abele-Aicher: Wie hat sie sich gegenüber ihrem Mann verhalten nach dem Unfalltod von Pia?

Maeser: Der Tod von der Pia war ein harter Schlag. Sie musste einiges verkraften, was nicht gängig ist. Sie hat nie einen Vorwurf gegen den Otl gerichtet, der Otl musste selber damit fertig werden. Ich habe sie nie in Tränen gesehen. Eine Not war da, die aber immer mit bewundernswerter Stärke getragen wurde. Ihre Stärke war eine innere Stärke. Die hatte sie bestimmt von ihrer Mutter. Magdalena Scholl war sehr religiös. Sie hat einfach tapfer mit den Geschehnissen weitergelebt.

2 Erika Schmid war Geschäftsführerin der vh der ersten Stunde und nahezu drei Jahrzehnte im Dienst der vh

Inge Aicher-Scholl mit Sohn Florian (am Fernglas) und Tochter Pia (mit Blumenstrauß), 1963.

Martin Maeser

Die Gesund-Ernährerin

In meiner Kindheit war ich ein sehr schlechter
Esser. Im Alter von sechs Jahren wurde ich sogar
zu einer Kindererholung nach Locarno geschickt.
Später habe ich dann meistens nur Spätzle mit
Soße, möglichst ohne Salat, zu mir genommen.

Ich war einmal alleine zu Besuch bei der
Familie Aicher am Ulmer Hochsträss. Als das Abend-
essen serviert wurde, musste ich meine einfältigen
Essgewohnheiten über Bord werfen. Es gab eine
Spinatsuppe mit ganzen Blättern! Bekanntlich hat
Inge gerne mit Kräutern und Gemüse gesundes
Essen gekocht. Ich musste meine ganze Kraft auf-
wenden, um die Suppe aufzuessen, weil mir zum
einen die Spinatblätter am Gaumen kleben blieben,
und ich mich zum anderen an die neue exotische
Geschmacksrichtung erst gewöhnen musste.

Auf keinen Fall wollte ich die weiße Flagge
schwenken und habe das Essen ordentlich auf-
gegessen. Ein Kindheitstrauma ist mir definitiv nicht
geblieben.

In meinem jetzigen Alter weiß man gesunde
Kost durchaus zu schätzen.

Martin Maeser, geb. 1960, Neffe von Inge Aicher-Scholl.
Er ist das jüngste der drei Kinder von Hedwig Maeser,
geb. Aicher, der Schwester von Otl Aicher. Er lebt mit seiner
Familie in Ulm.

Rosa Salzgeber

Beherrscht und manchmal unsichtbar

Herr Aicher hat mich als Köchin engagiert. Er schaute mich von oben bis unten an und sagte, er wolle was Bodenständiges. Und wahrscheinlich würde ich auch so kochen, so wie ich aussehe.

Damals hatte ich keine feste Stellung, da ich verheiratet war und vier Kinder hatte und auf einem stillgelegten Bauernhof lebte. Ich wollte nebenbei arbeiten gehen. So haben wir also angefangen mit kleineren Mahlzeiten wie Kässpätzle, Maultauschen, schwäbischen Gerichten eben. Mit der Zeit wurden wir exklusiver und haben bessere Sachen gekocht, mit Fleisch und Fisch. Später hat es sich dann so rausgestellt, als habe Herr Aicher mir das Kochen bei-gebracht. Ich hab' ihn halt so gelassen. Männer sind so. Denen muss man Recht geben. Und Frau Aicher war jeden Tag entweder im Büro oder anfangs noch in Ulm.

Mein Arbeitstag begann um 6.00 Uhr morgens. Ich weckte das Evchen, musste es anziehen und zum Bus schicken. Ebenso musste ich die Jungs wecken, anschließend Frühstück machen; sie sind ja dann zur Schule gefahren mit dem Bus. Meine Arbeitszeit dauerte bis mittags um 13 Uhr oder 14 Uhr. Auch den Einkauf habe ich erledigt. Ich bekam Geld zur Verfügung und musste das wieder rauswirtschaften. Die Angestellten bekamen damals von der Firma etwa 2,50 Mark Zuschuss fürs Essen. Den Differenzbetrag mussten sie drauflegen.

Ich führte ein Kassenbuch, das Frau Bauhofer kontrollierte.

Und einen Garten gab es ja auch. Herr Aicher hat damals die Hochbeete angelegt. Wir hatten Schnittlauch und Petersilie. Er wollte immer seinen Obazda haben zum Vesper, Romadur mit Butter und Camembert zusammen. Und dazu viele Kräuter. Oder Rettichsalat oder andere, bestimmte Sachen. Ich hatte freie Hand. Ich habe für alle gekocht. Das Privathaus habe ich versorgt, gewaschen, geputzt, die Betten gemacht, gebügelt. Alles.

Die Inge hat mich und den Herrn Bitz, den ehemaligen Knecht aus der Mühle, immer wieder angehalten, wir sollten kleine Zettel schreiben, was uns bewegt, und ihr die dann geben. Sie hat zu die-ser Zeit viele Briefe für Schüler verfasst. Die wollten was über die Weiße Rose wissen. Von der Zeit an habe ich wieder Tagebuch geschrieben. Ich habe das als junges Mädchen schon gemacht, aber es dann mit dem Kinderkriegen und der vielen Arbeit einge-stellt.

Und ich habe oft das Evchen mit nach Hause genommen. Frau Aicher hatte dann eben Ruhe zum Arbeiten. Das Evchen hat ja immer eine Be-schäftigung gebraucht. Sonst wurde sie ungeduldig und schaukelte hin und her. Bei mir gab es Tiere und meine Kinder. Da war sie ganz glücklich. Ihre Mutter hat sie dann abgeholt. Wir haben bei mir

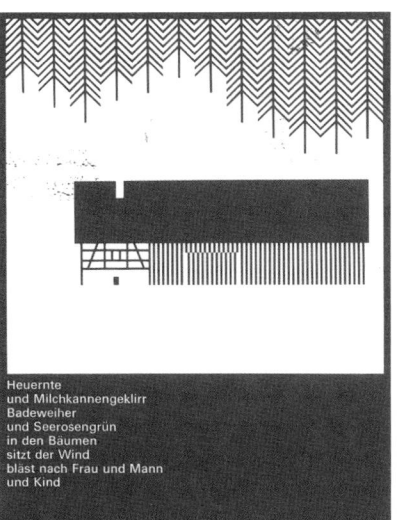

Heuernte
und Milchkannengeklirr
Badeweiher
und Seerosengrün
in den Bäumen
sitzt der Wind
bläst nach Frau und Mann
und Kind

Post von der Chefin
an die Angestellte
Rosa Salzgeber im
Urlaub 1979.

Sisi Gräfin von Schweinitz bei einem Besuch in Rotis mit Otl Aicher.

Kaffee gemacht und sie hat manchmal sagen können: „Sie sind vielleicht noch eine blöde Kuh." Und ich antwortete: „Ja, ich weiß schon, aber warum?" „Wenn ich das sehe, dass Sie ihrem Mann das Brot streichen. Dann brauchen Sie sich nicht zu wundern. So etwas macht eine Frau nicht."

Manchmal hat sie mir so Ratschläge gegeben. Ich war halt oft eine Übermutter, eine Glucke. Ich glaube, es hat ihr gut getan, mal was anderes zu sehen.

In Rotis ist nach dem Essen jeder aufgestanden und hat was anderes gemacht. Ich hab' die nie erlebt, dass sie nach dem Essen mal zusammengehockt sind. Jeder hatte so seinen Bereich, seine Arbeit. Sein Zimmer.

Bei mir waren die Kinder immer da. So konnte sie eben feststellen, dass ich zu sehr bediene und mich unterwerfe. Sie ermutigte mich, mir nicht alles gefallen zu lassen. Ich habe das Geld für die Familie verdient. Irgendwie war das der Anfang. Ich habe mir oft vorgenommen, wenn ich nach Rotis gefahren bin, dass ich mich scheiden lasse. Aber dann hatte ich Existenzängste. Frau Aicher hat mich eher ermutigt. Als sie bemerkte, dass ich unkonzentriert war bei der Arbeit, schlug sie ein zweites Frühstück vor, und dann konnte ich wieder loslegen. Als die Scheidung vorbei war, hat mein Mann noch weiter prozessiert. Mein Anwalt hat zu nichts getaugt. Und da hat sie mir einen anderen Anwalt aus Isny empfohlen und hat mir die Briefe geschrieben. Und sie stellte mir auch das Zeugnis aus. Das hat mir alle Türen geöffnet. Wenn ich eine Stelle wollte, dann habe ich sie auch gekriegt.

Ich habe immer zur Frau Aicher gesagt: „Ihr Mann und meiner, die haben meine Magengeschwüre ausgemacht." Der Otl war schon schwierig. Er hat mich nicht ungern gehabt, aber er hat mich immer wieder so richtig drangekriegt. Ich habe auf der einen Seite bemerkt, dass er so „Kriecher" nicht

leiden kann. Und dann hab' ich ihm auch widersprochen. Er hat dann immer gehörig Stoff gegeben und mich manchmal so richtig schikaniert.

Ein Beispiel: Auf den Regalen in der Rotisserie lagen Zeitungen, die immer ganz ordentlich aufeinander gestapelt wurden. Er hat die Zeitungen vor meinen Augen runter geschmissen und gesagt, ich soll sie jetzt ordentlich reinräumen. Da habe ich gesagt: „Was, ich? Ich hab' sie doch gar nicht runter geschmissen." Ich bin einfach gegangen.

Oder in der Küche. Da ist er manchmal gekommen und wollte alles anders haben. Ich habe dann zugehört, hab' ihn machen lassen und hab' es dann wieder zurückgeräumt. Irgendwie hat es ihm doch gefallen. Ich hab' mich nie klein kriegen lassen.

Noch ein Beispiel: Einmal fuhren wir gemeinsam nach München. Er hatte einen VW Golf, ich saß am Steuer. Da hat er mich zusammengeputzt, ich würde schlecht fahren. Am nächsten Rastplatz habe ich gehalten und ihm gesagt, er solle selber fahren.

Was mich oft erschreckt hat, das war der Umgang zwischen Frau Aicher und ihrem Mann. Kalt! Es war in meinen Augen nur eine Interessensgemeinschaft. Ich sag's, wie ich es denk'. Irgendwie eine Vertrautheit oder Zärtlichkeit, das gab's nicht. Da hätte nicht viel gefehlt, dass sie sich gesiezt hätten.

Frau Aicher hat manchmal in der Vergangenheit gelebt. Manchmal war sie gar nicht ansprechbar. Zum Beispiel, wenn es darum ging, mal wieder in den Großmarkt zu fahren, um Vorräte einzukaufen. Da stellte ich fest, dass sie das gar nicht richtig wahrgenommen hat. Sie war so in ihr Schreiben vertieft. Sie schrieb auf einer kleinen Reisemaschine. Ihr Büro lag unten im Erdgeschoss. Vorne war noch das kleine Büro von Frau Bauhofer. Aber hinten in dem Büro von Frau Aicher hatte niemand was zu suchen. Ich habe auch immer dafür gesorgt, dass sie Blumen hatte. Ich dachte: „Mein Gott, ist das kalt und unpersönlich." Ich mochte die Möbel vom Aicher nicht. Klar, das war sein Designerstil. Einmal hatte ich eine Minze gezüchtet, die auch gerochen hat. Die hat das ganze Fenster zugemacht. Das hat ihr schon gefallen. Sie hatte eben keine Zeit für so was.

Mit dem Evchen, das war das gleiche. „Geh' zur Frau Salzgeber, die hat Zeit, dass sie dich in den Arm nimmt." Manchmal war Evchen bockig. Dann sagte sie zu mir: „Geh weg, du Alte." Dann antwortete ich: „Ist schon recht, Alte." Wir sind schon klar gekommen. Es war schwer für sie. Sie hat ja in einer anderen Welt gelebt. Und dieses frühe Aufstehen. Dieses Geregelte. Und Evchen versuchte auf ihre Art, es zu blockieren. Frau Aicher bat mich dann, hochzugehen. „Sie können es doch so gut mir ihr". Manchmal lag sie am Boden im Bad oder in der Dusche. Zuerst hab' ich mit ihr rumgeschmust. Dann hab' ich sie ein bisschen gezwickt. Ganz leicht. Dann zuckte sie kurz und stand auf. Plötzlich ging's. Und Frau Aicher hat sich immer gewundert, wie ich das mache. Das blieb mein Geheimnis. Evchen hat mich nicht verraten.

Alles war streng reglementiert, der ganze Haushalt. Aber ich habe nie Otl und Inge vertraut zusammen gesehen. Zusammen sitzen. Die waren sehr kühl miteinander. Er hat sein Lebenswerk verfolgt. Frau Aicher war mit einem Buch und mit der Weißen Rose oder mit ihren Verwandten beschäftigt. Manchmal kam die Mutter von Herrn Aicher zu Besuch. Die hat damals noch gelebt.

Wir haben viel zusammen geredet. Über alles Mögliche. Frau Aicher konnte gut zuhören. Sie hat nicht nur mich, sondern auch andere unterstützt, die Hilfe brauchten. Sie war sehr sozial.

Es wurden viele Feste gefeiert, das waren immer die Geburtstage vom Otl. Einmal plante er eine Maifete. Es kamen ungefähr 100 Personen: Prominente, Fotografen, Künstler, Designer, Landräte. Und der Kurt Ackermann, ein Architekt. Da ist mir was passiert. Der lief zwischen Haus und Rotisserie immer hin und her. Da dachte ich, das sei ein Chauffeur. Es war am Vormittag. Da habe ich mit ihm ein bisschen rumgeblödelt. Und abends gibt der mir Trinkgeld. Ich dachte: „Oh je, das war kein Chauffeur." Und dann hab' ich Frau Aicher gefragt und sie beruhigte mich: „Das ist nicht schlimm, der muss auch andere Sachen hinnehmen."

Damals gab es Schupfnudeln mit Kraut. Und Schupfnudeln in einer Fleischbrühe mit Kartoffelscheibchen, die mit Zwiebeln abgeschmelzt wurden. Das war ganz bodenständig. Das Probeessen mit dem Personal hat prima geklappt. Und dann kam die Fete. Ich war ganz alleine in der Küche, ohne Hilfe. Und dann ging's los.

Der Otl kam ans Fenster putzte mich runter, es gäbe zu wenig Zwiebeln und zu wenig Suppe. Da dachte ich, jetzt kannst du mich mal. Da hab' ich mein Kopftuch runter genommen und meine

Schürze und bin zu meinem Auto auf dem Parkplatz gegangen. Das war mir einfach zu viel. Ich hab' mir so viel Mühe gegeben. Es hat mir schon geträumt von Schupfnudeln. Wochenweise Schupfnudeln gemacht und eingefroren. Und ich hab' nach Zwiebeln gestunken bis zum Gehtnichtmehr. Und da kommt der daher und macht so einen Aufstand. Jetzt ist Schluss. Da hat er mir den Landrat hinterher geschickt. Wahrscheinlich hat er bemerkt, dass ich gehe. Er hat mich überredet, ich solle zurückkommen, das sei doch nicht so gemeint. Da habe ich meine Kocherei weitergemacht. Aber der Otl hat dann auch nichts mehr gesagt. Er konnte einen auch nicht loben.

Einmal hatten wir auch so eine Diskussion. Da hat er sein Personal von drüben eingeladen und selber rumgebrutzelt auf der Herdplatte in der Rotisserie. Ich war auch eingeladen, obwohl ich eigentlich

Einladung zu einem Essen im Mai 1978, ein Beispiel für die viel gewürdigte Gastlichkeit bei Aichers in Rotis. Gestaltung: Otl Aicher

nicht dazu gehörte. Ich weiß gar nicht, warum. Wir haben Späße gemacht, als mir plötzlich das Besteck runter gefallen ist. Es hat ein bisschen geklappert. Und dann hat er mich rausgeschickt, ich solle sofort gehen. Da bin ich halt gegangen. Am anderen Tag fragte er: „So, sind Sie jetzt wieder vernünftig?" Da hab ich gesagt: „Und Sie?" Ich war schon selbstbewusst.

Meine Erinnerungen an den Otl sind präsenter. Frau Aicher war unscheinbar, wenn ich das so ausdrücken darf. Sie war unsichtbar. Sie hat sich nicht hervorgetan. In keiner Weise. Ich habe gesagt, es ist eine unsichtbare Frau gewesen. Sie hat sich auch nie geschmückt, wie eine Frau das so macht. Sie hatte einen ganz nüchternen und strengen Stil.

Und sie war gutmütig. Sie hat mir ihr Brautkleid geschenkt, ein schwarzes Spitzenkleid mit einem lila Unterrock. Ein wunderschönes Kleid. Ich habe es lange Zeit auf Bällen und anderen Veranstaltungen getragen. In Kronburg hat mich einmal einer angezündet. Ein Teil des Kleides an der Seite war verbrannt. Da musste ich ein großes Stück raus schneiden lassen. Der Rock war sehr weit. Ich trug es dann weiter, bis der Stoff richtig gebrochen war. Ein wunderschönes Kleid. Sie hat es selber nicht mehr tragen können oder nicht mehr wollen. Ich hab' mich damals riesig gefreut, da ich nicht viel Garderobe hatte.

Mit dem Anziehen, da war sie auch sehr korrekt. Wir hatten auf dem Hof einen Hund, der hat seine Haare an der Rute verloren. Wenn der mit dem Schwanz gewedelt hat, dann hat es geblutet, weil die Schwanzhaare weg waren. Das Blut verspritzte meine Dirndlschürze. Frau Aicher hat das bemerkt und zu mir gesagt: „Das geht nicht, sie arbeiten in einer Küche." Sie gab mir eine andere Schürze und forderte mich auf, es in Ordnung zu bringen. Wir hatten einen Nachbarn, einen Tierheiler. Er lebt heute nicht mehr. Dorthin habe ich den Hund gebracht. Der Heiler sprach seine Gebete und dem Hund sind wieder Haare gewachsen.

Mit dem Evchen bin ich auch mal dorthin gegangen. Die hatte im Frühjahr immer eine aufgesprungene Lippe. Die ist richtig aufgeplatzt. Das war bestimmt ganz schmerzhaft. Das hat der Heiler auch wieder in Ordnung gebracht. Frau Aicher und ich haben gegenseitig Ratschläge ausgetauscht mit Kräutern. Ich hatte mein Wissen über Holunder, zum Beispiel. Das war schon eine schöne Verbindung zu Frau Aicher. Sie hat mir oft Bücher gegeben zum Lesen. Sie war für mich eine Persönlichkeit, die mir gut getan hat.

Einmal war ich mit Evchen in Urlaub in Engelberg in der Schweiz. Das Wetter war so schlecht, da hörte ich im Radio eine Warnung vor Erdrutschen. Ich hatte damals einen VW Käfer. Aus Angst, nicht mehr nach Hause zu kommen, bin ich zwei oder drei Tage früher abgereist. Damals wohnte ich noch in der Pfingstweide in Leutkirch. Wir haben uns in

meiner Wohnung ein paar Tage versteckt. Das hat ihre Mutter nie gemerkt.

Aichers genossen in der Umgebung um Rotis schon ein großes Ansehen. Otl ist manchmal mit dem Personal in eine Wirtschaft gegangen, in die Obere Mühle in Ausnang. Von der Frau Echteler hat er viel geschwärmt. Dass das eine tolle, schöne Frau sei. Otl ist mit dem Evchen viel in die Kirche gegangen. Die Frau Aicher auch. Und das Evchen war manchmal laut. Aber niemand hatte etwas dagegen. Die Leute hatten schon Verständnis dafür.

An der Frau Aicher habe ich immer bewundert, dass sie sich so beherrschen konnte. Sie hat niemanden was anmerken lassen. Ich sag' ja immer, sie war eine unsichtbare Frau. Das ist vielleicht nicht der richtige Ausdruck. Aber sie hat auch nie den Ton erhöht. Geschrieen oder so. Manchmal fand ich das erschreckend.

Nach dem Unfall von der Pia habe ich sie nie weinen sehen. Das war bestimmt schlimm. Ich habe fünf Zöpfe gebacken für den Leichenschmaus. Der wurde ja hier gefeiert. Ich hab' es als furchtbar empfunden.

Sie war streng. Sie war irgendwie so kalt. Ich hab' meine Kinder immer geknuddelt. Bei Aichers war alles so kühl. Das hat mich immer so erschreckt. Nur das Evchen hatte eine Sonderstellung. Die war

büro aicher
visuelle kommunikation
797 rotis 12
über leutkirch 1
tel 07561/2077

frau
rosa salzgeber

8945 legau

20 11 1980

zeugnis

frau rosa salzgeber, geb. 01.08.1933, war vom 01. 04. 1975 bis 30. 09. 1980 als köchin und haushaltspflegerin halbtägig bei uns beschäftigt. ihr tätigkeitskreis umfasste die mittägliche verpflegung des büropersonals sowie der anwesenden geschäftsfreunde (in der regel zwischen 7 bis 12 personen); in ausnahmefällen hatte sie auch bei größeren konferenzen bis zu 40 personen zu verköstigen. dazu kam ein teil der reinigung und pflege unseres privathaushaltes mit allen möglichen anfallenden arbeiten.

frau salzgeber hat ihren aufgabenkreis mit bemerkenswerter selbständigkeit und großem fleiß bewältigt. sie hat sich als hervorragende köchin erwiesen, die mit können und hingabe sowie sparsamkeit den umfangreichen personenkreis verpflegte, ständig bedacht, abwechslung und neues in die menupläne zu bringen. sämtliche arbeiten erledigte sie flink und sauber, wobei ihr beweglichkeit und rasche aufnahmefähigkeit zugute kamen.

zu erwähnen ist auch, daß sie eine besonders gute und freundschaftliche beziehung zu unseren inzwischen erwachsenen kindern, insbesondere zu unserer behinderten tochter, hatte. ihre fröhliche, gütige art war eine unschätzbare unterstützung bei der erziehung dieses besonderen kindes.

frau salzgeber ist nicht der mensch, der ständig auf die uhr schaut. sie macht die arbeit, die sie übernimmt, zu ihrer eigenen sache, springt ein, wo sie sieht, daß sie gebraucht wird. ihre spontane hilfsbereitschaft haben wir stets als eine wohltat empfunden, die heute zur seltenheit geworden ist.

es war - zu unserem großen bedauern - ihr eigener wunsch, einen anderen aufgabenkreis zu übernehmen. wir wünschen ihr für die zukunft alles gute.

inge aicher-scholl

160

ja auch hilfsbedürftig. Die konnte man ruhig stellen mit Essen. Wenn Feste gefeiert wurden und ich kochte, hat sie es gerochen und kam zu mir in die Küche. Ich hab' ihr immer was gegeben. Wenn Frau Aicher das gesehen hat, hat sie mich geschimpft.

Im August feierten wir unsere Löwenparty. Sie hatte ja am 11. August Geburtstag, ich am 1. August. Wir waren meistens vier oder fünf Frauen. Die Rosa Echteler von der Oberen Mühle in Ausnang war auch dabei. Das ist niemand etwas angegangen. Das war ganz privat. Ich war immer die Kuchenbäckerin. Wir saßen entweder in der Küche oder draußen hinten im Garten an einer Esse. Da war ein Dach drüber wie bei der Olympiade.

Rosa Salzgeber, Jahrgang 1933, arbeitete von 1975 bis 1979 in Rotis als Angestellte in Küche und Haushalt. Danach übernahm sie die Haushaltsführung bei Farben Baeuerle in Memmingen. Man wartete dort immer auf den „Pferdefuß" wegen des guten Zeugnisses, das ihr Inge Aicher-Scholl ausgestellt hatte. Dieser zeigte sich nie. Sie lebt heute in Legau.

Klaus Sam

Zivilcourage ist auch der Mut, sich lächerlich zu machen

Am Ende ihres Lebens wollte Inge Aicher-Scholl unbedingt noch ein Buch über ihre behinderte Tochter Eva schreiben, und sie wollte das Buch in dem Verlag veröffentlichen, an dem ihr Sohn Julian beteiligt war.

Im Frühjahr 1996 begann das eigentliche Lektorat. Ich studierte damals Sozialarbeit in Weingarten, meine Tochter Hannah war im Jahr zuvor geboren worden und ich hatte mehr als 15 Jahre Erfahrung als Erzieher in der Behindertenarbeit, was mich angeblich besonders für die Aufgabe als Herausgeber von Inges Buch qualifizierte.

Andererseits gab es außer mir eh niemand im Verlag, der diese Aufgabe übernehmen konnte.

Inge Aicher-Scholl war im Frühjahr 1996 gesundheitlich sehr eingeschränkt. Es konnte sein, dass ich den Weg von Riedhausen oder Weingarten nach Rotis „umsonst" fuhr, dass sie sich nur noch eine halbe Stunde auf die Arbeit konzentrieren konnte, es gab aber auch Tage, an denen wir lange und intensiv arbeiten konnten.

Während dieser Zeit bot sich ebenso die Gelegenheit zu langen Gesprächen, die sich auch um ihre Söhne Julian und Manuel drehten, mit denen ich ja seit Anfang der 70er Jahre befreundet war, um den Tod der Tochter Pia, die 1975 bei einem Autounfall ums Leben gekommen war.

Manuel, der jüngste Sohn, war 1972, als die Familie Aicher von Ulm nach Rotis zog, in meine Klasse gekommen. Da ich selbst noch neu in der Klasse war, freundeten wir uns fast zwangsläufig an.

Ich verbrachte von 1972 an viele Wochenenden als Gast in Rotis. Ich lernte Inge Aicher-Scholl als resolute Mutter kennen, die ihre Söhne in der Schule verteidigte und bei manchen Lehrern gefürchtet war, weil sie deren pädagogische Fähigkeiten in Frage stellte.

Von Rotis und der Familie Aicher war ich zunächst schwer beeindruckt, vor allem die private Bibliothek mit ihren fast 10.000 Büchern hatte es mir angetan. Hier entdeckte ich Rilke und Ilse Aichinger.

Beeindruckend waren auch die Gäste, die in der alten Mühle in Rotis anzutreffen waren: Willy Daume vom Nationalen Olympischen Komitee, das Psychologenehepaar Margarete und Alexander Mitscherlich, einmal sogar Bundespräsident Gustav Heinemann.

Dankbar war ich Inge Aicher-Scholl auch dafür, dass sie ihre Söhne und mich mit ins Theater nach Memmingen nahm. Ich erinnere mich noch gut an die Aufführung von „Freiheit in Krähwinkel". Das Stück von Johann Nestroy wurde dort sehr modern aufgeführt. Und da wir damals mit unserer

Eva als Kind.

Inge Aicher-Scholl mit ihrer ältesten Tochter Eva und ihrem Enkel Marvin bei einem Spaziergang in Rotis 1996.

Inge Aicher-Scholl mit Christa und Gerhard Wolf

Seit der Verleihung des Geschwister-Scholl-Preises an Christa Wolf für ihr Buch „Störfall" 1987 verband Inge Aicher-Scholl und Otl Aicher eine rege Freundschaft mit der Schriftstellerin und ihrem Mann, Gerhard Wolf.

Foto: privat · Copyright: Privatarchiv Rotis-Chronik der Familie Aicher

Schülerzeitung „Radieschen im Untergrund" auch erste Erfahrungen mit Zensur gemacht hatten, gab es nach der Vorstellung einiges mit den Schauspielern und dem Intendanten zu besprechen.

Sehr viel diskutiert wurde auch über Plenzdorfs „Die neuen Leiden des jungen W". Für uns thematisierte das Theaterstück auch erste sexuelle Erfahrungen. Das sah Inge Aicher-Scholl auch, sie schien in dieser Hinsicht sehr tolerant. Weniger tolerant war sie allerdings, wenn es um ihre Söhne Julian und Manuel ging.

Während es für meine Eltern kein Problem war, wenn ich ein Mädchen mit nach Hause brachte, bekamen die Aicher-Buben da durchaus Probleme.

Mädels mit nach Rotis zubringen war zwar erlaubt, aber Inge Aicher-Scholl war sehr darauf bedacht, dass in getrennten Zimmern genächtigt wurde. Und in dieser Hinsicht gab es auch keinen Schutz der Intimsphäre; sie kontrollierte dies auch. Daher durfte es keine verschlossenen Türen geben.

Während eines Gesprächs im Frühjahr 1996 gab sie mir gegenüber offen zu, dass dies falsch gewesen sei, aber sie konnte nicht über ihren Schatten springen. Sie erzählte mir, dass sie mir sehr dankbar sei, dass ihre Jungs mit ihren Freundinnen bei mir immer Asyl fanden.

Sie hätte gerne in Rotis ein liberaleres Klima geschaffen, aber das erlaubten ihre religiösen Vorstellungen einfach nicht.

Das war eben die „dunkle" Seite von Rotis; das fast schon bigotte Moralverständnis, das so gar nicht zu den sonstigen politischen Aktivitäten von Inge Aicher-Scholl passen wollte. In der Öffentlichkeit die tolerante linksliberale Aktivistin, die sich in der Friedensbewegung engagierte und in Mutlangen an Sitzblockaden beteiligte, zuhause die zutiefst spießige Mutter, die ihre Buben mit Krallen und Klauen gegen allzu freizügige Verführerinnen verteidigte.

Für mich war sie in dieser Frage ein innerlich zerrissener Mensch, dem die eigene Schwäche bewusst war, der es aber dennoch nicht vermochte, „vernünftig" zu handeln. In den Gesprächen wurde auch eine Ursache für dieses Verhalten deutlich. In ihrer Jugend hatte sie ihre Geschwister Hans und Sophie verloren, als Mutter hatte sie ihre Tochter Pia bei einem Autounfall verloren, und als Großmutter verlor sie einen Enkel bei einer Herzoperation.

Doch Rotis konnte auch ein Paradies sein, ein Ort der Freiheit. Hier fand die Schülerzeitung Obdach und Unterstützung. Inge Aicher-Scholl trug ihren Teil dazu bei, dass Leutkircher Jugendliche hier ein unzensiertes Blatt produzieren konnten. Sie stellte Kontakte her, organisierte beispielsweise Lesungen mit Ilse Aichinger und Martin Walser.

Mich selbst unterstütze sie bei meinen literarischen Ambitionen, vermittelte mir den persönlichen Kontakt zu Ilse Aichinger, die ich auf einer kleinen Lesetour durchs Allgäu begleiten durfte. Für mich war das großartig, dennoch hatte ich vor jedem Auftritt ziemlich Bammel. Auf der Fahrt zur ersten Lesung in Kempten beruhigte mich Inge Aicher-Scholl mit den Worten: „Zivilcourage ist auch der Mut, sich lächerlich zu machen."

Klaus Sam, geb. 1958 in Oberboihingen (Nürtingen); Studium der Sozialarbeit an der FH Weingarten, 15 Jahre lang als Erzieher tätig am KBZO (Körperbehindertenzentrum Oberschwaben) in Weingarten. Gemeinsam mit Edmund Vogt und Julian Aicher gründete er 1985 den „Direktverlag", einen Kleinverlag, der „nebenberuflich und weniger aus kommerziellem Interesse betrieben wird". www.direktverlag.de

1996 veröffentlichte er das von Inge Aicher-Scholl geschriebene Buch „Eva – weil Du bei mir bist, bin ich nicht allein".

Annette Sirch

Meine Begegnungen mit Inge Aicher-Scholl,
hauptsächlich zwischen 1969 und 1972

Frau Inge Aicher-Scholl lernte ich 1969 als 16-jährige Schülerin in Ulm in der Volkshochschule, die sie damals leitete, kennen.

Ich lebte damals mit meinen Eltern und fünf Geschwistern in Neu-Ulm. Über meine Zwillingsschwester Susanne, die über einen linken politischen Arbeitskreis Inge Aicher-Scholls Sohn Florian kennen gelernt hatte, kam der Kontakt zustande.

Susanne und ich hatten gerade unseren ersten gemeinsamen Nebenjob als Babysitter von zwei kleinen Mädchen im Alter von drei und fünf Jahren nach einem Jahr abgeschlossen, ich fing mit einem neuen an, jetzt der Betreuung von zwei kleinen Jungen.

Susanne erfuhr, dass Frau Aicher-Scholl, die Leiterin der Ulmer Volkshochschule, noch Schülerinnen für die Kinderbetreuung suchte, damit auch Erwachsene mit Kindern an den kulturellen und bildungspolitischen Angeboten teilnehmen konnten.

Also bewarben wir uns für diese Tätigkeit, denn Erfahrungen in der Kinderbetreuung hatten wir ja, neben den außerfamiliären Jobs als Babysitter auch alltäglich durch unsere jüngeren Geschwister.

Ich stellte mich also bei Frau Inge Aicher-Scholl in der Ulmer Volkshochschule, dem EinsteinHaus vor.

Eine sehr freundliche, große, schlanke Frau mit dunklem kurzgeschnittenen Haar und sehr wachen Augen begrüßte mich. In Inge Aicher-Scholl lernte ich einen mir bis dahin unbekannten Frauentyp kennen, sie war eine interessante und intellektuell aussehende Frau. Sie war mir sympathisch, auch wenn ich sie zunächst als etwas kühl erlebt habe.

Mich sprach diese erste kleine Tätigkeit in einer Öffentlichkeit und nicht auf privater Basis auch deshalb an, weil ich darin eine Chance sah, in eine weitere gesellschaftliche und zugleich in eine neue eigene Welt einzutauchen – auf meinem Weg, mich mehr und mehr von Eltern und der Zwillingsschwester zu lösen und gleichzeitig mein Bedürfnis nach guter Literatur und politischer Bildung mehr entwickeln zu können. Das war in meiner Herkunftsfamilie nur begrenzt möglich.

Dort gab es zwar viele Kinder, aber wenig Raum und keine Privatsphäre. Mein Vater war Lehrer und freute sich, wenn wir lernten und Bücher lasen, doch es waren wenige kritische und gute Bücher dabei.

Ich hatte das Glück, dass ein Geschichtslehrer in der katholischen Mädchenschule in Ulm, Herr Löhmann (aus Dresden), uns über den Hitlerfaschismus schonungslos aufklärte. Dieser lastete ja auch noch über meiner Familie, aber es wurde nie offen darüber gesprochen. Über Herrn Löhmann erfuhr ich auch von der studentischen Münchner Widerstandsgruppe, der Weißen Rose. Und jetzt stand ich einer Frau gegenüber, die die Schwester von Sophie und Hans Scholl war. Das fand ich sehr interessant.

Durch den kleinen Nebenjob in der Ulmer vh erschloss sich mir eine neue Welt, nach der ich mich schon lange gesehnt hatte. Das wurde mir erst viel später bewusst.

Die offenen Samstage im EinsteinHaus waren außer den Angeboten für erwachsene Bürger von Ulm, Neu-Ulm und Umgebung auch ein Szenetreffpunkt für uns Jugendliche. Durch die 68er Jahre war eine neue Gesprächskultur entstanden, die in Schulen und im öffentlichen Raum immer mehr Umsetzung fand. In der Ulmer vh war das für mich durch die Inhalte der Angebote besonders spürbar.

Es gab außer Autorenlesungen, Konzerten und Vorträgen offene Gesprächsrunden und Diskussionen. Die Veranstaltungen verschiedenster Art fanden oft gleichzeitig in verschiedenen Räumen des EinsteinHauses statt.

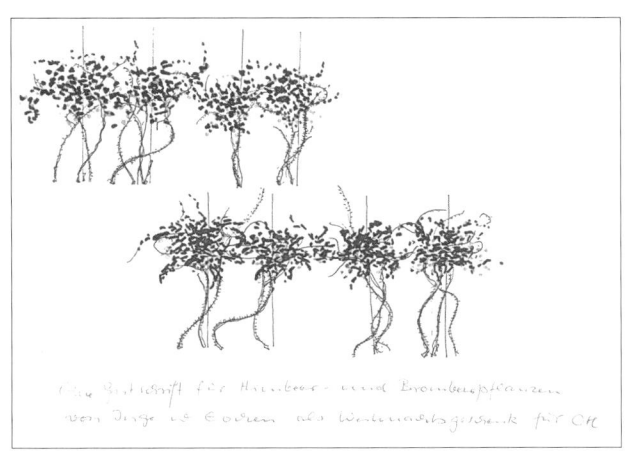

Zu Weihnachten 1990 schenkten Inge und Eva Otl diesen Gutschein für Himbeer- und Brombeerstauden.

All das ermutigte mich damals sehr, denn bis dahin war ich ein schüchternes Mädchen mit starken Minderwertigkeitsgefühlen, ich schämte mich, weil ich so vieles nicht wusste und wollte das auch verheimlichen. Ein Teufelskreis, der sich nach und nach auflöste.

Meine Jugendzeit in Ulm war zu einer Zeit der Veränderung geworden. Ich sog alles Neue buchstäblich auf und hatte bald alles, was ich brauchte. Meine erste Liebesbeziehung mit B.K. überfrachtete ich dadurch nicht zu sehr mit Erwartungen.

Zwar hatte ich auf der Mädchenschule einen guten Literaturunterricht, wir hatten von Wilhelm Raabe „Else von der Tanne", von Heinrich von Kleist „Das Käthchen von Heilbronn" und von Max Frisch „Andorra" gelesen. Aber ich hatte bislang keinen Zugang zu Autoren, deren Bücher mir persönlich helfen konnten und mich prägen sollten: Ingeborg Bachmann, die ich erlebte, als sie aus ihrem neu erschienen Buch „Malina" las (ich glaube Frau Inge Aicher-Scholl sprach ein paar einführende Worte), Schriftsteller wie Günther Eich, Günter Grass, Ilse Aichinger, auf die ich aufmerksam gemacht wurde.

Im Lesesaal, über das Programm der vh Ulm und durch die Veranstaltungen (Filme, Ausstellungen) der Hochschule für Gestaltung HfG, an deren Konzeption und Praxis Otl Aicher und Inge Aicher-Scholl maßgeblich beteiligt waren, erschloss sich mir eine neue Welt.

Wenn ich dort nicht die Kinder betreute für 5 DM die Stunde zuzüglich Getränke und Essenszuschuss für die Cafeteria der vh, saß ich in meiner Freizeit immer öfters im Lesesaal, allein oder mit Susanne, Florian und Pia und deren Freunden. Wir wurden zu einem festen Freundeskreis über die nächsten Jahre. Das Lesen, jeder für sich und doch zusammen, bedeutete mir viel, ebenso der Austausch über das, was wir gerade lasen (mein Tagebucheintrag vom 21. April 1972).

In ihrem Umgang mit ihren Mitarbeitern erlebte ich Inge Aicher-Scholl als sehr freundlich und demokratisch. Dabei erinnere ich mich, dass sie in ihrer ruhigen Art sehr gut zuhören konnte und in ihrem langsamen Sprachrhythmus sachliche Fragen stellte. Manchmal wirkte sie dabei auf mich etwas betulich, doch immer spürte ich ihr Bemühen um Verständnis. Das ist auch etwas, was mich mit ihr verband.

Und immer noch habe ich ihre wachen Augen vor mir. Wach wie eine Nachteule.

Später lernte ich sie auch in ihrem privaten Bereich kennen, als ich mich mehr und mehr mit ihren Kindern Florian und Pia, auch Zwillinge, anfreundete.

Über Pia erfuhr ich von Jean Paul Sartre und Simone de Beauvoir. Ihre Bücher wurden für mich besonders wichtig in der Frage: Wie will ich als Frau mein Leben gestalten? Eine Frage, die zum Beispiel

meiner Mutter und den meisten Frauen ihrer Generation nicht möglich war.

Immer öfters verbrachten „wir Freunde um und mit Pia und Florian Aicher" auch die Schulferien miteinander in Rotis, wo wir für ein Taschengeld und freie Kost und Logis zum Beispiel beim Pflastern halfen. Mit den Steinen, die wir damals gelegt hatten (und manchmal ein zweites Mal legen mussten, weil Otl Aicher feststellte, dass das Gefälle nicht stimmte), fühle ich mich noch heute bei Besuchen in Rotis sehr verbunden.

Manchmal kam Frau Aicher-Scholl, um nach dem Rechten zu sehen, und brachte uns Kuchen. Einmal erzählte sie ganz begeistert, dass sie gerade den neu erschienenen Film „Cabaret" gesehen hatte und empfahl uns ihn auch anzuschauen.

Inge 1978

Oft holte Frau Inge Aicher-Scholl mich und andere der Gruppe mit ihrem VW-Bus vom Bahnhof Memmingen ab (wir waren ja alle erst 16 - 17 Jahre alt und die Jugend fuhr damals mit Bahn und Bus) oder brachte unsere ganze Gruppe nach Ulm zurück. Einmal war sie dann sehr verstimmt, als Pia und Flo nicht wie von ihr erwartet gleich mit zurück nach Hause fuhren, sondern mit allen anderen noch auf "ein Rotweinchen" in die Weinstube 3-Kannen in Ulm gingen, als Abschlussritual unserer gemeinsam verbrachten Tage.

Bevor das Anwesen fertiggestellt war, kamen Inge Aicher-Scholl und ihr Mann Otl Aicher an Wochenenden nach Rotis, später zogen beide mit den Kindern Eva, Manuel und Julian ganz dorthin. Damals lernte ich immer mehr auch Eva Aicher kennen, die behinderte Tochter.

Manchmal gab es Spannungen beim Essen (wer kennt das nicht von familiären Essen?) und es war kaum auszuhalten, bis Eva Aicher schließlich reagierte, weil sie die Fähigkeit zur Verstellung gar nicht hatte. Dann sagte sie zum Beispiel: "Wie der Otl schon wieder schaut!" und machte die gleiche missmutige Miene wie ihr Vater. Da war zwar der Bann gebrochen, doch fast immer schickte daraufhin Otl seine Tochter Eva im barschen Ton auf ihr Zimmer, weil sie die Wahrheit ausgesprochen hatte. Maulend ging sie dann davon. Wir alle waren aber von dem Druck befreit, der am Tisch geherrscht hatte, und konnten erleichtert aufstehen. Ich ging dann öfters zu Eva ins Zimmer hinauf, sprach mit ihr oder wir sangen zusammen. Das liebte sie und ich auch. Sie hatte ein offenes Herz und wenig Kontaktprobleme, das gefiel mir.

1975 traf die Familie Aicher-Scholl ein schwerer Schicksalsschlag. Pia Aicher verunglückte tödlich. Ich selbst lag zu dieser Zeit mit den Folgen eines schweren Verkehrsunfalls in einem Krankenhaus und erfuhr vom Tod meiner Freundin Pia erst später.

Bei einem späteren Besuch in Rotis, etwa 1980 oder '81, fragte mich Frau Aicher, ob ich nicht aushelfen könne, Eva in Rotis zu betreuen. Sie wusste, dass ich relativ natürlich mit Eva umgehen konnte und sie mochte. Damals lebte ich schon in München und arbeitete in meinem Beruf. Auch mit Frau Aicher konnte ich unvoreingenommen umgehen. Ich fühlte mich von ihr nicht eingeschüchtert. Ich schätzte und mochte sie und konnte oft auch spüren, was mit ihr los war, auch wenn sie nichts darüber sagte.

Mein Vater entschied dann, von Ulm wegzuziehen. Der Freundeskreis, den ich in Ulm gefunden hatte, half mir noch eine ganze Weile mit der Veränderung zurechtzukommen.

Weder in Augsburg und schon gar nicht im katholischen Eichstätt fand ich diese literarische und intellektuelle Kultur wieder, die ich dort in Ulm ge-

nossen hatte. Aber ich suchte ab da weiter nach Kultur, die mir in einsamen Zeiten helfen konnte und entdeckte Hörspiele im Radio mit Texten von Autoren, die ich über die vh Ulm unter der Leitung von Inge Aicher-Scholl kennengelernt hatte.

Erst in München fand ich ab 1974 wieder eine Kultur wieder, die mir half und mich glücklich machte. Meine Ulmer Jugendzeit mit all der oben beschriebenen Orientierung war in mir geblieben, diese war mir eine notwendige Nahrung geworden und hat mein Leben reich gemacht und bis heute geprägt.

Seit über dreißig Jahren arbeite ich ehrenamtlich in einem Kulturzentrum in München.

Noch zwei- oder dreimal besuchte ich Inge Aicher-Scholl in Rotis, einmal noch, nachdem Otl Aicher bei einem Unfall ums Leben gekommen war.

Ich bin froh, dass ich die beiden und Teile ihres beruflichen Wirkens kennen gelernt habe. Übrig geblieben sind Prägungen, Erinnerungen und die Freundschaft mit Florian Aicher und seiner Frau Gabriele Hirth und Kontakte mit anderen Rotis'lern, vor allem auch mit Christine Abele-Aicher und Julian Aicher.

Annette Sirch, geb. 1953, Sozialpädagogin,
lebt mit ihrem Lebensgefährten, Peter Worm, in München,
zwei gemeinsame Kinder.

Julian Aicher

Rotis, 28.09.1998

Liebe Tante Lisel!

Leider hatten (oder fanden) wir während der Beerdigungsfeierlichkeiten von Inge nicht viel Zeit, darüber zu sprechen, wie sie gestorben ist.

Du hast offenbar die Tage danach mal versucht, mich telefonisch zu erreichen. Da ich wegen der Hausbetreuung und aus beruflichen Gründen nicht immer in meinem Büro sein kann, bitte ich Dich, bei Bedarf einfach meine Nummer 0 75 61 / 7 05 77 zu wählen. In meiner Abwesenheit ist dort meistens ein Anrufbeantworter eingeschaltet. Wenn ich dort eine Nachricht höre, kann ich Dich zurückrufen.

Trotzdem versuche ich jetzt, Dir die letzten Stunden unserer Mutter und Deiner Schwester zu schildern. Dass Inge nur noch wenige Tage zu leben hatte, zeichnete sich schon am Dienstag, 1. September, ab. Da hat sie – soweit ich weiß – ihr letztes „Tschüss" zu ihrer Pflegerin Gabriele Mendler gesagt.

Hedwig Maeser kam dann wohl am 3. September den fast ganzen Tag. Vormittags spendete ein Pfarrer die letzte Ölung. Ich hatte den Eindruck, dass Inge in dieser Zeit zwar noch schnaufen konnte, aber der Blick schon sehr stierig guckend wirkte, ähnlich wie wahrscheinlich nach einem Koma.

Soweit ich's noch richtig weiß, war der stellvertretende Hausarzt, Herr Dr. Buffler, am Mittwochvormittag, 2. September, noch da gewesen und hatte ein Morphiumpflaster verschrieben. Er meinte, es gehe jetzt wohl nicht mehr lange – selbst die Flüssigkeitszufuhr sei allenfalls noch eine Quälerei. („Damit füttern sie nur den Krebs", meinte der Doktor). Ich habe zu dieser Zeit die Brüder angerufen und ihnen erklärt, jetzt sei wohl die Zeit des letzten Abschieds. Manuel kam am Spätnachmittag/Abend des Donnerstag, 3. September. Wir, er und ich, vereinbarten, ständig bei Inge zu bleiben (da die Nachtwache lieber nicht mit einer Sterbenden im Zimmer bleiben wollte) und diese Wache von mir und Manuel in Schichten aufzuteilen; Manuel bis 5.00 Uhr am Morgen des Freitag, 4. September, und ich anschließend.

Manuel stellte noch den Atem-Befeuchter zu Inge und sagte mir am Morgen, er habe ihr doch noch etwas zu trinken gegeben.

Wenn ich mich richtig erinnere, wurde Inges Atmung so etwa ab 6.30 Uhr schneller. Panischer? Sowohl Manuel (bis ca. 5.00 Uhr) und ich (danach) hielten ihre Hand und sagten ihr, dass wir bei ihr wären. Außer, dass ihr Gesicht auf mich eher schmerz- oder angst-verzerrt wirkte, spürte ich keine Äußerung von Inge – es sei denn, dass gelegentlich ihr Griff fester wurde.

eine rotis-chronik des jahres 1991, nach dem tod von otl - undenkbar!
otl, den ich nicht mehr fragen konnte. ohne seine ideen, seine entscheidenden
hinweise eine rotis-chronik zu schreiben, das schien unmöglich.

die rotis-chronik war das alljährliche weihnachtsgeschenk für otl gewesen.

auf einmal hörte ich eine stimme, die sagte: probier's mal. war es otls
stimme? war es der schleichweg zwischen himmel und erde, auf den einer
seiner freunde verwies?   d e r   freund meines lebens hatte mich verlassen.
war ein tapferes intensives erinnern der versuch einer antwort auf diese
abgrundtiefe verlassenheit?

so fing ich an, über die monate zu schreiben, in denen er noch lebte. der
ungewöhnlich schöne frühling dieses jahres 1992, das gehen über otls wiesen,
die ich noch nie so schön erlebt hatte, trug mir die worte für das jahr 1991
zu. ich begriff, daß das alleinsein gelernt werden mußte. das erinnernde
schreiben war eine sinnvolle arbeit, die solche situationen bewältigen hilft.

die kinder florian, julian, manuel, ja auch eva halfen mir, indem sie zu
freunden wurden. und die mitarbeiterinnen und mitarbeiter des büros rotis
waren da und halfen, daß rotis erhalten blieb. otls rotis.

Diesen Text schrieb Inge Aicher-Scholl 1992 als Einleitung für die Chronik 1991. Ihr Mann war am 1. September 1991 durch einen Verkehrsunfall ums Leben gekommen.

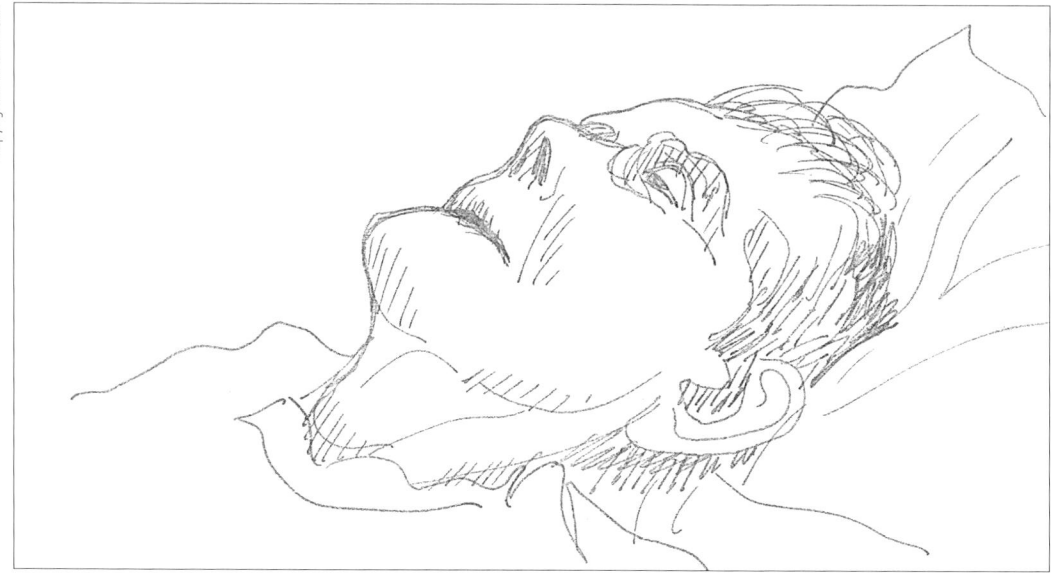

Inge Aicher-Scholl auf dem Sterbebett, gezeichnet von Florian Aicher am 31. August 1998.

Am Morgen des 4. September 1998 starb sie in ihrem Haus in Rotis.

Gegen 7.00 h erschien der Pfleger, Ludwig heißt er, glaube ich. Er wollte Inge waschen, reinigen, die Windel wechseln und die Bettwäsche. Dazu legte er Inge in die Seitenlage. So schaute sie in meine Richtung, nach Südwesten. Ich sicherte sie unter anderem an den Schultern. Dabei fiel mir plötzlich auf, dass Inge nicht mehr atmete. Oder doch nur noch mit sekundenlangen Unterbrechungen. (In solchen Augenblicken verliert Zeit ihr Maß – oder gewinnt es erst?)

„Ich glaube, es ist soweit", sagte ich dem Pfleger.

„Frau Aicher?" fragte er und beugte sich etwas vor in meine Richtung, um Inges Gesicht zu sehen. Auch er legte jetzt die Hand auf ihr Schulter und fragte nochmals: „Frau Aicher? Sie können jetzt gehen. Alles ist in Ordnung. Alle sind versorgt. Sie können jetzt ruhig gehen." Ob Inge dann noch mal einen dieser kurzen, aber gut sichtbaren, weniger tiefen Atemzüge tat, weiß ich nicht mehr genau. Diese drei, vier oder fünf Atemzüge wirkten eher wie Schnappen. Erst später kam mir der alltagssprachlich sprichwörtliche Ausdruck „der letzte Schnapper".

Jetzt lag sie scheinbar regungslos da. Der Pfleger und ich sagten nur, dass sie gestorben sei, entweder durch Augen-Zublicken oder durch Sagen. Er legte sie auf den Rücken zurück.

„Ich hole gleich ihre Zähne", meinte ich. „Ja", antwortete er, „aber dann waschen wir sie erst noch fertig". So ging es über in die Totenwäsche. Mir kam es vor, als verlöre ich den Boden unter den Füßen. Aber ich musste ja gleich Noelle (die Manuel benachrichtigte), Florian, Dich und Hedl anrufen.

Dann den Arzt und dann Gabriele Mendler, die ich bat zu klären, ob in Inges Pfarrkirche in Hofs die Totenglocke zu läuten sei. Sie läutete nachdem der Arzt den Totenschein ausgestellt hatte.

Du kannst Dir sicherlich denken, dass ich dies jetzt nicht ohne Tränen schreibe(n kann). Wie wenn es gestern gewesen wäre, kommt es mir vor, wenn ich so genau daran denke. Und auch die Erinnerung an das eher Schmerz oder Angst äußernde Gesicht Inges am Morgen kurz vor der Wäsche.

Aber es bleibt vielleicht doch der Trost, dass wir alle vor allem auch Du und Fritz – uns doch bemüht haben, Inge auf diesem Weg zu begleiten. Und so verliert die Trauer doch langsam an Verzweiflung und die Sicherheit, sich sehr bemüht zu haben, stiftet vielleicht die Nähe, die auch die Ferne zulässt. Ich hoffe, Du und Fritz seid nicht zu traurig über die letzten Wochen.

Es wäre schön, Ihr schaut einfach mal wieder vorbei. Tröstlich für mich wirkt, dass Evchen einen auffällig leichten, ja manchmal sogar glücklichen Eindruck macht. Ich glaube, das ist sehr im Sinn ihrer Mutter.

Jetzt scheint gerade die Sonne ganz kräftig durch helle Fönwolken – so als ob sie besonders viel Licht spenden wollten.

Ich wünsche Dir und Fritz noch ein paar sonnige Herbsttage wie heute.

Es grüßt Dich Julian

Elisabeth Hartnagel-Scholl

Stuttgart, den 30. September 1998

Lieber Julian,

wir danken Dir ganz herzlich für Deinen ausführ-
lichen Brief, der mir die Tränen in die Augen trieb.
Für Dich ist der Verlust ja am einschneidensten,
weil auf Dir während Inges Krankheit die Hauptver-
antwortung und Last lag. Aber nicht nur in dieser
Zeit. Denn immer, wenn mir Inge am Telefon berichtete, wo sie noch sprechen wollte und ich sie etwas
besorgt frage, ob sie das denn noch schaffte, bekam
ich zur Antwort: „Das bereitet mir alles Julian vor
und der kann ja sooo gut formulieren."

Fritz und mir ist ja der Glaube an ein Jenseits und
an Erlösung abhanden gekommen und doch
hoffe ich, dass dieser Glaube Inge eine Hilfe war,
wie unserer Mutter, die ohne ihn verzweifelt wäre.

Als wir am Mittwoch vor Inges Tod noch in Rotis
waren, war sie mir so fremd und auch die
aufgebahrte Dame im Sarg war mir fremd und erst
als der Sarg in die Erde kam, erinnerte mich das so
sehr an Hans' und Sofie's Begräbnis, als unsere
Mutter sagte: „Nun trägt der Hans die Sofie". Da
dachte ich, nun trägt Otl die Inge und ich dachte,
das halte ich nicht aus. Aber heute ist es mir ein
Trost, dass sie Ruhe gefunden hat.

Ich bin froh, dass Eva Dich noch hat. Sie machte
bei der Beerdigung einen so vergnügten Eindruck,
es gefiel ihr einfach, dass so viel los war.

Jetzt, lieber Julian, lass Dich herzlich grüßen von
uns beiden

Deine Lisel

Inge mit ihren Eltern Robert
und Magdalene.

Inge Scholl und ihre Ahnen

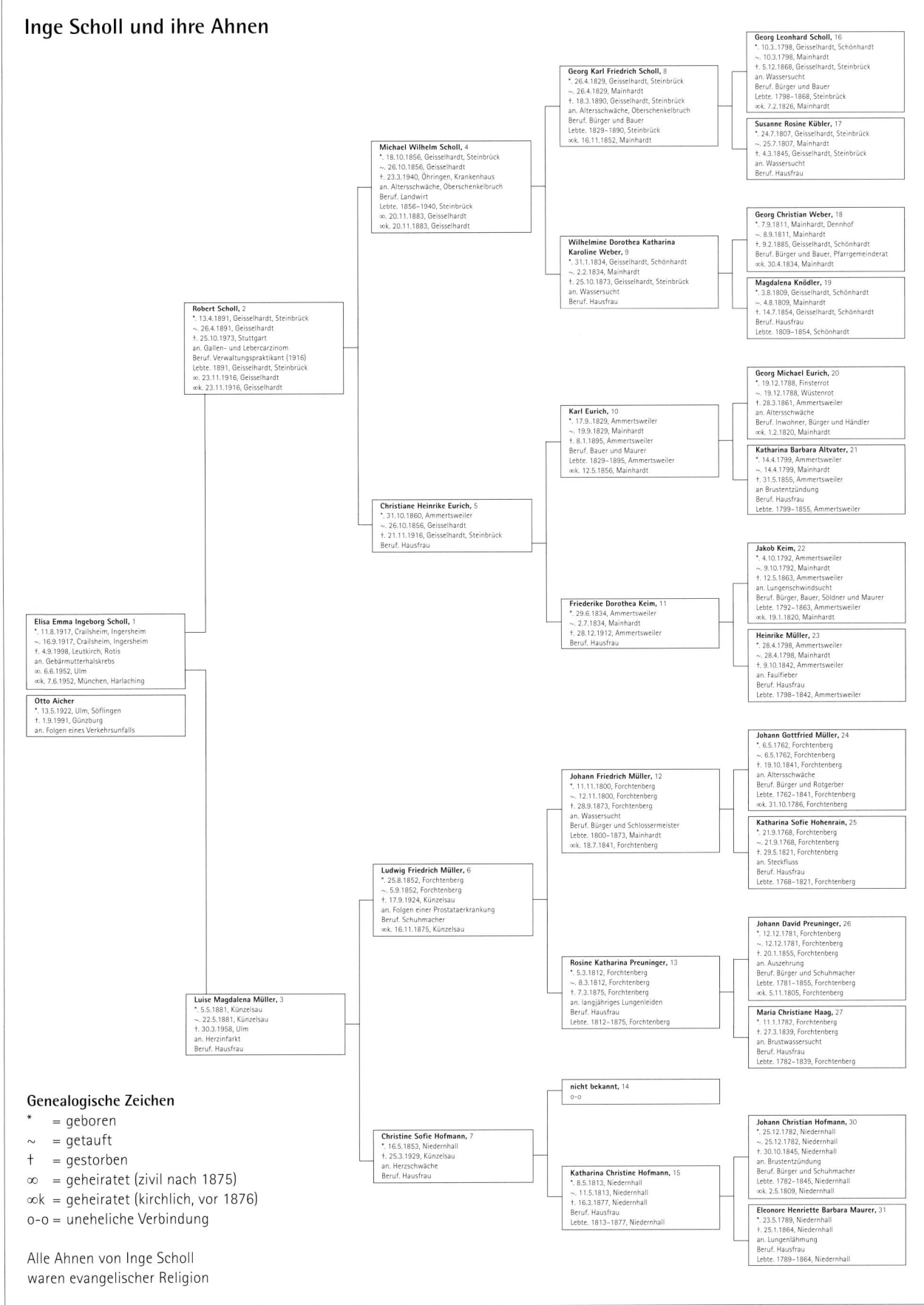

Georg Leonhard Scholl, 16
* . 10.3.1798, Geisselhardt, Schönhardt
~. 10.3.1798, Mainhardt
† . 5.12.1868, Geisselhardt, Steinbrück
an. Wassersucht
Beruf. Bürger und Bauer
Lebte. 1798–1868, Steinbrück
∞k. 7.2.1826, Mainhardt

Susanne Rosine Kübler, 17
* . 24.7.1807, Geisselhardt, Steinbrück
~. 25.7.1807, Mainhardt
† . 4.3.1845, Geisselhardt, Steinbrück
an. Wassersucht
Beruf. Hausfrau

Georg Karl Friedrich Scholl, 8
* . 26.4.1829, Geisselhardt, Steinbrück
~. 26.4.1829, Mainhardt
† . 18.3.1890, Geisselhardt, Steinbrück
an. Altersschwäche, Oberschenkelbruch
Beruf. Bürger und Bauer
∞k. 16.11.1852, Mainhardt

Georg Christian Weber, 18
* . 7.9.1811, Mainhardt, Dennhof
~. 8.9.1811, Mainhardt
† . 9.2.1885, Geisselhardt, Schönhardt
Beruf. Bürger und Bauer, Pfarrgemeinderat
∞k. 30.4.1834, Mainhardt

Magdalena Knödler, 19
* . 3.8.1809, Geisselhardt, Schönhardt
~. 4.8.1809, Mainhardt
† . 14.7.1854, Geisselhardt, Schönhardt
Beruf. Hausfrau
Lebte. 1809–1854, Schönhardt

Michael Wilhelm Scholl, 4
* . 18.10.1856, Geisselhardt, Steinbrück
~. 26.10.1856, Geisselhardt
† . 23.3.1940, Öhringen, Krankenhaus
an. Altersschwäche, Oberschenkelbruch
Beruf. Landwirt
Lebte. 1856–1940, Steinbrück
∞. 20.11.1883, Geisselhardt
∞k. 20.11.1883, Geisselhardt

Wilhelmine Dorothea Katharina Karoline Weber, 9
* . 31.1.1834, Geisselhardt, Schönhardt
~. 2.2.1834, Mainhardt
† . 25.10.1873, Geisselhardt, Steinbrück
an. Wassersucht
Beruf. Hausfrau

Georg Michael Eurich, 20
* . 19.12.1788, Finsterrot
~. 19.12.1788, Wüstenrot
† . 28.3.1861, Ammertsweiler
an. Altersschwäche
Beruf. Inwohner, Bürger und Händler
∞k. 1.2.1820, Mainhardt

Katharina Barbara Altvater, 21
* . 14.4.1799, Ammertsweiler
~. 14.4.1799, Mainhardt
† . 31.5.1855, Ammertsweiler
an. Brustentzündung
Beruf. Hausfrau
Lebte. 1799–1855, Ammertsweiler

Robert Scholl, 2
* . 13.4.1891, Geisselhardt, Steinbrück
~. 26.4.1891, Geisselhardt
† . 25.10.1973, Stuttgart
an. Gallen- und Lebercarzinom
Beruf. Verwaltungspraktikant (1916)
Lebte. 1891, Geisselhardt, Steinbrück
∞. 23.11.1916, Geisselhardt
∞k. 23.11.1916, Geisselhardt

Karl Eurich, 10
* . 17.9.1829, Ammertsweiler
~. 19.9.1829, Mainhardt
† . 8.1.1895, Ammertsweiler
Beruf. Bauer und Maurer
Lebte. 1829–1895, Ammertsweiler
∞k. 12.5.1856, Mainhardt

Christiane Heinrike Eurich, 5
* . 31.10.1860, Ammertsweiler
~. 26.10.1856, Geisselhardt
† . 21.11.1916, Geisselhardt, Steinbrück
Beruf. Hausfrau

Jakob Keim, 22
* . 4.10.1792, Ammertsweiler
~. 9.10.1792, Mainhardt
† . 12.5.1863, Ammertsweiler
an. Lungenschwindsucht
Beruf. Bürger, Bauer, Söldner und Maurer
Lebte. 1792–1863, Ammertsweiler
∞k. 19.1.1820, Mainhardt

Friederike Dorothea Keim, 11
* . 29.6.1834, Ammertsweiler
~. 2.7.1834, Mainhardt
† . 28.12.1912, Ammertsweiler
Beruf. Hausfrau

Heinrike Müller, 23
* . 28.4.1798, Ammertsweiler
~. 28.4.1798, Mainhardt
† . 9.10.1842, Ammertsweiler
an. Faulfieber
Beruf. Hausfrau
Lebte. 1798–1842, Ammertsweiler

Elisa Emma Ingeborg Scholl, 1
* . 11.8.1917, Crailsheim, Ingersheim
~. 16.9.1917, Crailsheim, Ingersheim
† . 4.9.1998, Leutkirch, Rotis
an. Gebärmutterhalskrebs
∞. 6.6.1952, Ulm
∞k. 7.6.1952, München, Härlaching

Otto Aicher
* . 13.5.1922, Ulm, Söflingen
† . 1.9.1991, Günzburg
an. Folgen eines Verkehrsunfalls

Johann Gottfried Müller, 24
* . 6.5.1762, Forchtenberg
~. 6.5.1762, Forchtenberg
† . 19.10.1841, Forchtenberg
an. Altersschwäche
Beruf. Bürger und Rotgerber
Lebte. 1762–1841, Forchtenberg
∞k. 31.10.1786, Forchtenberg

Katharina Sofie Hohenrain, 25
* . 21.9.1768, Forchtenberg
~. 21.9.1768, Forchtenberg
† . 29.5.1821, Forchtenberg
an. Steckfluss
Beruf. Hausfrau
Lebte. 1768–1821, Forchtenberg

Johann Friedrich Müller, 12
* . 11.11.1800, Forchtenberg
~. 12.11.1800, Forchtenberg
† . 28.9.1873, Forchtenberg
an. Wassersucht
Beruf. Bürger und Schlossermeister
Lebte. 1800–1873, Mainhardt
∞k. 18.7.1841, Forchtenberg

Johann David Preuninger, 26
* . 12.12.1781, Forchtenberg
~. 12.12.1781, Forchtenberg
† . 20.1.1855, Forchtenberg
an. Auszehrung
Beruf. Bürger und Schuhmacher
Lebte. 1781–1855, Forchtenberg
∞k. 5.11.1805, Forchtenberg

Ludwig Friedrich Müller, 6
* . 25.8.1852, Forchtenberg
~. 5.9.1852, Forchtenberg
† . 17.9.1924, Künzelsau
an. Folgen einer Prostataerkrankung
Beruf. Schuhmacher
∞k. 16.11.1875, Künzelsau

Rosine Katharina Preuninger, 13
* . 5.3.1812, Forchtenberg
~. 8.3.1812, Forchtenberg
† . 7.3.1875, Forchtenberg
an. langjähriges Lungenleiden
Beruf. Hausfrau
Lebte. 1812–1875, Forchtenberg

Maria Christiane Haag, 27
* . 11.1.1782, Forchtenberg
† . 27.3.1839, Forchtenberg
an. Brustwassersucht
Beruf. Hausfrau
Lebte. 1782–1839, Forchtenberg

Luise Magdalena Müller, 3
* . 5.5.1881, Künzelsau
~. 22.5.1881, Künzelsau
† . 30.3.1958, Ulm
an. Herzinfarkt
Beruf. Hausfrau

nicht bekannt, 14
o–o

Christine Sofie Hofmann, 7
* . 16.5.1853, Niedernhall
† . 25.3.1929, Künzelsau
an. Herzschwäche
Beruf. Hausfrau

Johann Christian Hofmann, 30
* . 25.12.1782, Niedernhall
~. 25.12.1782, Niedernhall
† . 30.10.1845, Niedernhall
an. Brustentzündung
Beruf. Bürger und Schuhmacher
Lebte. 1782–1845, Niedernhall
∞k. 2.5.1809, Niedernhall

Katharina Christine Hofmann, 15
* . 8.5.1813, Niedernhall
~. 11.5.1813, Niedernhall
† . 16.3.1877, Niedernhall
Beruf. Hausfrau
Lebte. 1813–1877, Niedernhall

Eleonore Henriette Barbara Maurer, 31
* . 23.5.1789, Niedernhall
† . 25.1.1864, Niedernhall
an. Lungenlähmung
Beruf. Hausfrau
Lebte. 1789–1864, Niedernhall

Genealogische Zeichen

* = geboren
~ = getauft
† = gestorben
∞ = geheiratet (zivil nach 1875)
∞k = geheiratet (kirchlich, vor 1876)
o–o = uneheliche Verbindung

Alle Ahnen von Inge Scholl
waren evangelischer Religion

Literaturverzeichnis:

Publikationen von Inge Aicher-Scholl
sowie weiterführende Literatur

Inge Scholl: „Die Weiße Rose",
S. Fischer Verlag, Frankfurt, 1955
Es erscheinen immer wieder Neuauflagen.

Inge Scholl, „Sippenhaft",
S. Fischer Verlag, Frankfurt, 1953

Inge Aicher-Scholl,
„Eva – Weil Du bei mir bist, bin ich nicht alleine",
Direktverlag, Riedlingen, 1996
Das Buch ist vergriffen, es können aber noch
einzelne Exemplare bei Julian Aicher in Rotis
angefordert werden sowie bei Panoptikum Wette.

Otl Aicher, „innenseiten des krieges"
S. Fischer Verlag, Frankfurt, 1985

Martin Walser (Hg.)
„Die Alternative oder Brauchen wir eine neue
Regierung?", ein Sammelband, für den auch Inge
Aicher-Scholl einen Beitrag geschrieben hat.
Rowohlt Verlag, Reinbek bei Hamburg, 1961

Ilse Aichinger,
„Kleist, Moos, Fasane",
Fischer Bibliothek, Frankfurt 1996

Dr. Christine Ivanovic,
„Ilse Aichinger in Ulm", Spuren 93,
Deutsche Schillergesellschaft, Marbach am Neckar

Gerda Müller-Krauspe (Herausgeberin),
„hfg ulm – Die Grundlehre von 1953 bis 1960",
schriftenreihe club off ulm e.v.

HfG-Archiv Ulm Dokumentation 5,
„Hochschule für Gestaltung Ulm, Die frühen Jahre"

Eva Moser, „otl aicher, gestalter",
Hatje Cantz Verlag, Ostfildern, 2012

Hermann Vinke:
„Das kurze Leben der Sophie Scholl",
Ravensburger Buchverlag, Ravensburg, 1980

Hermann Vinke,
„Fritz Hartnagel – Der Freund von Sophie Scholl",
Arche Verlag AG, Zürich-Hamburg, 2005

Otl Aicher,
„innenseiten des krieges"
S. Fischer Verlag, Frankfurt, 1985

Thomas Hartnagel (Hg.)
„Sophie Scholl – Fritz Hartnagel
Damit wir uns nicht verlieren
Briefwechsel 1937 – 1943"
S. Fischer Verlag, Frankfurt, 2005

www.weisse-rose-stiftung.de

www.ingeaicherscholl.de

Zeittafel

Inge Aicher-Scholl		Ulm / Region		Deutschland / Weltgeschehen	
1914 – 1918	Im 1. Weltkrieg erhält Magdalene Müller (später verh. Scholl) für ihren Einsatz im Seuchenlazarett für Typhus-kranke die Militärverdienstmedaille von Königin Charlotte von Württemberg. Während eines solchen Einsatzes lernt sie ihren Mann, Robert Scholl, kennen.				
11. August 1917	Inge Scholl wird in Ingersheim (heute Crailsheim) geboren. Älteste von fünf Geschwistern	1917 – 1919	Robert Scholl ist Schultheiß in Ingersheim-Altenmünster	1917	Russische Revolution. Kriegseintritt der USA gegen Deutschland
				8. Mai 1918	Deutsche Truppen besetzen Rostow am Don
				14. August 1918	Deutsche „Oberste Heeresleitung" (OHL) stuft militärische Lage aussichtslos für Deutschland ein
				9. November 1918	Sozialdemokrat Philipp Scheidemann ruft in Berlin die Republik aus
				10. November 1918	Kaiser Wilhelm II. flieht in die Niederlande
				11. November 1918	Waffenstillstand von Compiègne (Frankreich) - Deutschland gibt sich besiegt
		Ende 1919	Robert Scholl wird Stadt Schultheiß in Forchtenberg	1919	Saarland wird im Auftrag des Völkerbundes von Frankreich verwaltet
				8. November 1923	Hitler-Putsch in München – erfolglos
				15. November 1923	Ende der Inflation: Rentenmark statt Papiergeld
				28. Juni 1919	Unterzeichnung des Versailler Vertrages
1929	Familie Scholl verlässt Forchtenberg in Folge Abwahl Bürgermeister Robert Scholl			25. Oktober 1929	Börsenkrach in New York: Weltwirtschaftskrise beginnt
Sommer 1932	Umzug von Ludwigsburg nach Ulm				
				30. Januar 1933	Machtergreifung der Nazis
				10. Mai 1933	Bücherverbrennung
Dezember 1937	Inge, Hans und Werner Scholl werden im Gestapo-Gefängnis Stuttgart Tage lang inhaftiert (erster Kontakt mit der Gestapo)				
				1. September 1939	Deutscher Angriff auf Polen
				Frühjar 1940	Dänemark und Norwegen werden besetzt
				10. Mai 1940	Deutsche Truppen durchqueren die Benelux-Staaten
				14. Juni 1940	Deutsche Truppen besetzen Paris
				22. Juni 1941	Deutscher Angriff auf die Sowjetunion
				7. Dezember 1941	Japanischer Angriff auf Pearl Harbour: USA treten in den Krieg gegen Deutschland, Italien und Japan ein
1942	Robert Scholl wegen Aussage „Hitler ist eine Gottes Geisel" zu 4 Monaten Gefängnis verurteilt			13. September 1942 bis 2. Februar 1943	Schlacht bei Stalingrad
18. Februar 1943	Verhaftung Hans und Sophie Scholl, Universität München			2. Februar 1943	6. Deutsche Armee kapituliert in Stalingrad
22. Februar 1943	Hans und Sophie Scholl werden enthauptet				
27. Februar 1943	Familie Scholl wird für einige Monate in Sippenhaft genommen				
				6. Juni 1944	D-Day: West-Allierte (vor allem USA/England) landen in der Bretagne
		17. Dezember 1944	Schwerster Bombenhagel auf Ulm	20. Juli1944	Attentat auf Hitler
22. Februar 1945	Inge Scholl wird katholisch getauft	24. April 1945	Einmarsch der Amerikaner in Ulm	30. April 1945	Hitler begeht Selbstmord
		Juni 1945	Robert Scholl wird als OB von Ulm eingesetzt (bis 1948)	8. Mai 1945	Kapitulation Deutschlands / Ende des 2. Weltkrieges
		24. April 1946	Eröffnung der vh Ulm	23. November 1946	Beginn des Vietnamkriegs (Ende 1975)
				20. Juni 1948	Währungsreform: DM
				23. Mai 1949	Grundgesetz tritt in Kraft, damit ist die Bundesrepublik Deutschland gegründet.
				15. September 1949	Konrad Adenauer wird zum Bundeskanzler gewählt
Mai 1952	Das Buch „Die Weiße Rose" erscheint				
7. Juni 1952	Hochzeit mit Otl Aicher in München				

174

Inge Aicher-Scholl		Ulm / Region		Deutschland / Weltgeschehen	
17. Juni 1953	Geburt Tochter Eva	1. August 1953	Die HfG nimmt ihre Tätigkeit auf		
3. Oktober 1954	Geburt der Zwillinge Florian und Pia	5. Juli 1954	Richtfest der HfG		
Mai 1955	2. Auflage „Die Weiße Rose" erscheint im Fischer Verlag	02. Oktober 1955	Offizielle Eröffnung der HfG	1955	„Wiederbewaffnung" der Bundesrepublik Deutschland – Deutschland wird NATO-Mitglied
20. März 1958	Geburt Sohn Julian			1. September 1958	Staatspräsident Charles de Gaulle (Frankreich) besucht Bonn
30. März 1958	Magdalene Scholl stirbt in Ulm an Herzversagen	25. April 1958	Einsatzgruppen-Prozess gegen ehemalige Nazi-Angehörige		
29. Februar 1960	Geburt Sohn Manuel				
7. Oktober 1960	Gründung der Ortsstelle Ulm „Lebenshilfe für das geistig behinderte Kind"				
				1969	Anti-Baby-Pille wird in Deutschland eingeführt
				15. Oktober 1963	Ludwig Erhard wird Bundeskanzler
		1964	Beginn der ersten Ostermärsche in Ulm		
				1. Dezember 1966	Kurt Georg Kiesinger wird Bundeskanzler
1967 bis 1972	Otl Aicher wird Gestaltungsbeauftragter für die Olympischen Spiele München 1972	1967	Gründung der Universität in Ulm	2. Juni 1967	Der Student Benno Ohnesorg wird in Berlin von einem Polizisten erschossen
		26. Januar 1967	Grundsteinlegung des EinsteinHauses		
		15. November 1967	Große NPD-Veranstaltung in der Donauhalle		
		16. Oktober 1968	Einweihung des EinsteinHauses	25. Juli 1968	Papst Paul VI. verkündet Enzyklika „Humanae Vitae" (u.a. gegen Anti-Baby-Pille)
		1. November 1968	Lehrbetrieb der HfG eingestellt	11. April 1968	Attentat auf Rudi Dutschke
				7. November 1968	CDU Parteitag in Berlin: Beate Klasfeld ohrfeigt Bundeskanzler Kurt Georg Kiesinger wegen dessen Nazi-Vergangenheit
1969	Verleihung des Pfaff-Preises für Initiativen im Bildungswesen			1. Oktober 1969	Willy Brandt wird Bundeskanzler
		21. November 1970	1. Offener Samstag im EinsteinHaus		
1972	Umzug nach Rotis im württemb. Allgäu				
25. Oktober 1973	Robert Scholl stirbt in Stuttgart				
Herbst 1974	Abgabe der vh-Leitung				
20. Februar 1975	Unfalltod Pia				
24. Januar 1976	Letzter „Offener Samstag", die Veranstaltung wird eingestellt	24. April – 1. Mai 1976	Friedenswochen Leutkirch		
1977	Gründung des Trägervereins „DZOK" Dokumentationszentrum Oberer Kuhberg				
		1980	Ulm wird Großstadt		
10. Oktober 1981	Teilnahme an 1. Friedensdemonstration in Bonn gegen Atomwaffen				
22. Oktober 1983	Teilnahme an der Menschenkette von Neu-Ulm bis Stuttgart			1983	Nachrüstung mit Mittelstreckenraketen
24. September 1985	Mutlangen Blockade				
10. Februar 1986	Hauptverhandlung AG Schwäbisch Gmünd				
1987	Kanzlerkandidat Johannes Rau (SPD) besucht Rotis				
20. September 1987	Verleihung des Allgäuer Friedenspreises 1987 im Kloster Irsee				
1988	Freda-Wüsthoff-Friedenspreis				
				9. November 1989	Fall der Berliner Mauer
				3. Oktober 1990	Wiedervereinigung Deutschlands
1. September 1991	Otl Aicher stirbt an den Folgen eines Unfalls in Rotis				
1995	Verdienstmedaille des Landes Baden-Württemberg				
1996	Buch „Eva" erscheint				
21. Juli 1997	Inge Aicher-Scholl wird Ulmer Ehrenbürgerin				
4. September 1998	Inge Aicher-Scholl stirbt in ihrem Haus in Rotis				

Zusammengestellt von Christine Abele-Aicher und Julian Aicher. Dieser Zeitlauf gibt nur wesentliche Zeitdaten wieder und erhebt keinerlei Anspruch auf Vollständigkeit.

DANKE.
**Dieses Buch konnte nur entstehen
durch die Unterstützung von:**

Stiftung Hochschule für Gestaltung, vertreten durch Julia Hanisch, Sparkassen-Finanzgruppe Baden-Württemberg, und Peter Schneider MdL, Sparkasse Ulm, Stadt Ulm und OB Ivo Gönner, Wüstenrot Stiftung, vertreten durch Philip Kurz, die Literaturstiftung Oberschwaben, hier waren meine Ansprechpartner Claus-Wilhelm Hoffmann und Franz Hoben, und Stadt Leutkirch, vertreten durch Herrn OB Hans-Jörg Henle. Ohne ihre finanzielle Förderung hätte ich das Buch nicht realisieren können. Danke an das HfG-Archiv, an Dr. Dagmar Rinker und Daniela Baumann für die Unterstützung und die Überlassung der Fotos sowie der Fotorechte aus dem Archiv.

Danken möchte ich auch allen Autorinnen und Autoren, die teilweise trotz hoher Arbeitsbelastungen und unter Verzicht auf ein Honorar ihre Beiträge geschrieben haben, und zwar sehr kurzfristig, so dass dieses Buch in ungefähr einem Jahr erarbeitet werden konnte. Mein besonderer Dank gilt Elisabeth Hartnagel-Scholl, Hedwig Maeser und Agnes Schlensag. Ich durfte sie mehrmals besuchen und mit ihnen telefonieren, um ihre Zeitzeugenberichte aufzunehmen und korrekt nieder zu schreiben. Die Begegnungen mit den über 90-Jährigen, darunter auch Frau Dr. Hamm-Brücher, haben mich sehr bereichert. Ich danke besonders Florian und Manuel Aicher, die meinem Projekt von Anfang an positiv gegenüberstanden. Danke Florian für das Sterbebild Eurer Mutter und für die Überlassung

der Rechte an verschiedenen Fotos, danke Manuel für Deinen Beitrag, die Beratung, die Scholl-Bilder sowie für die Ahnentafel der Familie Scholl. Ein besonderer Dank gilt meinem Mann Julian, der mich nicht nur moralisch, sondern vor allem auch mit seiner Erfahrung als Journalist, Texter und Buchautor unterstützte. Oft half er als „geschichtlicher und politischer Berater", und er übernahm das „Vor-Lektorat". Wir hatten eine bewegte Zeit mit vielen interessanten Diskussionen.

Auf unterschiedliche Weise unterstützt haben mich ferner: Johannes Abele, Alexandra Aicher, Henrike Alle, Karsten de Riese, Mirjam Eich, Dr. Dagmar Engels, Susanne Freitag, Gabriele Hirth, Marlies Grötzinger, Dr. Christine Ivanovic, Monya Jabri, Dr. Silvester Lechner, Petra Mühlberger, Gerda Müller-Krauspe, Rupert Leser, Hannelore Nussbaum, Dr. med. Wolfgang te Breuil, Dagmar Rosner, Jürgen Schmid, Helga Thoma.

Für die vertrauensvolle Zusammenarbeit danke ich Udo Vogt und Gudrun von Wasielewski von der Süddeutschen Verlagsgesellschaft und Thomas Vogel als Lektor. Mein besonderer Dank gilt Heinz Kirsch und seinem Team für die überzeugende grafische Gestaltung im Sinne Otl Aichers.

Ich bin vielen interessanten Menschen begegnet. Die Arbeit an diesem Buch hat mich sehr bereichert. Sie wird weitergeführt unter www.ingeaicherscholl.de.